W0187434

Benjamin Noldmanns **Geschichte der Aufklärung in Abyssinien**

Die Andere Bibliothek
Begründet von Hans Magnus Enzensberger

Adolph Freiherr Knigge

Benjamin Noldmanns *Geschichte der Aufklärung in Abyssinien*

Vorgestellt und mit einem äthiopisch-deutschen Brückenschlag versehen

von Asfa-Wossen Asserate

Eichborn Verlag ⬗ *Frankfurt am Main*

2 · 0 · 0 · 6

ISBN 3-8218-4569-4

Knigges Geschichte
der Aufklärung in Abyssinien.

Ein äthiopisch-deutscher
Brückenschlag
von Asfa-Wossen Asserate.

*Z*um ersten Mal hörte ich den Namen Knigge an der
Deutschen Schule, die ich in Addis Abeba besuchte und an
der ich mein deutsches Abitur erwarb. Es war nicht,
wie man hätte erwarten können, im Deutschunterricht, der –
wie alle dort gelehrten Fächer – im fernen Europa entworfenen
Lehrplänen folgte. Es war mein Englischlehrer, der mir, ich
muß gerade sechzehn gewesen sein, von Knigge erzählte. Auf
dem Lehrplan stand der Roman Rasselas von Samuel Johnson,
die Geschichte des gleichnamigen äthiopischen Prinzen, in der
Äthiopien als ein wundersames Land erscheint, in dem alles
zum besten bestellt ist. »Was Johnson für England ist, ist
Knigge für Deutschland«, erklärte mir mein belesener Englischlehrer, »Johnson hat Äthiopien in die englische Literatur eingeführt, Knigge Äthiopien in die deutsche.« Und er nannte
mir den Titel jenes Buches, der meine Phantasie beflügelte,
um so mehr, als das Buch in der Schulbibliothek von Addis
Abeba nicht zu bekommen war (wie die Bibliothek überhaupt
der Bücher des Freiherrn Adolf Knigge gänzlich ermangelte):
Benjamin Noldmanns Geschichte der Aufklärung in Abyssinien oder Nachricht von seinem und seines Herrn Vetters
Aufenthalte an dem Hofe des großen Negus, oder Priesters
Johannes.

Als ich kurz darauf im Jahre 1968 zum ersten Mal nach Deutschland kam, machte ich mich sogleich auf die Suche nach diesem Buch. Aber in keiner der vielen Buchhandlungen, die ich aufsuchte und die mir in den folgenden Jahren den reichen Schatz der deutschen Literatur erschließen sollten, war es zu finden. Zwar stieß ich immer wieder auf den Namen Knigge, aber wie erstaunt war ich, als ich feststellte, daß die wenigsten Bücher, die seinen Namen im Titel führten, auch tatsächlich von ihm verfaßt waren. Es gab und gibt den »Eß- und Tisch-Knigge« (Untertitel: »Nie wieder peinlich!«) und den Knigge für Hunde-, Katzen- und Meerschweinchen-Halter; der »Öko-Knigge« ist heute nur noch antiquarisch erhältlich, dafür gibt es Börsen-, Business- und Karriere-Knigge in verschiedensten Ausführungen und Preislagen. Für leidgeplagte Computer-Nutzer steht der »Desktop-Knigge« bereit. Adolf Freiherr Knigge als Verfasser eines »Lesben-Knigge«? – Das schien einem mit den Freizügigkeiten der europäischen Kultur nur wenig Vertrauten, wie ich es war, ein abenteuerlicher Gedanke.

Schließlich gelangte ich doch noch an Noldmanns Geschichte der Aufklärung in Abyssinien – ein seltenes, leicht modrig riechendes Exemplar der in wunderbarer Fraktur gesetzten Erstausgabe aus dem Jahre 1791, das ich im flackernden Schein einer Leselampe im Saal der Universitätsbibliothek Tübingen erwartungsvoll aufschlug. Und in jenen Tagen und Wochen im Jahre 1968 – während in Prag eine euphorisierte Menge den neuen Ersten Sekretär der KPC Alexander Dubček feierte, der gerade die Pressezensur aufgehoben hatte; während in Berlin aufgebrachte Studenten nach dem Attentat auf den Studentenführer Rudi Dutschke die Auslieferungswagen der BILD-Zeitung in Brand setzten; während sich in Paris, aufgepeitscht von den Parolen Daniel Cohn-Bendits, die Besetzung der Sorbonne und der Streik der Arbeiter bei Renault zu einem landesweiten Generalstreik auswuchs und im Quartier Latin die Barrikaden brannten –, in jenen Tagen also, als in Europa der Frühlingshauch von Revolution und Anarchie wehte, saß ich, abgeschirmt von den Wirren der Zeit, im Lesesaal der Bibliothek und las. Ich las die wundersame Geschichte, wie anno 1766 zwei unscheinbare deutsche junge Männer – der Goslaer Bierbrauersprößling und Advokat Benjamin Noldmann und dessen Vetter, der Eisenacher Predigersohn und ehemalige Sekretär Joseph Wurmbrand, der auf wundersame Weise zum Staatsminister am Abyssinischen Kaiserhofe aufgestiegen war – vom Negusa Negest, dem »König der Könige«, den Auftrag erhielten, die Ideen der europäischen Aufklärung nach Äthiopien zu bringen. Ich las, wie der zum Baalomaal, zum königlichen Kammerherrn, ernannte Benjamin Noldmann dem Kaiser Montesquieu und Rousseau im Original vortrug (leider verstand der Negus kein Französisch und versank bei der Lektüre in Schlummer); wie er mit dem Kaiser freimütig das Für und Wider der Regierungssysteme, der Vielweiberei und des Luxus sowie der verschiedenen Religionen diskutierte (Deutsch schien keine unüberwindbare Hürde, war es doch am Abessinischen Hof längst zur Amtssprache avanciert); las, wie Benjamin Noldmann als kaiserlicher Erziehungsbevollmächtigter den Kronprinzen auf dessen Bildungsreise nach Deutschland begleitete (und von den desaströsen Auswirkungen dieser Reise auf den unsteten Charakter des Prinzen, der »an Leib und Seele sehr viel verderbter« zurückkehrte, »als er ausgereiset war«); las, wie der Baalomaal einen förmlichen Exodus von deutschen Entwicklungshelfern – Philosophen, Pädagogen, Maler, Bildhauer, Baumeister, Apotheker, Wundärzte, Tonkünstler, Fabrikanten und Manufakturisten – ins Werk setzte (deren Wirken in Abessinien freilich ganz und gar nicht den in sie gesetzten Erwartungen entsprach); und ich las, wie nach dem plötzlichen Tode des aufgeklärten Negus der Kronprinz die Macht übernahm und sich als »kalter Tyrann« offenbarte – und wie sich schließlich, befördert durch einen zermürbenden Krieg und revolutionäre Unruhen im Nachbarstaate Nubien, der »große Sturm« der Revolution auch über den Dächern der abessinischen Hauptstadt zusammenbraute ...

Ganz offensichtlich ging es dem Freiherrn Knigge nicht darum, im Benjamin Noldmann ein authentisches Bild von

»Abyssinien« beziehungsweise Äthiopien zu zeichnen. (Wir ziehen heute die Bezeichnung Äthiopien vor: Der Ausdruck Abessinien hat in unseren Augen einen verächtlichen Beigeschmack, weil er uns an das arabische Wort habascha, zusammensammeln, erinnert – und sich demnach mit »Völkergemisch« übersetzen läßt. Der Name Äthiopien wiederum stammt aus dem Griechischen, von Aithiopes: »Leute mit verbranntem Gesicht«.)

Jedem, der im Jahr der Veröffentlichung – der Roman erschien zur Frühjahrsmesse 1791 – Knigges Buch in die Hände fiel, mußte schnell deutlich werden, daß das von Unruhen brodelnde Reich Nubien in Wahrheit für das zeitgenössische Frankreich stand, und »Abyssinien«, mitsamt seinen benachbarten kleinen Fürstenhöfen, für das in Einzelstaaten zersplitterte Heilige Römische Reich Deutscher Nation. Mit stockendem Atem verfolgte man die revolutionären Ereignisse in Paris, und die Frage aller Fragen in jenen Monaten lautete: Würde der revolutionäre Funke auf Deutschland überspringen?

Zum ersten Jahrestag des Sturms auf die Bastille hatten die mit Frankreich sympathisierenden Bürger und Intellektuellen in Hamburg ein großes Freiheitsfest begangen. Es wurden Kanonen abgeschossen, Klopstock trug einige Oden vor, man tanzte und sang: »Freye Deutsche! Singt die Stunde / Die der Knechtschaft Ketten brach, / Schwöret Treu' dem großen Bunde / Unsrer Schwester Frankreich nach! / Eure Herzen sey'n Altäre / Zu der hohen Freyheit Ehre...« Unter den Gästen, die diese Strophen anstimmten, befand sich auch Adolf Freiherr Knigge. Das Szenario der Revolution, das Knigge anno 1790/91 in seinem Roman zeichnete, war kühn, aber nicht ganz abwegig in jenen Tagen – mitsamt ihrem abrupten, hoffnungsvollen Ende: Noch bevor es der aufgebrachten abessinischen »Volks-Armee« gelingt, den Palast des Kaisers zu stürmen, stirbt der tyrannische Negus überraschend. (Der Gedanke der Hinrichtung des Königs durch das Volk schien Knigge – zwei Jahre bevor das Pariser Revolutionstribunal zuerst Ludwig XVI. und dann Marie Antoinette auf die Guillotine schickte – noch zu *gewagt, um ihn aufs Papier zu schreiben.) Der jüngere Bruder des Gewaltherrschers – wahrer Inbegriff eines guten Fürsten – erklärt sich bereit, kommissarisch die Regierungsgeschäfte zu übernehmen, und präsentiert dem abessinischen Volke und dem deutschen Leser einen wahrhaft fortschrittlichen, republikanischen Verfassungsentwurf, womit er der drohenden Anarchie Einhalt gebietet.*

Der terreur *der Jakobiner, die Koalitionskriege, Robespierre und Napoleon Bonaparte – die Eigendynamik und Gewaltspirale einer Revolution, die ihre eigenen Kinder frißt: all das lag am ersten Jahrestag des Sturms auf die Bastille jenseits alles Vorstellbaren.*

Um ganz ehrlich zu sein: Zu Beginn war ich ein wenig enttäuscht darüber, daß ich in dem Buch so wenig von dem Äthiopien wiederfand, das ich kannte. Gewiß: Einige der von Knigge verwendeten Ortsnamen gab es tatsächlich (wobei es Knigge mit der Geographie nicht sehr genau nahm), andere waren erfunden. Das Kaiserreich von Äthiopien befand sich Ende des 18. Jahrhunderts tatsächlich in einem beklagenswerten Zustand: Der Negusa Negest hatte kaum reale Macht, war Spielball in der Hand von Provinzfürsten, die als selbständige Souveräne agierten. Es war die »Zeit der Richter«, der Masafent – mächtige Hausmeier aus einflußreichen Familien, die nach Belieben Könige ab- und einsetzten. Allein in der Zeitspanne von 1752 bis 1796, den Lebensjahren Knigges, sah Äthiopien zehn Kaiser vorüberziehen. Nur wenig erinnerte noch an den einstigen Glanz und die einstige Pracht des Reiches von Aksum, das vom ersten vorchristlichen Jahrhundert bis 600 nach Christus bestand: das zweitälteste christliche Reich auf afrikanischem Boden, geprägt von einer weltoffenen »mediterranen« Kultur. Und ebensowenig erinnerte an die Hochblüte der äthiopischen Kultur, die mit dem Jahr 1268 einsetzte: dem Beginn der salomonischen Dynastie, deren Herkunft sich auf die Ver-

bindung der Königin von Saba mit König Salomon berief und damit einen nationalen Mythos schuf. Daß sich freilich in Adua im 18. Jahrhundert eine Universität befunden habe, wie Knigge-Noldmann berichtet, und daß Äthiopien – noch vor Frankreich und Deutschland – in den Genuß einer republikanischen Verfassung gekommen sei, das schmeichelte meiner vaterländischen Seele ungemein.

Dafür steckte viel von Deutschland in Benjamin Noldmanns Geschichte der Aufklärung, und wie viel es war, wurde mir erst in den folgenden Jahren deutlich, als ich hier zu studieren begann und mein Gastland nach und nach kennenlernte. In meiner Jugend hatte sich mein Bild von Deutschland aus den deutschen Schulfibeln und aus den Erzählungen meiner beiden deutschsprachigen Erzieherinnen genährt: von »Tante Vera«, der Schwester des Kaiserlichen Staatsrats David Hall, der unter Kaiser Haile Selassie das Post- und Fernmeldewesen organisierte, sie stammte aus Schwaben; und von Tante Louise, meinem österreichischen Kindermädchen. Für mich setzte sich Deutschland zusammen aus mittelalterlichen Fachwerkhäusern in beschaulichen Dörfern, aus denen rote Kirchturmspitzen in den strahlendblauen Himmel ragten. Aus dem Fenster eines der Häuschen reckte sich mir der Kopf eines Mannes mit graumeliertem Haar entgegen, ein deutscher Dichter und Denker. Zwischen den Weilern erstreckten sich dunkle Wälder und sattgrüne Wiesen, über die Hirten mit ihren Schafherden zogen. In der Ferne glänzten schneebedeckte Berge im Sonnenschein, die sich im Wasser riesiger Seen spiegelten. Den Erinnerungen meiner Erzieherinnen zufolge ernährten sich die Deutschen hauptsächlich von Bratwürsten, Spätzle und Vanillekipferl. Die Männer hatten Vollbärte, trugen karierte Hemden und Lederhosen und tranken Bier aus riesigen, mannshohen Gläsern. Diese malerische Idylle war wohl ebenso charakteristisch für Deutschland, wie es das Bild war, das Knigge Ende des 18. Jahrhunderts von Äthiopien entwarf. Jedenfalls war ich nicht wenig erstaunt, als ich zum ersten Mal nach Frankfurt am Main kam und wenig davon wiederfand.

Mit der Zeit jedoch sah ich manches von dem, was Knigge-Noldmanns Deutschland-Äthiopien auszeichnete, durch den trüben Schleier der Jahrhunderte hervorschimmern. Man mußte nur scharf genug hinblicken:

Stellten die mächtigen bundesrepublikanischen Landesfürsten, die vor dreißig Jahren noch mit satten absoluten Mehrheiten regierten, nicht einen zarten Abglanz jener schillernden Provinzkönige dar, denen Benjamin Noldmann noch vor seinem Amtsantritt im Namen des Negus seine Reverenz erwies? Glich die äthiopische Kulturrevolution, welche die moralisch durchaus zweifelhaften Sendboten der deutschen Kultur und Wissenschaft in ihrem Gastlande anzettelten, nicht frappant den sozialdemokratisch geprägten Bildungsreformen der siebziger Jahre? »Bald wurde im ganzen Reiche in allen Ecken gepinselt, gefiddelt, geleyert, gedichtet« (S. 240) – im späten 18. Jahrhundert in Gondar wie zweihundert Jahre später an den Volkshochschulen in Bremen, Bottrop und Bielefeld. Und sah nicht Benjamin Noldmann weise voraus, wohin es führen sollte, wenn man die Parole »Bildung für alle« rigoros in die Praxis umsetzte? »Da wollte nun jedermann studieren; der Schneider schämte sich seiner Nadel, und schickte seinen Tölpel von Jungen in die Stadt-Schule, um einst die Ehre zu haben, ihn einen Degen tragen zu sehen, und der Bauer verkaufte einen Theil seines Erbguts, um seinen Knaben nach Adova [Adua] zu senden, damit dort in den gelehrten Treibhäusern die Keime des Genius aus seiner bäurischen Natur hervor gejagt würden«. (S. 241) Dräuten da am unschuldig-blauen Himmel von Adua nicht schon die Auswüchse der deutschen Reform- und Massenuniversität, Gesamtschule, Pisa-Schock und Bildungsmisere: »Da jetzt auch sehr viel mittelmäßige und schiefe Köpfe sich in die Studien warfen, so verlor man nach und nach die Idee, daß ein Mann, der sich einen Gelehrten nennte, gründliche Kenntnisse in seinem Fache haben müßte; und so erntete denn oft der unwissende Schwätzer und Windbeutel den Preis ein, zog die Vortheile, die dem wahren Verdienste gebührten.« (ebd.)

Und wie verhielt es sich mit den von den Noldmannschen Bildungsreformern mit Verve betriebenen Anstrengungen, »die Wuth aller Stände nach täglich neuer Lectur, zu stillen«? (S. 242) Landete nicht bereits die abessinische Literatur, die ihren vorgezeichneten literaturgeschichtsphilosophischen Weg nahm von der Ritterromanze und dem Zeitalter der Empfindsamkeit, über den Sturm und Drang bis hin zu Genieästhetik und Dekadenz, schlußendlich in den Niederungen des postmodernen Anything goes? Waren nicht auch all die neugegründeten äthiopischen »Academien, Buchdruckereyen und Buchläden« (ebd.) ein Vorschein der bundesrepublikanischen »Leselandschaft« mit ihrer Inflation der Literaturpreise und Stadtschreiberämter von Wuppertal bis Rheda-Wiedenbrück? Und nicht zuletzt: Konnte man in Knigges Beschreibung des Niedergangs des abessinischen Priesterstandes (»um jedoch nicht allen Einfluß zu verlieren, dreheten die Feinsten unter ihnen den Mantel nach dem Winde, fingen selbst an, Duldung zu predigen und die Glaubenslehren nach Zeit und Umständen zu modificiren«) nicht bereits die Schatten eines Eugen Drewermann, eines Hans Küng und einer Uta Ranke-Heinemann heraufziehen sehen? In Deutschland selbst – so erfuhren Noldmann und der äthiopische Prinz auf ihrer Bildungsreise durch deutsche Lande – war nachgerade der protestantische Gottesdienst schon damals zu einer beklagenswerten Form herabgesunken:

»In dem geschmacklosesten, feuchtesten, kältesten und schmutzigsten Gebäude des ganzen Städtchens oder Dorfs versammelt sich das Volk beiderley Geschlechts und setzt sich, theils wie in den Schulen auf Bänken, theils in kleinen hölzernen Kasten, den Tollhaus-Kojen gleich, theils auf andern erkauften, oder nicht erkauften Plätzen, in groteskem Anputze hin. Dann beginnt ein Gesang, dessen Poesie oft platt und comisch, die Musik abscheulich und die Begleitung einer verstimmten Orgel unerträglich ist. Ein Schulmeister gibt mit gräßlich verzerrtem Gesichte die Melodie an, und wiederholt durch die Nase die letzten Worte jedes Verses. Einige hundert

unmusicalische Menschen brüllen aus Leibeskräften mit …
Dann tritt der Geistliche in einen kleinen, erhaben gestellten
Kasten, und hält eine Rede, die nur auf den Gemüthszustand
weniger Zuhörer paßt. Hierauf geht das Gebrülle noch ein Mahl
an, und am Ende spielt der Organist ein lustiges Stückchen,
worauf die Versammlung, wovon die Hälfte geschlafen hat, im
Winter durch und durch gefroren, im Sommer von den Dünsten
fast erstickt ist, aus einander geht.« (S. 224) Welcher gottes-
fürchtige Kirchgänger des beginnenden 21. Jahrhunderts – egal
ob in Flensburg, Berlin oder München – könnte nicht ein Lied
davon singen?

Adolph Franz Friedrich Ludwig Freiherr Knigge, geboren am
16. Oktober 1752 auf Gut Bredenbeck bei Hannover, war »ein
deutscher Aufklärer ohne Wenn und Aber« (Wolf Lepenies).
Und wie es sich für einen konsequenten Aufklärer geziemt,
steht bei ihm auch die Aufklärung selbst auf dem Prüfstand.
»Sie wollen Aufklärung befördern? Sehen Sie selbst ganz klar?
Haben Sie auch genug abgewogen, welchen Grad von Aufklä-
rung jeder Mensch vertragen kann?« heißt es in einem anderen
Roman von Knigge, und diese Sätze gäben auch für Benjamin
Noldmanns Geschichte der Aufklärung ein treffliches Motto
ab. Wo man auch hinblickt in diesem Buch: allerorten enden
die Aufklärungsbemühungen der Philanthropen im Fiasko – im
Reiche des abessinischen Negus wie auf dem buntscheckigen
Staatenteppich, der sich Deutschland nennt. Nicht jedermann,
der die Aufklärung im Munde führt, ist auch ihr Freund.
»Aufklärern« die, wie der Vetter Joseph Wurmbrand, im Zwei-
felsfall zuerst an ihren eigenen Vorteil denken, sollte man die
Geschicke des Staates vielleicht besser nicht überlassen.
Und selbst die allerschönsten Pläne und Ideen entwickeln,
einmal in die Tat gesetzt, ihr Eigenleben – und schon gar nicht
lassen sie sich einfach verpflanzen von einem Land ins nächste,
von einem Kontinent auf den andern. Als der englische Staats-

mann Thomas Morus im Jahre 1516 seinen Seefahrer und Philosophen Raphael Hythlodaeus auf die Insel Utopia schickte, schuf er damit eine Gattung. In den fernen Utopien war alles aufs beste geregelt, alles funktionierte so, wie es sollte – Betriebsunfälle waren nicht vorgesehen und fanden nicht statt. In Noldmanns Deutschland-Abessinien schien der Glaube daran, man könne am Reißbrett ideale Gesellschafts- und Staatsformen entwickeln wie Maschinen – der ganze Staat eine einzige große Apparatur, angetrieben vom Schmierstoff der kollektiven Vernunft, jedes Rädchen und jedes Scharnier gut geölt und am richtigen Platz –, gründlich ins Wanken gekommen.

Oder etwa doch nicht? Die Utopie der republikanischen Verfassung, die dem Leser in all ihren reichen Verästelungen im letzten Teil präsentiert wird, scheint von alldem seltsam unberührt. Rein und unschuldig ragt das Monument der idealen Verfassung aus den Niederungen der Zeitläufte empor. Manches von dem, womit Knigge seine ideale Republik ausstaffiert, erscheint uns zweihundert Jahre später nicht mehr vorbildhaft. Alles wird dort – wie man es aus den Utopien von Morus und seinen Nachfolgern gewohnt war – der rationalen Organisation der Gesellschaft untertan gemacht. Die Verfassung muß ihre Praxistauglichkeit nicht beweisen. Wie wird es aber dem neuen aufgeklärten Staatsoberhaupt – »nennt ihn König, oder wie Ihr wollt!« (S. 279) –, den Deputierten und dem frisch gewählten Nationalrat mit ihr ergehen? Werden die Staats- und Provinzialräte, die unentgeltlich arbeitenden Justizbeamten, die gewählten Vertreter der Obrigkeit und der »Polizey« aufgeklärt genug sein für das Geschäft der Aufklärung? Wer mit solchen Fragen an Knigges Geschichte der Aufklärung herantritt, darf sich von ihr keine Antworten erhoffen.

Siebenundzwanzig Jahre später griff der Autor Julius von Voß – ein ehemaliger Offizier der Preußischen Armee und Schriftsteller mit einem Werkverzeichnis von über zweihundert Titeln – den Faden wieder auf. Auf Deutschland hatte sich inzwischen die bleischwere Atmosphäre des Wiener Kongresses gelegt, und in Berlin erschien Voß' Gemälde der Verfinsterung in Abyssinien, *ein* Seitenstück zu Benjamin Noldmanns Geschichte der Aufklärung in Abyssinien, *wie es im Untertitel heißt. An allen Ecken und Enden der idealen Republik, klärt uns der Autor auf, hätten sich Lücken und Mängel aufgetan: Die Aufhebung der Leibeigenschaft habe zu allgegenwärtiger Faulheit im Lande geführt, das Verbot von Theatern zu großer Langeweile am Hof. Die Rotation von Staatsoberhaupt und Hauptstadt befördere die Verwahrlosung der Städte. So spricht eine abessinische Delegation bei Benjamin Noldmann in Goslar vor und überbringt die Botschaft des Negus:* »Da man [...] hört, daß in Europa die Aufklärung auch keineswegs mehr beliebt sein soll, und hier in Afrika doch wohlthut, an dem kultivirtsten Erdtheil ein Vorbild zu nehmen, so waren Ich und Meine Minister auch seit einigen Jahren darauf bedacht, ermeldete Angelegenheit auf einen besseren Fuß zu bringen. [...] Meine Bitte an Sie geht dahin: recht bald anher zu kommen, und Uns hier im Lande eine gute und dichte Verfinsterung zu besorgen; bei der man sich erfreulicher wie zeither zu befinden hofft. Ich sollte meinen, das würde Ihnen sehr leicht sein. Ein Mann von großem Talent muß eben so umsichtig zu verfinstern als aufzuklären verstehn.« *Benjamin Noldmann fühlt sich indes zu alt für diese Mission, aber sein Patenkind Benjamin, Sohn des verstorbenen Vetters Joseph Wurmbrand, macht sich auf den Weg, die Verfinsterung nach Abessinien zu bringen – und wie seine Vorgänger geht auch er mit deutscher Gründlichkeit zu Werke.*

Knigge hat wohl selbst gespürt, daß seine Verfassungsutopie den Rahmen und die Anlage des satirischen Romans zu sprengen drohte. In einem Brief an den Pädagogen Johann Heinrich Campe schrieb er mit Bezug auf den Benjamin Noldmann *im November 1792:* »Es ist die Geschichte der Aufklärung in Abyssinien. Ein großer Fehler daran ist, daß ich im ersten Theile [...] die ernsthaften Sachen in zu viel Possen und schaalen Witz gehüllt habe – das hat Männer, die Würde im Ausdruck und Vortrage fordern, verscheucht; denn übrigens hat doch mein armer Kopf nie etwas Besseres geliefert. Im ersten

Theile habe ich eine Geschichte der stufenweise entstandenen Verderbnisse der menschlichen und bürgerlichen Gesellschaft entwickelt, welche mit dem Bilde des jetzigen Zustandes unsrer politischen und religiosen Verfassungen schließt; vom 13ten Capitel des 2ten Theils an, folgt das System einer neu zu gründenden Staats-Verfassung.«

Zu jenem Zeitpunkt spielte Knigge mit dem Gedanken, seinen abessinischen Verfassungsentwurf an den gerade gewählten französischen Nationalkonvent zu senden, und er bat Campe um dessen Rat: »Also auf Ihr Gewissen, würdiger Freunde! sagen Sie mir, wenn Sie das Buch werden gelesen haben, ob Sie glauben, daß ich mich nicht lächerlich machen würde, wenn ich ein Exemplar an den National-Convent einschickte« – »ein Scherflein zu der neuen, großen Pyramide« der Republik. Die Antwort Campes ist nicht überliefert, und so kann nur darüber spekuliert werden, ob sich die Pariser Abgeordneten im Winter 1792 – der Prozeß gegen Ludwig XVI. hatte gerade begonnen und die eben aus der Taufe gehobene Republik war schon dabei, ihre Unschuld zu verlieren – tatsächlich aus Knigges Benjamin Noldmann Anregungen holten. Uns Lesern von heute jedenfalls – die wir erfahren mußten, daß sich auch wenig republikanisch gesinnte Herrscher gerne auf den Namen und den Willen des Volkes berufen – steht der scharfe Satiriker Knigge näher als der Baumeister idealer Verfassungen.

Mit Benjamin Noldmanns Geschichte der Aufklärung hatte sich Knigge weit vorgewagt in Deutschland im Jahre 1791. Das Buch war zunächst – »mit kaiserl. Abyssinischem allergnädigsten Privilegio«, wie es auf dem Titelblatt heißt – anonym erschienen. Doch spätestens ein Jahr darauf waren sämtliche Zweifel der Verfasserschaft beseitigt. Im Mai 1792 erschien eine Schrift, deren Titel Vetter Wurmbrand als Urheber nennt: Joseph von Wurmbrand, Kaiserlich abyssinischen Ex-Ministers, jetzigen Notarii caesarii publici in der Reichsstadt

Bopfingen, politisches Glaubensbekenntnis, mit Hinsicht auf die französische Revolution und deren Folgen *mit einer Vorrede, von Knigge selbst unterschrieben*.

Mit dieser Schrift nun, welche die Französische Revolution und deren Auswirkungen auf Deutschland ganz ohne exotische Verkleidungen thematisierte, war Knigge in den Augen der Öffentlichkeit als »Revolutionsprediger« und »Volksaufwiegler« gezeichnet (auch wenn der abessinische Minister a. D. sich darin nicht unbedingt als Propagandist der Revolution zu erkennen gab – entschiedene Reformen und eine Verfassung, so Knigge, machten Revolutionen überflüssig). Die Revolutionseuphorie in Deutschland war inzwischen gründlich verflogen, und eine wahre Flut von Pamphleten und Schmähschriften ergoß sich über den Autor. »Alle deutschen Demokratennester sind der Widerhall Kniggischer Grundsätze, und Knigge ist der Widerhall des amerikanischen Schwärmers Paine und der ganzen deutschen Aufklärer-Propaganda«, schrieb sein Lieblingsfeind Johann Ludwig Zimmermann, der Leibarzt des englischen Königs Georg III.

Zu dieser Zeit befand sich Knigge in Amt und Würden als Oberhauptmann des Hannoverschen Kurfürsten in Bremen. Er stand den Hannoverschen Besitztümern in der freien Reichsstadt vor: dem Dom St. Petri, einem Waisenhaus, dem Athenäum, der Domschule und der Lateinschule. Die überwiegende Zeit war er mit der Beantwortung lästiger Beschwerden und Eingaben beschäftigt. Auf den von ihm überlieferten Portraits sieht man einen ernst blickenden Mann mit langgezogenem Gesicht, dünnen Lippen und einem markanten Kinn, er selbst sprach von einem »Pavians-Gesicht«. Die letzten Jahre seines Lebens – er starb im Alter von nur 44 Jahren am 6. Mai 1796 – war er von Krankheiten gezeichnet, von »Blasenkrämpfen« und »gallichtem Faulfieber«. Um seinen Dienst zu versehen, legte er sich einen »Bettwagen« zu. Auch als der schwerkranke Knigge im November 1795 – dem Kurfürsten waren die publizistischen Aktivitäten seines Oberhauptmanns zunehmend verdächtig geworden – nach Stade einbestellt wurde, fuhr er liegend vor; die

Reise dauerte zwei Tage bei eisigem Frost. Vier Wochen wurde Knigge in Stade festgehalten. Die liberalen Zeitungen verbreiteten das Gerücht, Knigge sei in Ketten gelegt worden und ins Gefängnis verbracht, bis auf die Seiten des Pariser Moniteur drang die empörende Kunde.

Die Krankheit hatte seiner Schaffenskraft keinen Abbruch getan. Mit vierzehn war Knigge Vollwaise geworden, sein ganzes Leben lang bemühte er sich vergebens, das von den Gläubigern eingezogene hochverschuldete Familiengut wiederzuerlangen. Die Schriftstellerei war für ihn auch ein Brotberuf. Er schrieb Romane, politische Streitschriften, Predigten und Traktate. Für Friedrich Nicolais Allgemeine Deutsche Bibliothek steuerte er mehr als tausend Rezensionen bei. Er verfaßte und übersetzte Theaterstücke, die er in seinen Liebhabertheatern in Hanau und Bremen eigenhändig in Szene setzte und in denen er auch als Schauspieler mitwirkte. Er komponierte Sonaten für Klavier und ein Konzert für Fagott, übersetzte Mozarts und Da Pontes Le Nozze di Figaro und Rousseaus Confessions. Für kurze Zeit war er Direktor der hessischen Tabakindustrie in Kassel, an der dortigen »Gesellschaft für Ackerbau und Kultur« referierte er über den Zichorienbaum. Er begeisterte sich für den konspirativen Illuminatenorden des Ingolstädter Professors Adam Weishaupt und warb, ausgestattet mit dem Ordensnamen »Philo«, mit Feuereifer neue Ordensbrüder an, die mit ebenso prächtigen Decknamen versehen wurden – bis sich schließlich »Philo« mit »Spartacus«, wie sich der Ordensgründer nannte, überwarf.

Jenes Buch, aufgrund dessen heute jeder den Namen Knigge kennt – Über den Umgang mit Menschen –, erschien im Jahre 1788, ein Jahr vor der Französischen Revolution: Schon zu Lebzeiten Knigges erreichte es mehrere Auflagen, der große Erfolg aber setzte erst nach seinem Tod ein. Über den Umgang mit Menschen ist keineswegs jenes Buch über Benimm und Etikette, als das es – von Herausgebern und Verlegern zurechtgestutzt und seines Wesens beraubt – im kollektiven Bewußtsein verankert ist: es ist das Werk eines großen Soziologen, das sich mit den Schriften eines Gracián und eines Castiglione messen kann. »In keinem Lande in Europa ist es vielleicht so schwer, im Umgange mit Menschen aus allen Klassen, Gegenden und Ständen allgemeinen Beifall einzuernten, in jedem dieser Zirkel wie zu Hause zu sein, ohne Zwang, ohne Falschheit, ohne sich verdächtig zu machen und ohne selbst dabei zu leiden, auf den Fürsten wie auf den Edelmann und Bürger, auf den Kaufmann wie auf den Geistlichen nach Gefallen zu wirken, als in unserm deutschen Vaterlande«, schrieb Knigge in seiner Einleitung. In Deutschland und Europa ist man in den letzten Jahrhunderten zuweilen der Illusion erlegen, daß mit der Abschaffung der Stände, der Verkündung der Menschenrechte, der Einführung der Demokratie auch alle Fragen der Umgangsformen obsolet geworden wären. Wenn die Menschen vor dem Gesetz gleich sind, so die irrige Vorstellung, müßten sie es in jeglicher Hinsicht sein. Auch wenn ich in meinem Buch Manieren den Freiherrn Knigge namentlich nicht erwähnt habe: es verdankt ihm mehr, als man vielleicht vermutet.

Kurz nach dem Erscheinen von Manieren gelangte ich dann auch in den persönlichen Besitz eines Exemplars des Benjamin Noldmann. Ich bekam es überreicht von Moritz Freiherr Knigge, Autor des schönen Buches Spielregeln – Wie wir miteinander umgehen sollten, und im Innern fand ich die Widmung: »Als Geschenk an den Nachfahren des Negus von dem Nachfahren des Knigge.«

In all den Jahren, in denen mir Knigge zu einem Begleiter bei meinen Erkundungen in Deutschland geworden war, ließ mich doch eine Frage nicht los: Warum ausgerechnet Äthiopien? Wenn Äthiopien im Benjamin Noldmann vor allem einen Spiegel für die Geschehnisse in Deutschland und Europa darstellte, warum ließ Knigge seine Geschichte der Aufklärung ausgerechnet dort spielen, warum nicht auf irgendeiner namenlosen Insel? Zugegeben: Einen geeigneteren Spiegel für die Geschichte

Europas hätte Knigge kaum finden können. Seit frühester Zeit ist Äthiopien eine Schriftkultur, es wird im selben Jahrhundert christianisiert wie das Römische Reich. Äthiopien erlebt seine kulturellen Blütezeiten und seine dunklen Jahrhunderte, führt seinen eigenen dreißigjährigen Krieg mit dem Islam und seine Religionskriege infolge des Übertritts des Negusa Negest zum Katholizismus. Und auch in den nachfolgenden Jahrhunderten – die Knigge freilich nicht mehr im Blick haben konnte – lassen sich, wenn man es will, europäische Muster finden: Im 19. Jahrhundert erlebt Äthiopien seinen Wiederaufbau als Nationalstaat und Nationalkultur, und im 20. Jahrhundert versucht sich die Mengistu-Diktatur als Kopie des stalinistischen Rußlands. Als einziges afrikanisches Land hatte Äthiopien den europäischen Kolonialmächten widerstanden, nun schickten sich die sozialistischen Führer an, das eigene Land zu kolonialisieren.

»Von den Feinden ihrer Religion eingeschlossen, schliefen die Äthiopier fast tausend Jahre lang, die Welt vergessend, von der sie vergessen wurden«, schrieb der Historiker Edward Gibbon im Jahre 1776. Jahrhundertelang war Äthiopien die christliche Insel im Meer des Islam, über die nur wenig nach außen drang – ein sprudelnder Quell für Mythen und Legenden. Wie etwa den Mythos des Priesterkönigs Johannes, mit dem Knigge den abessinischen Negus im Romantitel gleichsetzt. Irgendwo in Asien oder Afrika, so die Legende, gab es ein großes und mächtiges christliches Reich, das von dem Priester Johannes regiert wurde. Zuerst hatte man dieses Reich in Indien vermutet, bis man – beflügelt von der Hoffnung, einen neuen und mächtigen Verbündeten im Kampf gegen den Islam zu finden – den Priesterkönig im 14. Jahrhundert in Äthiopien zu suchen begann.

Um das Jahr 1160 soll jener legendäre Priesterkönig dem König von Byzanz einen Brief geschrieben haben, in dem er die Vorzüge seines Reiches beschreibt. Dieser Brief zirkulierte in den verschiedensten Fassungen und Ausschmückungen: Zweiundsiebzig Könige seien ihm tributpflichtig, schrieb der »König der Könige an den Grenzen der Welt«, und sein Palast sei von einmaliger Pracht: die Wände und Fußböden aus Onyx, die Eßtische aus Gold und Amethyst. In einer Ecke des Thronsaals entspringe eine Quelle – wer aus ihr regelmäßig trinke, werde dreihundert Jahre alt und sich dabei immer im besten Jugendalter befinden. Nahe dem Palast befinde sich ein riesiger Spiegel, zu dem man über 125 Stufen hinaufsteige. In diesem Spiegel könne der König die Geschehnisse in allen Provinzen seines Reiches verfolgen und so jegliche Verschwörung gegen den Thron schon im Keime ersticken. Er befehlige ein mächtiges Heer, und viermal im Jahr empfange er die schönsten Frauen des Reiches, um mit ihnen Söhne zu zeugen. Gegenüber der Legende nimmt sich das Reich des Negus von Abessinien, das Knigge beschreibt, recht bescheiden aus – und hätte der Negus jenen zauberhaften Spiegel besessen, er hätte wohl kaum der Hilfe der Aufklärer Benjamin Noldmann und Joseph Wurmbrand bedurft.

Die äthiopischen Mythen und Legenden mögen Knigge angezogen haben, und in jenen Monaten, als Knigge seine Geschichte der Aufklärung *entwarf*, erhielten sie neue Nahrung. Im Jahre 1790 machte in Europa ein ungewöhnliches Buch Furore, die Reisebeschreibungen des schottischen Abenteurers *James Bruce:* Travels to Discover the Source of the Nile, *so der Titel*, in Edinburgh erschienen und noch im Jahr des Erscheinens ins Deutsche und ins Französische übersetzt.

Über Jahrhunderte hinweg waren nur wenige Europäer ins äthiopische Hochland vorgedrungen. Im 16. Jahrhundert hatte der Negus Galawdeyos (Claudius) die Portugiesen um Beistand gerufen im Kampf gegen die islamische Invasion. Zusammen mit einem portugiesischen Expeditionsheer, geführt von Christóvão da Gama, dem Sohn des berühmten Vasco da Gama, gelang es dem Negus, die Truppen von Ibn Ibrahim el-Gazi entscheidend zu schlagen. Im 17. Jahrhundert hatten portugiesische Jesuiten Äthiopien durchquert, und sie hatten es sogar geschafft, den Negus zum Katholizismus zu bekehren. Kaiser Susneyos erklärte den Katholizismus zur Staatsreligion und stürzte damit das Land in einen Bürgerkrieg. Sein Sohn Fasiladas erhob sich zum Anführer des Aufstands, stellte den alten Glauben wieder her und jagte die Missionare aus dem Land.

Den Schotten James Bruce führte ein anderes Motiv nach Äthiopien. Er wollte die sagenumwobene Quelle des Nils ausfindig machen, die er dort vermutete. 1769 war er mit einer zehnköpfigen Expedition ins äthiopische Hochland vorgedrungen, war nach Adua, Aksum und in die Hauptstadt Gondar gelangt. Dort traf er auf den jungen Negus, machte der Mutter des Kaisers seine Aufwartung und befreite deren Enkelkinder von den Pocken. Nachdem er den Negus auf einer Strafexpedition gegen einen Rebellenfürsten begleitet hatte, wurde er zum Gouverneur von Ghish ernannt. So zumindest steht es in seinen Reisebeschreibungen, die erst siebzehn Jahre nach seiner Rückkehr das Licht der Öffentlichkeit erblickten. Fast zwei Jahre hatte sich Bruce in Äthiopien aufgehalten – und seine Schilderungen strotzen von blutrünstigen Beschreibungen: Krieger, denen Hoden, Ohren, Nase und Füße abgeschnitten werden; stinkende Leichenteile, die, auf den Straßen der Hauptstadt ausgestreut, die Hyänen scharenweise aus den Bergen herablokken; Bauern, die einer lebenden Kuh die Steaks aus der Hinterbacke schneiden, die Haut wieder über das Tier ziehen und es davonjagen – um sich anschließend über das noch warme rohe Fleisch herzumachen. All dies garniert mit dem beunruhigenden Fazit: »Der Mensch ist überall die gleiche Kreatur, auch wenn die Hautfarbe differieren mag. Der Hof in London und der Hof in Abyssinien sind im Prinzip das gleiche.« Kein Wunder also, daß Bruce' phantastischen Erzählungen aus dem fernen Äthiopien wenig Glauben geschenkt wurde. Das literarische London hielt ihn für einen prächtigen Nachfolger des Barons von Münchhausen und gab ihn der Lächerlichkeit preis. Besonders die Episode mit der Kuh und dem rohen Fleisch bot Anlaß zu bitteren Sottisen, ein Spottgedicht von Peter Pindar machte die Runde: »Nor have I been where men (what loss alas!) / Kill half a cow and turn the rest to grass.«

So avancieren die abenteuerlichen Beschreibungen des Äthiopienreisenden Bruce zur Hauptquelle von Knigges Geschichte der Aufklärung. *Sie sind es, die dem phantastischen Reich des abessinischen Negus die exotische Würze verleihen, und mehrmals verweist Knigge direkt auf sie – etwa wenn er seinen Katalog der in Abessinien gebräuchlichen Folterstrafen zitiert (S. 126) oder von der Sitte berichtet, »daß täglich, um eine gewisse Stunde, eine Anzahl Menschen vor die Fenster der königlichen Zimmer treten, und mit großem Geschreye Gerechtigkeit und Hülfe erflehen« (S. 151) – welche einstmals am Äthiopischen Kaiserhof, wie wir heute wissen, tatsächlich in Gebrauch war. Und heute wissen wir auch, daß man James Bruce in mancherlei Hinsicht unrecht getan hat: Seine kartographischen Aufnahmen und astronomischen Bestimmungen waren von bleibendem Wert, die Äthiopienforschung verdankt ihm eine Fülle von neuem Material.*

Äthiopien hat im weitverzweigten Werk des Freiherrn Knigge übrigens noch eine weitere Spur hinterlassen, auf die ich durch Zufall stieß, als ich mich mit der Welt der Illuminaten und Geheimbünde vertraut zu machen suchte (die wiederum mir recht exotisch erschien). Für den Illuminatenorden hatte Knigge im Jahre 1782 nicht nur einen ausgeklügelten Ordensplan entworfen mit den verschiedenen Graden, die ein Bruder bis hin zu den höchsten Weihen zu durchlaufen hatte; Bruder »Philo« sorgte auch für eine bestechende Ordensgeographie: In seinem »Illuminaten-Orden-Directions-System« trug Deutschland den Decknamen Assyrien, und es war aufgeteilt in drei Inspektionen: Achaia, Äthiopien und Abessinien. Achaia teilte sich in die Provinzen Griechenland (Bayern), Illyrien (Franken) und Pannonien (Schwaben); Äthiopien in die Provinzen Macedonien (Niederrhein), Dacien (Oberrhein) und Tessalien (Westfalen); Abessinien wiederum umfaßte Jonien (Oberes Sachsen) und Aeolis (Niedersachsen). Die Provinzen verzweigten sich weiter in Direktorien und Präfekturen mit ebenso stolzen Bezeichnungen: Athen (München), Karthago (Würzburg), Samos (Innsbruck), Pelusium (Berlin)... Im Deutschland des Illuminaten Knigge spiegelte sich die ganze Welt, hier konnten sogar Äthiopien und Abessinien friedlich nebeneinander existieren.

Die wahre »Aufklärung« Äthiopiens hat erst in der zweiten Hälfte des 19. Jahrhunderts stattgefunden. Im Jahre 1889 übernahm Menelik II. (1889–1913) den äthiopischen Kaiserthron. Er einigte die auseinanderstrebenden Provinzen, vollendete die Wiedereroberung der verlorenen Südprovinzen und dehnte – im Wettlauf mit den europäischen Kolonialmächten – das Gebiet des Reiches mächtig aus, so daß auch Länder erobert und angeschlossen wurden, die nie zum Reich gehört hatten, wie das von islamischen Somali bewohnte Ogaden im Südosten und Teile der von den Danakil bewohnten Regionen am Roten Meer. Alles, was für die heutige Entwicklung Äthiopiens bedeutungsvoll ist, wurde damals in die Wege geleitet: der Bau der ersten festen Hauptstadt seit langer Zeit, Addis Abeba (»Neue Blume«) im Herzen des Reiches; die Verbindung der Hauptstadt mit dem Meer (Djibouti) durch den Bau einer Eisenbahn; der Bau der ersten modernen Schule und das erste moderne Krankenhaus; die offizielle Abschaffung der Sklaverei (die gleichwohl in manchen Teilen des Landes nicht durchgeführt wurde).

Nur die gewaltige Persönlichkeit des Menelik war fähig, nach Jahrhunderten der Anarchie und der Schwäche Äthiopien zu einen und ihm sein nationales Selbstgefühl wiederzugeben. Die Verkündigung einer neuen Verfassung und die Errichtung der ersten Universität in Äthiopien konnte jedoch erst später von seinem Großneffen Kaiser Haile Selassie I. (1930–1974) vollzogen werden. Mit dessen Herrschaft beginnt die moderne Geschichte Äthiopiens.

»Eine Revolution«, erklärte Mao Zedong, »ist kein Gastmahl, kein Aufsatzschreiben, kein Bildermalen oder Deckensticken; sie kann nicht so fein, so gemächlich und zartfühlend, so maßvoll, gesittet, höflich, zurückhaltend und großherzig durchgeführt werden.« Was eine Revolution bedeuten kann, welche Auswirkungen sie auf unschuldige Menschen haben kann, lernt man nicht unbedingt aus Geschichtsbüchern und aus Romanen. Im Jahre 1968, als ich in Tübingen zum ersten Mal Benjamin Noldmanns Geschichte der Aufklärung in Abyssinien las, verglühte der Funke der Revolution in Paris und Berlin. Sechs Jahre später wurde mein Heimatland von einer Revolution erfaßt: Der sogenannte Provisorische Militärrat putschte, der Negusa Negest Haile Selassie, der mein Großonkel war, wurde abgesetzt und verhaftet. Mit ihm inhaftiert wurde die weitläufige kaiserliche Familie, darunter auch meine Eltern und meine sechs Geschwister. Im November 1974 wurde mein Vater zusammen mit einundsechzig führenden Politikern des Landes erschossen. Wäre ich zu dieser Zeit in Addis Abeba gewesen, hätte mich wahrscheinlich ein ähnliches Schicksal ereilt. Über Nacht fand ich mich im Exil wieder. Im August 1975 wurde Kaiser Haile Selassie mit einem Kissen erstickt, der Diktator Mengistu errichtete ein stalinistisches Regime. Erst 1990, mit dem Fall des Eisernen Vorhangs, kamen meine Mutter und meine Geschwister frei – nach fünfzehnjähriger Gefangenschaft. Mit dem Zusammenbruch der kommunistischen Systeme Osteuropas kam auch das Ende des Mengistu-Regimes.

Fünfzehn Jahre nach dem Ende der Diktatur Mengistu Haile Mariams hat sich die Lage verfinstert und ich blicke mit großer Sorge auf mein Land. Die Regierung in Addis Abeba muß nun einsehen, daß sie mit ihrer ethnozentrischen Politik gescheitert ist – die Gefahr einer Zersplitterung des Landes war noch nie so groß. Die Regierungspartei EPRDF (Ethiopian Peoples' Revolutionary Democratic Front) brüstet sich damit, Äthiopien eine formvollendete, demokratische Verfassung gegeben zu haben. Doch die beste Verfassung ist nutzlos, wenn es nicht gelingt, das notwendige Vertrauen beim Volk zu schaffen. Wir brauchen ein Äquivalent zum »Bundes-Trauen«, wie es im bundesrepublikanischen Föderalismus zu finden ist. Wir brauchen die Konzeption des »Gesamtstaates«, der sowohl die Regierung des Bundes als auch die der Länder umschließt und keine Ethnie bevorzugt oder benachteiligt. Um dieses Vertrauen zu schaffen, bedarf es einer guten Führung und der leidenschaftlichen Bemühungen aller Äthiopier. Friedensstiftung und Versöhnung müssen wieder auf die Tagesordnung, und das äthiopische Volk muß lernen, daß »Einheit in Verschiedenheit« der einzige Weg ist, der es vom nationalen Niedergang bewahren wird.

Es stimmt mich traurig, daß das Äthiopien von heute mit einer schlechten Regierung, Bürgerkrieg, Hunger und Pestilenz assoziiert wird. Äthiopien ist ein reiches Land mit einer stolzen Geschichte und einer großartigen Kultur. Der fruchtbare Boden Äthiopiens könnte die Kornkammer Afrikas sein, wenn die Bauern nur endlich ihr eigenes Land bestellen dürften.

Benjamin Noldmanns Geschichte der Aufklärung läßt sich heute, nach zweihundert Jahren Erfahrung, die der afrikanische Kontinent mit – manchmal mehr, manchmal weniger gutmeinenden, manchmal mehr, manchmal weniger willkommenen – »Entwicklungshelfern« aus Amerika und Europa gemacht hat, auch lesen als ein Lehrstück über die Zweischneidigkeit jeglicher Form von Hilfe, die von außen kommt. Wenn ich für mein Land einen Wunsch äußern dürfte, dann diesen: daß mein Land – und mit ihm der Kontinent Afrika – lernt, sich selbst zu helfen und seine Probleme aus eigener Kraft zu lösen. Und daß man in Deutschland und Europa, wenn die Rede auf mein Heimatland kommt, nicht an Hunger und Chaos denkt, sondern an die Schönheiten der äthiopischen Landschaft und seiner Menschen, an den Reichtum seiner jahrtausendealten Kultur und den Mut und die Entschlossenheit des äthiopischen Volkes.

Benjamin Noldmanns Geschichte
der Aufklärung in Abyssinien,

oder

Nachricht von seinem
und seines Herrn Vetters Aufenthalte
an dem Hofe des großen Negus,
oder Priesters Johannes.

Mit sechs Kupfern.
Mit kaiserl. Abyssinischem
allergnädigsten Privilegio.

Erster Theil.

Vorbericht.

Ich überreiche hier dem hochgeneigten Leser – doch sage ich das nicht etwa, um mich zu rühmen – ein äußerst interessantes Werk. Ohne die Wahrheit und Bescheidenheit zu verleugnen, von welchen die ältern und neuern Reisebeschreiber und alle statistischen und politischen Schriftsteller sich so ungern zu entfernen pflegen, kann ich mit Recht behaupten, es werde Ihnen ein solches Buch noch gar nicht vorgekommen seyn. Sie finden darin nicht etwa Beschreibungen von längst und oft beschriebnen Städten und Gegenden; nicht etwa unterwegens in Wirthshäusern und andern unbedeutenden Gesellschaften aufgesammelte Anecdoten; nicht etwa ärgerliche Nachrichten und falsche Schilderungen von der sittlichen und politischen Verfassung gewisser Städte und Länder, in dem Umgange mit unzufriednen, unruhigen Köpfen aufgeschnappt und ohne weitere Untersuchung nacherzählt; nicht etwa einseitige Urtheile über Menschen und Welt-Begebenheiten, nach gewissen Lieblings-Ideen und herrschenden Vorurtheilen gemodelt, oder mit den freyen Mahlzeiten in Verhältniß gesetzt, die dem Reisebeschreiber in besagten Städten sind gereicht worden; noch verliebte Abentheuer, kleine bunte Bilderchen von empfindsamen Scenen und was dergleichen Materialien mehr sind, woraus unsre lieben Landsleute und Nachbarn ihre Reisebeschreibungen zusammensetzen: – nein! ich liefre Ihnen die Beschreibung eines großen, wichtigen, bis jetzt fast gänzlich unbekannt gewesenen Reichs in Africa, von welchem diejenigen, die bis auf den heutigen Tag darüber geschrieben, (wie Sie aus meiner so glaubwürdigen Erzählung sehen werden) ganz falsche Nachrichten gegeben haben; zugleich aber auch enthält mein

Buch die Erzählung einer höchst merkwürdigen Revolution, welche in diesem Reiche, durch mich und meinen Herrn Vetter, den jetzigen Herrn Notarius Wurmbrand in Bopfingen, ist bewirkt worden.

Es wird manchen Leser befremden, daß von allen diesen Dingen, so wie von dem großen Zuge, den wir, mein Herr Vetter und ich, mit dem ältern Prinzen des großen Negus, an den Deutschen Höfen umher, unternommen haben, und von welchem ich in diesem Werke gleichfalls Nachricht gebe, noch gar nichts in Zeitungen und Journalen ist bekannt gemacht worden; allein diese Verwundrung wird aufhören, wenn man erstlich bedenkt, daß wir die Reise im strengsten Incognito vorgenommen, und dann am Ende des zweyten Theils die Beschreibung des traurigen Unfalls lieset, durch welchen alle mit uns in Abyssinien gewesenen Europäer ihren Tod in den Wellen gefunden haben.

Ich zweifle nicht, daß mein Buch reißend abgehen wird, und daß die Herren Nachdrucker sich die Mühe nicht werden verdrießen lassen, den Debit desselben zu befördern. Es war Anfangs meine Absicht, es diesen redlichen Männern zu widmen; denn da ich in demselben zugleich eine kurze Erzählung von meinem Aufenthalte in Fetz und Marocco liefre, so dachte ich, es würde ihnen nicht uninteressant seyn, die Nachrichten, welche ich von ihren dortigen Mitbrüdern gebe, sich von mir zueignen zu lassen. Allein mein Herr Vetter redete mir die Dedications-Gedanken aus. Er berichtete mir, man sey jetzt im Begriff, der edeln Nachdrucker-Zunft im Heiligen Römischen Reiche das Handwerk zu legen, und da meinte er, es könne meinem Rufe schaden, wenn ich mich öffentlich als ein Anhänger derselben zeigte. Da es nun ein Mahl Sitte in der Welt ist, seine Freunde, wenn sie im Gedränge sind, aus Politik zu verlassen, so gab ich denn auch den Vorstellungen des Herrn Wurmbrand nach. Um jedoch in der Stille etwas zum Besten der gelehrten Corsaren zu thun, bat ich meinen Herrn Verleger, sich mit keinem andern Privilegio versehen zu lassen, als mit einem Abyssinischen. Sollte also der gegen den Nachdruck auszuwirkende Reichsschluß so bald noch nicht zu Stande kommen; so behalten meine verehrten Freunde in Carlsruhe, Reutlingen, Wien, Frankenthal etc. noch immer freye Hände, dieß Werk, in so fern sie glauben, daß dabey etwas zu gewinnen seyn möchte, auf ihre Weise umgearbeitet, das heißt mit den gewöhnlichen Castrationen, auf weichem Lösch-Papiere, erscheinen zu lassen. Mein Honorarium habe ich richtig erhalten und mein Herr Verleger mag sehen, wie er zurecht kommt!

*

Erstes Kapitel.

Etwas von der Familie und den übrigen Verhältnissen des Verfassers.

Ich weiß wohl, daß man es Schriftstellern, und besonders einigen neuern Reisebeschreibern, sehr übel auslegt, wenn sie in ihren Werken viel von sich selber, ihren Freunden und Verwandten reden; und da ich mir fest vorgenommen habe, in diesem Buche einen ganz andern Weg zu gehn, als den gewöhnlichen, so sollte ich mich freylich hüten, gleichfalls in diesen Fehler zu verfallen: allein ich halte es doch für Pflicht, bevor ich zu der Erzählung der Begebenheiten selber schreite, die Leser zuerst genauer mit den Personen bekannt zu machen, von deren Abenteuern und Unternehmungen ich ihnen Rechenschaft geben will. Meine Geschichte gewinnt dadurch an Glaubwürdigkeit; und wenn ich mich kurz fasse, so hoffe ich auch, Sie sollen, meine werthesten Herren und Damen! nicht ungebührlich viel lange Weile dabey haben. – Also frisch daran!

Mein Vater, seligen Andenkens, war ein Bierbrauer in Goßlar und verfertigte die vortreffliche Gose, von welcher der große Hübner, was ihren Geschmack und ihre eröffnende Wirkung betrifft, rühmlichst Erwähnung thut. Wir hielten zugleich ein Wirthshaus und hatten immer die Stube voll lustiger Gäste.

Hier fielen dann sehr angenehme Gespräche, besonders über politische Gegenstände, Krieg und Frieden vor; Reisende Handwerksburschen, Soldaten u. d. gl. erzählten von fremden Ländern und Städten; und wenn ich, als ein Knabe, mit meinen Büchern aus der Schule kam (wo man mir zehn Jahre lang hauptsächlich mit Gesenii Catechismus-Lehren und nebenher mit einigen nützlichen weltlichen Kenntnissen das Gedächtniß schmückte, die Bildung des Herzens, nebst der Übung des Scharfsinns und der richtigen Beurtheilungskraft aber der Zeit und den Umständen überließ), verweilte ich oft in dem allgemeinen Gast-Zimmer, um jenen Erzählungen zuzuhören, und ließ schon früh die Lust zum Reisen und Wandern in mir erwecken.

Es hatten aber meine Ältern beschlossen, mich die Rechte studieren zu lassen, und aus mir einen Advocaten zu machen. Von dieser wohlthätigen und nützlichen Menschenclasse befanden sich damahls kaum funfzig in Goßlar, von denen einige, die schon sehr alt waren, vermuthlich bald aus dieser Welt heraus contumacirt werden mußten; und so war denn Hoffnung da, daß ich, nach vollbrachten Studien, in meiner Vaterstadt als Sachwalter Brot finden würde. Man schickte mich zu diesem Endzwecke, sobald ich confirmirt war, auf die Schule zu Holzminden, und dann, im zwanzigsten Jahre meines Lebens, nach Helmstädt, woselbst ich von einem kleinen Stipendio lebte, und, in einer großen Fütterungs-Anstalt für arme Studierende, mit derber Kost versehen wurde, die in der That wohl passender für Tagelöhner, als für Gelehrte gewesen wäre, jedoch meinen Vater, der monathlich ein paarmahl bey Trompeten- und Paucken-Schalle beträchtliche Summen im Braunschweigschen Lotto verspielte, von der Sorge befreyete, sehr viel auf meinen Unterhalt zu verwenden.

Im Jahre 1764 befahl mir mein Vater, nach Goßlar zurückzukehren. Ich fand ihn in sehr zerrütteten Gesundheits- und Vermögens-Umständen. Es schien, als wenn die ungerechten Flüche derer, denen seine Gose zuweilen Leibschmerzen verursachte, alles nur mögliche Ungemach über sein Haupt brächten. Außer dem Verluste, den er in der Zahlen-Lotterie erlitten hatte, war er noch auf andre Weise unglücklich gewesen. Die Sache ging also zu. Der berühmte Graf St. Germain, der bekanntlich ein großer Alchymist und Universal-Arzt war, oder vielmehr ist (denn den Gerüchten, als sey er kürzlich in Schleßwig gestorben, darf man keinen Glauben beymessen; ein solcher Mann stirbt nicht; und wäre dem so, und hätte man am Ende entdeckt, daß er ein Betrüger gewesen, so würden ja doch die Leute, bey denen er zuletzt gelebt, es für Pflicht der Rechtschaffenheit gehalten haben, seine Schelmereyen, zur Warnung des abergläubischen Publicum, öffentlich bekannt zu machen, möchte man auch ein Bißchen über ihre Leichtgläubigkeit lächeln, oder seufzen!), dieser Mann nun bereisete den Harz, und hielt sich einige Wochen lang in Goßlar auf, wo er seinen herrlichen Thee, den er wohlthätiger Weise, das Pfund für einen Carlsd'or, verkaufen ließ, debitirte. Dieser Thee hatte, wie man weiß, die unvergleichliche Gabe, wenn er lange genug gebraucht wurde, von allen Sorgen dieses Lebens zu befreyen, und zu einer bessern Welt vorzubereiten. Der Graf war damahls in seinen besten Jahren, kaum Ein tausend acht hundert Sommer alt. Einer seiner Lakayen, der noch nicht viel über fünf hundert Jahre bey ihm diente, kam täglich in meiner Ältern Haus, war sehr geschwätzig, redete viel von den Arzeneymitteln seines Herrn, und machte endlich meinem Vater begreiflich, daß, wenn er dem Herrn Grafen einen großen Vorrath von dem Wunder-Thee auf Speculation abkaufte und damit den ganzen Unterharz laxirte, er nicht nur an manchen Familien zum Wohlthäter werden, sondern auch ein ansehnliches Capital gewinnen könnte. Mein Vater ließ sich ankörnen, erhandelte zwey hundert Pfund von der wohlthätigen Waare und der Wundermann reisete weiter. Die ersten Proben, welche Herr Noldmann mit diesem Universal-Mittel machte, fielen unglücklich aus; die Patienten hatten nicht Geduld genug, so lange zu leben, bis die eigentliche Wirkung des Thees erfolgen konnte, und der Stadt-Physicus, der sein Privilegium, für die Bevölkerung des Paradieses zu sorgen, mit niemand theilen wollte, verklagte

meinen Vater bey dem Magistrate. Der Proceß fiel zum Nach-
theile des Beklagten aus; der Thee wurde confiscirt, von Sachkundigen geprüft, und, da man ihn aus äußerst gemeinen,
wohlfeilen, aber bey unvorsichtigem Gebrauche schädlichen
Kräutern zusammengesetzt fand, in's Wasser geworfen, mein
armer Vater aber, zu einer großen Geld-Strafe verurtheilt. Aus
Kummer über diesen neuen Unfall und über seine täglich sich
verschlimmernden häuslichen Umstände, fiel er in eine gefährliche Krankheit. In dieser Zeit schrieb er mir, ich möchte
zu ihm kommen, indem er durch meine Praxis sich wieder in
eine bessre Lage zu versetzen hoffte. Was aber seine Gesundheit
betraf, so war er jetzt gegen den Arzt aufgebracht, und wollte
sich also seiner Hülfe nicht bedienen; noch hatte er ein Paar
Pfunde von seinem Thee heimlich gerettet, und da sein Glaube
an die Wirkung desselben um nichts schwächer geworden war,
so trank er selbst fleissig davon. Vierzehn Tage nach meiner
Ankunft brachten ihn so weit, als die beharrlichsten unter
St. Germain's Patienten früher oder später zu kommen pfleg-
ten; er starb in meinen Armen, und hinterließ seiner Familie
drückende Sorgen für die Zukunft.

Meine Mutter, von der ich noch nichts gesagt habe, lebte
damahls noch; mein Vater hatte für sie in eine auswärtige
Witwen-Casse gesetzt; allein da die Einrichtung derselben auf
unrichtigen Berechnungen beruhete, so konnte sie keinen Bestand haben; die Direction der Casse hatte daher schon vor
einigen Jahren bekannt gemacht, daß sie nicht Wort halten
könnte; das ganze Institut zerfiel; eine Menge von Familien
verloren ihren Unterhalt, ihre, von der Landesherrschaft ge-
sicherten Forderungen, die armen Weiber ihre Aussichten, ihre
Hoffnungen, künftig vor Mangel geschützt zu seyn; und unter
diesen war denn auch meine Mutter.

Da es meinem Vater gefallen hatte, aus mir das zu machen,
was man einen Gelehrten nennt, so schickte es sich nicht für
mich, als Bierbrauer und Schenkwirth in seine Fußstapfen zu
treten; auch fanden sich so viel Schulden, daß wir Haus und
Inventarium verkaufen mußten, um diese zu tilgen. Ich mie-

thete also ein Paar kleine Zimmer, that den sehr unbedeutenden
Rest, der von unserm Vermögen übrig blieb, auf Zinsen aus,
und beschloß vorerst davon, und dann von meiner Arbeit als
Advocat, mich und meine Mutter, so gut es gehen wollte, zu
unterhalten.

Zweytes Kapitel.

Fortsetzung des Vorigen.

So viel von meiner eignen werthen Person, bis zu der Catastrophe, die mich bewog, auf Reisen zu gehen! Jetzt muß
ich von den übrigen Personen meiner Familie, besonders
von meinem Herrn Vetter reden, dessen Schicksale mit den
meinigen zusammen hängen.

Ich war nicht der einzige Sprößling des Noldmannschen Geschlechts, sondern hatte eine ältere Schwester, die, als ich noch
ein Knabe von sechs Jahren war, mit dem Prediger Wurmbrand
im Eisenachschen getraut wurde. Dieser Mann war reich, und
schon verheirathet gewesen. Mit der ersten Frau hatte er zehn
Söhne erzeugt; meine Schwester beschenkte ihn mit dem eilften,
den er, indem ihm der Erzvater Jacob im Kopfe steckte, Joseph
taufte. Die Jungen sollten sämmtlich Theologie studieren; das
war denn so die geistliche Grille des Herrn Pastors; doch wurde
sein Plan vereitelt. Zwey von den jungen Herren liefen aus der
Schule weg, und ließen sich zu Soldaten anwerben; Einer wurde
blödsinnig und deßwegen in ein Hospital gesteckt; der vierte
starb auf Universitäten, an der zurück getriebnen Krätze; der
fünfte ertrank auf der Reise, als er eben nach Ilefeld auf das
Gymnasium ziehen wollte; Einer wurde Landprediger und lebt
noch; ein andrer ließ sich verleiten, mit den Spanischen Luftspringern in die Welt hinein zu gehen, und die hohen Herr-
schaften in den Frankfurther Messen durch seine Gaukeleyen
zu unterhalten; der achte verschwand auf Ein Mahl, nachdem

er sich auf Schulen allerley Ausschweifungen ergeben hatte, soll gegenwärtig Schauspieler seyn und edle Helden-Rollen spielen; der neunte, welcher Isaschar hieß, plagte seine Ältern so lange, bis sie einwilligten, daß er Bartscherer und Wundarzt würde (zwey Künste, die in Deutschland, wie jedermann weiß, zur Ehre der gesunden Vernunft, in Einem Stande vereinigt sind); Sebulon aber, als der zehnte Sohn, vollendete seine Studia, war ein wenig taub und kurzsichtig, wurde daher zum Informator gut genug befunden, in welcher Qualität er sich vielleicht noch jetzt herum treibt. Der kleine Joseph, der wenig Jahre jünger als ich war, blieb am längsten in seines Vaters Hause, und wurde also, wie sich das versteht, von Vater und Mutter verzogen. Gern hätten Sr. Hochehrwürden noch einen kleinen Benjamin geliefert; allein so gut wurde es ihnen nicht; es blieb also Joseph Wurmbrand der Liebling der Ältern. Er war ein lebhafter Knabe, voll Muthwillen und unruhigen Geistes. Da die kleinen Tücken, die er ausübte, als Zeichen seines aufgeweckten Temperaments ausgelegt, und seine Naturgaben bey jeder Gelegenheit zur Ungebühr erhoben wurden; so gewann der Junge bald eine große Meinung von seinem eignen Ich. Der Vater pflegte ihm oft in der Bilder-Bibel, die Geschichte von Jacob's Söhnen aufzuschlagen. Wenn dann das naseweise Kind auf dem Holzschnitte den Ägyptischen Finanz-Minister Joseph, mit königlichen Kleidern angethan, auf einem großen Stuhle sitzen sah, wie er seine Brüder, die als lumpige Juden vor ihm erscheinen und seine Füße küssen, von oben herab seiner Gnade versichert: so dachte der kleine Wurmbrand, es könne ihm auch wohl noch so gut werden; und dann kam es ihm im Schlafe vor, als wenn er dem Oberschenken und dem Schloßhauptmanne in Weimar ihre Träume ausgelegt hätte, und dieser merkwürdige Umstand der durchlauchtigsten Herzoginn Regentinn wäre berichtet worden, da er dann einen Ruf bekommen, vor Ihrer Durchlaucht zu erscheinen, und der erhabenen Fürstinn den Rath gegeben, zu rechter Zeit Magazine anzulegen, und wie er darauf stante pede zum Kammer-Präsidenten wäre ernannt worden, wodurch er dann Gelegenheit erhalten hätte, seine ganze Familie zu hohen Ehren zu bringen; und was dergleichen Thorheiten mehr waren.

Indessen ließen sich solche erhabne Gedanken nicht wohl mit seines Vaters Plane, ihn der Gottesgelahrtheit zu widmen, vereinigen; deßwegen empfand er denn auch sehr wenig Neigung, diesen Stand zu wählen. Wenn der alte Pastor mit seinem Ideen-Schwunge nicht weiter hinauf konnte, als daß er in Gedanken seinen lieben Sohn auf dem Consistorio in Weimar sein examen rigorosum rühmlichst aushalten sah, indeß der Alte hinter dem grünen Schirm auf jede Frage und Antwort lauerte, und unter der Hand zu erfahren suchte, ob der hoffnungsvolle junge Candidat bene oder valde bene zum Urtheil erhalten habe; so flog Joseph mit seiner Phantasie viel höher. Er erblickte sich als Minister, an der herzoglichen Tafel auf dem großen Schlosse (dessen prächtige Merkwürdigkeiten so wohl als die schönen Gärten, Lust- und Jagd-Schlösser sich der Herr Pastor nebst seiner Familie, bey einer Reise nach Weimar, ein Mahl hatte zeigen lassen), sah sich da den herrlichen Pasteten und Fleisch-Massen gegen über, woran die herzoglichen Mundköche ihre Kunst verschwendet hatten, und erlauerte den Augenblick, da er, durch irgend ein Abenteuer in die Residenz geführt, dort einer vornehmen Dame Liebe einflößen, von ihr, nach vorher gegangener Mantel-Scene, auf die Wartenburg verwiesen werden, und dort, durch Traum-Deuterey, den Grund zu jener glänzenden Laufbahn legen würde.

Es war aber im Buche des Schicksals anders beschlossen. Sein Vater unterwies ihn selbst bis in das funfzehnte Jahr, nach der damahls allgemein üblichen alten Methode, und in der That war über seinen Fleiß nicht zu klagen. Dann wurde er nach Eisenach auf die Schule geschickt, wo er bey seinem Oheim, einem Cantor, im Hause wohnte. Hier gerieth er mit andern wilden jungen Leuten in Verbindung; man wachte nicht sorgfältig genug über seine sittliche Aufführung; sein Kopf war voll von Erwartungen sonderbarer Abenteuer; es dauerte ihm zu lange, ehe sich eine Aussicht zeigte, die Träumereyen seiner Kindheit realisirt zu sehen; es wurde nun immer ernstlicher davon geredet, daß er sich den theologischen Wissenschaften widmen sollte; das Ding gefiel ihm nicht; er gerieth über einige Reisebeschreibungen, die ihm die Lust einflößten, fremde Länder zu sehen; er fing an zu glauben, Weimar sey wohl nicht der Ort, wo er die große Josephs-Rolle würde spielen können, und da ihn die Abenteuer nicht suchten, so beschloß er, sie aufzusuchen. In dieser Stimmung wurde er durch einen andern jungen Menschen bestärkt, der ihm den Plan entwerfen half, fortzulaufen, und mit ihm auf gutes Glück in die weite Welt zu gehen. Hierzu kam, daß er ein wenig zu bekannt mit des Herrn Cantors Tochter geworden, woraus Folgen entstanden waren, die bald sichtbar werden mußten, und die ihn in große Verlegenheit setzten. In diesem Puncte ahmte er also seinem Ägyptischen Helden nicht nach, der sich bey Madam Potiphar ganz anders betragen hatte; allein das hielt ihn nicht ab, zu glauben, er könne wenigstens im Übrigen sein Vorbild erreichen. Er ging also fort, und um die Leser nicht mit einer weitläuftigen Beschreibung seiner Wanderschaften zu ermüden, will ich davon nur das Hauptsächlichste erzählen.

Joseph Wurmbrand erlebte, was jedem leichtsinnigen Knaben begegnen muß, der, ohne zu wissen wohin, und ohne alle Erfahrung, in die Welt hinein läuft. Daß man wohl thue, sich mit Gelde zu versehen und einen bestimmten Plan zu entwerfen, bevor man einen solchen Schritt wagt, daran hatte der junge Herr so wenig wie sein Reisegefährte gedacht. Einige Tage lag es ihnen nur am Herzen, ihre Tritte zu beschleunigen, weil sie fürchteten, man möchte ihnen nachsetzen. In dieser Zeit nun waren sie bis an die Preußische Grenze gekommen, fühlten sich aber so ermüdet und, da sie indeß fast gar nichts genossen hatten, einer guten Mahlzeit so bedürftig, daß sie sich entschlossen, hier Halt zu machen, sich mit Speise und Schlaf zu erquicken, und inter pocula mit einander zu berathschlagen, wohin nun eigentlich die Reise gehen sollte. Ein einsam liegendes Wirthshaus ladete sie eines Abends ein, hier Quartier zu nehmen. Sie fanden darin, außer dem dicken, einäugigen Gastwirthe und seinem bucklichen Weibe, noch zwey große, starke

Kerl um den Tisch herum sitzen, die zuvorkommend freundlich gegen sie waren, und mit denen sie bald in allerley vertrauliche Gespräche geriethen. Dabey ließen sie sich zu essen und zu trinken geben. Die beiden Fremden nöthigten sie, ein Paar Gläser Wein mit ihnen auszuleeren, wobey unsre jungen Abenteurer treuherzig genug waren, ihre Geschichte zu erzählen, nähmlich: wie sie, um sich dem Schulzwange und dem ewigen Einerley einer sitzenden Lebensart zu entziehen, sich mit der Absicht auf den Weg gemacht hätten, die Welt zu sehen; und daß es nun ihr Plan sey, nach Holland zu reisen, und dort, weil sie doch im Schreiben und andern nützlichen Kenntnissen erfahren wären, sich zu bemühen, auf einem Schiffe, das zu einer großen Reise bestimmt wäre, als Schreiber oder dergleichen angesetzt zu werden. Die übrige Gesellschaft lobte diesen Entschluß, und weil es indeß spät geworden war und die beiden jungen Leute sich ungewöhnlich schläfrig fühlten, so wurde Anstalt zu einer Streue gemacht, auf welcher Joseph mit seinem Gefährten, und bald nachher auch ihre neue Bekannte Platz nahmen.

Es war schon heller Tag, als mein Herr Vetter von seinem festen Schlafe erwachte; er rief seinem Freunde, aber niemand antwortete; er stand auf, fragte den Wirth und die Wirthinn, wo denn die andern wären, und bekam zur Antwort, daß sie das nicht wüßten. Schon vor Tage habe einer von ihnen die Magd geweckt, habe die Zeche für sie alle bezahlt, und sey weiter gereiset; vermuthlich sey der junge Mensch mit den beiden Männern gegangen. So wenig dieß nun mein Herr Vetter begreifen konnte, so blieb ihm doch nichts übrig, als sich in Geduld zu fassen. Vergebens wartete er bis zum Mittage auf die Zurückkunft seines Freundes; er erschien nicht, und Joseph mußte sich entschließen, einsam seine Reise fortzusetzen. Er ließ sich den nächsten Weg, der auf die Holländische Heerstraße führte, beschreiben, nahm sein Bündelchen, und ging fort.

Unterwegens gesellte sich ein Mann zu ihm, mit dem er bald eine Unterredung anfing, und dem er den ihn betroffenen Unfall klagte. Der Mann schien großen Antheil an der Sache zu nehmen, und erklärte ihm zugleich, wie es damit zugegangen

wäre. Er sagte ihm dieß Wirthshaus sey eine Herberge für Preußische Werber, und die beiden gestrigen Gäste seyen dergleichen
gewesen; er wisse auch recht wohl, wie es diese Herrn machten.
Sehr wahrscheinlich hätten sie ihm und seinem Freunde einen
Schlaftrunk in den Wein geschüttet, dann in der Nacht den jungen Menschen von der Streue aufgenommen, auf einen Wagen
gelegt, und wären mit ihm nach Magdeburg gefahren. Dieß
war auch in der That also geschehen, und was meinen Vetter
von einem gleichen Schicksale gerettet hatte, war der Umstand
gewesen, daß er nicht sehr ansehnlich von Figur ist, da hingegen der andre ein schlanker, hübscher Pursche war. Der ehrliche Mann beschloß seine Rede mit der ziemlich bekannten
Anmerkung: daß es aller Orten böse Leute gebe, und daß ein
junger Mensch sich auf Reisen sehr in Acht nehmen müßte.

Schon am folgenden Morgen hatte Joseph Gelegenheit, die
Wahrheit und Wichtigkeit dieser Bemerkung zu fühlen; denn,
nachdem er mit seinem neuen Bekannten in einem kleinen
Städtchen übernachtet hatte, und nun weiter seiner Straße
ziehen wollte, fand sich's, daß der Fremde voraus gegangen war,
und, theils um ihn von der Last zu befreyen, gar zu schwer
tragen zu müssen, theils um seine Lehre von der Vorsichtigkeit
auf Reisen ihm anschaulicher zu machen, sein Bündel mitgenommen hatte.

Das war denn ein harter Schlag für meinen armen Herrn
Vetter; denn das Päcklein enthielt seine besten Sachen, an
Wäsche, silbernen Schnallen und dergleichen, und nun hatte
er, außer der Kleidung, die er auf dem Leibe trug und einem
halben Thaler baarer Münze, nichts im Vermögen, das ihm
hätte die Mittel verschaffen können, Holland zu erreichen. Er
schritt also, traurig und unentschlossen, was er anfangen
wollte, weiter. Indessen machte er es hier, wie die mehrsten
Menschen; denn er nahm sich jetzt, da es zu spät war und er
nichts mehr zu verlieren hatte, vor, künftig behutsamer zu seyn.

Der halbe Thaler, der Josephs ganzen Reichthum ausmachte,
war nun auch bald ausgegeben, und so blieb ihm denn, nach
einigem Kampfe zwischen seinem hungrigen Magen und dem

Ehrgeize, nichts übrig, als mitleidige Menschen um einen Zehr-pfennig anzusprechen. In dieser Lage wünschte er wohl freylich zuweilen, daß irgend eine reiche Madam Potiphar ihn in Versuchung führen möchte; allein so gut wurde es ihm nicht; doch bettelte er sich, mit ziemlichem Anstande und Erfolge, noch einige Tage lang weiter.

Ich habe vorhin gesagt, daß der jetzige Herr Notarius Wurm-brand, von dem hier die Rede ist, keine vorzüglich schöne Lei-besgestalt besäße. Hierdurch habe ich aber keinesweges eine nachtheilige Schilderung von meinem Herrn Vetter entwerfen wollen. – Im Gegentheil! er hat gewiß keine ganz gemeine Notariats-Physiognomie, und was ich jetzt erzählen will, wird dieß beweisen. Als er nähmlich auf dieser Wanderschaft einen Westphälischen Edelmann um eine kleine Gabe ansprach, gefiel diesem Herrn seine Gesichtsbildung so vorzüglich, daß er ihm den Antrag that, ihn als Lakayen zu sich zu nehmen. Des armen Josephs Erwartungen von seinem künftigen Schicksale waren nun schon durch die ersten Widerwärtigkeiten ziemlich herab gespannt, und so besann er sich denn nicht lange, ob er ein so gütiges Anerbiethen annehmen sollte, oder nicht.

Unter den Westphälischen Edelleuten, so wie überhaupt unter der Deutschen, auf ihren Gütern wohnenden Noblesse, gibt es, wie bekannt, ungemein viel feine, gebildete und gelehrte Män-ner. Sie nützen die glückliche Muße des Landlebens zu Aus-bildung ihres Geistes, und da sie sehr wohl fühlen, daß ein bloßer Stammbaum noch nicht beweiset, daß der Abkömmling von sechzehn adelig gebornen Personen ein edler Mann und kein Tölpel sey; so suchen sie, sich wirkliche Vorzüge des Geistes und Herzens zu erwerben und, durch Beförderung einer wei-sen Aufklärung und durch väterliche Sorgfalt für die ärmern Landleute, ihren Mitmenschen wahrhaftig nützlich zu werden. Ja, in der That! so sind die Deutschen Edelleute, und ich kann es nicht begreifen, wie manche Menschen das Gegentheil behaupten können. – Ein solcher Mann war denn auch der Cavalier, der meinen Herrn Vetter zu sich nahm. Er besaß eine große Büchersammlung, in vergoldetes Leder gebunden und mit

seinem Wapen geziert, und da er fand, daß Joseph nicht ohne
Kenntnisse und nicht ohne gute Anlagen zu weitrer Ausbildung
derselben war, so verstattete er ihm den freyen Gebrauch dieser
Bibliothek, ließ ihn auch nicht lange die Livree tragen, sondern
nützte ihn, als eine Art von Schreiber, zu Führung seines Briefwechsels und zu andern Geschäften.

Hier lebte Herr Wurmbrand zwey Jahre lang, fand Gelegenheit bey dem Prediger des Orts Unterricht in einigen Sprachen
und Wissenschaften zu erlangen, befestigte sich aber, besonders
durch Lesung vieler Reisebeschreibungen, immer mehr in dem
Vorsatze, ferne Länder und Völker kennen zu lernen.

Einstens erhielt der Edelmann Besuch von einem Professor
aus Frankfurth an der Oder, der sehr stark in Orientalischen
Sprachen war. Dieser lernte meinen Vetter kennen, gewann
ihn lieb und that dem gnädigen Herrn den Vorschlag, er möchte
ihm den jungen Menschen überlassen, indem er für seine wei-
tern Studien und für sein Fortkommen zu sorgen versprach. Der
Herr Professor hatte großen Einfluß an Höfen, den er auf edlere
Art nützte, als wohl mancher andrer Professor der Philologie,
den ich kenne. Der Edelmann willigte ein, und Joseph reisete
mit dem Professor nach Frankfurth.

Drey Jahre brachte Herr Wurmbrand bey diesem Gelehrten
hin, war sein Amanuensis, schrieb das, was dieser drucken ließ,
ins Reine, übernahm die Correcturen, gab sich ein wenig mit
Recensiren ab, studierte aber und las dabey fleissig, was nicht
jeder Recensent thut, hörte indessen nicht auf, seinen Wohlthäter zu bitten, er möchte ihn doch irgend einem vornehmen
Herrn, der eine weite Reise vorhätte, als Gesellschafter empfehlen, wozu man, wie billig ist, gern Leute wählt, die sich auf
Orientalische Sprachen gelegt haben.

So standen die Sachen, als ein Pommerscher Edelmann,
welcher Deutscher Ordens-Ritter war, sich eine Zeitlang in der
dortigen Gegend aufhielt und sich an verschiedne Personen mit
dem Anliegen wendete, sie möchten ihm doch einen geschickten
Secretair verschaffen; da dann mein Vetter, durch Vorsprache
seines Beschützers, diese Stelle erhielt.

Den in diesen Dingen etwa unwissenden Lesern, dient zur Nachricht, daß der Deutsche Orden ein für die Menschheit sehr nützliches Institut ist. Der Haupt-Gegenstand der Bemühungen desselben bleibt, seitdem seine Bestimmung am heiligen Grabe wegfällt, die Ausrottung der Erbfeinde der Christenheit, der vermaladeyeten Türken. Es wäre wohl zu wünschen, daß andre, der Welt eben so nützliche Unternehmungen, zum Beyspiel: die Erziehung der Jugend, die Beförderung der Wissenschaften, die Aufmunterung unterdrückter Talente, die Minderung der Noth und Armuth, der Sturz des Fürsten-Despotismus und der Ungerechtigkeit, die Beschützung der unterdrückten Hülflosen, die Ermunterung des echten Verdienstes und dergleichen, den Hauptzweck eben so reicher und mächtiger Gesellschaften aus-machen möchten – doch vielleicht erleben wir auch das noch. Obgleich nun der Deutsche Orden mit der menschenfreund-lichen Absicht, die Ungläubigen zu vertilgen, in den letztern fünf hundert Jahren nicht sehr weit fortgerückt ist, so muß doch jeder Ritter drey Feldzüge gegen die Türken thun, das heißt: er muß drey verschiedne Campagnen hindurch bey irgend einer Armee, die gegen den Erbfeind in Bewegung ist, sich aufhalten, und sich's im Haupt-Quartiere wohl seyn lassen. Der Orden hat auch Priester, die aber den Türken keinen Abbruch thun, und nach Priesterweise, statt gegen sie zu fechten, sie nur anathematisiren. Um Deutscher Ritter zu werden und An-spruch auf reiche Commenthureyen machen zu dürfen, muß man das Gelübde der Armuth und auch die des Gehorsams und der Keuschheit, welche auf eben solche Weise in Erfüllung gebracht werden, eidlich ablegen. Ein strenger Beweis von sech-zehn echten Ahnen beurkundet die Würdigkeit, in den Orden aufgenommen zu werden, welches mit kirchlichen Ceremonien geschieht, die, besonders einem Protestanten, gar sonderbar mitzumachen vorkommen müßten, wenn die Menschen nicht ein Mahl daran gewöhnt wären, Spielereyen Feyerlichkeiten zu nennen, und das Alte ehrwürdig zu finden, wenn auch gar kein Sinn darin liegt. – Der Ritter, welcher den Herrn Wurmbrand zu sich nahm, war in der Jugend ein wenig zu cavaliersmäßig erzogen worden; man hatte vergessen, ihn das Schreiben und Lesen gehörig zu lehren, und mein Herr Vetter war ihm also ein sehr nützlicher Mann, zu Führung seines Briefwechsels. Da sich sonst keine Gelegenheit fand, wider die Türken zu Felde zu ziehen, so beschloß er, nach Malta zu reisen und mit den Galeren, die Jahr aus Jahr ein von dort aus auf die Kinder Muhameds Jagd machen, gegen die Ungläubigen zu kreuzen.

Gleich bey der ersten Expedition dieser Art, wenig Wochen nach ihrer Ankunft auf der Insel (mein Vetter wich seinem Herrn nicht von der Seite), hatten sie das Unglück, einem Barbarischen Seeräuber in die Hände zu fallen, der sich, ohne großen Widerstand, ihres Fahrzeugs bemächtigte und die ganze Equipage zu Gefangnen machte. Der Ritter schaffte in wenig Monathen ein ansehnliches Lösegeld herbey, und wollte auch seinen Secretair los kaufen, allein der Corsar hatte den Herrn Wurmbrand so lieb gewonnen, daß er ihn durchaus nicht wollte fahren lassen. Hierzu trug nicht wenig meines Herrn Vetters Kenntniß der Orientalischen Sprachen bey. Der Seeräuber war übrigens ein Mann von Kopf und von menschenfreundlichem Herzen. Er hielt und behandelte seinen Sclaven so wohl, daß dieser oft in Versuchung gerieth, zu glauben, man könne in der Türkischen Gefangenschaft fast eben so viel Freyheitsgefühl schmecken, als in den Diensten manches alten Edelmanns in Deutschland. Ali Muski (so hieß der Corsar) war ein Deutscher Renegat, der, nachdem er in Europa lange genug von kleinen und großen Despoten, Schelmen und Pinseln war herum ge-hudelt worden, sein Glück zur See versucht hatte. Sein Schick-sal hatte ihn nach Tripoli geführt; er war einem billig denken-den Manne in die Hände gefallen, hatte den Vortheil gehabt, diesem einst das Leben zu retten; wurde aus Erkenntlichkeit in Freyheit gesetzt; hielt es für vernünftig, den Gottesdienst des Landes anzunehmen, und bekam von seinem ehemahligen Herrn einen Vorschuß, womit er anfing Handel zu treiben und Fahrzeuge auszurüsten. Die Vorsehung begünstigte sein Unter-nehmen; er wurde reich; eigne Erfahrungen hatten ihn Mit-leiden mit fremdem Kummer gelehrt; er behandelte seine Sclaven mit Milde und Schonung, hatte Sinn für fremden Werth und Dankbarkeit für erwiesene Dienste.

Ali Muski hatte ein wichtiges Geschäft in Cairo zu besorgen; dieß trug er meinem Vetter auf, der es zu seiner Zufriedenheit ausrichtete, und zum Preise seiner Bemühung die Freyheit erhielt.

Nun erwachte in Josephs Kopfe der Gedanke, in diesen Weltgegenden die Rolle zu spielen, von welcher er in seinen Kinderjahren so schön geträumt hatte. Er fand, daß unter den Menschen, welche wir Räuber und Barbaren nennen, wohl eben so viel Treue und Glauben herrschen, als in unsern so genannten verfeinerten bürgerlichen Verbindungen; er beschloß also in Africa zu bleiben, wo man ihn wenigstens nicht zwang, Candidatus Theologiae zu werden. Er kleidete sich nach Landessitte; und was die Religion betraf, so war der Renegat billig genug, von ihm nicht zu fordern, daß er seinem Beyspiele folgen sollte. Ali Muski versicherte ihn, daß, wenn er sich nur enthielte, gegen die herrschenden Meinungen und Gebräuche zu eifern, so könnte er ungestört bey seinem Lutherthume bleiben.

Jetzt kam es nur darauf an, einen Plan für die Zukunft zu entwerfen. Handel zu treiben, wozu ihm Ali Muski gern Geld vorgestreckt haben würde, war seine Sache nicht; und der Gedanke, in einem von den unzähligen großen Africanischen Reichen eine wichtige Rolle zu spielen, blieb immer herrschend bey ihm, zu welchem Endzwecke er denn die Coptische Sprache und die von Tigre oder Geez, und die Amharische fleissig studierte. – Im Arabischen war er schon geschickt.

Indessen fügte es sich, daß er bald noch eine Reise nach Cairo, in Geschäften seines ehemahligen Gebiethers zu machen hatte. Er traf dort einige Abyssinier an, die ihm soviel Gutes von ihrem Vaterlande sagten, daß er, nachdem er vorher in Tripoli Ali Muski Rechenschaft von seinen Verhandlungen gegeben hatte, sich entschloß, nach Gondar zu gehen, und dort sein Glück zu versuchen. Da er, der Kleidung und Sprache nach, völlig wie ein Muselmann aussah, so hatte er auf der Reise nichts zu fürchten; allein sein Wohlthäter erwies ihm noch die Großmuth, dafür zu sorgen, daß es ihm nicht an Gelde, oder vielmehr an wollnem Zeuge fehlte, welches in Abyssinien statt der Silbermünze gebraucht wird, und daß der Bassa von Ägypten ihm eine Bedeckung von Sclaven und so dringende Empfehlungs-Schreiben an die Nayben, oder Statthalter an der Grenze mitgab, daß mein Herr Vetter in der That in jenen unbekannten Ländern aller Orten so freundlich aufgenommen und bewirthet wurde, als ein junger Gelehrter in Deutschland, der, um die schönen Franzbände der öffentlichen Bibliotheken und die Studierzimmer der Bücherschreiber zu beäugeln, versehen mit einem Firman, oder mit einem Hirtenbriefe von irgend einem Stimmführer in der Literatur, seine Wanderschaft mit dem Postwagen, von Zürch bis Kiel, oder von Wien bis Bonn antritt.

Da indessen die Türken vom festen Lande Abyssiniens vertrieben sind, so war es nöthig, gleich bey seiner Ankunft in Adova, der Hauptstadt von Tigre, für einen Coptischen Christen zu gelten. Übrigens versah er sich mit einigen einfachen Arzeneymitteln, und gab sich für einen Medicus aus, welches, so unwissend er auch in dieser Wissenschaft war, in den dortigen Gegenden, wo die Heilkunde eben keine große Fortschritte gemacht hatte, durch Hülfe der, den Europäischen Charlatanen abgelernten Windbeuteleyen, sehr leicht auszuführen war.

Auf diese Weise kam er glücklich nach Gondar, der Residenz des Königs von Abyssinien, wurde dem Monarchen vorgestellt, hatte das Glück, demselben einige Würmer abzutreiben und ihn, durch Gebrauch einer Mercurialsalbe, von dem Aussatze zu befreyen – zwey der gewöhnlichsten Krankheiten in diesen Africanischen Ländern, die aber unter unsern Europäischen Fürsten noch nicht eingeführt sind –, und kam durch diese Cur zu hohen Ehren.

In seinem Glücke nun erinnerte er sich seiner Verwandten in Deutschland, und ich bekam im Jahre 1766 einen Brief von ihm, wovon ich im folgenden Kapitel Rechenschaft geben werde.

Drittes Kapitel.

Der Verfasser erlebt unangenehme Schicksale
in Goßlar und reiset zu seinem Herrn Vetter
nach Abyssinien.

*I*ch habe vorhin erzählt, daß ich nebst meiner Mutter eine
kleine Wohnung in Goßlar bezog, um dort mit ihr, so gut
es gehen wollte, zu leben; allein neue Widerwärtigkeiten
trafen mich ohne Unterlaß. Im ersten Jahre wollte es mit meiner Praxis gar nicht fort. Bey den kleinen Zwistigkeiten unter
den Bürgern, Bauern und Bergleuten, war wenig Geld zu verdienen; ich verstand die eigentliche Advocatenkunst nicht, klare
Sachen dunkel zu machen, friedliebende Leute vom Vergleiche
abzuhalten, wenig Sachen mit viel Worten zu sagen, und
dann meine Schriften nicht nach der Wichtigkeit der Arbeit,
sondern nach der Anzahl der unnütz voll geschriebnen Bogen
mir bezahlen zu lassen; ich nahm von armen Leuten kein Geld,
und reichre wendeten sich nicht an mich, sondern an irgend
einen alten Advocaten, der schon, durch vieljährigen Besitz,
sich das Recht erworben hatte, ein Organ der Chicane zu seyn,
und dasjenige in seinen Beutel zu spielen, worüber sich zwey
andre Leute zankten. Zu Anfange des andern Jahrs gerieth
endlich ein etwas wichtigrer Proceß in meine Hände, allein
ich mußte in dieser Sache nach Wetzlar appelliren – das hieß
denn, in gewissem Sinne, für die Ewigkeit arbeiten, brachte
aber kein Geld ein. Der Reichs-Cammergerichts-Assessor, in
dessen Hände die Acten fielen, legte sie zu den übrigen hundert
und funfzig Processen, aus denen er Relationen schuldig war;
und jetzt, nach fünf und zwanzig Jahren, da ich dieses schreibe,
werden sie noch wohl an demselben Platze liegen, wenn die
Parteyen nicht etwa Mittel gefunden haben, durch Sollicitiren einige Beschleunigung auf Unkosten andrer, vielleicht
noch ängstlicher nach Recht und Gerechtigkeit seufzenden, zu
bewirken.

Es ging also sehr schlecht mit meiner Einnahme, und die Ausgaben hingegen vermehrten sich, da meine Mutter erkrankte, und nach dreymonathlichem Leiden starb. Ich mußte unser kleines Capitälchen angreifen, und war in der That in der traurigsten Lage, als ich von meinem Herrn Vetter den oben erwähnten Brief erhielt, dessen Inhalt ungefähr folgender war: Er sey, nach mancherley erlebten Schicksalen, nach Abyssinien gerathen, und habe jetzt die Ehre daselbst erster Staatsminister des Königs, oder großen Negus zu seyn, den wir irriger Weise den Priester Johannes nennten. Dieser Monarch nun beglücke ihn mit seiner vorzüglichen Gunst, habe auf seinen Rath verschiedne gute Einrichtungen, nach dem Muster der Europäischen Staaten, in seinem weitläuftigen Reiche gemacht, und wünsche, noch mehr Europäer dahin zu ziehen, auch Bücher, Maschinen und andre Dinge, wovon das Verzeichniß hiebey erfolge, aus unserm Vaterlande zu erhalten. Er, der Herr Minister, habe diese Gelegenheit, mich glücklich zu machen, nicht entwischen lassen wollen, da ich von den Personen seiner Familie der einzige Mann sey, von dem er glaubte, er könne ihn in seinem großen Vorhaben unterstützen. – Mein Herr Vetter bat mich daher, mich auf die Reise nach Africa zu machen, schrieb mir den Weg vor, den ich nehmen sollte, schickte mir die nöthigen Adressen für die verschiednen Handlungsplätze, nebst den Anweisungen, wo ich das Geld zur Reise und zu Anschaffung der Bücher und andern Sachen, die ich mitbringen sollte, heben könnte, versicherte mich der besten Aufnahme, seiner hohen Protection, und versprach mir ein glänzendes Glück, das meine Erwartungen weit übertreffen würde. Übrigens kam mir die Auswahl der Bücher, welche ich anschaffen sollte, sonderbar genug vor; ich werde in der Folge wohl noch etwas darüber zu sagen haben, wenn ich von dem Grade der Aufklärung rede, zu welchem ich den Hof des großen Negus durch meines Herrn Vetters Bemühungen erhoben fand.

Der Vorschlag, den mir Joseph Wurmbrand that, hatte in meinen dürftigen Umständen viel Anlockendes. Ich bekenne zwar, daß es meinen Stolz ein wenig empörte, die bessern Aussichten, welche mir derselbe eröffnete, weniger meinen eignen Verdiensten, als der Vetterschaft des Herrn Ministers zu danken zu haben. Der Nepotismus war mir stets ein Gräuel gewesen; allein die Noth wurde bey mir dringender. Die Begierde fremde Länder zu sehen, war denn auch noch immer bey mir sehr lebhaft geblieben, und obgleich mein Vetter ein wenig aus einem hoch trabenden Tone von der Wohlthat sprach, die er mir zu erweisen dachte, so war es doch auch sehr bemerklich, daß er Meiner zu Ausführung seiner dortigen Plane bedurfte, und es blieb mir ja noch die Erwartung übrig, daß ich selbst mich vielleicht bey dem Könige durch eigne Geschicklichkeit in Gunst setzen könnte, besonders im juristischen Fache, wenn es mit der Aufklärung in Abyssinien schon so weit sollte gekommen seyn, daß man dort Processe führte.

Ich erschien nun in meiner besten Kleidung, die, im Vorbeygehen zu sagen, in einem leberfarbenen Rocke mit gelben Knöpfen und einer blauen Weste mit Silber bestand, vor dem Magistrate in Goßlar, und hielt eine lange Rede, in welcher ich feyerlich meinem Bürgerrechte entsagte, und den hochweisen Herrn anzeigte, daß ich meine Vaterstadt auf immer verlassen würde. Der hohe Magistrat schien dieß als eine sehr unwichtige Sache anzusehen, und einige von den Gliedern desselben verwiesen es mir, daß ich mit dieser feyerlichen Anzeige einer so unbedeutenden Begebenheit ihre Aufmerksamkeit gespannt und sie von der Mittags-Tafel abgehalten hätte. »Und wo geht denn die Reise hin?« fragte der regierende Bürgermeister. Da erzählte ich denn: daß ich von dem Könige in Abyssinien, durch seinen Minister, der mein Herr Vetter wäre, sey eingeladen worden, dorthin zu ziehen, und ein wenig an dem Aufklärungswesen mit zu arbeiten. Weil nun die Herren vom Magistrate nicht sehr erfahren in der Geographie waren, und in den Zeitungen nie etwas von einem solchen Könige gelesen hatten; so hielten sie meine Erzählung für eine Fabel, glaubten, ich wollte sie zum Besten haben, oder sey närrisch geworden, und gaben mir deßwegen die ernstliche Weisung, sie mit meinen Thorheiten zu verschonen. Allein nach einem Paar Tagen erschienen in Goßlar zwey Ägyptische Kaufleute, welche meinem Herrn Vetter versprochen hatten, mich abzuholen. Sie waren von einigen, theils schwarzen, theils braungelben Sclaven begleitet, und erregten unter dem Pöbel gewaltigen Auflauf.

Nun sahen die Herren vom Rathe wohl, daß es mit der Einladung nach Abyssinien seine gute Richtigkeit hatte, und dieß versetzte das ganze Publicum in Goßlar in eine sehr verschiedne Stimmung. Einige, die bisher den armen Advocaten Noldmann nicht der geringsten Aufmerksamkeit gewürdigt hatten, und die zu der Classe von Menschen gehörten, welche jedes fremde Glück beneiden, sie mögen selbst darauf Anspruch machen wollen oder nicht, erlaubten sich hämische und spöttische Bemerkungen über diesen Vorfall, bemüheten sich, mich auf alle Weise zu verkleinern und mein Vorhaben lächerlich zu machen. Andre, aus denen das Häuflein der in allen großen und kleinen Staaten zu findenden Unzufriednen bestand, denen die Regierung nichts recht machen kann, suchten, so wenig sie auch von mir und meinen Verdiensten wußten, diese Gelegenheit zu nützen, um laut darüber zu schreyen, daß der Magistrat, welcher es, wie sie sagten, zur Schande der Republik Goßlar, immer also mache, hier nun wiederum einen geschickten und fähigen Mann, den ein großer König mit offnen Armen aufnehme, aus dem Lande gehen ließe. Die Andächtigen und Schwachen an Geist, von der Geistlichkeit gestimmt, verfehlten nicht, bey dieser Veranlassung ihren Eifer für die Religion zu zeigen, indem sie riefen, es sey ein Gräuel, daß ein christlich geborner Einwohner in Goßlar sein Vaterland und die Gemeine verließe, um bey verdammten Heiden, Türken und Mohren zu leben, und sein Seelenheil zu verscherzen. Der größte Theil des Magistrats aber wollte gern die Ehre, welche mir wiederfuhr, auf die Stadt lenken. Man beschloß, mir aufzutragen, dem Könige von Abyssinien, im Nahmen der Reichsstadt, zu danken für die Ehre, welche er einem ihrer Bürger erwiese; Se. Majestät um ferneres gutes Vernehmen mit der Republik Goßlar, und, bey etwa entstehendem Kriege, um Schutz und Beystand zu bitten. Ich hatte Mühe, zu verhindern, daß man mir nicht, zum Geschenke für den

König, einige Krüge des besten Goßlarschen Bieres mitgab; und acht Tage nachher las man in der Braunschweigschen Zeitung einen Artikel des Inhalts: Es habe Sr. Majestät der König von Abyssinien die freye Reichsstadt Goßlar, durch eine eigne Deputation ersuchen lassen, ihm aus ihren Mitteln einen geschickten Rechtsgelehrten zu senden, der das dortige Justizwesen auf einen soliden Fuß bringen sollte, und habe der hochweise Magistrat, um diesem königlichen Verlangen ein Gnüge zu leisten, den Advocaten, Herrn Benjamin Noldmann, dahin abgehen lassen.

Ich machte mich indessen mit meinen Reisegefährten auf den Weg, und will nun über den Verfolg meiner Begebenheiten in den nachstehenden Kapiteln Bericht erstatten.

Viertes Kapitel.

*Benjamin Noldmann's Abreise von Goßlar
am Harz, um nach Gondar in Abyssinien zu gehen,
nebst den Nachrichten von seiner Audienz
bey dem Kaiser von Marocco.*

Auf meiner Reise zu Lande bis Stade begegnete mir nichts merkwürdiges, als daß in den Städten und Dörfern zwischen Goßlar und jener Stadt Kinder und erwachsene Leute hinter uns herliefen, weil die schwarzen und braunen Gesichter meiner Begleiter ihnen sehr auffallend waren. Von da mußten wir zu Wasser nach Plymouth gehen, weil ich dort verschiedne englische Waaren einzukaufen hatte. Dort wurden wir bald nachher wieder eingeschifft, und erreichten, ohne widrige Vorfälle, die Canarischen Inseln.

Mein Herr Vetter war so sorgsam gewesen, mir einen geschickten Sprachmeister zu senden, und ich wendete die ganze Zeit, die wir auf der Nordsee, auf dem Atlantischen und nachher auf dem Mittelländischen Meere zubringen mußten, dazu an, mir die gehörigen Kenntnisse zu erwerben, um wenigstens nicht ganz unwissend in den Sprachen der Länder zu seyn, in denen ich nun künftig leben sollte.

In Madeira fand ich das Schiff, welches mich nach Marocco führen sollte. Daß wir dazu mit den nöthigen Pässen versehen waren, versteht sich von selber; ich hatte aber einen wirklichen Auftrag an dem Maroccanischen Hofe, von dem Könige in Abyssinien auszurichten. Mein Herr Vetter wollte, daß ich hier die erste Probe ablegen sollte, ob ich zum Staatsmanne taugte, und der Zweck meiner Gesandtschaft war, Sr. kaiserlichen Majestät ein Bündniß anzubiethen, und zugleich mit dem braunen Monarchen einen Handlungs-Tractat zu schließen.

In dem Schiffe fand ich eine vollständige Africanische Garderobe für mich, und so bald wir die Canarischen Inseln aus den Augen verloren hatten, vertauschte ich meinen braunen Rock und die blaue Weste mit einer prächtigen Abyssinischen Kleidung. Mein Herr Vetter hatte von mir verlangt, daß ich meiner Bierbrauers-Genealogie nicht Erwähnung thun, sondern mich für einen Deutschen Cavalier von altem Adel ausgeben sollte. Es that mir weh, daß ich mir eine solche Lüge erlauben mußte, und ich seufzte darüber, daß auch in Abyssinien die Abstammung eines Menschen, die doch weder persönlichen Werth gibt, noch persönliche Unvollkommenheit tilgt, für etwas Wesentliches gelten sollte; weil es nun aber ein Mahl erfordert wurde, und ich so wohlfeil dazu kommen konnte, ohne die gewöhnlichen Gebühren zu bezahlen, so reisete ich als ein Edelmann von Madeira ab.

Unter den Büchern, deren ich im vorigen Kapitel Erwähnung gethan habe, und die ich mit nach Gondar bringen sollte, hatte mir der Minister von Wurmbrand auch den Titel des sehr interessanten, großen Werks aufgeschrieben, welches der Freyherr von Moser in Quarto heraus gegeben hat, und das die Beantwortung der wichtigen Frage enthält: ob die Gesandten vom zweyten Range den Titel Excellenz fordern dürfen oder nicht? Dieß schätzbare Buch war, so wie noch ähnliche andre, welche Gegenstände des Staatsrechts abhandeln, die einen beträchtlichen Einfluß auf die Wohlfahrt des heiligen Römischen Reichs haben, eigentlich zu meinem Gebrauche mitgenommen worden, indem ich daraus den nöthigen Unterricht erhalten sollte, wie ich es anzufangen hätte, meiner eignen und des allergnädigsten Königs Ehre an dem Maroccanischen Hofe nichts zu vergeben. So bald ich daher im Hafen Mazagan angekommen war, schickte ich meinen Dolmetscher voraus nach Marocco, um vorläufig jeden kleinen Punct des Ceremoniels bey meiner feyerlichen Audienz in's Reine bringen zu lassen. Nun gingen fast täglich Couriere hin und her, zwischen Mazagan und Marocco; die dortigen Zeitungsschreiber urtheilten, es müßten am Hofe äußerst wichtige Dinge verhandelt werden, um so mehr, da binnen den sechs Wochen, die ich im Hafen zubrachte, um über jene Puncte bestimmte Erklärung zu erhalten, alle, auch die wichtigsten einländischen Geschäfte im Maroccanischen Ministerio liegen blieben. Anfangs begnügten sich die öffentlichen Blätter, nur oft wiederholt zu erzählen, es sey schon wieder ein Courier durchpassirt, von dessen Ausrichtung – man nichts wisse. Als aber dem Publico die Zeit zu lange dauerte, und ich die strengste Verschwiegenheit beobachtete, erfanden die Zeitungsschreiber allerley zuverlässige Nachrichten von bevorstehenden Kriegen und Ländertausch, bis endlich die ganze Sache klar wurde. Man erlaubte sich nähmlich am Hofe des Kaisers von Marocco die unerhörte Anmaßung, zu fordern, der Abyssinische Gesandte sollte in des Kaisers Gegenwart durchaus sich nicht unterstehen zu niesen. Nun hatte ich aber nicht nur, durch Verkältung auf der Reise, einen ungeheuern Schnupfen bekommen, sondern es stand auch bestimmt in meiner Instruction, daß ich auf diesem höchst wichtigen Punct, weßwegen schon ein Mahl ein zehnjähriger Krieg war geführt worden, mit aller Beharrlichkeit bestehen sollte. Es glückte mir endlich, durch ernstliche Bedrohung, daß man wieder zu den Waffen greifen würde, nicht nur die Freyheit zu erlangen, bey Hofe ungehindert zu niesen, sondern auch daß man mich von dem ärgerlichen Ceremoniel befreyete, während der Audienz eine Pomeranze im Munde zu führen. Da indessen mein Catharr vorüber gegangen war, und ich mich doch in den Besitz des Rechts zu niesen setzen wollte, so versah ich mich mit dem grünen Schneeberger Schnupftobacke, der auch solche Wirkung hervor brachte, daß darüber ein großer Theil der schönen Reden verloren ging, die bey dieser Gelegenheit gehalten und verdolmetscht wurden.

Ich verschone die Leser mit Beschreibungen meines feyerlichen Einzugs, und schweige über den übrigens sehr glücklichen Erfolg meiner Verhandlungen am Maroccanischen Hofe, als welche, wie billig ein Geheimniß bleiben müssen; dagegen aber will ich einiges von der Person des Kaisers, von dem Lande selber und von einem sehr interessanten Gespräche, das ich mit seiner Majestät führte, hier erzählen.

Der damahlige Kaiser von Marocco war ein stattlicher, corpulenter Herr, der einen vortrefflichen Appetit bey Tafel hatte, und die Frauenzimmer ungemein liebte. Die Zeit, welche er diesen beiden Gegenständen widmete, erlaubte ihm nicht, sich sehr viel um Regierungsgeschäfte zu bekümmern. Diese waren deßwegen gänzlich den Händen seines Premierministers überlassen, der ein Jude und ein wenig schmutzig in seinem Äußerlichen war. Der Kaiser schien, wenn ich die wenigen Stunden zwischen dem Frühstücke und der Mittagsmahlzeit ausnehme, fast immer schläfrig und abgespannt zu seyn, und dann begegnete es ihm wohl, Gespräche zu führen, die man bey einem Privatmanne äußerst albern finden würde, welches aber bey einem großen Herrn der Fall nie seyn kann. Mit unter kam indessen auch wohl ein Mahl etwas in seinen Reden vor, das nicht ohne Vernunft war, und dann pflegte er dieß einige Mahl zu wiederholen und zu erwarten, daß man ihm darüber eine Schmeicheley sagte. Eines Morgens war ich nebst meinem Dolmetscher und dem Ober-Ceremonienmeister bey dem Kaiser allein, und da fiel folgendes Gespräch unter uns vor:

KAISER. Das Europa, wo Du zu Hause bist, mein lieber Gesandter! mag ein ganz hübsches Ländchen seyn; es ist Schade, daß es nicht einem einzigen Herrn gehört.

OB. CER. MSTR. *Und einem so weisen Monarchen, als Ew. Majestät sind.*

KAISER. *Halte jetzt Dein Maul! Ich rede mit dem Gesandten. Wenn ich ein Mahl des Nachmittags auf dem Ruhebette liege, so sollst Du mir dergleichen vorsprechen. Also, was ich sagen wollte! Fürchten sich Eure Könige und Fürsten nicht, daß ich sie ein Mahl absetze?*

ICH. *Man kennt die edle Denkungsart Ew. Majestät, rechnet auf die Verträge und Friedensschlüsse, und dann auch ein wenig auf die weite Entfernung.*

KAISER. *Laß sehen! Was sagtest Du? Es war viel auf Ein Mahl: aber ich kann es noch alles zusammen bringen. Man rechnet auf die Entfernung? Ja! man kennt mich noch nicht; wenn ich mir ein Mahl etwas vorgenommen habe, so muß das gehen, und wenn es auch noch so viel Schwierigkeiten hat. Meine edle Denkungsart? – Nun! das ist etwas. Ja! wenn man mich nicht in Zorn bringt, so geht alles gut. Aber was die Verträge betrifft, Herr Gesandter! so lasse ich mich darauf mit den Europäischen Fürsten nicht ein, weil sie unter sich selber auch nicht Wort halten. Wenn meine Schiffe fremden Fahrzeugen begegnen, und sie haben Lust dazu, so nehmen sie sie weg, und damit Punctum!*

ICH. *Aber, allergnädigster Kaiser! doch nicht, wenn diese fremden Fahrzeuge solchen Mächten gehören, mit denen Ew. Majestät Frieden haben?*

KAISER. *Gesandter! Du hast den Sinn meiner Worte nicht begriffen. Ich schließe mit keinem Europäischen Könige Frieden, weil sie ihn doch nicht halten, so bald sie glauben, daß sie ungestraft nehmen können. Plündern sie sich doch selber Einer den Andern, und nehmen sich Länder weg, die ihnen so wenig zugehören, als mir Deine Nase!*

ICH. *Ew. Majestät halten zu Gnaden! Wenn einer unsrer Könige in die Nothwendigkeit versetzt wird, seinem Nachbar den Krieg anzukündigen –*

KAISER. *Dein Wort in Ehren! aber ich sehe es nicht ein, wie dabey eine Nothwendigkeit eintreten kann – doch nur weiter!*

ICH. Dann läßt er, durch einen geschickten Rechtsgelehrten, eine Deduction verfertigen –

KAISER. Was ist das für ein Ding?

ICH. Das ist eine Schrift, darin bewiesen wird, daß dieser König ein Recht auf diese oder jene Provinz habe.

KAISER. Ich möchte, bey meiner Seele! wohl ein Mahl sehen, wie man es anfängt, wenn man beweisen will, daß irgend ein Mensch, oder irgend ein Volk auf irgend ein Stück der Welt ein andres Recht habe, als das, was ihm die Stärke gibt. Aber laß hören! Wird nun der Andre dadurch überzeugt? Und wenn er es nicht wird, wer entscheidet dann? Wer ist Richter?

ICH. Der Gegentheil schreibt gleichfalls eine Deduction, und dann greifen sie zu den Waffen.

KAISER. Das ist eine dumme Einrichtung. Was kann die unnütze Schmiererey helfen, wenn man sich ein Mahl vorgenommen hat, seinem Kopfe zu folgen? Ist es nicht viel ehrlicher gehandelt, wenn man grade zugreift und hinnimmt, ohne den Andern mit Heucheleyen zu betrügen? Ist es nicht ehrlicher gehandelt, gar keinen Frieden zu versprechen, wenn man voraus weiß, daß ein Mahl das, was Du Nothwendigkeit nennst, uns bewegen kann, über den Nachbar herzufallen? Wer hält da mehr Treue und Glauben, Ihr oder Wir? Aber ohne alle diese unnützen Versicherungen lassen wir unsre Nachbarn in Ruhe, und nur die falschen Europäer glauben wir nicht schonen zu dürfen, weil sie Unsrer nicht schonen. Wenn wir uns auf ihre Bündnisse und beschwornen Frieden einließen, so würden sie auch bald gegen uns mit ihren Deductionen, oder wie die Dinger heissen, angezogen kommen. Jetzt hält die Furcht sie beständig im Zaume, weil sie wissen, daß mit uns nicht zu scherzen ist.

Ich sahe wohl, daß ich den Mohrischen Kaiser nicht überzeugen konnte, und schwieg also, da ich ohnehin in Marocco nicht als ein Europäer, sondern als Abyssinischer Abgesandter erschien. Übrigens gefiel es mir sehr gut an diesem Hofe, und ich kann nicht sagen, daß ich, während meines zweymonath-

… kam ich auf den Gedanken, Sr. Majestät eine vollständige
Europäische Kleidung zu Füßen zu legen … statt, daß ich erwartet
hatte, er würde den Europäischen Geschmack bewundern, erlebte ich
die Demüthigung, zu sehen, daß Sr. Majestät es gar nicht für möglich
hielten, daß ein Mensch im Ernst also gekleidet seyn könnte.

lichen Aufenthalts die geringste Ungerechtigkeit ausüben gesehen hätte, so wenig gegen mich, als gegen andre. Wenn die
Seeräuber die Sache mit dem wahren Nahmen nennen, und
kein anders Recht, als das des Stärkern respectiren; so erkennen
sie doch zugleich die Pflicht des Mächtigern, den Schwächern zu
schützen, und da sie wohl einsehen, welche Verwirrung daraus
entstehen würde, wenn kein Privatmann sicher seyn könnte,
die Früchte seines Fleisses einzuernten; so ist das wahre, selbst
erworbne Eigenthum, ohne geschriebne Gesetze, durch Her-
kommen heilig und gesichert, außer unter den herum ziehenden Horden.

Die Königreiche Fetz und Marocco haben einen Überfluß
an allem, was zur Annehmlichkeit des Lebens dienen kann; sie
bestehen aus den schönsten, reizendsten Gegenden, in einem
milden, gemäßigten Himmelsstriche gelegen. Die Einwohner
haben Verstand, Witz und Liebe zu den Wissenschaften. –
Mit Einem Worte! ich bin überzeugt, daß, wenn unsre Europäischen Majestäten hoffen dürften, mit einigem Erfolge die
Sache betreiben zu können, man schon längst einem Professor
aufgetragen haben würde, in einer gründlichen Deduction das
Recht zu beweisen, sich in Sr. Maroccanischen Majestät Provinzen zu theilen.

Ich genoß ausgezeichnete Achtung an dem Hofe dieses Kaisers, und wurde reichlich beschenkt. Um dafür meine Dankbarkeit zu zeigen, und die Ehre des königlich Abyssinischen
Gesandten zu behaupten, kam ich auf den Gedanken, Sr. Majestät eine vollständige Europäische Kleidung zu Füßen zu legen.
Ich suchte also meinen leberfarbnen Rock mit der blauen Weste,
sodann Beinkleider, Hut, Schuhe, Hemd, Schnallen, Strümpfe,
kurz alles was zu einem zierlichen Anzüge nach unsrer Weise
gehört, hervor, und ließ mir dieß aufs Schloß nachtragen. Der
Kaiser hatte eine unbeschreibliche Freude bey dem Anblicke
aller dieser Stücke, und lachte überlaut über die Menge von
Kleinigkeiten, mit allen Knöpfen, Lappen, Ecken, Nähten und
dergleichen, woraus diese Kleidung bestand, von welcher er
behauptete, daß sie dem menschlichen Körper ein solches ver-

schobnes, unförmliches Ansehen gäbe, daß, wer das zum ersten Mahle sähe, kaum wissen würde, was für eine Creatur in diesem Flickwerke steckte. Er lachte so überlaut, daß er fast erstickt wäre, und statt, daß ich erwartet hatte, er würde den Europäischen Geschmack bewundern, erlebte ich die Demüthigung, zu sehen, daß Sr. Majestät es gar nicht für möglich hielten, daß ein Mensch im Ernst also gekleidet seyn könnte. Ja! er befahl seinem Hofnarren, diesen leberfarbnen Rock, nebst Zubehör, jeden Mittag nach Tafel anzuziehen, und also vor ihm zu erscheinen, damit er ihn aufs Neue in lustige Laune versetzen, und dadurch seine Verdauung befördern möchte. Indessen schien er doch großen Werth auf dieß Geschenk zu setzen. Ich beurlaubte mich, stieg nebst meinem Gefolge in Mazagan in ein Schiff, das ausdrücklich für mich und zwar aufs prächtigste ausgerüstet war. Eine Fregatte diente zu unsrer Bedeckung. Wir fuhren vor Gibraltar vorbey, hielten uns immer nahe an der Barbarischen Küste, und stiegen in Tolomita, einem Hafen im Königreiche Barkan, an das Land.

Fünftes Kapitel.

Fortsetzung des Vorigen. Kurze Schilderung einiger großen Africanischen Höfe, die der Verfasser bey seiner Durchreise besuchte.

Mein Herr Vetter hatte mir geschrieben, ich sollte von Barkan aus an der Grenze von Ägypten hinauf, und dann durch Nubien reisen, woselbst ich an den Höfen der Könige, die dem Monarchen von Abyssinien zinsbar sind, wichtige Geschäfte zu besorgen hatte.

Es gehört nicht zu dem Plane meines Werks, eine weitläuftige Beschreibung dieser in der That sehr beschwerlichen Reise zu liefern; ich fand übrigens, als ich nach Tolomita kam, daß man dort von Gondar aus alles so eingerichtet hatte, daß ich mir die möglichste Gemächlichkeit und Sicherheit auf meinem Wege versprechen konnte. Jetzt bedurfte ich nun auch kaum noch eines Dolmetschers, und so reisete ich denn mit meinen Leuten getrost längs dem Nil fort, der, in einer Entfernung von einigen Meilen, mir zur linken Seite hinfloß. Ich ritt auf einem Elephanten; hinter mir saß ein schwarzer Sclave, der mir, so oft mich dürstete, in einem Becher Meth oder Hydromel reichte, wovon ein großer Vorrath in Schläuchen auf den Cameelen, welche meine Leute ritten, mitgeführt wurde. – Was nicht aus einem Menschen werden kann! Wer hätte ein Paar Jahre vorher denken sollen, daß der Advocat Benjamin Noldmann, der in Goßlar kaum das liebe Brot hatte, jetzt, mit einem glänzenden Gefolge, als Gesandter, an den Africanischen Höfen herum ziehen würde?

Obgleich ich mir nun vorgesetzt habe, keine ausführliche Schilderung von diesen Höfen zu liefern, so will ich doch im Vorbeygehen über einige derselben etwas sagen; einst aber denke ich geographische, politische, statistische, cameralistische, philosophische, theologische, physicalische, medicinische und andre Bemerkungen über Nubien und dessen Könige und Fürsten heraus zu geben. Da ich ein ganzes Jahr lang an den Höfen in Nubien herum gereiset bin, so habe ich Gelegenheit genug gehabt, diese Bemerkungen zu machen.

Der erste König, den ich sah, war der von Sennar. Er ist unumschränkt in seiner Macht, aber ganz blödsinnig. Bey der Audienz, welche ich bey ihm hatte, war er auf dem Throne fest gebunden, weil ihn sonst zuweilen in der Narrheit die Grille anwandelte, den Gesandten oder andern Fremden auf die Schultern zu springen, oder mit Gewalt einen Schleifer mit ihnen zu tanzen. Wie das Land unter dem Scepter eines solchen Monarchen regieret wird, das kann man sich leicht einbilden. Die Personen seiner Familie und die Großen des Reichs reissen ihm diesen Scepter wechselsweise aus der Hand, suchen Einer den Andern zu stürzen; oft läßt ihn dieser etwas unterschreiben, das dem widerspricht, was jener eine Stunde vorher hat ausfertigen lassen; das Glück der Unterthanen ist ein Spielwerk der Cabale; Gunst und Gabe und Privat-Leidenschaften, Nepotismus, Rachsucht – das sind die Triebfedern, und an ein festes System ist nicht zu denken.

Der König von Dequin war ein großer Liebhaber der Fischerey. Zwey seiner schönsten Provinzen hatte er, mit ungeheuern Kosten, ausgraben und in Seen ummodeln lassen; ja! ein Schmeichler hatte ihm einst den Vorschlag gethan, das ganze Reich in ein Meer zu verwandeln, auf demselben mit seinem Volke in großen Schiffen herum zu fahren, und nur vom Fischfange zu leben; folglich ein ganzes neues schwimmendes Reich zu stiften, und sich den Beherrscher aller Gewässer der Welt und deren Bewohner zu nennen. In seinen Schlössern hatte er in allen Zimmern große und kleine Teiche anlegen lassen. Da saß er denn mit seinen Lieblingen und Weibern, die Angelruthe in der Hand, indeß die Statthalter und Minister das Volk plünderten. Wollte dieses mit seinen Klagen bis zum Könige dringen, so geboth man ihm, unter fürchterlichen Drohungen, Stillschweigen, weil durch lautes Reden die Fische verscheucht wurden und nicht anbissen. Jedermann wurde daher vom Schlosse entfernt gehalten. Alles ging in demselben in größter Stille zu, außer bey den Mahlzeiten, wo jedoch nichts als Fische gespeiset wurden. Ich erreichte den Zweck meiner Sendung dadurch, daß ich Sr. Majestät, durch Se. Excellenz den geheimen Hof-Fischer, eine neue Art von Köder (oder Lockspeise für die kleinern Fische) überreichen ließ, durch dessen Hülfe ich, in meinen Knabenjahren, manche Forelle aus den Harz-Bächen gestohlen hatte. Dieß gefiel dem Monarchen ungemein, und er unterschrieb auf der Stelle den Handlungs-Tractat mit Abyssinien, ohne ihn gelesen zu haben.

Den König von Bugia fand ich beschäftigt, Zahnstocher aus Sandelholz zu schnitzeln. Dieß war seine einzige Beschäftigung, vom Morgen bis zum Abend. Er hatte einem benachbarten Volke kürzlich zwey und zwanzig einträgliche Ämter gegen einen kleinen Wald von Sandelbäumen abgetreten; denn schon fing es an, ihm an Materialien zu Zahnstochern zu fehlen. Er beschenkte jedermann mit diesen Kostbarkeiten. Die Beamten mußten die Unterthanen zwingen, Sandelbäume zu pflanzen, und unter diesem Vorwande wurden sie denn schrecklich gedrückt; denn wenn unter andern ein solcher Geld brauchte, so befahl er dem Bauer, seine besten Felder in einen Wald zu verwandeln, und dann war kein andres Mittel da, als sich mit einer Summe Geldes den kleinen Tyrannen vom Halse zu schaffen.

Als ich nach Fungia kam, war der Monarch dieses Volks in einen blutigen Krieg mit seinen Nachbarn, den Barbirini, verwickelt. Der Gegenstand dieses Kriegs war die Auslieferung der heiligen Knochen eines Priesters, der am Aussatze gestorben war. Der König war nähmlich im höchsten Grade andächtig und abergläubisch. Er war von Pfaffen erzogen worden, die ihn in der äußersten Dummheit erhalten hatten, damit sie desto despotischer das Land regieren könnten. Die Hälfte aller Güter im Lande gehörte den Priestern, und bey diesem Kriege war es eigentlich auf nichts angelegt, als gewisse hell sehende Köpfe, zu denen der König einige Zuneigung gefaßt hatte, und die sich listig und um sicher zu seyn, in das Gewand der Religiösität gehüllt hatten, dadurch zu entfernen, daß man sie mit der Armee fortschickte. Meine Unterhandlung an diesem Hofe ging dadurch gut von statten, daß ich dem Könige drey ganze Körper von Einsiedler-Mönchen aus den Gebirgen Waldubba, in Abyssinien, versprach. Solche Mönche werden für Wunderthäter und Heilige gehalten, und pflegen ein hohes Alter zu erreichen, wenn sie nicht von venerischen Krankheiten aufgerieben werden, welches sehr oft der Fall ist. Schwerlich würden indessen diese Gebeine mein Wort geredet haben, wenn ich nicht dem Oberpriester ein großes Geschenk an Abyssinischem Golde versprochen hätte.

Der König von Tasi war ein warmer Freund der Beredsamkeit. Den sehr gedrückten Unterthanen, die um Brot baten, pflegte er lange Reden zu halten, worin er ihnen bewies, daß es unpatriotisch sey, so viel Hunger zu haben. Bey meiner ersten Audienz erinnerte ich mich der Actus, denen ich in meiner Jugend auf der Schule in Holzmünden beygewohnt hatte. Es

ging ungefähr eben so dabey her, und wurden im ›großen
Rittersaale‹ sieben Reden gehalten; auch wurde da viel unnütze
Feyerlichkeit angestellt. Den Allianz-Tractat unterschrieb man
unter Absingung von Hymnen; doch baueten sie in Abyssinien
nicht viel auf die Treue des Königs von Tasi, und der Erfolg
rechtfertigte dieß Mißtraun. Beym Abschiede beschenkte ich
den König mit neun Bänden von Freymaurer-Reden, die ich
ins Arabische hatte übersetzen lassen, und die sehr gnädig aufgenommen wurden.

In Ilab mußte alles durch Weiber durchgesetzt werden. Der
Monarch war mit neun wirklichen Gemahlinnen und fünf
und dreyßig Kebsweibern versehen, deren jede ihren Anhang,
ihre Creaturen, ihre Grillen und ihr Privat-Interesse auf Kosten
der andern gelten machen wollte. Der entnervte Wollüstling
war das Spielwerk aller dieser Parteyen. Sie verleiteten ihn zu
tausend Thorheiten und Ungehörigkeiten, und das ehemahls
so mächtige Reich war seinem Sturze nahe, als, gleich nach meiner Abreise von dort, der schwache Regent starb, und sein Sohn
zur Regierung kam, von welchem man, wie von allen Thron-
folgern in der Welt, die besten Hoffnungen hatte.

In Omazib, einem der größten Reiche in Nubien, und in
welches vor mir, und vielleicht auch bis jetzt, noch kein andrer
Europäer gekommen ist, regierte ein König, oder wurde vielmehr ein König von seiner Gemahlinn regiert, deren Herz
über alle Maßen an Glanz, Pracht, an der Bewundrung des
Pöbels und an Feyerlichkeiten hing. Statt für den innern Flor
des Landes zu sorgen, machte man, mit ungeheurem Kosten-
aufwande, ohne Unterlaß, Plane zu Eroberung fremder Provinzen, nicht so wohl, um dadurch wahre Vortheile für die übrigen eignen Länder zu ziehen, als vielmehr, um das Vergnügen
zu haben, große Huldigungsfeste zu feyern, den königlichen
Titel um einige Zeilen zu verlängern, und in den Jahrbüchern,
von kurzsichtigen und knechtischen Geschichtschreibern, unter
die mächtigen Eroberer gezählt zu werden. Die unnützen
Kriege und die Summen, welche man der weibischen Eitelkeit
opferte, erschöpften die Cassen; der Staat wurde mit großen

Schulden belastet, und den armen Bedienten blieb man den Gehalt schuldig.

In Agazan herrschte ein Monarch, der allen guten Willen hatte, sein Land glücklich zu machen, verjährte Vorurtheile auszurotten, und eine vernünftige Gleichheit unter allen nützlichen Ständen in seinem Reiche einzuführen; allein der Ungestüm, mit dem er das alles trieb, Mangel an weiser, nüchterner Übersicht, an Überlegung und Festigkeit, verdarben auch seine edelsten Absichten. Er mußte oft Schritte zurückgehen, die er übereilt gethan, oft widerrufen, was er befohlen hatte, weil es nicht ausführbar war. Dabey respectirte er zu wenig die Freyheit der Menschen und ihr Eigenthum, rechnete zu wenig auf ihre verschiednen Stimmungen und Vorstellungen von Glückseligkeit, denen der Weise zur rechten Zeit in Kleinigkeiten nachgibt, um größere Zwecke zu erreichen. Er wollte alles gewaltsam, nach Willkühr, mit der eisernen Hand des Despotismus durchsetzen; und so erbitterte er denn die Gemüther des Volks, so wie er von einer andern Seite die Großen durch zu viel Popularität vor den Kopf stieß und demüthigte, die Andächtler gegen sich aufbrachte, und die strengen Moralisten durch seine unreinen Sitten empörte. Er war krank, als ich ihm vorgestellt wurde, aber ich konnte mich nicht enthalten Interesse für ihn zu empfinden, und wenn er länger in der Welt lebt, und nicht durch seinen Ungestüm mehr verdirbt, als wieder gut zu machen möglich ist, so kann noch einst sein Reich sehr glücklich unter seiner Leitung werden.

Der König von Nemas hatte keinen Sinn für andre Freuden, als für die elenden Freuden der Jagd. Das Land wimmelte von Löwen und Hyänen, welche ungeheure Verwüstungen anrichteten, aber nicht geschossen werden durften, damit der Monarch seine rasende Mordlust befriedigen konnte, so oft er wollte, das heißt: täglich, vom Morgen bis zum Abend. Er sahe sein ganzes Land nur als einen großen Park an, der ihm zum Vergnügen vom Schöpfer angelegt wäre. Seine Unterthanen, nebst ihrem Viehe und ihren Früchten, betrachtete er als das bestimmte Futter für die Thiere, unter denen er sein Wesen trieb. Was aber die Löwen und Hyänen nicht fraßen, das nahmen die Beamten und Statthalter weg.

Die Klagen der Bauern über Noth, Druck und Armuth zu hören, dazu hatte er weder Muße noch Lust. Es fand sich kein Augenblick, wo man ihm eine Bittschrift überreichen konnte, als wenn er durch die Gallerie ging, um sein Jagdpferd zu besteigen; dann nahm er kalt und untheilnehmend die Papiere an, achtete der Thränen nicht, lachte über die comischen Figuren, welche die um Hülfe flehenden machten, wenn sie vor ihm niederfielen und seine Knie umfassen wollten, oder befahl den Leuten, wenn er ein Mahl recht gnädig war, aufzustehen, indem er hinzu fügte, er sey ja nicht der liebe Gott (welches sie nun freylich wohl merkten), übrigens wolle er die Sache seinen Räthen empfehlen. Und dabey blieb es. Die Bittschriften wurden an die verschiednen Departements abgeliefert; – und wehe dem, der darin über Ungerechtigkeit und Bedrückung geklaget hatte! Ihm wußten es die Bassen einzudrängen! Wurde aber Einer, dem man es recht arg gemacht, und der nun nichts mehr zu verlieren, nichts mehr zu fürchten hatte, gar zu laut, ging hin zu dem Könige und wußte sich Gehör zu verschaffen, so daß Se. Majestät etwa ein Mahl aus ihrem Seelenschlafe erwachten, und ernstlich befahlen, dem Armen zu helfen: dann verbanden Alle sich gegen ihn; er wurde dem Monarchen als ein Querulant, als ein unruhiger Kopf geschildert, der nie zufrieden wäre, den man gar nicht anhören müßte. Zugleich machte man ihn dem Volke verdächtig, brachte allerhand böse Gerüchte von ihm in Umlauf, als sey er ein gefährlicher, boshafter Mann; und so fand denn der Unglückliche weder Gehör, noch Glauben, noch Beystand.

Der König von Orawad schien eine unförmliche Fleischmasse, ohne Geist und Leben zu seyn; unfähig, an irgend einer Sache wahres Vergnügen zu finden, für irgend einen Gegenstand Interesse zu fassen, irgend ein Paar Begriffe zu verbinden und zu ordnen, war er nicht nur weit entfernt, seine Regentenpflichten erfüllen zu können, sondern auch ungeschickt, mitten in dem Schlaraffenleben, das er führte, einen Augenblick von Genuß zu haben und eine leidlich anständige, ernsthafte Mine anzunehmen, wenn seine Hinterviertel den Thron seiner Väter ausfüllten. Echte Stupidität und lange Weile dehnten sich auf seiner Stirne, und wenn er den Mund öffnete, so geschah es um eine Albernheit zur Welt zu bringen. Unter seinen Weibern das wollüstigste und ränkevollste beherrschte ihn, und das auf eine so verächtliche, erniedrigende Weise, daß sie ihn bey jeder Gelegenheit öffentlich zu einem Gegenstande des Spottes machte. So unersättlich wie ihre körperlichen Begierden, so grenzenlos war ihr Hang zur Pracht und Verschwendung. Da war keine Art von Auflage zu erdenken, womit man nicht das arme Land heimsuchte, um den unvernünftigen Aufwand der Königinn zu bestreiten, und ihre niederträchtigen Sclaven, Lieblinge und Buhler zu bereichern. Der höchste Grad von Verderbniß der Sitten herrschte in allen Ständen, und verhinderte das an Leib, Seele und Vermögen zu Grunde gerichtete Volk, sich dem abscheulichen Despotismus entgegen zu stämmen, womit es geschunden wurde. Ein zweydeutiges Wort, ja! nur ein lauter Seufzer war hinlänglich, den, welchem dieß Wort, oder dieser Seufzer entfahren war, auf seine Lebenszeit im Kerker schmachten zu lassen. Verhaftbefehle und Todesurtheile wurden, unter muthwilligen Scherzen, in der Garderobe und im wollüstigen Taumel ausgefertigt, indeß man dem seelenlosen Monarchen, in dessen Nahmen man dieß Unwesen trieb, kleine Nüsse hinwarf, womit er spielen mußte, und ihn mit Hohn in die Schranken seiner Dummheit zurückwies, wenn er es ein Mahl wagte nach etwas zu fragen. Ein glücklicher Leichtsinn, und die Gabe mit Lebhaftigkeit die kleinen guten Seiten an jedem Dinge zu entdecken und die Augenblicke von frohem Genuß zu erhaschen, hatte denn auch die Nation bis jetzt abgehalten, ernsthaft über ihren traurigen Zustand nachzudenken, und kräftige Mittel zu wählen, ihre schimpflichen Fesseln abzuschütteln; allein ich sahe doch feste, edle Männer mit finsterm Blicke umher schleichen, sich zuweilen verstohlen die brüderliche Hand drücken, und sich mit dem großen, wohlthätigen Plane beschäftigen, der auch nachher ist ausgeführet worden.

Von dem Könige von Tafak habe ich wenig zu sagen. Er ist den Türken zinsbar, welche ihm die Krone auf den Kopf gesetzt haben, die auf diesem leeren Haupte nur so lange fest sitzt, als er der demüthige Diener der Pforte bleibt. Er ist aber von dieser gekrönten Sclaven-Rolle sehr zufrieden, in so fern ihn seine Königs-Bedienung nur in den Stand setzt, ungestört in Völlerey und Wollust zu leben.

Sechstes Kapitel.

Fortsetzung.
Beschreibung der kleinern Höfe Nubiens.

Die kleinern Fürsten Nubiens, deren Höfe ich im Vorbeygehen besuchte, waren nicht weniger originell in ihrer Art, als jene großen; nur fehlte es ihnen an Macht, ihre Thorheiten und Untugenden mit so viel Aufwande zu offenbaren. Größten Theils erregten sie bey mir nur Mitleid und Lächeln. Wo sie aber konnten und durften, da übten sie eine Tyranney aus, die, wenigstens für einzelne Unterthanen, eben so fürchterlich, als die des größten Despoten war.

Am auffallendsten war mir's, daß ich nicht Einen dieser unbedeutenden Menschen sah, der nicht in seiner Residenz von zwanzig Häusern, in seinem Ländchen, das auf der Landcharte gänzlich bedeckt ist, wenn sich eine große Fliege darauf setzt, sich so erhaben, so wichtig vorgekommen wäre, als der Kaiser von China. Je kleiner ein solcher Gesalbter war, einen desto längern Titel gab er sich; ja! zwey von ihnen führten seit drey Jahren einen fürchterlichen Krieg mit einander, weil der Eine sich unterfangen hatte, den Titel: Herr des Sonnenscheins seinem durchlauchtigen Nahmen hinzu zu fügen, da hingegen der Andre behauptete, dieß sey ein ausschließliches Recht seines Hauses.

Indessen hindert doch dieser Hochmuth nicht, daß Einer in des Andern Dienste tritt, und sich dafür jährlich eine Kleinigkeit bezahlen läßt, daß er die Farbe trägt, worin der Nachbar seine Sclaven kleidet, oder daß er eine goldene Kette umhängt, die ihm ein Fürst, der einige Hufen Landes mehr als er besitzt, geschenkt hat, und worauf eingegraben steht, daß dieß ein Zeichen von Verdienst seyn solle.

An jedem dieser kleinen Höfe herrschten ein andrer Ton, andre Grillen, andre Liebhabereyen, und das alles leider! auf Unkosten der armen Unterthanen. Der Fürst von Schankala hatte einen übertriebnen Sammlungsgeist. Ich mußte seine Cabinette besehen. An Messern und Scheren von aller Art; an Schuhen, Pantoffeln, Sandalen und dergleichen, und wie nur die Fußbekleidung heissen mag, die irgend ein Volk des Erdbodens trägt; an Haarkämmen, Bürsten und andern ähnlichen Kleinigkeiten, besaß er einen solchen Schatz, daß er, zu Herbeyschaffung dieser Dinge aus allen Theilen der Welt, sein Land mit ungeheuren Schulden belastet hatte.

Der Fürst von Goyam fand ein großes Vergnügen an chirurgischen Versuchen, und ließ wöchentlich zwey Mahl an einem seiner Unterthanen eine Operation vornehmen; zum Beyspiel, ihm die Leber zur Hälfte aus dem Leibe schneiden, um zu sehen, wie lange man ohne Leber noch athmen könne. Dieß war in der That sehr unterrichtend für junge Wundärzte; dabey war er so billig, wenn ein Mensch in einer solchen, bey lebendigem Leibe vorgenommnen Section, nicht starb, ihm ein kleines Jahrgeld auszusetzen, welches denn auch, wenn die Cassen nicht erschöpft waren, zuweilen wirklich ausgezahlt wurde.

In Gonga habe ich die prächtigsten Pferde, Cameele und Elephanten gesehen, die in Africa gefunden werden können. Es ist wahr, daß diese Thiere so viel fraßen, daß darüber jährlich tausend Unterthanen verhungern mußten; allein dagegen konnte sich auch kein Kaiser rühmen, einen solchen Schatz zu besitzen, und mehr Löwen, Hyänen, Affen aller Gattungen, Katzen, Ibis und dergleichen sind nirgends anzutreffen, als in der Menagerie zu Gonga. Ein Spottvogel sagte einst, der Hof von

Gonga sey ein Hof voll Vieh, und das sey doch ein angenehmer Anblick.

Der Fürst von Enam war ein großer Beförderer der schönen Künste. Alle Suppliken, welche ihm eingereicht wurden, mußten in Versen verfaßt seyn; nicht anders, als singend, durfte ihm referirt werden. Sein oberster Paukenschläger und der geheime Posaunenbläser, welche beide zugleich Sitz und Stimme im Ministerio hatten, bekamen jeder doppelt so viel Gehalt, als der Justiz- und der Finanz-Minister.

Der unumschränkte Beherrscher des kleinen Landes Ghedm ließ prächtige Palläste errichten und herrliche Gärten anlegen. Seine Schlösser, mit allen ihren Nebengebäuden, hatten einen solchen Umfang, daß seine sämmtlichen Unterthanen darin hätten wohnen können. Es wäre fast zu wünschen gewesen, daß er sie dazu hätte einrichten lassen; denn die armen Leute konnten es doch in ihren verfallnen Hütten nicht aushalten, sondern wanderten haufenweise aus, um sich den herum ziehenden Nomaden zuzugesellen.

In Damot war die Gelehrsamkeit zu Hause; der Fürst beschäftigte sich mit speculativen Wissenschaften. Für diesen Herrn war es wirklich Schade, daß ihm seine Studien nicht Muße ließen, sich der Landesregierung anzunehmen; es fehlte ihm gar nicht an Fähigkeiten dazu. Nun aber war alles in den Händen seines General-Ober-Land- und Feld-Sonnenschirm-Trägers, der sein Liebling war, und von dem man nun freylich nicht ohne Grund behauptete, daß ihm nicht anders, als durch Bestechung beyzukommen wäre.

Da das Ländchen Contisch durch seine Armuth und seine Lage gegen alle feindliche Angriffe gesichert ist, und der Landesherr doch wünschte, seine Unterthanen möchten einige Kenntniß vom Kriegswesen erlangen, wozu ihm schon in seiner Kindheit sein Hofmeister, der, man weiß nicht recht warum? ein alter Soldat aus Abyssinien war, große Neigung erweckt hatte; so theilte er seine sämmtlichen Unterthanen in Regimenter ein, belegte alle übrige Stände mit einer Art von Schimpfe, und wird dadurch den Zweck erreichen, daß, wenn nun bald niemand mehr im Lande die Felder bauet, er ein wohl geübtes Heer hat, an dessen Spitze er die blühenden Fluren seiner Nachbaren erobern kann.

Das ist eine treue Schilderung der Höfe, die ich in Nubien, als Gesandter des Königs von Abyssinien, besucht habe! Doch muß man keinesweges glauben, es herrschten in dem großen, zum Theil noch gänzlich unbekannten Africa, nicht auch edle, weise Könige und Königinnen, Fürsten und Fürstinnen; vielmehr habe ich deren, besonders in dem mittägigen Theile, einige in der Nähe und Entfernung zu bewundern Gelegenheit gehabt, die von ihren Völkern verehrt, geliebt, und deren Nahmen, wie die Nahmen: Adolph, August, Carl, Catharina, Christian, Ernst, Franz, Franziske, Friedrich, Georg, Gustav, Joseph, Leopold, Ludwig, Maximilian, Peter, Stanislaus, Victor, Wilhelm, Wolfgang und andere uns in Europa so theure, heilige Nahmen mit Segen genannt werden; allein es liegt außer meinem Gesichtskreise, von diesen hier zu reden, und sie sind über das Lob eines armen, unbedeutenden Schriftstellers, wie ich bin, erhaben. – Wahre Größe kann nur im Stillen bewundert, angestaunt, mit warmen Herzen gefühlt, aber sie muß und will nicht gelobt werden.

Es gibt auch kleine Freystaaten in Nubien; allein sie sind es mehrentheils nur dem Nahmen nach, sind Oligarchen-Regierungen, wo man statt Eines Tyrannen, deren zehne hat, von denen, so wie von ihren Weibern, Kindern und Creaturen man abhängen, kriechen, schmeicheln und sich krümmen muß, wenn man sein Glück machen will, in so fern man nicht zu den herrschenden Pinsel-Familien gehört – Tyrannen, ohne Erziehung, ohne Ehrgefühl, die nur darauf denken, sich und ihre Vettern zu bereichern, die nicht, wie in Monarchien, durch irgend einen äußern Sporn zu großen Thaten getrieben werden, weder durch die Stimme des Rufs, noch durch die Feder des Geschichtsschreibers, sondern die, ohne Verantwortung und Scheu, alles Böse thun können, weil man voraus setzen darf, es sey durch die Mehrheit der Stimmen also entschieden, und die selten Reitz haben, etwas Gutes zu bewirken, weil sie die Ehre doch theilen müssen; die, wenn sie auch dieß Gute ernstlich und uneigennützig wünschen, unendliche Schwierigkeit finden es durchzusetzen, weil die Zahl der Edlern immer die kleinere Zahl ist, der größere Haufen aber theils aus Schelmen, theils aus unbedeutenden Menschen besteht, die nicht zu erwärmen sind, und sich leichter von Schurken und Schleichern, als von graden, edlen Männern stimmen lassen. Da läßt man denn kein eminentes Genie empor kommen, sondern macht es dem Volke verdächtig; da heißt Eifer für das Gute – Empörungsgeist, Bekämpfung schädlicher Mißbräuche und Vorurtheile – Neuerungssucht und Ketzerey; da heißt der Mann, der die Schliche der heuchlerischen Bosheit aufdeckt und der ernsthaften Dummheit die Larve abreißt – ein Satyriker, ein gefährlicher Friedensstörer. – O! wer würde nicht lieber Einem gekrönten Pinsel gehorchen, der doch nicht unsterblich ist, und endlich ein Mahl einem bessern Menschen Platz macht, als das Joch von unzähligen solchen Geschöpfen tragen, die nie aussterben?

Und nun, liebe Leser! muß ich Sie, ehe ich dieß Kapitel schließe, fragen, ob Sie, bey der Schilderung des Despotismus in Nubien, nicht mit mir Ihr Schicksal gesegnet haben, das Sie in Europa hat geboren werden lassen, wo wir dergleichen Tyranneyen nicht kennen, wo die Rechte der Menschheit heilig gehalten werden, und die echte Philosophie Regenten und Volk über ihre gegenseitigen Pflichten aufgeklärt hat? Aber auch in Nubien wird es einst dahin kommen, daß man diese Rechte und Pflichten näher beleuchtet. Dann wird man es laut und kühn sagen: es ist gegen die Ordnung der Natur, daß Millionen bessere Menschen, ohne Wahl, ohne Übereinstimmung, grade dem Schwächsten, dem Elendesten unter ihnen gehorchen; gegen die Ordnung der Natur, daß nicht das Gesetz, sondern die Willkühr eines Einzigen, Tod und Leben, Eigenthum, Ehre und Schande frey und gleich geborner Menschen bestimmen soll; daß ein Knabe, ein Blödsinniger, ein Bösewicht an der Spitze großer, edler, gesunder und weiser Männer stehen, und diese zum Spielwerke seiner Grillen und Thorheiten machen soll; gegen die Ordnung der Natur, daß es vom blinden Ungefähr abhängen soll, ob der, welcher in ein Hospital oder Waisenhaus gehörte, auf einem Fürsten-Throne sitzen und mit Ländern und Völkern Possen treiben soll; gegen die Ordnung der Natur, daß man Menschen und Provinzen und Recht über Leben und Tod erben kann. Wir wollen gern gehorchen, aber nur den Gesetzen, denen wir uns freywillig unterworfen haben, nicht der Willkühr, und Einer soll an unsrer Spitze stehen, und über Haltung der Gesetze wachen; aber dieser Eine soll ein weiser und guter Mann, und wäre er auch nicht der Beste und Weiseste unter uns, wenigstens nicht der allgemein anerkannt Schwächste und Schlechteste seyn. Unsre Fürsten sollen es erfahren, daß alles, was sie besitzen und verwalten, unser Eigenthum ist; daß ihr Amt, ihr Stand, nur von unsrer Übereinkunft und Beystimmung abhängt; daß erst der geringste arbeitsame Bürger unter uns Brot haben muß, ehe an den Hofschranzen und Tagedieb die Reihe kömmt; ehe aus dem öffentlichen Schatze dem Müssiggänger Pasteten und Braten gekauft, und Geiger und Pfeifer und Buhlerinnen besoldet werden. Und wenn das unsre Fürsten einsehen, anerkennen und darnach handeln, dann wollen wir sie in Ehren halten, und nicht absetzen, wollen ihnen ihr Leben süß und leicht machen, wollen ihnen, für ihre Arbeit und Sorgfalt, Gemächlichkeit und erlaubte Freuden des Lebens und Wohlstand zusichern, und dafür sorgen, daß ihre Kinder nach diesen Grundsätzen erzogen und würdig werden, nach ihnen an unsrer Spitze zu stehen. Und wenn sie todt sind, wollen wir das Andenken des guten, thätigen, väterlichen Wohlthäters segnen, der für Viele gelebt und seine Kräfte dem allgemeinen Besten gewidmet hat.

Ich hoffe, daß man bald aus diesem Tone auch in Nubien reden wird; und welch ein glückliches Reich, glücklich wie unser Europa, wird dann Nubien werden!

Nach dieser Ausschweifung kehre ich zu der Geschichte meiner Reise zurück, womit ich ein neues Kapitel anfangen will.

Siebentes Kapitel.

Ankunft in Gondar.
Empfang und andre Nachrichten, das Land,
den Hof und die Stadt betreffend.

Es war nun im Jahre 1768, als ich Nubien verließ, wo ich
nicht nur die mir aufgetragnen Verhandlungen vollkommen nach Wunsche ausgerichtet hatte, sondern auch
an allen Höfen mit ausgezeichneter Achtung war behandelt
worden. Die Hitze war groß am Tage, und in der Nacht dagegen
die Kälte fast unerträglich; mein Vetter, der Minister, hatte aber
dafür gesorgt, daß ich mich gegen beides verwahren konnte.

Die Reise ging immer längs den Ufern des Nils hinauf. Mit
wahrem Entzücken erblickte ich hier das schönste Land, das ich
noch je gesehen hatte; ganze Wälder von Acacienbäumen; eine
angenehme Abwechselung von Bergen und Thälern; das schönste Obst, und aller Orten die Spuren des Fleisses der Einwohner;
den herrlichsten Weizen; großes, fettes Vieh – kurz! ich durch-
reisete Provinzen, die mir dem mittägigen Theile von Frankreich nichts nachzugeben schienen, nähmlich der Beschreibung
nach, die ich davon gelesen hatte, denn ich kannte damahls von
Europa noch nichts, als die Gegenden von Goßlar, Holzmünden,
Helmstädt und den Strich von meiner Vaterstadt an bis Stade.
Die Fruchtbarkeit in manchen Provinzen von Abyssinien, zum
Beyspiel um Selechleche her und in der Provinz Waggora, ist so
groß, daß die Einwohner drey Mahl im Jahre ernten.

Manche von den Abyssinischen Völkern, die ich sah, waren
schwarz, andre braun und noch andre olivenfarbig.

Schon einige Meilen von Gondar, welches eine große, prächtige, schön gebaute Stadt ist, erblickte ich vortreffliche Anlagen,
Lustschlösser, Gärten, Alleen, Straßen-Dämme, Wasserkünste –
alles nach Europäischem Fuße. Wenn dieß sämmtlich meines
Herrn Vetters Werk ist, sagte ich zu mir selber, so hat er wahrlich große Verdienste um dieß Königreich. Ich wollte, daß seine

Ältern die Freude erlebt hätten, das alles so zu sehen, wie ich es jetzt sehe.

Ungefähr eine halbe Meile von der Residenz kam mir der Minister mit einem zahlreichen Gefolge entgegen. Er ließ sich langsam von seinem prächtig geschmückten Elephanten herunter heben; ich sprang, so gut ich konnte, von dem meinigen, und ging auf ihn zu. Herr Wurmbrand umarmte mich, freylich nicht so herzlich, als ein weniger vornehmer Herr seinen Vetter würde umarmt haben, aber doch mit viel Anstande und freundlicher Herablassung. Es war Harmonie in meinen Ohren, zum ersten Mahl wieder seit zwey Jahren meine Muttersprache reden zu hören, und ich konnte mich nicht enthalten ihm meine Freude darüber zu bezeugen. »Dieß Vergnügen«, antwortete mir Joseph, »könnt Ihr, mein lieber Vetter! hier oft genießen; denn des Königs Majestät reden selbst Deutsch, worin ich die Ehre gehabt, Ihnen Unterricht zu geben, und haben diese Sprache zur Hofsprache erhoben. Jetzt ist, bis auf die Küchenjungen hinunter, kein rechtlicher Mensch in Gondar, der, so elend und fehlerhaft er auch das Deutsche redet, nicht sich schämen würde, sich seiner Muttersprache anders als im Gebete zu bedienen.« »Ew. Excellenz haben hier große Dinge bewirkt«, erwiderte ich, »Sie haben sich unsterblich gemacht.« – Mein Herr Vetter lächelte bescheiden, und nickte gnädig mit dem Kopfe. »Wer hätte das denken sollen«, fuhr ich fort, »als Ew. Excellenz aus des Cantors Hause in Eisenach« – der Minister zog seine Stirn in ernsthafte Falten; ich brach das Gespräch ab.

Wir setzten uns nun zusammen in eine Art von Sänfte, einander gegenüber, und so ging denn der Zug langsam, bis zur Residenz, wo alle Wachen vor uns ins Gewehr traten; unterwegens aber bereitete mich Joseph zu demjenigen vor, was Meiner wartete, und unterrichtete mich von dem, was ich zu beobachten hätte, wenn ich morgen dem Könige vorgestellt würde.

Jetzt kamen wir zu dem Pallaste des Ministers, über dessen Pracht, der Menge von Sclaven, und der Ordnung und Zierlichkeit, welche darin herrschten, ich die Augen gewaltig aufriß. Da

Ich schritt zuversichtlich und selbstgenügsam durch die Reihe
der Hofschranzen und Großen des Reichs hindurch, und hielt,
nachdem ich mich, der dortigen Sitte gemäß, zur Erde geworfen hatte,
(wobey meine Nase einen derben Stoß bekam) an Se. Majestät,
in Deutscher Sprache, meine Anrede …

ich indessen sehr müde von der Reise war, so wurde ich, nach einer leichten Abendmahlzeit, die ich allein mit dem Minister einnahm, in meine Wohnung geführt, wozu ich den einen Flügel seines Palais aufs beste eingerichtet, und mehr als zwölf Sclaven fand, die auf meine Befehle warteten. In Goßlar, wo ein Stiefelknecht meine einzige Bedienung, und ein schwarzer Pudel das einzige Geschöpf war, das auf meinen Wink herbey eilte, würde ich mich freylich bey einer so schleunigen Veränderung ein wenig links genommen; ja! ich würde es unbequem gefunden haben, einen Haufen müssiger, gaffender Menschen ohne Unterlaß um mich zu sehen, und über das, was ich ganz bequem selbst thun konnte, erst Worte und Zeit zu verlieren, bis ein andrer seinen Arm dazu ausstreckte; allein man nimmt nichts leichter an als die vornehmen Manieren, und so viel hatte ich schon auf meinem Gesandtschaftszuge gelernt, daß ich jetzt meinen Advocaten-Anstand gänzlich abgelegt hatte, und die Rolle eines Deutschen Edelmanns, in welcher mein Herr Vetter mich auftreten ließ, vielleicht mit mehr Würde spielte, als mancher Landjunker, der, durch ähnliche Protection und Familien-Verbindung, in einen solchen Posten hinauf gerückt ist.

Am folgenden Tage nun wurde ich dem Monarchen vorgestellt. Meine Augen wurden fast verblendet, von dem Glanze den ich auf dem Schlosse erblickte; aber auch das hatte ich schon gelernt, daß vornehme Leute immer das Ansehen haben müssen, als fänden sie alles gemein und höchst alltäglich, was ihnen auch noch so fremd ist. Ich schritt zuversichtlich und selbstgenügsam durch die Reihe der Hofschranzen und Großen des Reichs hindurch, und hielt, nachdem ich mich, der dortigen Sitte gemäß, zur Erde geworfen hatte, (wobey meine Nase einen derben Stoß bekam) an Se. Majestät, in Deutscher Sprache, meine Anrede, in welcher ich nicht nur mein Dankgefühl auszudrücken suchte, sondern auch, nebst Überreichung der Schreiben von den verschiednen Nubischen Höfen, einen kurzen Bericht von meinen glücklichen Verrichtungen erstattete.

Der König, oder große Negus, hatte einen kleinen Schaden am Gehör, und daher war es Mode, daß alle Hofleute ein wenig taub zu seyn affectirten. Kaum hatte ich daher meine Rede begonnen, so zog, als wie auf einen Wink, der ganze hier versammelte Zirkel seine tubos acusticos oder Hör-Trompeten aus den Taschen, hielt dieselben vor die Ohren, und machte, ohne übrigens wirklich auf das Acht zu geben, was ich sagte, die Pantomime des Wohlgefallens, die man schicklicher Weise machen muß, wenn ein Mann von Gewicht redet.

Se. Majestät, ein Herr von vier und funfzig Jahren, waren äußerst prächtig gekleidet; der hohe Turban war mit so viel Juwelen geziert, daß man damit hätte das ganze Deutsche Grafen-Collegium auskaufen können; auch waren Sie dabey gewaltig parfümirt und schön frisirt.

Als dieser feyerliche Actus vollendet war, bezeugte mir der Monarch seine gnädige Zufriedenheit, und fragte nach allerley gleichgültigen Dingen, z. B. ob ich böse Wege angetroffen hätte; wo sich jetzt der Fürst von Anhalt Zerbst aufhielte; ob es wahr sey, daß die Jesuiten, die er aus Abyssinien vertrieben hätte, Gold machen und Geister sehen könnten; ob in Hanau noch so gute Pasteten verfertigt würden; ob man an den Deutschen Höfen noch immer Französisch redete, u. d. gl. m. Dann winkte der König dem Obermarschalle, daß er sich nähern sollte, und sagte ihm etwas in das Ohr, worauf dieser dem Hofe mit lauter Stimme verkündigte: Se. Majestät hätten den anwesenden Deutschen Cavalier (mich nähmlich) zu Ihrem Baalomaal, oder Gentilhomme de la Chambre und Obersten der Leibgarde ernannt. Hierauf küßte ich, mit der demüthigsten Dankbarkeit, Sr. Majestät die Füße, empfing die heuchlerischen Glückwünsche der neidischen Hofleute; der König erhob sich vom Throne, ging in sein Cabinet, und wir nach Hause.

»Aber um Gottes Willen, verehrungswürdigster Herr Vetter!« rief ich, so bald ich mit Joseph allein war, »was fange ich nun an? Ich verstehe nichts, weder vom Hof- noch vom Cavallerie-Dienste, bin, außer auf den Philisterpferden in Helmstädt, nie, Zeit meines Lebens auf ein Pferd gekommen.« – »Seyd unbekümmert!« erwiderte er, »um Cammerjunker zu seyn, braucht man gar nichts zu wissen, und bey der Garde du Corps, obgleich sie nur aus einer Schwadron besteht, sind, außer Euch, noch sechs Obersten, die den Dienst für Euch thun können. Ihr seyd zu größern Dingen bestimmt; dieß ist nur der Anfang, um Euch einen Rang und Besoldung zu geben. Vorerst wird Euer Geschäfte seyn, Sr. Majestät, wenn Sie einschlafen wollen, aus den Büchern, die ich Euch nahmhaft machen werde, etwas vorzulesen, mit Ihnen über die Verfassung der Europäischen Staaten zu reden, und Sie unvermerkt zu demjenigen zu stimmen, was ich durchzusetzen mir vorgenommen habe. Wenn Ihr dabey leidlich grade auf dem Pferde hängen könnt, (ich will Euch schon eine geduldige Mähre geben lassen) so oft die Garde gemustert wird, und bey Tafel guten Appetit habt, so wird der Himmel schon weiter sorgen, bis der Zeitpunct da ist, wo ich Euch in Eurem Fache ansetzen kann.« – »Aber«, sagte ich ängstlich, »mein Hauptfach sind die Pandecten, und was soll ich damit hier?« – »Noch ein Mahl!« sprach mein Vetter mit Ungeduld, »verlasset Euch nur auf mich und raisonniret nicht!«

Achtes Kapitel.

Fragmente aus der ältern Geschichte Abyssiniens.

Das vorige Kapitel ist besonders für solche Leser geschrieben, denen Gesandten-Einzüge, Hof-Feyerlichkeiten, Fürstengespräche, Audienzen und dergleichen interessante Dinge sind. Diese Personen muß ich dann um Verzeihung bitten, daß ich jetzt solche Sächelchen linker Hand liegen lasse, und einen andern Gegenstand abhandle, der ihnen trocken vorkommen wird, von dem ich aber nothwendig eine kurze Übersicht geben muß, wenn mein Werk so verständlich und nützlich werden soll, als ich es von Herzen wünsche.

Um nähmlich zu zeigen, wie mein Herr Vetter es angreifen mußte, sein Aufklärungs-Geschäft in Abyssinien mit Erfolge zu treiben; wie weit es dort mit der Cultur und gewissen andern politischen und moralischen Umständen damahls gekommen war, die Einfluß auf die Stimmung des Geistes und Herzens eines Volks haben, und welche Ressorts also vor und gegen seine Bemühungen wirkten; sehe ich mich gezwungen, einen Blick in die ältere und mittlere Geschichte dieses Reichs zu werfen.

Ich würde dabey in große Verlegenheit gerathen seyn, besonders was die Zeiten des grauen Alterthums betrifft, weil diese in den Jahrbüchern aller Völker in Fabeln gehüllt sind, welche die Unwissenheit, bey dem Mangel zuverlässiger Urkunden, aus verstümmelten, mündlichen Überlieferungen zusammen buchstabirt, und nachher mehrentheils der Betrug in ein gewisses System gebracht zu haben pflegt, welches System dann, wenn es zu einem Glaubens-Artikel geworden, dem Forscher den Weg versperrt, der Wahrheit auf den Grund zu kommen, oder wenigstens, seine Entdeckungen bekanntzumachen.

Ich würde, sage ich, in große Verlegenheit gerathen seyn, wenn nicht ein weiser, menschenliebender und von Vorurtheilen freyer Mann in Abyssinien, von dem ich in der Folge noch öfter zu reden Gelegenheit haben werde, und der als ein Verwiesener in den Gebirgen von Waldubba lebte, mir sehr schätzbare Beyträge zu dieser alten Geschichte geliefert hätte. – Rücken wir der Sache näher!

Die Geschichte aller Völker stößt zuletzt auf eine Haupt-Revolution der Natur, die, wie es scheint, nach einem Zwischenraume von viel tausend Jahren periodisch dem Erdboden eine andre Gestalt gibt. Ohne zu entscheiden, ob diese Revolution jedes Mahl mit einer großen Überschwemmung, (so genannten Sündfluth) oder mit einer andern großen Naturbegebenheit, als Erdbeben und Brand, ihren Anfang nimmt; ohne zu entscheiden, ob diese Umkehrung des Erdbodens, nach gewissen Gesetzen, in gewissen Zeiträumen erfolgen muß, oder, durch zufällige Umstände herbey geführt, bald früher, bald später eintritt: so scheint doch aus den Beobachtungen der Naturkündiger, Astronomen und Philosophen folgendes als ungezweifelt angenommen werden zu können.

Nach Verlauf einer Reihe von Jahrtausenden wird ein großer Theil der bewohnten Erde, durch eine Empörung der Elemente, gänzlich umgeschaffen, Land in See, See in Land verwandelt; Berge werden umgewälzt, Thäler empor gehoben; die Bewohner dieses Theils des Erdbodens kommen um, und mit ihnen gehen ihre Kunstwerke, ihre Anlagen, die Monumente und Resultate ihres Fleisses und ihrer Nachforschungen verloren; blühende Staaten werden vernichtet, und vor der Aussicht in die Geheimnisse der Weisheit, in welche man schon im Begriff war mit kühnem Schritte zu dringen, fällt nun wieder ein Vorhang.

Das allsehende Auge der Vorsehung scheint diese Catastrophe immer dann herbey zu führen, wenn die menschlichen Erkenntnisse und Erfahrungen grade das Ziel erreicht haben, über welches sie nicht hinaus gehen sollen, wenn Cultur im Intellectuellen und Moralischen alle Stufen hinauf gelaufen ist, die zu ersteigen möglich, nützlich, ja! zur Erziehung dieser Generationen für eine höhere Sphäre, nöthig war – nöthig war, um die Triebfedern des Strebens, des Forschens und Wirkens, die der Zweck des Erdenlebens sind, aufs neue anzuspannen; weil nun ein Mahl unter dem Monde über einen gewissen Punct des Wissens und Wollens nicht hinaus zu kommen, und Ruhe, Unthätigkeit, klares, unvermischtes Anschauen und Durchschauen nicht die Bestimmung des ungeläuterten Geistes ist, so lange er in Menschenformen sichtbar wirken muß, bis alles, auch der gröbeste Stoff bearbeitet und veredelt worden, und alle Form aufhört.

Allgemein, über den ganzen Erdboden verbreitet, kann eine solche Revolution nie sich erstrecken, hat nie sich so weit erstreckt, darf das auch nicht – das haben alle verständige Naturkündiger und Philosophen eingesehen.

Je nachdem nun entweder kein Einziger von denen, welche dieß zerstörte Stück des Erdbodens bewohnt haben, sich rettet, und also die neue Bevölkerung aus andern benachbarten oder entfernten, civilisirten, oder barbarischen Ländern her unternommen wird; oder je nachdem die, welche dem Sturme entkommen, viele oder wenige an der Zahl, alte oder junge, culti-

virte oder unwissende Menschen sind: je nachdem fängt denn auch die neue Generation den Zirkel der Cultur ganz von vorn oder in der Mitte wieder an. Immer aber folgt unvermeidlich, daß die Nachrichten, welche die Personen uns von jener wichtigen Catastrophe geben können, weil sie in ihrem hülflosen Zustande nöthigere Dinge zu thun haben, als Anstalt zu Verfertigung von Geschichtbüchern zu machen, durch die mündlichen Überlieferungen äußerst unzuverlässig werden müssen. Eben so unvermeidlich folgt, daß der Zustand der neuen Bevölkerer dieses wüsten Erdstrichs, wären sie auch noch so cultivirte Menschen, sich doch sehr dem ersten rohen Zustande der Natur nähern muß, theils weil es ihnen an allen Hülfsmitteln, Werkzeugen, Veranlassungen fehlt, an etwas anders, als die nöthigsten Bedürfnisse zu denken, und der verwilderte Boden sich weigert, das Erforderliche zu den Gemächlichkeiten und Annehmlichkeiten des Lebens herzugeben, theils weil eine Menge conventioneller Begriffe, die im geselligen und bürgerlichen Leben unendliche Mannigfaltigkeiten, Gesetze, Wünsche, Freuden, Pflichten, Unruhen, Unternehmungen etc. erzeugen – hier gänzlich wegfallen.

Die älteste Geschichte jedes Volks ist daher, kleine Modificationen abgerechnet, die Geschichte fast aller Völker. – Das ist nicht auffallend; aber auffallender ist es wohl, und doch nicht weniger wahr, daß auch die nachfolgenden Veränderungen, die mit der Cultur und allen moralischen und politischen Umschaffungen vorgehen, in allen Reichen, wenn man die Geschichte derselben von ihrem Schmucke und von den Episoden entblößt, und über das langsamere und geschwindre Fortrücken hinausgeht, in allen Theilen der Welt nach Einem und demselben Systeme herbey geführt werden.

Indem ich nun eine Skizze von der Geschichte des Königreichs Abyssinien entwerfe, wünsche ich, daß die Leser bemerken mögen, daß dieß zugleich die Geschichte des Despotismus überhaupt, in seiner Entstehung, seinem Wachsthume und seinen Folgen ist, die ihm früh oder spät das Grab bereiten. Fangen wir jetzt ohne weitere Ausschweifungen an!

In Abyssinien kannte man in den ältesten Zeiten, wie in allen Ländern, nur das Familien-Regiment. Jeder Hausvater, der mit seiner Familie das Stückchen Landes bauete, das ihn, sein Weib und seine Kinder ernähren sollte, wies jedem seiner Hausgenossen seine Arbeit an. Es fand kein getheiltes Interesse statt; jeder wirkte zum Wohl der ganzen Familie; jeder war arbeitsam, weil Menschen ohne andre Zerstreuungen und Bedürfnisse, folglich auch ohne kränkliche Launen und Leidenschaften, nichts kannten, als die Sorgfalt, ihr kleines Tagewerk zu vollenden und dann zu ruhen. Der Begattungstrieb paarte die Kinder des Patriarchen. So lange die Familie nicht zu groß wurde, blieb sie beysammen. Konnte das Fleckchen Erde, das sie umzäunt hatten, sie nicht mehr ernähren, so theilte sie sich ab, und so entstanden mehr Familien, die weiter mit einander in keiner Verbindung standen, sondern ungestört sich ihren Wirkungskreis schufen, weil Raum genug für sie da war, und sie nichts bedurften, als was sie sich selbst, ohne fremde Hülfe, verschaffen konnten. Hier entstand also Eigenthum; nicht eines einzelnen Menschen, sondern einer ganzen Familie. Sie glaubten mit Recht, daß das Land ihnen zugehörte, welches ihr Fleiß bebauet hatte, und starb ein Glied aus dieser Familie, so blieben die übrigen im Besitze.

Indessen traten Fälle ein, wo eine Familie der andern beystehen mußte. Die eine hatte etwas mehr Vorrath von Lebensmitteln gewonnen, als sie grade zu verzehren vermochte; die andre hatte durch einen unfreundlichen Sturm, durch den Einbruch wilder Thiere, oder irgend eine andre kleine irdische Widerwärtigkeit, etwas eingebüßt – und die benachbarte Bruder-Familie half aus. Der Todt raffte dagegen in dieser einen nützlichen Arbeiter weg – ein Mitglied aus jener ersetzte auf eine Zeitlang freundschaftlich den Platz. Durch Heirathen verbanden sich denn auch manche Familien miteinander – und so wurde das erste zusammengesetztere Gesellschaftsband geknüpft.

In dieser Periode darf man nicht erwarten, andre Künste erfunden zu sehen, als die, welche den unmittelbarsten, leicht zu übersehenden Nutzen auf das häusliche Leben und die Befriedigung der unentbehrlichsten Lebensbedürfnisse zum Gegenstande hatten.

Sobald aber in den Geschäften der Familien-Glieder, eben durch die Vervielfältigung der Arten von Arbeit, eine Verschiedenheit eintrat, war der Antheil, den jeder an dem Unterhalte der ganzen Gesellschaft nahm, nicht mehr so leicht zu übersehen, und indem jeder Einzelne die Verwendung seiner Kräfte nach seiner Art taxirte, hatte er nicht mehr die Aufmunterung, Einen Strich von Thätigkeit mit den übrigen zu halten; die Verschiedenheit der Temperamente wirkte dabey mit, und so gab es nun bald faulere und fleissigere Menschen.

War das Haupt einer Familie ein weniger thätiger, weniger fleissiger Mann, so ging es auch in seinem Hauswesen schläfriger her. Die nöthigen Bedürfnisse für jedes Jahr wurden nicht gewonnen, am wenigsten Vorrath auf das folgende gesammelt, indeß sein arbeitsamerer Nachbar zurücklegte, oder seine Besitzungen erweiterte, unbebauetes Land urbar machte, kurz! anfing, mehr zu haben, als er brauchte. – Was folgte hieraus? Nicht nur die Entstehung des Unterschieds zwischen Armen und Reichen, sondern auch des Unterschieds zwischen Herrn und Knecht. Denn, wenn jemand fortgesetzt faul war, folglich gänzlich verarmte und Mangel litt, so blieb ihm, um nicht zu verhungern, nichts anders übrig, als den Nachbar um Hülfe zu bitten, und wenn dieser nicht geneigt war, ihn unentgeltlich zu füttern, so wurde eine Art von Vertrag unter ihnen geschlossen, zum Beyspiel, daß die Familie A. der Familie B. das von ihr urbar gemachte, aber seit einiger Zeit vernachlässigte Gut abtrat (welches vielleicht ein erwachsener Sohn aus der Familie B. anfing zu bauen) wogegen aber die Familie A. auf gewisse Zeit von der andern mußte ernährt werden; oder, ein einzelner Mensch, der nicht gern arbeitete, und dadurch zurück gekommen war, verdung sich endlich aus Noth einer andern Familie, für ein Bißchen Kost und Kleidung, als Handlanger. Es läßt sich begreifen, daß ein solcher, durch Faulheit verarmter Mensch, in keiner großen Achtung stand, daß er in der Familie,

welcher er diente, zurück gesetzt, daß ihm nicht eben die fettesten Brocken gereicht wurden. Dieser erste Unterschied der
Stände, nähmlich der zwischen Herrn und Diener, wirkte also
auch schon auf die äußere Begegnung der Menschen unter einander.

Hierbey aber sind zwey Dinge wohl zu bemerken, nähmlich:
daß also der erste Anspruch auf das Recht, andrer Menschen
Herr zu seyn und von ihnen mit ausgezeichneter Achtung
behandelt zu werden, in Abyssinien, so wie in allen Ländern,
nur dadurch gewonnen wurde, daß man arbeitsamer wie sie
war, und es ist wahrlich zu verwundern, wie jetzt in manchen
Ländern der Welt diese ursprüngliche Entstehung der Herr-
schers-Rechte so sehr in Vergessenheit gekommen ist, daß grade
der, welcher Millionen Menschen despotisch beherrscht, einen
Freybrief zu haben glaubt, der Faulste und Unthätigste unter
ihnen Allen zu seyn. Ferner ist zu bemerken: daß natürlicher
Weise von Seiten des Knechts der Vertrag der Abhängigkeit
und Dienstbarkeit jeden Augenblick aufgehoben werden
konnte, sobald der Knecht Mittel fand und Lust hatte, sich
selbst zu ernähren und für sich zu arbeiten.

Bis dahin war alles, was Recht und Unrecht heissen konnte,
so leicht zu übersehen, so keinem Zweifel unterworfen, daß es
weder eines Gesetzes, noch eines Richters bedurfte. Nun aber
traten einige sonderbare Fälle ein: eine Familie starb aus, und
hinterließ ein schönes, wohl angebautes Gütchen; es entstand
die Frage, wer nun die Früchte des Fleisses dieser Familie genießen, mit andern Worten, wer das Gut erben sollte (denn
von der albernen Idee, daß ein Mensch bestimmen, was nach
seinem Tode geschehen soll, oder das, was man ein Testament
nennt, machen könne, war man damahls noch weit entfernt).
Verschiedne machten Anspruch darauf; wer sollte entscheiden?
Ferner, man mußte sich gegen die Überschwemmungen des Nils
sichern; dieß erforderte gemeinschaftliche Mitwirkung mehre-
rer einzelner Familien, Vereinigung zu einem Zwecke. Man war
nicht einig über die Art, das Werk zu betreiben; wer sollte die
Oberaufsicht führen? Endlich: ein unruhiger Kopf, der sich auf

die Stärke seiner Arme verlassen konnte, fand es bequemer, seinem schwächern Nachbarn die Früchte wegzunehmen, als selbst zu arbeiten. Dem Schwächern kamen andre zu Hülfe; es entstand Streit, vielleicht gar Mord und Todtschlag; wie war es anzufangen, Ruhe und Frieden zu erhalten, und, da nun ein Mahl das Recht des Stärkern anerkannt werden muß, durch Vereinbarung gegen den, welcher Mißbrauch von diesem Rechte machen wollte, ein gewisses Gleichgewicht herzustellen? Auch entstand wohl Zwist über den Besitz der Weiber, über Grenzen, Verwüstungen, welche des Nachbars Hausthiere angerichtet hatten, und dergleichen mehr. – Dieß alles brachte denn die sämmtlichen Familien auf den Gedanken, sich ein gemein-schaftliches Oberhaupt des ganzen Stammes zu wählen, der ihr Schiedsrichter, Rathgeber und Anführer wäre.

Auf wen nun sollte diese Wahl fallen? Natürlicher Weise auf den Ältesten; denn wo alle zusammengesetztere Bedürfnisse, Kenntnisse und Wissenschaften wegfallen, da ist Weisheit Er-fahrung, und um diese zu erlangen, war ein langes Leben hin-länglich. Der Älteste wurde also zum Fürsten gewählt, und wenn er starb, folgte ihm in seinem Platze der, welcher nach ihm der Älteste war. Hier nun haben wir die erste Entstehung eines kleinen Staats in Abyssinien. Da dieß Oberhaupt, nach Verhältniß, wie die Bevölkerung zunahm, sehr viel zu thun bekommen mußte, indem jeder seine Zuflucht zu ihm nahm, so blieb ihm keine Muße übrig, sein Feld zu bauen. Dieß war nun freylich bey denen, welche sich andern Geschäften, als dem Ackerbaue widmeten, auch der Fall; doch konnten diese das, was sie producirten, unmittelbar gegen Nahrungsmittel umsetzen. Der, welcher Körbe flocht, konnte dem Nachbar sei-nen Korb gegen ein Lamm umtauschen; der Jäger lieferte dem Schneider einen Braten in die Küche, und erhielt dafür ein Gewand, zu Bedeckung seiner Blöße. Allein das Oberhaupt der kleinen Republik hätte verhungern und nackt einher gehen müssen, wenn nicht alle Familien zusammen getreten wären, und ihm dafür, daß er jedem mit Rath und That diente, seinen Unterhalt gereicht hätten. Der Fürst wurde also vom Staate ernährt; allein nie kam ihm der tolle Gedanke ein, daß er deßwegen der Eigenthümer des ganzen Landes wäre, *weil das ganze Land seine nöthigen Bedürfnisse befriedigte, ihm auch wohl ein wenig bessere Kost, Wohnung und Kleidung reichte, weil man ihm, seiner Weisheit, seines Alters und seines allgemeinern Einflusses wegen, mehr Achtung bewies.* Übrigens *war er ein Mitglied des Ganzen, wie die Andern, und Oberhaupt und Richter zu seyn, oder Jäger zu seyn, oder Korbmacher, oder Hirte, oder Ackermann zu seyn, das hieß:* einen von den im Staate gleich nützlichen Ständen gewählt haben, ohne sich deßwegen besser halten zu dürfen, *als die, welche andre Geschäfte nach ihrer Neigung treiben. Es war aber der Familie des Fürsten und ihm selber unverwehrt, nebenher noch ein andres Geschäft zu treiben, folglich auch Güter-Besitzer zu seyn (das nennen wir in Europa* Domainen haben*); und als ein solcher genoß er nicht mehr und nicht weniger Vorrechte, als jeder andre Eigenthümer von Grundstücken.*

Neuntes Kapitel.

Fortsetzung des Vorigen.

*J*e mehr die Bevölkerung in Abyssinien zunahm, desto mannigfaltiger wurden die Fälle, in denen man des Raths und der Entscheidung des Oberhaupts bedurfte. Um nicht über jeden kleinen streitigen, oder schwierigen Punct seine Zuflucht zu diesem nehmen zu müssen, und um zu verhindern, daß nicht zuweilen eine Partey sich durch den Ausspruch des Fürsten gekränkt glaubte, oder ihn im Verdacht einer Parteylichkeit hätte, traten alle Häupter der Familien zusammen, und setzten über oft vorkommende Fälle gewisse Regeln fest, wonach diese entschieden werden sollten. Dieß waren die ersten Gesetze. Bey so einfachen Verhältnissen bedurfte es keiner großen Menge solcher Gesetze. Der Fürst hatte nun eine Richtschnur, welche alle Willkühr hinderte, einen Codex, nach welchem er richten mußte. Nur in außerordentlichen, noch nie vorgekommenen, oder nicht klar determinirten Fällen, überließ man es seiner Klugheit, ein billiges Urtheil zu sprechen.

Unter diesen Gesetzen war auch eines, die Erbschaften betreffend. Darin wurde unter andern ausgemacht, daß, wenn eine Familie ausstürbe, ihre Besitzungen dem ganzen Staate anheim fallen sollten, und da es nicht gut möglich war, diese in unendlich kleine Stücke unter alle übrigen Familien zu vertheilen, so räumte man dem jedesmahligen Fürsten das Recht ein, sie, im Nahmen des Staats, nach bestem Wissen und Gewissen, vorzüglich würdigen, fleissigen, oder durch Unglücksfälle verarmten Familien zu schenken. – Als dieß Gesetz gemacht wurde, schüttelten einige weise, in die Zukunft voraussehende Männer bedenklich die Köpfe; allein es ging, durch Mehrheit der Stimmen, durch.

Auf große Tafeln wurden nun die neuen Gesetze gegraben, und da, wo die Sammelplätze der verschiednen Stämme waren, aufgehenkt. Sie kamen also zu jedermanns Wissenschaft, und waren auf Kinder und Kindeskinder verbindlich, weil das Corps der Familien-Häupter dazu eingewilligt hatte. Doch verstand sichs von selber, daß es jeder Einzelne die Freyheit behielt, ihre Gültigkeit nicht anzuerkennen, folglich auf seine Gefahr dagegen zu handeln, oder das Land zu verlassen.

Was die Strafen betrifft, so waren sie äußerst einfach. Wo Ersatz möglich war, Ersatz; in einzelnen Fällen Einkerkerung, auf einige Zeit, oder, wenn die Sicherheit des Staats es erforderte, doch äußerst selten, auf immer; vielmehr, statt dieses letzten heftigen Mittels, die Landesverweisung, mit der Bedrohung einer ewigen Einkerkerung, wenn der Verbrecher sich wieder unter den Abyssiniern sehen ließe. An Todesstrafen war auf keine Weise zu denken. Dieser abscheuliche Gedanke kam nicht in die Seele der guten Gesetzgeber. Wie sollte es ihnen eingefallen seyn, sich das Recht anzumaßen, einem ihrer Brüder eine Existenz zu rauben, die sie ihm weder geben noch zusichern konnten, worauf er ein Recht gehabt hatte, ehe an ihre Gesetze gedacht war, und dieß deßwegen, weil er andre Begriffe von Recht und Unrecht hatte als sie? Wie konnte es ihnen einfallen, selbst zu Bestrafung des Todtschlags, noch einen Todtschlag zu begehen; ohne Zweck, ohne das geschehene Übel dadurch gut zu machen, ohne den Verbrecher zu bessern, ohne hoffen zu dürfen, daß durch diese unbefugte Gewaltthätigkeit andre Rasende abgehalten werden würden, in der Wuth der Leidenschaften ähnliche Verbrechen zu begehen?

Von diesen Strafen nun wurden nie Ausnahmen gemacht, am wenigsten stand dem Fürsten die Befugniß zu, sie zu mildern, oder zu erschweren; denn noch war der Begriff, daß der Fürst in Staats-Angelegenheiten nach seinem Willen handeln, sich an die Stelle des Staats setzen, Rache ausüben, willkührlich verdammen und los sprechen, Gesetze aufheben, aus eigner Macht Verordnungen geben, Gnade für Recht ergehen lassen, und überhaupt Gnaden ertheilen könnte, nie in eines Abyssiniers Kopf gekommen. Gerechtigkeit üben, das war seine Pflicht; Gesetze, gesunde Vernunft und Billigkeit, seine Richtschnur; Er, ein Verwalter des Staats; seine Verrichtungen ein übertragnes Amt, wofür er ernährt, versorgt und geehrt wurde.

So standen die Sachen, und ich meine, sie standen so übel nicht, als einige Stämme in Nubien, welches von Ägypten aus durch rauhe, wilde Menschen war bevölkert worden, die mit den Abyssiniern in keiner Verbindung lebten, auf den unglücklichen Einfall geriethen, mit bewaffneter Hand in dieß schöne, friedliche Land einzubrechen und unserm guten Völkchen seine fruchtbaren Besitzungen streitig zu machen. Dieß war der erste Krieg, den die Abyssinier führten; sie waren aber nicht ungeübt in Waffen; gegen Löwen und Hyänen hatten sie sich vertheidigen gelernt; nur gegen ihre Brüder das Schwert zu ziehen, das war ihnen neu. Aber hier galt es Rettung des Eigenthums, des Lebens, der Freyheit, und sie waren an Leib und Seele gesund, nervig, stark. Der Zorn der muthwillig gereizten Sanftmüthigen ist fürchterlicher, als das Toben des unruhigen Zänkers. Unsre Abyssinier empfingen, schlugen und verfolgten siegreich die Nubier, auf eine Weise, die diesen auf lange Zeit die Lust benahm, sich wieder an ihnen zu vergreifen. Hierdurch entwickelte sich bey dem Volke ein bisher unbekannt gewesenes, schlafen gelegenes Ressort, die Tapferkeit, aber mit ihr zugleich sproß auch der Keim der Ehr- und Ruhmsucht hervor, und in denen, welche in der Schlacht sich vorzüglich ausgezeichnet hatten, war ein Toben, ein Streben entstanden, das ihnen nachher die stillen häuslichen und ländlichen Geschäfte unschmackhaft machte. Man focht Mann gegen Mann; die Niederlage der Nubier war groß; viele von ihnen wurden gefangen; keiner von Abyssinischer Seite.

Noch kannte man die Speculation nicht, Menschen gegen Geld und Waare umzusetzen; also nahm jeder seinen Gefangenen mit sich nach Haus, und betrachtete ihn als seinen Knecht. Die Erbitterung aber gegen sie war so groß, daß man diese Gefangnen nicht wie andre Knechte, die, wie vorhin ist gesagt worden, immer wieder frey werden konnten, behandelte, sondern ihnen die schwerste Arbeit aufbürdete, ihnen schlechtere Kost und Kleidung gab, und ihnen nicht das Recht zugestand, sich frey zu machen, in ihr Vaterland zurück zu kehren oder sich in Abyssinien fest zu setzen. Das war denn die Entstehung des unnatürlichen Sclavenstandes. Wie man sich indessen an alles gewöhnt, so hörten diese Sclaven zuletzt auf, den Verlust ihrer Freyheit zu fühlen, besonders wenn sie das Glück gehabt hatten, an gute Herren zu gerathen, und weil sie denn doch ohne häusliche Sorgen lebten, indem die Herren ihnen alle Bedürfnisse des Lebens reichen mußten. Ja! da es hübsche Männer unter ihnen gab, so geschah es zuweilen, daß die Liebe, die keinen Unterschied der Stände kennt, zwischen ihnen und den Töchtern des Landes Ehebündnisse zu Stande brachte. Nun wurde durch ein Gesetz verordnet, daß auch die Weiber, Kinder und deren Abkömmlinge Sclaven seyn sollten – also Sclaven-Familien! Daß durch diese Einrichtung wieder ein großer Unterschied in den Vermögens-Umständen der Eingebornen entstand, ist sehr natürlich; denn wer viel Sclaven hatte, konnte nicht nur größere Anlagen machen, von denen er den ganzen

Vortheil zog, sondern man kam auch bald auf die Finanz-Operation, seine Sclaven zu vermiethen.

Jedermann hatte freye Macht, mit seinem Vermögen, also auch mit seinen Sclaven, nach Gutdünken zu schalten und zu walten. Hatte nun ein gutmüthiger Herr einen seiner Sclaven lieb gewonnen, oder dieser hatte des Herrn Tochter zum Weibe gemacht, oder der Herr hatte nicht Arbeit genug für ihn; so schenkte er ihm und seiner Familie die Freyheit. Diese Frey-gelaßnen genossen dann alle Rechte der Einheimischen, und da jeder freye Mann in Abyssinien sich niederlassen und anbauen konnte, wo er wollte, so entstanden nach und nach Familien die von Fremden abstammten, und die hernach hie und da auch wohl andre in das Land lockten, wodurch zugleich fremde Sitten, Gebräuche und Bedürfnisse nach Abyssinien verpflanzt wurden.

Die Nubier waren durch den ersten unglücklichen Erfolg ihrer Waffen noch nicht vom Kriege abgeschreckt worden, sondern erneuerten ihre Anfälle in Abyssinien. Dieß setzte die Einwohner in die Nothwendigkeit, sich stets zur Vertheidigung bereit zu halten. Das Oberhaupt, der Fürst, war immer, wie wir gehört haben, ein alter Mann, folglich weniger geschickt, die Beschwerlichkeiten der Feldzüge auszuhalten, in denen er sein Volk, das jetzt kriegerisch geworden war, anführte. Dieß lehrte die Abyssinier, daß es nun besser sey, bey entstehendem Todes-falle ihres Oberhaupts, einen jüngern Mann an seiner Stelle zu wählen. Natürlicher Weise traf die Wahl den, welcher in den Feldzügen die größten Beweise von Muth gegeben hatte. Nun also wurde, statt daß vorher bloß Weisheit, Alter, Er-fahrung ein Recht zum Throne gegeben hatten, noch persön-liche Tapferkeit ein Erforderniß, um Fürst zu seyn.

Persönliche Tapferkeit hat zum Theil ihren Grund in Orga-nisation des Körpers, zum Theil wird sie durch einen Enthusias-mus, durch ein Ehrgefühl erzeugt, und beides pflegt in gewissen Familien fortgepflanzt zu werden. Der tapfre, nervige Sohn des tapfern, nervigen Fürsten focht an der Seite seines Vaters, wurde angefeuert durch das Beyspiel seines Muths, und zu Hause durch kühne, große Grundsätze empor gehoben. Die Achtung, Furcht und Ehrerbiethung, welche man für den Fürsten empfand, fing bald an, sich auch auf ihre Familien zu erstrecken. Bey einer neuen Fürstenwahl glaubte man dem tapfern Oberhaupte keinen bessern Nachfolger geben zu können, als seinen tapfern Sohn. Nach Verlauf eines halben Jahrhunderts wurde es zu einer Art von Observanz, die Fürsten aus Einer Familie zu wählen, um so mehr, da diese früh zu Regenten auferzogen wurden, und keine andre Handthierung trieben. Endlich wurde ein Recht daraus und das Reich wurde ein Erbreich.

Zwey Umstände trugen hierzu noch sehr viel bey. Nähmlich, erstlich: da jeder Bürger im Staate, der das männliche Alter erreicht hatte, mitwählte, und das Volk nun auf einen kriegerischen Ton gestimmt war, so hatte der tapfre Fürstensohn immer die Stimmen derer auf seiner Seite, unter deren Augen er bey der Armee gefochten hatte, indeß die kleinere Anzahl der weisern Alten, die nicht mit im Felde gewesen waren, wohl freylich lieber für einen Mann stimmten, der mehr durch Einsicht, Kaltblütigkeit und Erfahrung, als durch Kühnheit und Muth des Thrones würdig schien. Zweytens: der Tapferste gewann im Kriege die mehrsten Gefangnen, erhielt folglich die mehrsten Sclaven, konnte folglich reicher und mächtiger werden, als die andern (und Reichthum verblendet ja das Volk, und gibt Zuversicht), konnte endlich mehr Sclaven frey lassen, die dann Bürger wurden, aber ihm aus Dankbarkeit verpflichtet blieben, und seinem Sohne ihre Stimme nicht versagten, vielleicht gar nur unter dieser Bedingung die Freyheit erhielten. Hier haben wir eine Entstehung der Hof-Creaturen, und den schwachen Anfang des dem Despotismus so vortheilhaften Lehnsystems in Abyssinien.

Auf stürmische Zeiten folgten ruhigere; der Krieg, den die Nubier angefangen hatten, war hauptsächlich darauf abgezielt gewesen, sich in den Besitz einer Provinz von Abyssinien zu setzen, aus welcher ein Product gezogen werden konnte, an welchem es in Nubien fehlte. Dagegen gab es aber in diesem Lande wieder Producte, welche man in Abyssinien nicht hatte. Kältere

Überlegung unterrichtete beide Parteyen von der Möglichkeit, durch Tausch ihre gegenseitigen Wünsche zu befriedigen; man schloß einen Vergleich. – Dieß war die Entstehung des Handels, mit welcher wiederum die Abyssinische Cultur, Stimmung und Verfassung eine andre Gestalt und Wendung bekamen, wovon es der Mühe werth ist, etwas weitläuftiger zu reden; und das soll im folgenden Kapitel geschehen.

Zehntes Kapitel.

Fragmente aus der mittlern Geschichte von Abyssinien.

Wie groß der Einfluß ist, den der Handel auf die Cultur der Völker, auf ihren Geist und auf ihre Moralität hat, das erfährt jeder, der die Geschichte mit einiger Aufmerksamkeit studiert; auch das Königreich Abyssinien fühlte bald diesen Einfluß, wie wir jetzt sehen werden. Vorher aber müssen wir noch zergliedern, welche Art von Revolution die Einführung des Geldes und die Entdeckung der Bergwerke bewirkten.

Da der Tausch-Handel große Ungemächlichkeiten hatte, so wünschte man längst, eine Waare zu finden, die immer gleichen Werth behielte, die jedermann brauchen, leicht herbey schaffen, leicht in Verhältniß mit allen seinen Bedürfnissen setzen, die der allgemeine Maßstab des Werths aller Landesproducte werden könnte – mit Einem Worte, die ihnen das würde, was wir Geld nennen. Ein Ausländer gerieth nach Abyssinien und lehrte dem Fürsten den Werth kennen, den andre Völker auf die edeln Metalle und auf Juwelen setzen, und den Gebrauch, welchen sie davon machen. Abyssinien ist reich an Gold, Silber, Eisen, Kupfer, Edelsteinen aller Art, hat Salz, Marmor und dabey einen solchen Überfluß von Früchten, Korn und andern Nothwendigkeiten und Annehmlichkeiten des Lebens, daß es dem Fremden nicht schwer hielt, dem Fürsten zu beweisen, wie groß der Vortheil des Handels auf Seiten der Abyssinier seyn würde, wenn man die Bergwerke fleissig betriebe, Gold und Silber zum Maßstabe der größern Waaren machte, zu kleinern Summen aber, statt der Scheidemünze, sich des blauen wollnen Zeugs bediente, welches im Lande verfertigt wurde.

Nun war nur die Frage, wer den Nutzen von den Bergwerken ziehen sollte. Erlaubte man jedem Eigenthümer eines Bodens, alles, was dieser Boden enthielte, auszugraben und als sein Eigenthum zu betrachten; so konnte das Ungefähr den Besitzer eines kleinen Stückchen Landes unermeßlich reich machen, indeß der Eigenthümer einer zehen Mahl so großen Besitzung arm blieb, welches eine unnatürliche Vertheilung des Vermögens zu seyn schien. Noch fand man, daß Bergwerke viel Hände erfordern, folglich mancher unterirdische Schatz, aus Unvermögen des Grund-Eigenthümers, ihn aus der Erde zu fördern, vergraben geblieben seyn würde. Das Natürlichste war also, die Bergwerke auf Kosten und zum Vortheile des ganzen Staats zu betreiben, den Besitzern des Bodens aber, welchen man umwühlte, den dadurch verursachten Schaden zu ersetzen. Was sollte aber nun mit dem Schatze angefangen werden, den der Staat auf diese Weise gewann? Billig wäre es gewesen, ihn unter alle Familien zu vertheilen. – Aber welche Weitläuftigkeit! Hierzu kam, daß man anfing, den Nutzen einer öffentlichen Staats-Casse einzusehen. Wenn Heerstraßen, Wasser-Dämme, Wasser-Leitungen anzulegen und dergleichen, dem ganzen Lande vortheilhafte Einrichtungen zu machen waren; so wurde es schwer, die entfernt wohnenden Familien an der gemeinschaftlichen öffentlichen Arbeit, ohne große Versäumniß ihrer eignen Geschäfte, eben so viel Antheil nehmen zu lassen, als die benachbarten Einwohner. Hatte man aber eine öffentliche Casse, in welche die Einkünfte des Staats flossen, so wurden auch die öffentlichen Ausgaben daraus bestritten, und hatte man Geld, so konnte man die, welche an solchen Werken arbeiteten, daraus bezahlen, und das Geld, welches die Arbeiter gewannen, war hinreichend, sie dafür zu entschädigen, daß sie indeß für sich nicht thätig seyn konnten; denn für dieß Geld vermochten sie alle Bedürfnisse des Lebens von denen, welche indeß ihre Geschäfte trieben, einzuhandeln. Also wurde Geld eingeführt, eine öffentliche Casse errichtet, und die Bergwerke gehörten dem Staate. Weil aber der Staat nur eine metaphysische Person ist, so glaubte der Vorsteher des Staats, der Fürst, sich an die Stelle desselben setzen zu dürfen. Als ich in Holzmünden auf der Schule war, nannte unser Rector diese oratorische Figur eine Metonymia praesidis, pro re, cui praesidet – ich glaubte niemahls, daß diese Pedanterey in der Anwendung so ernsthafte, wichtige Resultate liefern könnte. Also noch ein Mahl! Hier setzte sich der Fürst zuerst an die Stelle des Staats, wurde der Verwalter der öffentlichen Casse und der Inhaber der Bergwerke.

Allein es verstand sich doch von selber, daß der Fürst nicht willkührlich mit dem Staats-Schatze wirthschaften durfte, sondern daß er zu gewissen Zeiten den Häuptern der einzelnen Stämme Rechnung von seinem Haushalte ablegen mußte. Da sich nun überhaupt die Geschäfte sehr vervielfältigten, und er nicht allem allein vorstehen konnte, so beschloß man Collegia, das heißt, Ausschüsse verständiger, alter Männer, aus dem Volke zu errichten, welche, unter Anführung des Oberhaupts, sich in die Geschäfte theilen mußten. Die Subjecte dazu, oder die Repräsentanten der Nation, wählte theils das Volk, theils ernannte sie der Fürst, weil es ihm doch nicht einerley war, mit wem er gemeinschaftlich arbeiten sollte. Diese Männer aber mußten nun freylich ihre häuslichen Geschäfte aufgeben; man suchte sie dafür zu entschädigen und wies ihnen Besoldungen aus der öffentlichen Casse an.

Die wohl verdiente Verehrung, welche man gegen das gewählte Oberhaupt des Reichs hatte, entfernte alles Mißtrauen. Man dachte nicht daran, ihn so sehr einzuschränken, daß man verlangt hätte, er sollte zu jedem Schritte erst die Beystimmung der Collegien zu erlangen suchen. Der Fürst fing daher nach und nach an, nach Gutdünken die Besoldungen auszutheilen und die erledigten Bedienungen zu besetzen; und dieß that

er damahls sehr gewissenhaft, weil er für sich nichts durchzusetzen, kein andres Interesse hatte, als das allgemeine, weil
ihm nichts zu wünschen übrig blieb, als daß die Geschäfte
ordentlich getrieben würden.

Das Ruder war also ganz in des Fürsten Händen, das Staats-
Vermögen unter seiner Aufsicht und die Staats-Bediente stan-
den unter ihm; allein man setzte doch fest, daß große, wichtige National-Angelegenheiten der Entscheidung gewählter
Repräsentanten aus allen Stämmen, *die sich, so oft es nöthig*
wäre, versammeln würden, überlassen werden sollten.

Der Umlauf des Geldes machte bald eine gänzliche Veränderung in den Vermögens-Umständen der Einwohner. *Da*
man sahe, daß man für einen Haufen von dieser kleinen Waare
alles erlangen konnte, was man brauchte und wünschte, ohne
selbst graben, säen, spinnen zu dürfen, so bemühete sich nun
jeder, theils durch vortheilhaften Handel, theils dadurch, daß er
sich für seine weniger mühsamen Dienste so theuer als möglich
bezahlen ließ, soviel Geld als zu gewinnen war, zu gewinnen.

Die Folgen davon auf die Moralität und auf die Industrie
sind leicht zu überdenken. Der esprit public *wurde lauer; man*
dachte bey jedem Schritte an das Privat-Interesse. Der kriege-
rische Geist ließ nach; eine Gefahr die dem Staate im Allgemei-
nen drohete, schreckte den Einzelnen nicht so sehr, in so fern er
nur hoffen konnte, für sich und die seinigen ruhig zu bleiben.
Durch Errichtung der Staats-Casse war das Privat-Eigenthum
von dem allgemeinen getrennt; man hielt den Staat für sehr
reich, und machte unaufhörlich Jagd auf Besoldung und Ver-
gütungen. Da diese von dem Fürsten abhingen, so fing man
an ihm zu schmeicheln, sich ihm gefällig zu machen, um für
kleine, unwichtige Dienste, große Bezahlung zu erhalten. Der
herrschende Gedanke nun, alles, Arbeit, Mühe, Verwendung
zum Besten des Staats, nach baarem Gelde taxiren zu können,
erniedrigte die Seelen der Menschen; Großmuth, Aufopferung,
Uneigennützigkeit wurden seltner. Man hielt keine Art von
Geschäfte mehr für unedel, sobald es nur Geld einbrachte. Die
Nothwendigkeit, sich einzuschmeicheln, um sich Gönner oder

Käufer zu verschaffen, benahm dem Character Eigenheit und Energie, erzeugte Falschheit, Verstellung, Höflichkeit und feine Lebensart, und da man den Handel als einen freywilligen Contract ansah, so nahm man sichs nicht übel, wenn der Andre den Werth der Waare nicht verstand, ihn zu überlisten, zu betrügen. – Treue und Wahrheit verschwanden.

Die Begierde, Geld zu erwerben, gab indessen doch auch Gelegenheit zu Erfindung mancher nützlichen Künste.

Die täglich zunehmende Vervielfältigung der Verhältnisse erforderte eine Menge neuer Gesetze. Je größer die Zahl derselben wurde, desto mehr verloren sie von ihrer Ehrwürdigkeit und Heiligkeit. Bald machte man sich kein Verbrechen mehr daraus, sie heimlich zu übertreten, wenn man seinen Vortheil dabey fand.

Der Fürst, der nun immer mehr anfing, sich an die Stelle des ganzen Staats zu setzen, wagte es, zuerst unwichtige und nachher wichtigere Gesetze aus eigner Macht zu geben. Man ließ ihn wirken; die Mehrsten dachten an ihren Privat-Nutzen, und ließen im Staate alles geschehen, in so fern sie nicht unmittelbar dabey verloren; viele traueten dem Fürsten; auch hatte er ja noch kein Interesse dabey, schlecht zu handeln: allein die Sache war wichtig der Folgen wegen. Seine Macht wurde durch Indolenz der Nation immer größer; man hätte ihn im Zaume halten sollen; aber die Collegien bestanden aus seinen Creaturen, die Zahl der hungrigen Schmeichler nahm täglich zu, erfüllte ihn mit thörichter Eitelkeit, und verschrob ihm, seinen Weibern und seinen Kindern Kopf und Herz.

Auf einer großen Versammlung der National-Deputirten wurde nun aufs neue die Frage wegen der Erbschaften aufgeworfen. Man wollte es unbillig finden, daß einem Menschen, der keine Familie hinterließ, nicht das Recht zustehen sollte, das liebe, schöne Geld, welches er gesammelt hatte, nach seinem Tode einem Freunde zuzusichern, sondern daß diese Reichthümer in den öffentlichen Schatz kommen sollten. Diese Motion bewies genug, wie sehr man jetzt das Privat-Interesse vom allgemeinen trennte. Wirklich wurden die Erlaubniß zu

testiren *und die Rechte der Seiten-Verwandten auf den Nachlaß eines Menschen, der ohne Testament starb, fest gesetzt, und
dieß öffnete dann den Weg, durch Schmeicheley Erbschaften
zu erschleichen, gab reichen Leuten Gelegenheit, ihre ärmern
Verwandten zu tyrannisiren, brachte Eigennutz in die ehlichen
Bündnisse, machte, daß die Leute anfingen, sich in ihrer Verwandten häusliche Geschäfte und Ehestands-Sachen zu mischen,
und da der Staat nun nicht mehr Gelegenheit hatte, durch
Verschenkung solcher heim gefallenen Güter an Ärmere eine
gewisse Gleichheit der Vermögens-Umstände herzustellen; so
wurden einige Stämme durch Erbschaften ungebührlich reich.*

*Das waren die ersten und natürlichsten Folgen welche die
Schätze, die man der Erde entlockt hatte, sodann der Geld-
Umlauf, der* inländische Handel, *und die dadurch entstandne
große Verschiedenheit unter den Vermögens-Umständen in
Abyssinien nach sich zogen. Der* ausländische Handel *aber bewirkte, außer allen diesen, noch weit wichtigere Revolutionen,
wovon ich jetzt reden will.*

Der Verkehr mit den benachbarten Nationen erzeugte den
Luxus, *machte die Abyssinier mit Annehmlichkeiten und Gemächlichkeiten des Lebens bekannt, die ihnen bis dahin fremd
gewesen waren, und die, nachdem sie dieselben ein Mahl
geschmeckt hatten, ihnen bald zum Bedürfnisse wurden. Sie
lernten die Zubereitung betäubender,* starker Getränke, *den
Gebrauch langsam vergiftender* Gewürze, Nerven kitzelnder
Opiate, *des* Tobaks, *des* Rauchwerks *und balsamischer* Wohl-
gerüche. *Die durch den Handel reich gewordnen Leute fingen
an, einen Asiatischen* Aufwand in ihrem Hausrathe, *in ihrer
Kleidung zu machen, schliefen des Nachts auf weichen Betten,
wälzten sich bey Tage auf seidnen Polstern.* Die starken Körper
wurden entnervt; *da erwachte eine Menge unmäßiger Begierden, heftiger Leidenschaften – Grillen, Launen, Kränklichkeit, kurz!* Verderbniß der Sitten. *Herabwürdigung an Leib
und Seele waren die sichern Wirkungen dieser weichlichen,
wollüstigen Lebensart. Hohe Tugenden schliefen; der Nerv zu
großen Thaten wurde gelähmt; Einfalt, häusliche Glückselig-*

keit, unschuldige Freuden, Kindersinn, Treue, herzliche Hingebung und froher, reiner Genuß verschwanden.

Da die Bedürfnisse immer mannigfaltiger wurden, und die Preise der Lebensmittel stiegen, so bedurfte nun jedermann mehr, als bisher; reich zu seyn wurde also täglich wichtiger, nöthiger; denn einfach, mäßig und weise seyn, hieß nun schon: sich etwas versagen; arm zu seyn, kein Geld zu haben, war eine Art von Schimpf; der Wohlhabende wurde geschmeichelt, geehrt, um von ihm zu ziehen, der Dürftige zurückgesetzt, verachtet; persönliches Verdienst kam nicht mehr in Anschlag; Eigennutz war die große Triebfeder und man erlaubte sich, um reich zu werden, alle, auch die niedrigsten, schiefsten Mittel und Wege.

Der Reiche wollte nun nicht mehr arbeiten, hatte für nichts Sinn, als für Genuß. Um sich her versammelte er einen Haufen bezahlter Schmeichler und Gaukler, die ihm die Zeit vertreiben halfen. Der Müssiggang erzeugte theils neue Laster und Thorheiten, theils gab er Gelegenheit zu Erfindung und Vervollkommnung der schönen Künste. Der Mißbrauch derselben machte nun vollends weibisch, erhitzte die Phantasie, erregte die Begierden. Bald war der Geist der ganzen Nation nur für Kleinigkeiten, Thorheiten, Spielwerke empfänglich. Witz galt mehr als gesunde Vernunft; Bombast in Worten mehr, als nüchterne Weisheit. Die Sinne wollten ohne Unterlaß gekitzelt seyn. Man entfernte von sich alles, was Anstrengung, Ernst, Ausdauern erforderte, und sehnte sich nur nach dem Genuß des Augenblicks; floh alles, was unangenehme Eindrücke machte, lebte und webte in immerwährendem sinnlichem Taumel und haschte nach Idealen.

Jetzt entstanden eine große Menge neuer Verhältnisse, Conventionen, Umgangs-Regeln, leere Complimente, wobey man nichts dachte, unnütze Geschäfte, um die Zeit zu tödten, gesellschaftliche Vergnügungen von alberner Art; und jemehr man darauf studirte, seinen Genuß zu vervielfältigen, um desto weiter floh die wahre, reine Freude; und lange Weile, die man ehemahls nie gekannt hatte, nagte an den friedenlosen, von tausend unbestimmten, thörichten Wünschen und Unruhen in Tumult gebrachten Herzen.

Der Reiche mißbrauchte das Übergewicht, welches er über den Armen hatte, den er nur geschaffen glaubte, um seinen Lüsten und Phantasien zu frohnen; und dieser, der auch corrumpirt war und tausend Bedürfnisse hatte, die ihn von Jenem abhängig machten, trug sclavisch sein Joch, und beschäftigte sich nur mit listigen Planen auf den Geldbeutel des dümmern Reichen.

Wer hatte aber ein größeres Recht über Alle, als der Fürst? Er hatte die Mittel in Händen, reicher als jemand im Lande zu werden; er wurde also auch üppiger und wollüstiger als Einer; er wurde mehr als Einer durch Schmeicheley verderbt. Er, in dessen Händen die Staats-Casse war, hatte mehr als Einer die Macht, die Ärmern zu drücken, die Lebensmittel zu vertheuern und auf alle wirkliche und eingebildete Bedürfnisse seine schwere Hand zu legen. Auch that er das, und die Menschen, die sich zu Sclaven ihrer Begierden gemacht hatten, mußten nun wohl die Sclaven dessen werden, der Gewalt hatte, diese thörichten Begierden zu befriedigen, oder nicht. Der genügsame, mäßige, gesunde Mann findet aller Orten Freyheit und Vaterland; der schwache Wollüstling lebt in ewiger Knechtschaft von Innen und Außen. Luxus und Corruption wurden die ersten Grundpfeiler des Despotismus. Das entnervte Volk fühlte nicht nur die Fesseln nicht, die es sich geschmiedet hatte, sondern, da es auch durch den Handel mit Völkern in Verbindung gekommen war, bey denen der Despotismus schon größere Fortschritte gemacht hatte; so veränderten sich auch nach und nach ihre Ideen von den Verhältnissen zwischen Fürsten und Nation so sehr, daß sie sichs für eine Ehre hielten, einen eben so unumschränkten, in eitler Pracht glänzenden Monarchen auf ihrem Nacken sitzen zu haben, als ihre Nachbarn, die Völker Nubiens. In dieser Periode nahm denn auch das Oberhaupt der Abyssinier den königlichen Titel an, oder den Titel des großen Negus.

Eilftes Kapitel.

Bruchstücke aus der neuern Geschichte Abyssiniens.

Wir haben gesehen, wie nach und nach sich das Familien-Regiment an der Hand der Zeit, durch natürliche Revolutionen, in eine republicanische, dann in eine monarchische Form ummodelte, und endlich in unbegrenzten Despotismus ausartete. Allein bis jetzt wurde von Seiten des Königs dabey nicht eigentlich planmäßig zu Werke gegangen; doch bald kam es auch dahin, daß der Despotismus in ein System gebracht wurde.

Aus dem vorhin erzählten läßt sich leicht schließen, daß die Menschen, welche der König um sich her versammelte, eine Rotte nichtswürdiger, sclavischer Schmeichler ausmachten; denn die, deren Herz und Sitten noch unverderbt waren, flohen den Hof, welcher der Sitz der Schwelgerey, der Üppigkeit und des Müssiggangs geworden war. Jene aber verführten den Despoten zu immer größern Ausschweifungen, Inconsequenzen, Thorheiten und zu dem Mißbrauche seiner Gewalt. Die Schlauesten unter ihnen wurden seine Lieblinge, gaben ihm Anschläge, wie er es anfangen müßte, der Nation noch den letzten Schatten von Freyheit zu rauben, und indem sie ihm behülflich waren, die unumschränkteste Gewalt in seine Hände zu legen, regierten sie den Despoten und suchten sich auf Kosten des Staats zu bereichern.

Nun wurden alle Bedienungen mit den Creaturen der Lieblinge besetzt, Besoldungen und Jahrgelder an Unwissende und Bösewichte ausgetheilt; Parteylichkeit, Ungerechtigkeit und Bestechung herrschten in allen Departements. Man gab willkührlich Verordnungen und Gesetze, deren eines dem andern widersprach, verhing gegen die Übertreter derselben Strafen, die nicht im Verhältnisse mit den Verbrechen standen, und die man nach Gutdünken, erschwerte, minderte oder nachließ.

Freygeborne Menschen wurden wie Sclaven am Leibe *bestraft, ja! endlich sogar* am Leben.

In den Befehlen, welche der König gab, las man nun die Ausdrücke: Gnade, unterthänigste Befolgung *und mehr solcher empörenden Phrasen. Man sprach von der* Heiligkeit der Person *des Monarchen, von* Majestät *und dem Verbrechen der* beleidigten Majestät.

Rechte, die jedem freyen Manne zukommen, zum Beyspiel, die wilden Thiere auf dem Felde, die Vögel in der Luft zu schießen, und die Fische im Wasser zu fangen, erklärte man für Regalien, *oder beschenkte nichtswürdige Günstlinge mit diesen Befugnissen.*

Auch Handel und Gewerbe blieben nicht frey. Man ertheilte Privilegien, Monopolia, Exemtionen *von gewissen Verordnungen, an einzelne Personen, und hielt es nicht für Pflicht, noch der Mühe werth, der Nation* andre Ursachen *für dieß alles anzugeben, als daß es Seiner Majestät gnädig gefallen habe, es also zu verordnen.*

Um jedoch irgend einen Schein anzunehmen, als wenn diese abscheulichen Eingriffe in die Rechte der Menschheit und der gesunden Vernunft mit Beystimmung des Volks geschähen, versammelte man noch ein Mahl die Repräsentanten der ganzen Nation; allein man wußte, durch Bestechungen, Verheißungen und Drohungen die Wahl dieser Repräsentanten so zu lenken, *daß nur sclavische und unwissende Menschen sich dort versammelten und alles billigten, was der Despot vorschlug.*

Der König bauete sich eine große, prächtige Stadt, die Axum hieß, jetzt aber nicht mehr die Residenz ist, *seitdem Gondar gebauet worden. Dort lebte er in Asiatischem Puppenglanze, von seinen Sclaven umgeben.*

Man veranstaltete daselbst das ganze Jahr hindurch Feste, Schauspiele und Feyerlichkeiten, *welche die Augen des Volks blendeten, die Sinne reitzten, die Vernunft übertäubten und* von ernsthaften Betrachtungen ableiteten. *Da tanzte und spielte man die Grillen weg, und umwand sich die Sclavenketten mit Rosen.*

Allein noch gab es eine Anzahl fester, von der allgemeinen Corruption weniger angesteckten Männer, die endlich des Unwesens müde wurden, sich laut und kräftig den Tyranneyen und Bedrückungen widersetzten, und sich weigerten, willkührliche, thörichte und verderbliche Verordnungen zu befolgen. Die Besitzer nähmlich der größern Güter, die Häupter der Stämme, die des Hofs nicht bedurften, nach keinen Pensionen angelten, keine Bedienungen suchten, sondern fern von der Residenz, auf dem Lande lebten, und sich, wie billig, als Mitregenten und Stellvertreter ihrer ärmern Nachbarn ansahen, hielten lange Zeit dem Despotismus die Stange. Dieß war der eigentliche Adel des Reichs. Es war eine mächtige Partey, die man schonen mußte; und wirklich sah sich der Despot gezwungen, einige seiner Verordnungen zurück zu nehmen, um einem allgemeinen Aufruhr vorzubeugen. Freylich wurden viele von ihnen auch nach und nach des ewigen Protestirens müde, liebten die Ruhe, und ließen manches geschehen, was grade nicht unmittelbar sie und ihre Unterthanen traf; doch blieb diese Partey noch immer mächtig genug, um den Despoten in die Nothwendigkeit zu setzen, auf andre Mittel zu denken, sich auch diesen Stand unterwürfig zu machen. Hierzu nun bediente man sich schlauer Kunstgriffe. Man ertheilte einigen von ihnen wichtige Bedienungen, lockte sie in die Residenz, verführte ihre Kinder, erweckte in ihnen den Hang zur Pracht, zu eiteln Vergnügungen, zum Flitterstaate. Da ließen sie nun ihre Besitzungen in den Händen eigennütziger Verwalter und Pächter, verzehrten, was ihnen diese gaben, in der Stadt, richteten sich durch unnützen Aufwand zu Grunde und verarmten. Als man viele so weit gebracht hatte, schoß man einigen Geld vor, und machte sie dadurch abhängig vom Hofe. Andern that man den Vorschlag, gegen gewisse Summen, die man ihnen schenkte, ihre Güter für ein Eigenthum des Königs zu erklären und sie von ihm zu Lehn zu nehmen. Wenn die Familien ausstarben, ertheilte man diese Lehne an Creaturen des Hofs. Man reitzte die Eitelkeit von andern, erfand unnütze Hof-Bedienungen, Titel und dergleichen, die man ausschließlich dem Adel zusicherte, maßte sich das Recht an, diesen Adel zu ertheilen und erblich werden zu lassen. *Man gewöhnte die Menschen Werth auf kleine, elende äußere Auszeichnungen zu legen, auf Bänder und Ketten, die man ihnen umhing, auf gewisse Kleidungen, die man ihnen zu tragen erlaubte, auf Stellen, die einen gewissen* Rang *gaben.* Da rissen sich dann die Leute um die Ehre, dem Könige den Sonnenschirm nachtragen zu dürfen, oder den Schlüssel zu seinem heimlichen Gemache in Verwahrung zu haben, ihm die Braten zu zerlegen, seine Livree zu tragen, ihm die Schuhe zu küssen, und dann wieder *seine eignen Knechte zu ähnlichen niederträchtigen Diensten zwingen zu dürfen. Diese Vorrechte aber wurden nur dem Adel ertheilt, und die Idee, daß hierin wirklich wahrer Werth beruhe, ging unmerklich in alle Stände über; jeder rang darnach, ein Ämtchen, wobey er müssig gehen konnte, ein Titelchen, einen Adelsbrief, oder dergleichen zu erhaschen. Nun fehlte es dem Despoten nicht an Mitteln, das Volk zu fesseln, und der* Adel, *welcher ehemahls eine Vormauer gegen die Eingriffe des Tyrannen gewesen war, wurde nun das* Werkzeug zu gänzlicher Unterjochung der Nation.

Seitdem der König sich das Recht zu verschaffen gewußt hatte, nach Belieben seine Einkünfte zu vermehren, die Staats-Cassen als die seinigen anzusehen, Lehne einzuziehen, Regalien zu erfinden etc. war er freylich sehr reich geworden; allein der ungeheure Luxus, welcher am Hofe herrschte, die Verschwendung aller Art und dabey die unordentliche und betrügerische Verwaltung der Staats-Einkünfte, erschöpfte doch die Cassen. Davon war nun gar nicht mehr die Rede, daß man dem Volke Rechnung von Verwendung der Gelder thun müsse. Dem Könige war jedermann Rechenschaft schuldig; er niemand. Allerley neue Regalien, die man erfand, Handlungs-Operationen, neue Anlagen von Bergwerken, Marmor-Gruben, Zölle, Geld-Strafen und viel andre Mittel hatte man schon versucht; doch war man noch nicht so kühn gewesen, das bestimmte Privat-Vermögen der Unterthanen unmittelbar anzugreifen, und sie mit Auflagen zu belästigen; jetzt kam auch daran die Reihe. Man forderte Abgaben, Steuern; um aber gegen alle Widersetzung sicher zu seyn, befreyete man den Adel und andre Stände, die Einfluß auf das Volk hatten, von diesen Steuern und wälzte die ganze Last derselben auf den ärmern Theil der Nation, der nun, um das Geld herbey zu schaffen, wovon Müssiggänger, Hofschranzen, Geiger, Pfeifer und Huren besoldet wurden, vom frühen Morgen bis spät in die Nacht, im Schweisse seines Angesichts arbeiten mußte. Da verlor dann der niedergebeugte Unterthan allen Muth, allen Lebens-Genuß, alle Hoffnung, ein wenig wohlhabender zu werden, für seine Kinder etwas zu sammeln. – Ja! man fing an, genau zu berechnen, wie viel man dem Bauer erlauben dürfe, zu besitzen; wie viel man ihm jährlich, von seinem eignen, selbst erworbnen Vermögen lassen dürfe, ohne daß er übermüthig würde, das heißt: ohne daß er fühlte, daß er ein Mensch wäre, und damit er doch auch nicht verhungerte, auch Kräfte genug behielte, um wieder so viel herbey zu arbeiten, als man ihm im folgenden Jahre nehmen wollte.

Dabey herrschte in der Residenz und in den übrigen Städten das allgemeinste Verderbniß der Sitten. Die unnatürlichsten, unmenschlichsten Laster wurden öffentlich getrieben; man rühmte sich seiner Verbrechen; die abscheulichsten Ausschweifungen zu begehen, das gehörte zu dem Ton der großen Welt. Von den schändlichsten Krankheiten wurden ganze Familien angegriffen. Man erreichte nicht mehr die Hälfte des ehemahls gewöhnlichen Menschenalters; häusliche Glückseligkeit, Treue und Glauben, Menschenliebe und Gesundheit fand man nur in den Hütten der Armen.

Die Vornehmen hielten sich berechtigt, nicht unter dem Zwange der Gesetze zu stehen, und konnten sie sich ihnen auch nicht ganz entziehen, so war doch mit einer Hand voll Geld alles wieder gut zu machen, und es gab andre Strafen für den Reichen, als für den Armen, andre für den Edelmann, als für den Bauer. Wenn dieser ein Jagd-Thier schoß, so wurde er lebendig gespießt; wenn jener einen Knecht tödtete, so wurde er zu einer mäßigen Geld-Buße verurtheilt. – Ein Gesetz aber, dem der König unterworfen gewesen wäre, gab es gar nicht.

Nun wirkten in allen Ständen nur drey Triebfedern zu allen Handlungen: Eitelkeit, sinnlicher Genuß und Geldgier. Um Gewinst war es dem Richter bey Verwaltung der Justiz zu thun. Gerechtigkeit wurde eine Wissenschaft; die Menge der unbestimmten, schwankenden, sich widersprechenden Gesetze erforderte bey jedem einzelnen Falle eine besondere Auslegung. Man stellte Sachwalter an, welche die Kunst, diese Gesetze auf allerley Seiten zu drehen, zu einem eignen Studium machten. Gesunde Vernunft, und klare, kurze mündliche Darstellung wurden aus den Gerichtshöfen verbannt. Die einfachsten Processe wurden Jahre lang herum gezerrt, bis beide Parteyen so viel an Gerichtsgebühren und Proceßkosten ausgegeben hatten, als der ganze Gegenstand des Streits werth war. Falsche Beredsamkeit, Bestechung, Gunst und Chicane lenkten das Urtheil zu ihrem Vortheile.

Der für die Menschheit so wohlthätige Stand eines Arztes verlor nicht weniger, als der des Richters, von seiner Würde. Zu ihm durfte nicht mehr der Arme seine Zuflucht nehmen, wenn der Tod drohete, sechs unmündige Kinder zu Waisen zu machen, die, so bald sie ihrer einzigen Stütze, ihres Vaters, beraubt wurden, von dessen Erwerbe sie lebten, betteln mußten; sondern der Arzt war nun nur für reiche Kranke sichtbar. Wie sollte er es anfangen, wenn er mit seiner Familie leben, und was man nennt anständig leben wollte? Und anständig, das heißt: mit einigem Aufwande, mußte er leben, wenn es ihm um Praxis zu thun war, denn sonst nannte man ihn den Bettel-Doctor, und niemand vertrauete sich ihm an; denn, wenn der Kerl etwas verstünde, sprach man, so würde er nicht so armselig leben müssen. Der Staat besoldete ihn nicht; also mußte er sich bei den Großen und Reichen einzuschmeicheln suchen, des Morgens seine theure Zeit bey ihnen verlieren, um ihre Klagen über eingebildete, oder solche Übel anzuhören, die sie sich selber durch Unmäßigkeit zugezogen hatten. Aber er mußte auch dabey ein Schmeichler, ein angenehmer Gesellschafter

seyn, mußte Stadt-Anecdoten zu erzählen wissen. Seine Arzeneyen sollten leicht und angenehm zu nehmen, durften nicht
zu wohlfeil seyn, und da man immer nach neuen, unerhörten
Dingen haschte, so mußten seine Methoden auch neu seyn, oder
wenigstens neue Nahmen haben. Er durfte keine strenge Diät
vorschreiben, und das Publicum mußte einige glückliche Haupt-
Curen von ihm zu erzählen wissen. Da war denn keine Art von
Charlatanerie, zu welcher sich die Söhne Äsculaps nicht herab
ließen, um Geld in ihren Beutel zu spielen, ihre Amtsbrüder
herab zu würdigen und sich zu erheben. Bey den unbedeutend-
sten Übeln schüttelten sie bedächtlich den Kopf, um nachher
ihre Mühe und ihr Verdienst desto theurer anrechnen zu können; gegen eine Unpäßlichkeit, die durch das einfachste Mittel,
vielleicht nur durch Lebensordnung, zu überwinden war, zogen
sie mit ganzen Heeren von Quacksalbereyen zu Felde. Sie suchten Einer den Andern zu verleumden und zu verfolgen, statt
brüderlich in Gemeinschaft zu arbeiten, um ihre Kunst auf
feste Grundsätze zu bringen. Sie verkauften Arcana, Wunder-
Essenzen, von deren Nichtigkeit sie selbst überzeugt waren; sie
machten an armen Leuten allerley Proben von Curarten, und
erhoben die, an welchen die wenigsten Schlachtopfer starben,
als neu erfundne, unfehlbare Heilungsmittel. Da herrschten
dann allerley Moden in der Arzeneykunst, und was man in
diesem Jahre in einer Krankheit für Gift hielt, wurde im
folgenden als ein unfehlbares Mittel in derselben Krankheit
angepriesen.

So wie mit der Heilkunde, so ging es auch mit den übrigen
Wissenschaften. Die Begierde zu allem, was unbekannt, wun-
derbar, unerhört war, brachte eine Frivolität, Bizarerie und
Neuerungssucht in alle Fächer, die der wahren Gelehrsamkeit
unendlichen Schaden thaten; und da ernsthaftes Nachdenken
über denselben Gegenstand lange Weile machte, so wurde alles
nur oberflächlich behandelt, von der lustigen Seite angesehen. –
Witz und Persiflage spielten den Meister über gründliche Darstellung; man bezahlte sich mit wohl klingenden Worten, ohne
Sinn und ernsthaftes Studium; Bestimmtheit in Begriffen und

Ausdrücken hieß Pedanterey. Jedermann wollte alles wissen, um von allem reden, über alles lachen zu können; ein Mann, der nur in Einem Fache groß war, galt für einen beschränkten Kopf. Der Stutzer plauderte über Staatswirthschaft; in dem Zirkel um den Nachtstuhl einer Dame her wurden philosophische Probleme aufgelöset. Comische Gegenstände, wurden metaphysisch; wichtige, der ganzen Menschheit interessante Materien in Marionettenspielen abgehandelt. Man prägte neue Worte für Dinge, womit man gar keinen Begriff verband; man appellirte an das Gefühl, wo die Vernunft zu ungeschmeidig war, sich von der Phantasie nicht wie ein Freudenmädchen wollte behandeln lassen. Man schwätzte, wo man wirken sollte; man spannte ohne Unterlaß die Einbildungskraft an, interessierte sich für eine Ideenwelt, indeß man in der wirklichen alles gehen ließ, wie es ging. Man fand Genuß, Wonne darin, nie aus einem fieberhaften Zustande zu kommen, und machte sich eine Ehre daraus, an Leib und Seele kränklich zu scheinen. Männliche, ernste Beredsamkeit verwandelte sich in zierlichen, schallenden Wortprunk; die schönen Künste arbeiteten nur zu dem Zwecke, die Nerven zu kitzeln; die Dichter feuerten nicht mehr durch erhabne, geistreiche Gesänge zu großen Thaten an, sondern sangen im Posaunenton das Lob der Großen und Reichen, beleyerten unwichtige, kleine Gegenstände, oder erhitzten durch üppige Bilder die Einbildungskraft feuriger Jünglinge und geiler Schwelger; und als auch dieß Gewürz den Gaumen nicht mehr kitzelte, suchte man durch Darstellung riesenmäßiger Zauber-Scenen und schändlicher Gräuel, die verwöhnten, immer nach unerwarteten Eindrücken schnappenden Herzen aufzurühren. Eine natürliche, gesangvolle Melodie ermüdete die Ohren; man forderte ein Gewühl von Tönen. Ein einfacher Plan, kunstlos, mit Wahrheit und Würde ausgeführt, machte lange Weile; man forderte Verwicklung, Überspannung, buntes Guckkasten-Spiel.

Zwölftes Kapitel.

Fortsetzung des Vorigen.

Dahin war es in allen Classen der Bürger in den Städten gekommen, indeß das Landvolk zum Theil noch unverderbt war, als ein neuer Einfall der Nubier in das Abyssinische Land, den großen Negus zwang, in Eil ein Kriegsheer zusammen zu bringen; allein jetzt war dieß mit mehr Schwierigkeiten verknüpft, als in den goldnen ältern Zeiten, wo jeder Abyssinier, voll Wärme für das Wohl des Ganzen und für die Ehre der Nation, zu Rettung des Vaterlandes herbey eilte. Es fanden sich so viel Ausflüchte um nicht ins Feld zu gehen; nothwendige Geschäfte zu Hause, Kränklichkeit des Körpers etc. Zu einem üppigen, weichlichen Leben gewöhnt, erschütterte der Gedanke an die Beschwerlichkeiten des Kriegs und die Gefahr des Todes, besonders den Adel und die Städte-Bewohner so sehr, daß unter Zehn nicht Einer mit wollte. – Ja! Mord und Todtschlag auf dem Theater zu sehen, das ist recht unterhaltend, und man meint, das zeige Stärke und Muth an, den Anblick solcher fürchterlichen Scenen ertragen zu können; aber in natura – nein, das ist nichts!

Nun! endlich kam denn eine Art von Armee zu Stande; allein da ging es wieder an ein Cabaliren um die Anführer-Stellen. Daß die adeligen Herren allein sich in den Besitz derselben setzen wollten, verstand sich von selber; aber auch unter diesen gönnte keiner dem andern die Ober-Befehlshaber-Rolle. – Die gesunden, nervigen Landleute verachteten ihre weichlichen, feigen Anführer, welche ganze Serails von Metzen, ganze Waarenlager voll starker Getränke, einen unzählbaren Troß von unnützen Bedienten, Fuhrwerken, Tragsesseln, Lastvieh, Küchengeräthe, Lebensmittel, Garderoben und Toiletten mit sich herum schleppten. Man gehorchte also solchen weibischen Anführern theils gar nicht, theils ungern. Diese Elenden hingegen waren immer unter sich durch Neid getrennt, wollten keiner dem andern den Sieg gönnen, hatten auch überhaupt nicht viel Lust zu entscheidenden Schlachten. – Aber focht denn nicht der König an ihrer Spitze, gab Beyspiele von Muth, Entschlossenheit, Überwindung aller Gefahren, Beschwerden und Schwierigkeiten? – Nein! der große Negus besuchte in der Residenz die Schauspiele, ließ sich da Schlachten liefern, die kein Blut kosteten, schwelgte mit seinen Weibern, und sprach von den prächtigen Triumphen, die er halten wollte, wenn sein damahliger Liebling, der Ober-Küchenmeister, dem er die Armee anvertrauet hatte, die Feinde würde geschlagen haben.

Zum Glücke hatten es die Abyssinier mit einem eben so verderbten, ausgemergelten Volke zu thun, als sie selber waren. Da gab es denn ungeheure Zurüstungen zu kleinen Vorfällen, Märsche hin und her, Prahlereyen von beiden Seiten, wenn ein kleines Corps ein Mahl mit dem andern handgemein geworden war; aber dagegen desto mehr Plünderungen, Städte- und Länder-Verwüstungen, Nothzüchtigungen, Ermordung von Weibern und Kindern – denn wer ist grausamer, als der Feige? – Das Ende vom Kriege war ein Frieden, in welchem alles auf dem vorigen Fuß blieb, bis auf den Ruin so vieler unschuldigen Familien, die das Unglück gehabt hatten, durch diese Helden ihre ehemahls so blühenden Fluren in Einöden verwandelt zu sehen.

Die Beschwerlichkeiten dieses Kriegs nun und die Schwierigkeit, ein Heer dazu zusammen zu bringen, führte den großen Negus und seine Rathgeber zuerst auf den Gedanken, ein stehendes Heer zu errichten. Dieß sollte nicht nur immer in Bereitschaft seyn, gegen den Feind zu Felde zu ziehen, sondern auch rebellische Unterthanen, die sich unterstehen würden, den allergnädigsten Verordnungen ihre unterthänigste Befolgung zu versagen, zu Paaren treiben, endlich auch für die innere Sicherheit des Landes sorgen, indem nun, bey immer zunehmendem Luxus und allgemeiner werdenden Corruption, Diebstahl, Straßenraub und Mord, trotz aller Todesstrafen, täglich mehr einrissen. Daß übrigens der Bürger und Bauer dafür, daß er, bey der Gefahr, die dem Vaterlande drohete, ruhig zu

Hause bleiben konnte, den Soldaten, der für ihn in das Feld ging, im Kriege und Frieden bezahlen mußte, das verstand sich von selber.

Sonderbar war in der That der Gedanke, auch aus dem Soldaten einen eignen Stand zu machen, gewisse Leute dafür zu bezahlen, daß sie sich für die andern todt schießen lassen und ihr Leben eines Streits wegen aufs Spiel setzen sollten, dessen Gegenstand sie auf keine Weise interessirte. Wer diese Einrichtung nicht schon längst in unserm civilisirten Europa zur Wirklichkeit gebracht gesehen hätte, der sollte es fast nicht glauben, daß es Menschen geben könnte, die sich zu so etwas verleiten ließen, ja! eine Ehre darin suchten, und das Tapferkeit nennen könnten, wenn man da nicht fortläuft, wo man – nicht fortlaufen kann. Doch das gehört ja nicht hierher. Genug! es wurde in Abyssinien ein Heer errichtet, und wir müssen doch hören, wie.

Zu Anführern wurden, wie man denken kann, die Söhne der Vornehmen genommen, und weil diese in der That nicht immer die Tapfersten waren, und man sie auch nicht übermäßig für ihre Dienste belohnen konnte; so mußte man andre Ressorts erfinden, um sie zu bewegen, sich durch kühne Thaten auszuzeichnen. Man fand diese Ressorts in der thörichten Eitelkeit der Menschen, in ihren falschen Begriffen von Ehre, von Rang und in ihrer Albernheit, auf kleine Auszeichnungen, auf Bänder, Kleidung, Lob und dergleichen Werth zu setzen. Man gab dem ganzen Heere einerley Kleidung zu tragen, der König selbst erschien in diesem Gewande, und man legte einen hohen Werth darauf, im Kriegsrocke einher gehen zu dürfen, diesem Rocke Ehre zu machen und keine Beschimpfung zu ertragen, wenn man ihn am Leibe hatte. Der nützlichste Mann im Staate, der Handwerker, durfte es nicht wagen, sich mit einem Trommelschläger in Eine Classe zu setzen. Schimpfwörter, die man in Übereilung gegen jemand auszustoßen pflegt, durfte der, auf innere, wahre Ehre stolze Bürger großmüthig verzeihen; der Kriegsmann mußte sich mit Blute rächen. Der Officier, der in der Schlacht seine Pflicht that, wurde durch ein Bändchen, oder ein andres kleines Angehänge, das man ihm zu tragen erlaubte, belohnt. Man verzieh dem Soldatenstande leichtsinnige Über-eilungen, Unsittlichkeiten, Ausschweifungen, rauhes Betragen und Unwissenheit, weßwegen Menschen in andern Ständen verachtet und geflohen wurden. – Und so hatte denn der Stand eines Officiers, neben dem Müssiggange, in welchem er den größten Theil seines Lebens zubringen konnte, für Leute man-cher Art viel Reitz. Ein solcher rückte denn auch nach und nach von Stufe zu Stufe weiter, wo er immer etwas besser besoldet, mehr geehrt, mehr geschmeichelt wurde; und war er alt, kränk-lich, oder im Kriege verstümmelt, so konnte er sich mit einer mäßigen Pension in Ruhe setzen. Die Schwierigkeit, in andern Ständen sich durch Cabalen und Hudeleyen mancher Art bis zu einer Stelle hindurch zu arbeiten, die in diesen theuern Zeiten eine Familie ernährte, bewog denn auch würdige und edle, aber arme Männer, Officier zu werden, weil sie doch dadurch eine kleine, aber sichre, mit äußerer Ehre verknüpfte Versor-gung erhielten, und weniger Chicanen ausgesetzt waren.

Das alles fand aber nur bey den Officiern statt; mit den ge-meinen Soldaten sah es ganz anders aus. Schlecht bezahlt, dürftig gekleidet, mager gespeiset, ohne Hoffnung weiter fort-zurücken, und mit der Aussicht, wenn sie einst Krüppel, oder sonst zum Dienste unfähig würden, fortgejagt und Bettler oder Räuber zu werden, und dabey in sclavischem Zwange lebend, außer Stande, sich durch Tapferkeit Ruhm zu erwerben, wollte kein arbeitsamer Mensch gutwillig sich diesem Stande widmen. Es mußten daher andre Mittel gewählt werden, die Armee voll-zählig zu machen. Taugenichts und Vagabonden, die durch den Reitz eines zügellosen, müssigen Lebens herbey gelockt wurden, ließ man die Waffen tragen; bessere Menschen wurden theils mit Gewalt, theils durch List angeworben. Man übte sie in den Waffen, das heißt, da man jetzt auf persönliche Tapfer-keit im Kriege nicht mehr rechnen durfte, so lehrte man sie, gehen und kommen, schießen und sich todt schießen lassen, so oft ihnen der Wink dazu gegeben wurde. Mit fürchterlichen Schlägen wurden die Widerspenstigen und Ungeschickten zu diesen mechanischen Übungen abgerichtet; die strengste Unterwürfigkeit, der pünctlichste Gehorsam eingeführt, das kleinste Verbrechen, das geringste Murren auf die abschreckendste Weise bestraft; jeder Officier übernahm die Unterjochung einiger solcher Leute. Die Schlechtern unter diesen hatten nicht den Muth, sich der unmenschlichen Tyranney zu widersetzen; die Bessern wurden nach und nach des Jochs gewöhnt, und wußten nicht, ob sie sich bey einer Empörung auf die Mitwirkung ihres Nebenmannes verlassen konnten; als Bauern zu Hause war auch nicht viel Glück und Freyheit für sie, – da wurden sie von den Beamten geschunden; und so erhielt und befestigte sich dann – in der That ein Wunder der Menschheit! – eine Maschine, in welcher viel tausend Unzufriedne und Unglückliche sich auf den Wink eines Einzigen zu Handlungen bestimmen ließen, die gänzlich gegen ihre Neigung, gegen Billigkeit, gegen Vernunft und Natur waren, ohne jedoch zu murren, ohne die Rechte der freyen Menschheit zu reclamiren, ohne empört zu werden von dem entehrenden Schauspiele, dem wahren Sinnbilde des Despotismus, wenn sich ein ehrwürdiger Greis unter den Schlägen von der Hand eines Knaben krümmen mußte.

Nun wurde die Kunst, Menschen von der Erde zu vertilgen, in ein System gebracht, und man sahe auch in Abyssinien ein, daß nicht mehr die Tapferkeit, sondern das, was man Kriegskunst nennt, das Glück der Feldzüge entscheide. Es kam darauf an, die Maschine, welche man aus vernünftigen Wesen, denen man den freyen Willen geraubt, zusammen gesetzt hatte, mit größrer Behendigkeit und Schnelligkeit zu bewegen, als der Feind, um über diesen den Meister zu spielen. Feuergewehr hatten die Abyssinier schon längst über Arabien her bekommen; ein Jesuit (denn jetzt rede ich schon von den neuern Zeiten, von der Regierung der letztern drey Könige) lehrte sie, den besten, schnellsten und gleichförmigsten Gebrauch von diesen Waffen machen, und führte sie selbst im nächsten Kriege an, der entscheidend zum Vortheile der Abyssinier ausfiel, und eine Menge Nubischer Könige dem großen Negus zinsbar machte.

Auf diese Zeiten folgte ein langjähriger Frieden, während welchem die Soldaten Anfangs unthätig in den Städten lagen. Viele von ihnen waren eingeborne, mit Gewalt aus dem Schoße ihrer Familie, von nützlicher Arbeit weggerissene Bauern- und Bürger-Söhne. Mit reinen Sitten waren sie zum Theil zum Heere gekommen; jetzt wurden sie von den Übrigen zu allen Arten von Lastern verführt, die durch sclavische Behandlung, Müssiggang und böses Beyspiel erzeugt und genährt werden. Von ihrem geringen Solde konnten sie in der Residenz nicht leben; ein jeder half sich so gut er konnte, und trieb nebenher irgend ein, mit unter sehr unedles Gewerbe, um Brot zu haben. Wer Verwandte auf dem Lande hatte, dem brachten diese Nahrungsmittel in die Stadt; und nicht genug, daß man den Vater seines Sohnes beraubt hatte, der ihm in der Arbeit beystehen konnte, mußte er diesem noch oben drein seinen kleinen Vorrath zutragen. Die Schwestern und Geliebten der jungen Krieger kamen bey dieser Gelegenheit häufig in die Residenz, wurden von dem Flitterglanze geblendet, verführt und nicht selten von ihrem eignen Bruder vornehmen Wollüstlingen in die Hände geliefert. Andre Soldaten erhielten Erlaubniß, auf gewisse Zeit bei ihren Verwandten in den Provinzen sich aufhalten zu dürfen; dann brachten sie alle Stadt-Laster mit hinaus auf das Land; und so wurde denn durch die stehenden Heere die Corruption auch in den Strohhütten verbreitet und Einfalt der Sitten und Unschuld verschwanden aus allen Ständen.

Damahls kam ein Negus zur Regierung, der sich gern auf wohlfeile Weise einen großen Nahmen machen wollte. Er bekam Lust, ein wenig Krieg zu führen und fremde Provinzen zu erobern. Die Armee war da, war ein Mahl bestimmt, sich zur Schlachtbank führen zu lassen, wohin man wollte. Der oben schon rühmlichst genannte Jesuite bewies Sr. Majestät nicht nur, daß die Könige dazu ein Recht hätten, sondern daß es auch höchst nöthig sey, bey dem Soldaten nicht, durch gar zu langen Frieden, die Kriegszucht sinken zu lassen. Es wurde also der erste muthwillige Krieg geführt. Hundert tausend vernünftige

Wesen wurden von beiden Seiten ermordet; man schloß endlich einen Frieden, durch welchen man halb soviel Land gewann, als die Heere verwüstet hatten; der Negus hielt ein großes Fest, das den schon verarmten Unterthanen den letzten Heller aus dem Beutel lockte, und fand nun Vergnügen daran, mehr dergleichen unschuldige Possen zu treiben.

Einem seiner Gesandten wurde an einem Hofe in Nubien eine unbedeutende Ehrenbezeugung versagt – und man fing einen Krieg an. Der Liebling des Negus hatte einen Privat-Haß gegen den Minister des Königs von Sennar – und man fing einen Krieg an.

Man würde sich irren, wenn man glaubte, die Völker Abyssiniens hätten nicht endlich die Abscheulichkeit dieser Handlungen gefühlt, hätten nicht sich dagegen sträuben wollen, mit Gut und Blut der Ball der thörichten Leidenschaften und Grillen ihres Despoten zu seyn. Wirklich entstand in der Provinz Hangot ein fürchterlicher Aufruhr; allein man schickte einen Theil des Heers dahin, und nun zum ersten Mahl besudelten die Krieger ihre Hände mit dem Blute ihrer Brüder, halfen Menschen unterjochen und morden, von denen sie besoldet, ernährt, gepflegt wurden. Der Sohn mußte gegen den Vater fechten, der Freund den Freund zu Boden strecken. Nun erst war der Despotismus fest gegründet, das Volk zu Sclaven gemacht; keiner wagte es ferner, zu murren; der gekrönte Schurke spielte mit dem Leben, mit dem Vermögen, mit der ganzen natürlichen, bürgerlichen und moralischen Existenz derer, die ihm freywillig und zutrauvoll ihr zeitliches Glück in die Hände gegeben hatten. Ein einziges freyes Wort brachte den redlichsten, weisesten Mann ohne Urtheil und Recht, ohne Verhör, ohne Mitleid gegen seine trostlose Familie, auf das Blutgerüste; die bewaffneten Henker rissen den Edeln, der dem Günstlinge nicht zu schmeicheln verstand, aus den Armen seines treuen Weibes, schleppten ihn in den Kerker und ließen ihn da verschmachten.

Doch das war nicht der letzte Mißbrauch, den der Despot von seinem Kriegsheere machte; man zeigte ihm noch einen Weg,

Vortheil davon zu ziehen. Er verkaufte nähmlich das Leben seiner Unterthanen an benachbarte Mächte, *vermiethete vernünftige Wesen, wie man Lastthiere vermiethet, ließ sich große Summen bezahlen, die in seine Cassen flossen, und die er mit seinen Lieblingen und Kebsweibern verschwelgte. –* Höher sollte man meinen, könne der Despotismus nicht steigen; allein da würde man irren; das folgende Kapitel wird dieß klar machen.

Dreyzehntes Kapitel.

Schluß des Vorigen.

*F*rey geborne Menschen, durch stufenweise verstärkte Eingriffe in ihre Rechte, dann durch immer mehr gewagte Mißhandlungen, nebenher durch Corruption ihrer Sitten, wodurch Seele und Leib geschwächt, zum Widerstande unfähig gemacht werden, endlich durch erschreckliche Strafen, sich unterwürfig zu machen, das heißt, *Meister über alle ihre Handlungen zu werden; das ist freylich ein abscheulicher Despotismus!* – *Aber was bedeutet das, gegen die Tyranney, die man ausübt, wenn man auch* über ihre Meinungen, über ihre Vorstellungen und über ihren Glauben sich eine Herrschaft anmaßt? *Dennoch kam es auch so weit in Abyssinien. Daß dieß das Werk der Priester war, versteht sich wohl von selber.*

Bis jetzt habe ich von dem Religionswesen in Abyssinien noch gar nichts gesagt; hier ist der Ort dazu. In den ältesten Zeiten, das heißt, in den Zeiten, die unmittelbar auf die große Überschwemmung folgten, war der Gottesdienst der Abyssinier äußerst einfach; ihre Religion beruhete auf sehr dunklen Ideen vom göttlichen Wesen, und von Theologie und Priesterstande hatten sie das Glück, nichts zu wissen.

Die Tradition von der Überschwemmung durchkreuzte ihre Traditionen über die Schöpfung der Welt und über das, was bis zu jener Überschwemmung in ihren Gegenden vorgefallen war. Indessen glaubten sie, daß die ganze Welt von einem einzigen unsichtbaren Wesen wäre geschaffen worden, und noch im Gange erhalten werde; daß dieß Wesen ehemahls sich den Menschen sichtbar gezeigt hätte; sie wären ihm aber ungehorsam gewesen, und hätten sich der Abgötterey ergeben; da wäre das Wesen erzürnt worden und hätte sie alle vertilgt, bis auf eine fromme Familie, durch welche nachher Abyssinien wieder wäre bevölkert worden.

Ihr Gottesdienst bestand nur in Verehrungsbezeugung und Huldigung gegen das unsichtbare höchste Wesen, dem sie ihre Unterwürfigkeit und ihren Gehorsam zu bezeugen suchten, um es zu bewegen, nie wieder eine so schreckliche Verwüstung auf dem Erdboden anzurichten. Die wenigen Ceremonien, deren sie sich bedienten, trugen noch das Gepräge des Schreckens, der durch die Überschwemmung damahls in den Herzen derer, die sie erlebt hatten, war erzeugt worden. Sie gossen an gewissen Tagen Wasser in die Luft und heulten und klagten dabey; sie wuschen und badeten mit Feyerlichkeiten ihre Kinder, wenn diese ein gewisses Alter erreicht hatten; sie warfen sich bey Aufgang und Untergange der Sonne zur Erde nieder, stießen Seufzer aus, wenn die Nacht heran brach, und Freuden-Töne, wenn sie des Morgens, ohne Unfall zu erleben, erwacht waren.

Allen diesen Gebräuchen nun stand jeder Hausvater an der Spitze seiner Familie vor; nur an dem großen Versöhnungstage, wenn alle Familien sich vereinigten, um die oben beschriebne Libation vorzunehmen, präsidirte der Älteste unter ihnen, oder, nachdem sie sich ein Oberhaupt gewählt hatten, dieses bey der großen Feyerlichkeit. – Also noch ein Mahl! sie hatten damahls keine Priester.

Über das Wesen Gottes, über seine Öconomie bey Schöpfung und Erhaltung der Welt, über den Zustand jenseits des Grabes nachzudenken; das fiel ihnen vielleicht nicht ein Mahl ein; vielleicht glaubten sie auch, daß das Grübeln über Gegenstände, in denen die Vernunft doch nie sich Licht zu verschaffen vermag, Thorheit wäre; vielleicht endlich ließ ihnen ein thätiges Leben, im Schweisse ihres Angesichts, auch nicht die Muße, sich mit Speculationen abzugeben. – Also hatten sie auch keine Theologie, und was jeder in müssigen Stunden über solche Dinge denken und träumen wollte, das blieb ihm überlassen.

Indessen kamen lange nachher durch einen Zufall unter den Abyssiniern die Traditionen in Cours, welche in den Geschichtsbüchern des Jüdischen Volks enthalten sind. Dieß geschahe in einer Periode, wo schon die Cultur weiter um sich gegriffen hatte und die Neugier zuweilen, von den täglichen Bedürfnissen ab, in das Gebieth der Phantasie einen Gang zu wagen, Zeit gewann. Da faßten dann die in den Mosaischen Gedichten enthaltnen, theologischen, theosophischen, theocratischen, cosmogonetischen und übrigen Begriffe von Gott, der Schöpfung und dem Weltgebäude in Abyssinien Wurzel, und es wurden auch einige der Orientalischen Religions-Gebräuche, unter andern die Beschneidung, Opfer und dergleichen dort eingeführt.

Als sich verschiedne Stände im Lande abzusondern begannen, und jeder sich einer eignen Lebensart widmete, sich ein eignes Gewerbe ausschließlich wählte, und nach und nach auch die Abyssinier an äußerm Prunk und an Feyerlichkeiten Geschmack fanden, ordnete man mehr jährliche öffentliche Feste, Bußtage und, nach dem Beyspiele der Israeliten, auch einen wöchentlichen, dem Gottesdienste und der Ruhe von Geschäften gewidmeten Sabbat an; bauete Tempel und ernannte einen Stamm, der, wie der Stamm Levi, den religiösen Ceremonien vorstehen, dem Volke vorbeten und die Opfer verrichten sollte. Da dieser Stamm, wie billig, vom Staate ernährt werden mußte, so wies man ihm einen Antheil an den Opfern an, verwilligte ihm den Zehnten von gewissen Feldern, beschenkte ihn auch wohl mit heim gefallnen Gütern. Zu bereichern suchten sich diese Leviten, wie alle Priester; allein sie durften doch ohne Beystimmung des Fürsten nichts an sich reissen. Geherrscht hätten sie gern, wie alle Priester; aber dazu fand sich noch keine Gelegenheit. Freylich suchten sie sich in den Ruf zu setzen, als seyen sie in unmittelbarer Verbindung mit dem höchsten Wesen, gaben Wunder und Weissagungen vor, wollten zu Rathe gezogen *seyn, wenn etwas Großes in dem Staate unternommen werden sollte; doch war ihr Credit noch immer sehr eingeschränkt.* Auf unnütze Speculationen fielen sie auch, wie alle Müssiggänger; *sie fingen an, die Jüdischen heiligen Bücher auf mannigfaltige Weise zu commentiren; allein sie zankten sich nur unter sich,* und die Layen nahmen keinen Antheil an ihren theologischen Streitigkeiten. *Da wurde zum Beyspiel die große, wichtige Frage unter ihnen aufgeworfen, wie viel Sprossen die Himmelsleiter gehabt, welche Jacob im Traume gesehen hätte; ob es Engel weiblichen Geschlechts gäbe, und dergleichen mehr; aber das Volk ging seinen Nahrungs-Geschäften nach, und ließ die Priester das unter sich verfechten.*

Da alle diese Mittel, sich gelten zu machen, nicht anschlagen wollten, so erlauerten sie den Zeitpunct, als grade ein schwacher, abergläubischer Fürst auf dem Throne saß, suchten diesem eine große Meinung von der Wirkung ihres Gebets und von ihrer Gabe, Wunder zu thun und zu weissagen beyzubringen, und erlangten von ihm das Privilegium, Schulen anzulegen und Menschen, die zu nützlicher, bürgerlichen Lebensart bestimmt waren, und überhaupt ohne Unterschied alle Bürger, mit Gewalt in der Theologie zu unterrichten.

Die Folgen davon sind leicht einzusehen. Der Geist des ganzen Volks wurde von dem graden Wege der gesunden Vernunft, die sich berechtigt glaubt, nichts als wahr annehmen zu dürfen, als wovon sie den Grund einsieht, auf Spitzfindigkeit, Sophismen und Aberglauben, von zweckmäßiger Thätigkeit auf unnütze Speculationen geleitet, nicht nach Überzeugung, sondern nach Autorität zu urtheilen, nach Autorität zu glauben, und darnach zu handeln; das Herz wurde für warme, innige, einfältige Gottes-Verehrung unempfänglich gemacht und an Formeln, kalte Feyerlichkeiten und mechanische Andächteley gewöhnt; die schönsten Jugend-Jahre, wo es Zeit gewesen wäre, den Verstand aufzuklären und das Gedächtniß mit heilsamen Vorkenntnissen auszurüsten, wurden mit kaltem Wortkrame verschleudert; die Priester aber machten sich dem Volke wichtig und nothwendig, erfüllten die Kinder mit blinder Verehrung des geistlichen Standes, schlichen sich in die Familien ein, mischten sich in allerley Händel, und bereicherten sich.

Als sich endlich die Könige in Abyssinien unabhängig machten, waren die Priester schon ein äußerst bedeutender Stand geworden, den man nicht vor den Kopf stoßen durfte. Sie fanden aber ihre Rechnung dabey, den Despotismus zu unterstützen; sie bewiesen dem Volke, daß der König ein Statthalter Gottes sey, und unbedingten Gehorsam fordern könne. Sie erfanden ein Geschlechtsregister für die Familie des Monarchen, der man nun die erbliche Thronfolge zugesichert hatte, und ließen den großen Negus von dem Jüdischen Könige Salomon und der Königin Saba abstammen.* Für diese geistliche Unterstützung aber ließen sie sich denn auch von dem Despoten wichtige Privilegien einräumen; und seit dieser Zeit hielten sie es immer so, daß, je nachdem ein verständiger, oder schwacher, ein ihnen ergebner oder nicht gut gegen sie gesinnter Regent auf dem Throne war, sie entweder, gegen gute Bezahlung sich zu seinen Werkzeugen, oder sich ihm furchtbar, entweder gemeinschaftliche Sache mit dem weltlichen Despotismus machten, oder Meuterey erregten. – Wie es aber auch kam, so war immer das Volk das Opfer davon.

So stand es, als die Christliche Religion, oder vielmehr ein Mittelding zwischen ihr und der Jüdischen, nähmlich die Coptische Religion in Abyssinien eingeführt wurde. Die einfache, so jedermann klare, für alle Stände unter den Menschen so heilsame, so verständliche, so weise, für Kopf und Herz gleich beruhigende Lehre des Erlösers der Welt, fand in ihrer Reinigkeit keinen Eingang bey Menschen, die sich durch jene Albernheiten verschroben und verstimmt hatten. – Wie hätten auch die Priester da ihr Conto finden sollen, wo nichts auswendig zu lernen, nichts zu glauben war, als daß man, um Gott wohlgefällig zu seyn, ihn über alles und seinen Nächsten, wie sich selbst lieben müsse; wo keine andre Beweise für die Echtheit der Lehre gefordert wurden, als daß man an sich selber die Probe anstellen sollte, ob sie uns besser und ruhiger machte, oder nicht?

* Man sehe Bruce Reisen nach.

Die Coptische Religion hingegen war eine wahre Pfaffen-Religion, und vereinigte dabey alle Gebräuche der Jüdischen und Christlichen mit einander: Beschneidung und Taufe, Abendmahl und Confirmation, und Firmelung, und Priester-Weihe, und Mönchsstand und Heiligen-Dienst. – Und welch eine herrliche Menge mystischer Lehren, die auf die Sittlichkeit und auf die Ruhe im Leben und im Sterben gar keinen Einfluß hatten, worüber sich aber gewaltig disputiren und schwätzen ließ! Nun waren vierzehn Jahre, selbst für einen Layen, kaum hinlänglich, die Skizze dieses ganzen theologischen Systems in sein Gedächtniß zu propfen; und doch wurde das von jedem Abyssinier gefordert.

Um den Negus ganz für dieß System und für den Priesterstand zu interessieren, bewogen ihn die Pfaffen, sich zum Diaconus weihen zu lassen. *Seit dieser Zeit ist der Beherrscher von Abyssinien immer zugleich Diaconus, wird, wenn er die Regierung antritt, von jenen Kerln gesalbt, und trägt einen Hauptschmuck, der halb Priestermütze, halb Krone ist. Nun sahe er sich auch als das Oberhaupt der Priesterschaft an; jetzt wurden* die fruchtbarsten Felder, die fettesten Wiesen ein Eigenthum der Pfaffen; es wurden Klöster gestiftet *und reich dotirt, in welchen ein Haufen erzdummer Schurken sich bey frommen Müssiggange Schmerbäuche zeugten, und dabey in Unzucht und Völlerey lebten.* Auch Einsiedler, die das Volk für Wunderthäter *hielt, setzten sich in den Gebirgen von Waldubba fest. Alles dieß begünstigte und beförderte der große Negus; dagegen aber sprachen ihn denn auch die Priester im Nahmen Gottes von allen vergangnen, jetzigen und künftigen Sünden los, predigten dem Volke unaufhörlich die Lehre von der Heiligkeit der königlichen Majestät, und erhielten es in der Dummheit und Unwissenheit, so daß es nie den Gedanken wagte, sich der unmenschlichen Tyranney zu widersetzen.*

Um ihr Reich noch vollends zu befestigen, war es nöthig, auch dafür zu sorgen, daß kein andrer, als ein so frommer Monarch auf den Abyssinischen Thron käme. Hierzu war das wirksamste Mittel, die Erziehung des Prinzen *in ihre Hände zu spielen,* welches ihnen auch so wohl gelang, daß in den letzten hundert Jahren nicht nur kein einziger Negus von andern als Pfaffen-Händen ist gebildet worden, sondern auch, daß ihnen die Wahl überlassen blieb, welcher von den Prinzen zur Regierung kommen sollte, und daß die übrigen königlichen Kinder nach Waldubba in ihre Klöster verwiesen wurden. Dieser letzte Umstand war ihnen sehr nützlich. Die Prinzen bürgten ihnen als Geisseln für die beständige Dauer ihres Systems; denn, starb die regierende Familie aus, so hatten sie im Voraus dafür gesorgt, daß der Thronfolger, den man aus ihrem Kloster hohlen mußte, gewiß wenigstens ebenso dumm und ein ebenso großer Pfaffenfreund war, als der jüngst Verstorbne; und wollte der König zuweilen Mine machen, als wenn er ihr Joch abschütteln möchte, so regten sie das Volk gegen ihn auf, indem sie dasselbe anhetzten, daß es das Kloster stürmen und einen von den frommen Prinzen zum Könige ausrufen mußte. Dann gab der Negus gute Worte, bat und flehete, daß die Priester den Aufruhr stillen möchten, und räumte ihnen neue Vortheile, neue Vorrechte ein.

Die gewaltige Übermacht nun, welche die Pfaffen in Abyssinien hatten, machte sie aber auch im höchsten Grade übermüthig und schamlos. Ihr Hochmuth, ihr geistlicher Stolz kannte keine Grenzen mehr; und wer sich nicht vor ihnen im Staube beugte, vielleicht gar einem ihrer eigennützigen Plane etwas in den Weg legte, der wurde mit seiner ganzen zeitlichen Glückseligkeit das Opfer davon. In alle Häuser schlichen sie sich als Rathgeber ein, verschafften sich das Vorrecht, sich die wichtigsten Geheimnisse anvertrauen lassen, und gegen jedermann verschwiegen, folglich auch mit Mädchen und Weibern Gespräche unter vier Augen halten zu dürfen, die weder der Ehemann noch der Vater zu unterbrechen wagte.

Allein das war ihnen noch nicht genug. Wer vierzehn Jugend-Jahre in ihren Schulen verschleuderte, konnte denn doch die übrige Zeit seines Lebens anwenden, die schiefen Begriffe wiederum aus seinem Kopfe heraus zu arbeiten, die er dort aufgesammelt hatte; und wenn er dann der Clerisey die schuldigen

Gebühren entrichtete und gegen keines ihrer Privilegien Eingriffe wagte, so mußten sie ihn wohl in Ruhe lassen. – So blieb es aber nicht; es kam darauf an, auch ein Mittel zu finden, mit einigem Schein des Rechts offensive gegen ruhige Bürger verfahren zu können, und das Mittel mußte den Pfaffen die herrliche Erfindung der Orthodoxie darreichen.

Die Überzeugung des Verstandes ist, wie bekannt, ein Ding, das durchaus nicht in unsrer Gewalt steht. Sehr unwillkührlich sind die Eindrücke, welche die äußern Gegenstände auf uns machen, sehr unwillkührlich die Vorstellungen, die in uns erzeugt werden. Selbst bey solchen practischen Sätzen, auf welchen gewisse Handlungen beruhen, ist das höchste, was derjenige, welcher mir Gesetze vorschreibt, von mir verlangen kann, daß ich jene Handlungen so begehe, wie er sie mir vorschreibt. Aber noch obendrein zu fordern, daß ich den Gründen, warum er sie mir vorschreibt, meinen vollkommenen Beyfall geben soll; das ist Tyranney! Vollends aber bey bloß theoretischen, oder gar speculativen Sätzen, die gar keinen Einfluß auf Handlungen haben, meine Vernunft in einen fremden Schraubestock zwängen zu sollen; wer das fordert, der will die Menschen unter die Thiere erniedrigen, das kann – nur ein Priester wollen! Und dennoch wagten die Pfaffen in Abyssinien, unter der Regierung eines erzfrommen Negus, auch diesen Eingriff in die Rechte der Menschheit. Man machte damit den Anfang, zu befehlen, daß, da die Sätze der Theologie und dasjenige, was in den Schulen von dem Wesen des unsichtbaren Gottes, von Schöpfung der Welt und dergleichen vorgetragen würde, unzählige Menschen überzeugte und glücklich und ruhig machte; so solle sich keiner unterstehen, Zweifel gegen diese Lehren vorzutragen.

Schon dieß Gesetz empörte die Weisern im Volke. Man sagte, eine Lehre, die keine Prüfung und Beleuchtung verstatte, müsse jedem sehr verdächtig vorkommen; es sey möglich, daß jemand, der bis dahin bey dem Glauben an diese Lehren ruhig gewesen sey, doch noch ruhiger werden würde, wenn er andre Sätze annähme, wozu man ihm nun aber den Weg versperrte; die Überzeugung solcher Leute, die von jedem sophistischen Zweifel in ihrem Systeme irre gemacht würden, sey gar nichts, sey nicht mehr werth, als der Unglaube eines solchen; und endlich sey es ja doch möglich, daß Menschen irren könnten, daß man durch Zweifeln und Streiten auf den Grund besserer Wahrheiten käme, welches offenbarer Gewinst für die Menschheit sey. – Indessen gehorchte man der Verordnung und – schwieg.

Damit aber war den Pfaffen noch immer nicht geholfen. Bald fing man an, auch zu befehlen, was die Menschen glauben sollten. Es wurde ein eigenes Gericht niedergesetzt, welchem sogar der König selbst in Glaubenssachen sich unterwarf. Dieß Gericht hatte das Recht, jeden vorladen zu lassen und ihn zu befragen, ob er dieß oder jenes glaube, oder nicht. War der Mann kein Heuchler, sondern gestand offenherzig, er könne dieß oder jenes nicht glauben, wolle aber gern still dazu schweigen; so half ihm das nichts, sondern er wurde, seines Unglaubens wegen, mit willkührlicher, ja! zuweilen mit Todesstrafe belegt.

Darauf erschien ein Befehl, daß auch kein Fremder, der im Lande sich niederlassen wollte, oder schon sich niedergelassen hätte, darin geduldet werden sollte, er habe denn vorher seine alten Irrthümer abgeschworen und den Glauben der Abyssinier angenommen. Man nannte dieß aber: die Religion des Landes annehmen, denn nun waren Religion, Theologie und Gottesdienst schon gleichbedeutende Dinge geworden.

Jetzt hatten die Pfaffen freye Hand, ihre Privat-Sache gegen die besten Menschen auszuüben; denn wenn sie gern jemand auf die Seite schaffen wollten, der ihnen im Wege war, oder ihnen sein Weib nicht preis geben mochte, so brachten sie falsche Zeugen gegen ihn auf, die aussagen mußten, er habe gegen die Religion, oder deren Priester geredet. (Denn sie machten ihre Sache zur Sache Gottes.) Seine Vertheidigung, ja! sein Widerruf half nichts, und er wurde auf grausame Weise hingerichtet.

Jeder Druck, jeder Zwang reitzt zum Widerstande. Vorher war es keinem Layen eingefallen, sehr eigensinnig für oder gegen die Glaubenslehren eingenommen zu seyn; jetzt fanden sich eine Menge Irrgläubiger, Sectirer, Freygeister, und von der andern Seite blinde Fanatiker. Die Dogmatik und Orthodoxie also waren es, in Abyssinien, wie in allen übrigen Ländern, welche Unglauben und Aberglauben erzeugten. Diese verschiednen Secten aber haßten und verfolgten sich, auf das schrecklichste, im bürgerlichen Leben. – Und so wurde denn auch da die heilige, zum Wohl der Welt den Menschen gegebene, Frieden und Bruderliebe predigende Religion, die reichste Quelle des Zwistes, der Verfolgung und unnennbaren Elendes unter ihnen.

Doch nicht genug daran; in ihrem Schoße fand auch der heuchlerische Bösewicht Mittel, alle Bubenstücke zu begehen, und dennoch für einen frommen, rechtschaffnen Mann zu gelten. Da nun das Wesen der Religion in blindem Glauben, in Werkheiligkeit, gottesdienstlichen Gebräuchen, Verehrung und Bereicherung der Priester und Unterwürfigkeit gegen sie beruhete, so sahen diese nicht nur dem Scheinheiligen, bey allen seinen heimlichen und öffentlichen Lastern und Verbrechen, durch die Finger, sondern der Andächtler wußte sich auch von dem abergläubischen Volke durch verstellte Demuth und Gottesfurcht Ehrerbiethung zu erzwingen. Leute hingegen, die an den Glaubenslehren zweifelten, schüttelten nicht selten, da in dem Religions-Unterrichte, den sie genossen hatten, alle sittliche Pflichten aus den Glaubenslehren waren herbey geleitet worden, so bald ihr Glauben an diese wankte, zugleich die reine, hier auf Erden ewig wahre Moral von sich. – Auf diese Weise untergrub also auch die Theologie die moralische Glückseligkeit der Menschen.

Die Folgen dieses Priester-Unwesens wurden noch abscheulicher, als endlich gar die Pfaffen unter sich selber in Uneinigkeit geriethen. Dieß geschahe zuerst bey einer sonderbaren Veranlassung. Es hatte nähmlich ein Pfaffe in Sire, einer Stadt, die noch größer ist, als die ehemahlige Residenz Axum, sich unterstanden, in der Schule, die er hielt, zu sagen, man dürfe die Geschichte von Elias Wagen nicht wörtlich verstehen; jedermann wisse, daß es nicht möglich sey, mit einem Wagen durch die Luft zu kutschiren, und ein feuriger Wagen sey nun gar etwas, wobey ein ehrlicher Mann, der sich darauf setzte, seine fleischernen Hintertheile in große Gefahr bringen würde; die ganze Geschichte sey also so zu verstehen, daß ein starkes Gewitter das Vehiculum gewesen sey, dessen sich Gott bedient habe, den Propheten aus der Welt zu nehmen. – Kaum war das Gerücht von dieser fürchterlichen Ketzerey den Mitgliedern des Glaubens-Collegium in Axum zu Ohren gekommen, so wurde der irrgläubige Priester vorgeladen, verhört und ihm zugemuthet, öffentlich zu widerrufen. Er war ein Mann von Grundsätzen und – widerrief nicht. Man ließ ihm drey Wochen Zeit, die erfordert wurden, die nöthigen Anstalten zu seiner feyerlichen Execution zu machen, und als er da sein Wort nicht zurück nahm, wurde er, mit großer Pracht, in Gegenwart des Hofs und vieler tausend Zuschauer, auf dem Markte in Axum am Spieße gebraten.

Ich, Benjamin Noldmann, muß bei dieser Gelegenheit meine Schwäche bekennen, wenn es anders eine Schwäche ist. Ich würde mich, eines bloß theoretischen Satzes wegen, gewiß nicht braten lassen, sondern augenblicklich widerrufen, glaube auch, der Schöpfer, welcher mir das Leben gegeben hat, womit ich kein Spielwerk treiben darf, würde mirs zur großen Sünde anrechnen, wenn ich, aus Eigensinn und um meine Überzeugung öffentlich darthun zu dürfen, mir auch nur Ein Glied verstümmeln ließe. Durch mich wird daher nie die Feyerlichkeit eines Auto da Fe vermehrt werden.

Wer hatte bis dahin sich um die Construction jenes Wagens bekümmert? Jetzt wurde des Propheten Callesche der Gegenstand des allgemeinen Interesse. – Eine Lehre, für die ein Mann sein Leben läßt, muß doch wohl wahr und von der höchsten Wichtigkeit seyn. – Ehe ein Jahr verging, war die Secte derer, die öffentlich erklärten, sie könnten und würden nie glauben, daß man mit einem feurigen Wagen zum Himmel fahren könnte, zu mehr als tausend angewachsen. Man ergriff eine Menge von ihnen; einige widerriefen, bey den schrecklichen Martern, womit man sie peinigte; die Hartnäckigsten versiegelten ihre Lehre mit dem Märtyrer-Tode; aber je mehr Anti-Calleschianer gefoltert, gespießt, gebraten, gekreuzigt, geschunden, gesteinigt und ihrer Augen beraubt wurden,* desto zahlreicher wurde diese Secte, die endlich anfing, sich eine eigne kirchliche Verfassung zu errichten, sich Oberhäupter und eigne Priester zu wählen, und sich der Obrigkeit zu widersetzen, die ihre Anführer gefangen nehmen wollte.

Nun war es Zeit, die Kriegsvölker gegen diese Rotte anrücken zu lassen; allein die Ketzer hatten dieß voraus gesehen, sich bewaffnet und mit einer der Nubischen Völkerschaften verbunden. Da fing denn ein blutiger Religionskrieg an, und Elias Wagen kostete tausend arbeitsamen Bürgern das Leben.

Mit abwechselndem Glücke wurde dieser einländische Krieg eine lange Reihe von Jahren hindurch geführt. In einem Feldzuge wurde die schöne Stadt Axum von Grund aus zerstört; (noch jetzt sieht man nur die Rudera davon) der große Negus mußte fliehen, und bauete die neue Residenz Gondar. Im folgenden Jahre war der Nachtheil auf der Seite der Ketzer; und so ging es fort; zuweilen siegte die eine, dann die andre Partey; Ströme von Blut flossen, und die schönsten Provinzen wurden in Wüsteneyen verwandelt. Zuweilen schloß man einen Frieden mit den Ketzern, der aber, wie sich das von Priestern nicht anders erwarten läßt, jedes Mahl von Seiten der Orthodoxen treulos gebrochen wurde. Das Ende von diesem allen aber war, daß zuletzt der fortdauernden Bedrückungen und Verfolgungen müde, mehr als hundert tausend fleissige und geschickte Unterthanen, die nicht glauben konnten, daß man in einem Räder-Fuhrwerke durch die Lüfte fahren könne, zum Lande hinaus wanderten, und sich in Nubien fest setzten, wo sie geduldet wurden, Handel und Manufacturen in Flor brachten, und sich als ruhige Bürger betrugen.

*

---

* Alle diese Strafen sind noch jetzt in Abyssinien üblich, wie uns Bruce erzählt.

Vierzehntes Kapitel.

Geschichte der letzten Vorfälle in Abyssinien,
bis zu der Ankunft des Verfassers.

Als sich dieser letzte Vorfall zutrug, starb grade der damahls regierende Negus, der sich den Titel des allerrechtgläubigsten Monarchen hatte ertheilen lassen. Sein Nachfolger, obgleich auch unter Pfaffen-Händen aufgewachsen, war, durch ein Ungefähr, dergleichen in dieser Welt oft das Schicksal von Ländern und Völkern entscheidet, ein wenig aufgeklärter und verständiger, als wohl den geistlichen Herren lieb seyn mochte. Er sahe bald den Fehler ein, den man begangen hatte, die besten Unterthanen aus dem Reiche zu jagen, und suchte ihn wieder zu verbessern, indem er den so genannten Ketzern Frieden und die Erlaubniß zu freyer Religions-Übung versprach; allein sie traueten seinem Worte nicht, hatten sich auch schon in Nubien fest gesetzt; und so bestand denn alles, was der Negus thun konnte, darin, daß er in der Folge mehr Duldung in seinen Ländern einführte, und den Priestern ein wenig den Daumen aufs Auge hielt, die jetzt nicht mehr so furchtbar waren, und sich sehr verhaßt gemacht hatten. Nun setzten sich in der Handelsstadt Gauza Mahometaner und in Adova Juden fest; doch blieb der Schaden, den der Fanatismus angestiftet hatte, unersetzlich.

Ich habe oben zuweilen eines Jesuiten Erwähnung gethan, dem die Abyssinier die Verbesserung ihres Kriegswesens und die Errichtung eines stehenden Heers zu danken hatten. Nach seinem Tode war kein Mitglied dieses Ordens wieder nach Abyssinien gekommen; und in den nachherigen Zeiten, von denen ich im vorigen Kapitel geredet habe, wurden ja auch keine Fremde im Reiche geduldet. Kaum aber war es in Cairo bekannt geworden, daß der jetzige Negus tolerantere Grundsätze ausübte, so machte die Gesellschaft Jesu, die leicht zu wittern pflegt, wo für sie etwas zu thun ist, Plan auf ein dauerhaftes Etablissement in diesem Lande, das so schönes Gold und Silber und Herrlichkeiten aller Art hervor bringt. Sie schickte daher eine Mission nach Gondar; ein Paar verschmitzte Jesuiten, die alle Gestalten anzunehmen wußten, schmeichelten sich bey dem Monarchen ein, dessen Steckenpferd nun ein Mahl Toleranz war, und erlangten von ihm die Erlaubniß, den christ-catholi-schen Glauben predigen, und in Freniona ein Jesuiter-Collegium stiften zu dürfen. Hierdurch nisteten sich denn diese schlauen Herren bald so gut ein, daß nach und nach, besonders in der Provinz Tigre, eine Menge catholischer Kirchen und Klöster gebauet wurde.

Dieß ging eine Zeitlang ganz gut von statten, und die ver-schiednen Secten lebten mit einander in Frieden. Allein das System der Römischen Kirche und Hierarchie verträgt, wie jedermann weiß, keine Unterwürfigkeit unter den weltlichen Arm; und so tolerant auch der Negus war, so schien er doch gar nicht geneigt, seine Pfaffen zu unterdrücken, um sich unter das Joch von andern, noch herrschsüchtigern Pfaffen zu begeben. Als daher die Herren Jesuiten anfingen das Bekehrungswesen ein wenig grob zu treiben, gab man ihnen den Wink, sie möch-ten es damit leise angehen lassen. Zwey von ihnen drängten sich ohne Unterlaß dem Monarchen auf und sprachen von Träu-men, worin ihnen Gott offenbart hätte, es würden Se. Majestät mit ihrem ganzen Hofe sich in den Schoß der Römischen Kirche werfen.

Am Hofe herrschten damahls freygeisterische Grundsätze; man spottete der Träumer. Sie versicherten den König, er könne nach den Grundsätzen ihrer Religion unendlich mehr Sünden begehen, als nach Coptischen Grundsätzen. – Er antwortete, diese Freyheit nähme er sich, ohne ihre Erlaubniß. Sie be-stachen ein Paar Lieblinge und sogar die Iteghe, oder Königinn unter den Weibern des Negus. – Diese waren sämmtlich so ehr-lich, das Geld zu nehmen, es aber dem Monarchen anzuzeigen, und mit ihm über die feinen Herren zu lachen.

Indessen gestattete man den Jesuiten, daß sie ihren Glauben predigen, Gemeinen stiften, viel Kirchen und Klöster bauen und endlich gar einen Bischof weihen durften; der Hof sahe dieser Feyerlichkeit zu und fand sie recht artig; übrigens erlaubte man den Catholiken, den Bischof aus ihrem Beutel zu bezahlen. Allein nun kamen sie auf einmahl mit einem Heere von päbstlichen Rechten, Exemtionen von weltlicher Gerichtsbarkeit, Gebühren und Abgaben für Dispensationen und dergleichen, die man nach Rom schicken sollte, angezogen; das gefiel denn dem Negus nicht; er ließ also den Bischof zu sich rufen, und fragte ihn ganz trocken: Wer ist der Kerl in Rom, der in meinem Lande Befehle geben, und Geld heben will? Der Bischof suchte die Sache in das beste Licht zu setzen; aber seine Beredsamkeit fruchtete nichts. »Ihr Schlingel sämmtlich«, sprach der König, »sollt unter der weltlichen Obrigkeit stehen; den alten Glaubens-Gerichtshof, der monathlich einige gute Leute braten ließ, habe ich abgeschafft; meinet Ihr, ich wollte nun gar von solchem Gesindel als Ihr seyd, meine Unterthanen hudeln lassen? – Das sollt Ihr, meiner Seele! wohl bleiben lassen, und der Erste von Euch, der mir wieder den alten Pfaffen in Rom nennt, den lasse ich bey den Beinen aufknüpfen.«

Die Jesuiten und ihre Anhänger gehorchten nicht; sie fuhren fort in ihrem hierarchischen Eifer, predigten laut das Pabstthum, die Rechte der alleinseligmachenden Kirche, Verdammung der Ungläubigen, Intoleranz, und erweckten den Geist des Zwiespalts. Der große Negus ließ einen von diesen unverschämten Predigern fangen und ihm vorerst nur den Staubbesen, zur Warnung der Übrigen, geben. Nun kannte die Wuth der Jesuiten, die nicht die Kunst verstehen, sich im Zorne zu mäßigen, keine Grenzen mehr. Sie erregten insgeheim Aufruhr und Empörung, und wurden endlich über einem Complott gegen das Leben des Monarchen ertappt. Da verging dem guten Herrn die Geduld; die Rädelsführer wurden gespießt, alle Römische Priester auf ewig des Landes verwiesen, das Jesuiten-Collegium in Freniona wurde zerstört und den Catholiken kein öffentlicher Gottesdienst mehr verstattet. Einige Jesuiten kamen, als Ägyptische Kaufleute verkleidet, wieder nach Abyssinien, richteten aber nicht viel aus.

Kurz nach diesen Vorfällen starb der Negus, und an seine Stelle kam der Prinz zur Regierung, dessen Baalomaal und Oberster der Leibgarde zu seyn ich die unverdiente Ehre gehabt habe. Er war nicht im Kloster erzogen worden, sondern am Hofe seines Vaters, wo er sehr viel von Aufklärung hatte reden gehört, und wo ein Bißchen schöne Künste, Wissenschaften und Deismus getrieben wurde. Seine theoretische und practische Moral war nicht die strengste; ein großer Geist war er übrigens auch nicht, wenigstens nicht halb so sehr, als er glaubte und die Schmeichler ihm sagten, daß er es sey; sich aber einen Nahmen unter den Monarchen zu machen, das steckte ihm sehr im Kopfe, und diese Stimmung nützte mein Herr Vetter, Joseph Wurmbrand, um ihn zu bewegen, das Aufklärungs-wesen in Abyssinien mit großem Eifer nach Europäischer Weise zu treiben.

»Die Pfaffen, so wohl die unsrigen, als die catholischen, haben meine Unterthanen in der Dummheit erhalten«, sagte der große Negus zu meinem Herrn Vetter. »Freylich sehe ich wohl ein«, fuhr er fort, »daß es zu viel verlangt wäre, wenn ich fordern wollte, daß jemand in meinem Reiche so weise seyn sollte, als ich; allein es macht doch einen Staat blühend und eine Regierung berühmt, wenn Wissenschaften und Künste im Lande getrieben werden. Die Abyssinier aber, die wenigen aus-genommen, die sich an meinem Hofe gebildet haben, sind noch sehr weit zurück. Es ist mir daher sehr lieb, daß Du gekommen bist; Du scheinst ein Mann zu seyn, den ich brauchen kann. Du sollst mir helfen, hier alles auf Europäischen Fuß setzen. Schaffe mir Leute, die Dich in diesem Geschäfte unterstützen können, Bücher, Maschinen und dergleichen, aus Deinem Vater-lande. Zugleich wollen wir neue Verbindungen mit andern Nationen knüpfen und die alten erneuern. Ich erwarte über dieß ganze Werk Deinen Plan, den ich prüfen und berichtigen will.«

Diesen Plan nun arbeitete Herr Wurmbrand aus; mein Ruf, nach Abyssinien zu kommen, und was ich mit dahin bringen mußte und meine Gesandtschaft in Nubien, das alles war mit

»Die Pfaffen, so wohl die unsrigen, als die catholischen,
haben meine Unterthanen in der Dummheit erhalten«, sagte
der große Negus zu meinem Herrn Vetter ... »Du sollst mir helfen,
hier alles auf Europäischen Fuß setzen.«

in diesem gnädigst approbirten Plan enthalten; indeß aber war auch mein Herr Vetter nicht unthätig gewesen, und als ich nach Gondar kam, fand ich, wie schon gesagt, sehr vieles nach Europäischer Manier eingerichtet.

Funfzehntes Kapitel.

Des Herrn Wurmbrands erste Anstalten zur Aufklärung Abyssiniens.

Als mein Herr Vetter seinen Aufklärungsplan ausgearbeitet hatte, überreichte er ihn Sr. Majestät, die ihn sich vorlesen ließen, und dann über die einzelnen Theile desselben mit dem Verfasser redeten.

Mit einer prächtigen Lobrede auf die Aufklärung hatte Herr Wurmbrand angefangen. »Derjenige Monarch«, hieß es darin, »ist der größte und mächtigste, welcher den weisesten Menschen Gesetze vorschreibt; nur ein Tyrann kann wünschen, über eine Horde unwissender Menschen zu herrschen; aber auch der Tyrann bedarf, da er doch nicht hundert Augen, Ohren, Hände und Köpfe hat, wenigstens einiger vernünftigen, gebildeten Menschen, durch deren Hülfe er den großen Haufen in Ordnung hält; und wie will er zu diesem Zwecke die besten Köpfe aus seinem Volke auslesen können, wenn er nicht, durch Beförderung allgemeiner Aufklärung, den Funken erweckt, der außerdem verborgen liegen bliebe?« – Nun waren denn eine Menge Gemeinsprüche über den herrlichen Einfluß der Wissenschaften und Künste auf den Character und die Glückseligkeit eines Volks gesagt, und wie Weisheit und Geschicklichkeit die Griechen und Römer zu Herren über alle übrige Nationen erhoben hätten; und aus diesem allen war der Schluß gezogen, daß der große Negus mit aller Gewalt sein Volk aufklären müßte.

»Das ist«, sprach der König, »dasselbe, nur mit andern Worten gesagt, was Du neulich von mir gehört, und es freut mich, daß Du den Sinn meiner Reden so gut gefaßt hast; allein ich wollte, Du könntest mir auch recht gründlich einen Zweifel heben, der oft in mir erwacht, nähmlich, ob mir die Leute auch wohl noch gehorchen werden, wenn ich sie gar zu klug mache. Du weißt, daß ich die Pfaffen nicht leiden kann; aber darin hatten sie, meiner Seele! Recht, daß sie immer sagten, man müsse die Menschen in der Dummheit erhalten, sonst glaubten sie, sich selbst regieren zu können. Und was die Dummheit angeht, Herr Minister! so meine ich, das verstünden doch die Priester, wie man damit umgehen müsse.« – »O! was das betrifft«, erwiderte mein Herr Vetter, »so brauchen Ew. Majestät sich vor dem Raisonniren nicht zu fürchten, so lange Sie hundert tausend Soldaten auf den Beinen haben.« – »Aber wenn nun der Teufel der Aufklärung auch in diese fährt, und auch sie nicht mehr auf jeden Wink zu Gebothe stehen wollen.« – »Dafür ist der Stock gut.« – »Und wenn nun die Vielen nicht länger von Einem sich wollen prügeln lassen?« – »Das hat nichts zu bedeuten; keiner trauet auf des andern Mithülfe; die erste schiefe Mine muß wie offenbare Meuterey bestraft werden. Nach und nach gewöhnt sich dann der Mensch daran, nicht selbst denken und handeln zu dürfen, und wer wenig im Magen und Beutel hat, ohne Unterlaß beschäftigt und beobachtet wird, dem vergehen die aufrührischen Gedanken.« – »Das ist gut geantwortet«, sprach der Negus, »ich habe das auch gedacht, und wollte nur sehen, ob Du die Sache aus dem rechten Gesichtspuncte betrachtetest.«

Das Erste, was nun der neue Minister zu thun für nöthig hielt, war, Buchdruckereyen anzulegen, wobey er in einer langen Declamation zeigte, welche große Summe neuer Wahrheiten durch diese herrliche Erfindung in der Welt wäre verbreitet worden. Der König machte den Einwurf, ob durch diese Leichtigkeit, seine Ideen allgemein zu machen, wohl nicht eben so viel und mehr schiefe Begriffe und Irrthümer wären in Umlauf gekommen? Wurmbrand gab dieß zu, behauptete aber, selbst diese Albernheiten hätten wiederum auf die Spur von neuen Wahrheiten geführt. Der Hofnarr des Königs, der gegenwärtig war, meinte, nach diesem Grundsatze müsse man auch die Ansteckung epidemischer Krankheiten zu erleichtern suchen, damit hierdurch die Arzeneykunst auf die Erfindung neuer Heilmethoden geleitet würde. – Der Hofnarr wurde aus dem Zimmer gejagt, und Anstalt zu Errichtung der Buchdruckereyen gemacht. »Damit aber«, sprach mein Herr Vetter, »niemand sichs einfallen lasse, gefährliche Grundsätze zu verbreiten, die das Volk gegen die weisen Regierungs-Maximen Ew. Majestät und gegen die herrschende Religion mißtrauisch machen könnten, so wird es gut seyn, zu befehlen, daß nichts dürfe gedruckt werden, als was vorher einem eignen Collegio sey vorgelegt worden.« Der Hofnarr hatte vor der Thür gehorcht; bey diesem Gespräche steckte er den Kopf wieder herein und sagte: »Das macht Ihr gut! da werden die Menschen in allen Dingen klug werden und ihre Ideen berichtigen, außer in dem, was ihnen auf der Welt am wichtigsten ist. Und wenn Ihr Euch auf Eure Weisheit und auf Eure hundert tausend Puppen verlassen dürft, so dächte ich, Ihr könntet auch die Leute immer reden und schreiben lassen, was sie wollten.« – Der Hofnarr bekam zwanzig Prügel auf die Hintertheile, und das Censur-Collegium wurde errichtet.

Nächst Anlegung der Buchdruckereyen, empfahl mein Herr Vetter dem Könige vorzüglich die Beförderung des Studiums fremder Sprachen. Neue Wörter, Redensarten und Wendungen wären, meinte er, das wenigste, was man dadurch lernte; aber man gewänne auch neue Ideen, die unmerklich, mit den fremden Redensarten zugleich, zu uns übergingen. Es wäre, zum Beyspiele, wohl der Mühe werth, mit philosophischem Scharfsinne genauer nachzuspüren, wie der Character der Deutschen und ihre Sitten von mancher Seite eine andre Richtung bekommen hätten, seitdem in unserm Vaterlande die Französische Sprache nach und nach allgemeiner geworden wäre. Hierauf machte dann Herr Wurmbrand den Negus mit einigen ausländischen Wörtern bekannt, die, theils übersetzt, theils in unsre Sprache aufgenommen, eine Revolution in unsrer Art zu denken und zu handeln gemacht hätten. Dahin gehörten, meinte er, die Worte: Delicatesse, Discretion, compromittiren, Sentiment, empfindsam, conventionell, und dergleichen mehr. »Wie undelicat«, rief mein Herr Vetter aus, »war nicht der alte rauhe, grade, biedre Deutsche! Wie wenig discret! Wie leicht compromittirte er durch seine Freymüthigkeit? Die feinern Sentiments rührten nie seine starke Seele zur Empfindsamkeit und er hielt alles für eine Art unnützen Zwanges, oder gar für Betrug, was bloß auf conventionellen, nicht natürlichen Pflichten beruhete, bis er durch jene fremden Wörter aufmerksam auf alle diese herrlichen Dinge gemacht wurde.« – »Wenn die fremden Ideen gut und klar sind«, fiel ihm der König in die Rede, »und man dadurch nicht zuletzt so viel neue Seiten bekömmt, daß man nicht mehr recht weiß, welche die rechte und eigne Seite ist; so lasse ich das Ding gelten. Doch das ist zu weitläuftig. – Ich will es versuchen, will meinen Unterthanen ein Beyspiel geben, will selbst Deutsch lernen. Aber mit den Sprachen ist es so eine Sache. Selbst Unser Einer kann doch diese nicht so ohne alle Anweisung studiren, wenigstens ist das mühsamer. Du sollst also die Ehre haben, mir Unterweisung zu geben; aber ich verbitte mir, daß Du dich dessen nicht etwa rühmest.« Mein Vetter lehrte also den Negus die Deutsche Sprache; er wählte dabey die Methode, welche unsre neuern Pädagogen so sehr anpreisen, und wodurch man die Sprachen freylich weniger gründlich lernt, aber desto geschwinder und ohne Anstrengung einige Fertigkeit darin erlangt, nähmlich durch beständiges Plaudern; und bald wurde, wie ich schon oben erzählt habe, die Deutsche Sprache die Hofsprache in Gondar.

Zu dem Aufklärungsplane des Herrn Wurmbrand gehörte ferner mit, daß er dem Monarchen vorschlug, Fremde in das Land zu locken und diese vorzüglich auszuzeichnen. »Das mag geschehen«, sagte der Negus, »aber notire dabey, daß es Fremde seyn müssen, die rechtliche Kerl und geschickter und arbeitsamer als meine Unterthanen sind; sonst fressen mir die Tagediebe das Fett des Landes, und verderben noch wohl obendrein die Einheimischen!« Bey dieser Gelegenheit nun wagte es mein

Herr Vetter zuerst meiner geringen Person, als eines sehr nützlichen Subjects, Erwähnung zu thun, und es wurde fest gesetzt, daß vorerst niemand als ich aus Deutschland verschrieben werden sollte.

»Ew. Majestät«, hieß es ferner in dem Aufsatze, »klagen darüber, daß Allerhöchst Dero Unterthanen in sich selber nicht Trieb genug fühlten, in Weisheit, Tugend und Aufklärung zu wachsen. Diese schlafende Kräfte nun zu ermuntern, weiß ich keine diensamern Mittel, als gewisse Preise auf vorzüglich edle Handlungen, auf Proben von beharrlichem Fleisse und auf neue Entdeckungen zu setzen.« – Und nun kamen Vorschläge von Rosenfesten, von Geld-Verwilligungen für nützliche Erfindungen, von Titeln für Gelehrte etc. – »Dießmahl«, rief der Negus, indem er meinem Vetter abermahls in die Rede fiel, »bist Du auf einem Holz-Wege; das laß Dir von mir gesagt seyn! Wenn Du nichts beßres weißt, um die Abyssinier klüger und tugendhafter zu machen; so streiche nur die ganze Stelle aus! Meinst Du, ich wollte aus der Tugend und Weisheit Metzen machen, die sich bezahlen ließen? Ich sollte meine Unterthanen daran gewöhnen, zu glauben, daß man seine und seiner Nebenmenschen Köpfe und Herzen vervollkommnen müsse, um Geld damit zu verdienen? Meinst Du, ein wahres Genie ließe sich deßwegen in seinem Schwunge aufhalten, weil ich ihm noch nicht den Titel als Baalomaal gegeben hätte? Meinst Du, die Keuschheit sey etwas werth, die nur nach einem elenden Rosenkranze und einer Aussteuer gerungen hätte? – Wenn Ihr in Europa keine bessere Antriebe habt, vollkommner zu werden, so sind die Abyssinier, meiner Seele! nicht weiter zurück, als Ihr.« – Der Punct mit den Rosenfesten, Prämien und Titel ging also nicht durch.

Mit dem darauf folgenden Vorschlage ging es nicht viel besser. Mein Vetter wünschte nähmlich, der König möchte jährlich gewisse Summen aussetzen, die angewendet werden sollten, armer Leute Kinder studieren zu lassen. »Du willst«, wendete dagegen der Negus ein, »daß armer Ältern Kinder Gelehrte werden sollen, und ich möchte, daß mehr reicher Leute Söhne Bauern würden. Wer wird zuletzt das Feld umgraben wollen, wenn wir diese Menschen-Classe als einen unglücklichen Stand betrachten, aus welchem man die Menschen erlösen muß? Ich möchte auch gern, daß ein Mann, der Wissenschaften triebe, zugleich eine feine Erziehung hätte. Ihr mög't wohl ungeschliffene Gelehrte in Deutschland haben, wenn jeder Bauer-Bengel, der bis in die Jahre, wo er Lust zeigt, zu studieren, auf dem Miste herumgelaufen ist, die Ochsen-Peitsche mit der Schreibfeder vertauschen darf. – Doch, das magst Du hinschreiben, daß, wenn sich ein Mahl ein ganz außerordentliches Genie unter den Kindern eines armen Mannes findet, ich dem Vater Geld geben will, damit der Sohn in irgend einem Fache, etwas Tüchtiges lernen könne; aber das braucht nicht grade als Gelehrter zu seyn. Wenn es Genies unter den Bauern und Handwerkern gibt, so ist das auch gut für den Landbau und für die Manufacturen. Wer übrigens sich zu etwas Höherm berufen fühlt, der arbeitet sich durch Armuth und andre Schwierigkeiten hindurch. Man muß den Leuten nicht alles so leicht machen. Durch Überwindung von Hindernissen wird das Genie verstärkt, wie eine gespannte Feder.« – Was der König da sagte, schien meinem Herrn Vetter so vernünftig, daß er fast nicht glauben konnte, es käme aus Sr. Majestät Gehirne; auch war das richtig geurtheilt. Diese ganze Stelle war aus einem Ägyptischen Manuscripte entlehnt, und hatte dem Negus deßwegen so gut gefallen, weil er darin eine Entschuldigung fand, kein Geld herzugeben, und er die allgemeine Aufklärung in seinem Reiche gern so wohlfeil als möglich betreiben wollte.

Gegen den Vorschlag, der hierauf folgte, Künstler in fremden Ländern reisen zu lassen, fand sich weniger einzuwenden, und es wurden Gelder dazu verwilligt, doch mit der Bedingung, daß diese Leute, nach ihrer Zurückkunft, einige Jahre hindurch für den Hof umsonst arbeiten sollten.

Hierauf wurde fest gesetzt, in Adova, der Hauptstadt von Tigre, eine Universität, in einigen andern Städten aber Gymnasien und Schulen anzulegen, worauf denn auch endlich der König den Vorschlag billigte, sich zu bemühen, nach und nach Deutsche Gelehrte nach Abyssinien zu ziehen.

Um diesen letztern Punct in Ordnung zu bringen, und über-
haupt dem Werke die Krone aufzusetzen, wagte mein Vetter
den Antrag, den Erbprinzen von Abyssinien auf Reisen zu
schicken. *Viel Widerstand fand er Anfangs bey Durchsetzung*
dieser Sache. – Scheute der große Negus die Kosten, oder fürch-
tete er, wie es zuweilen der Fall bey den Fürsten seyn soll, daß
sein Sohn, durch eine bessere Erziehung und Bildung, als er
selbst genossen, auch klüger, als er, werden möchte? – Genug!
er sträubte sich ein wenig, dazu einzuwilligen, gab aber doch
nach, und folgender Plan wurde gnädigst approbirt.

Der König hatte nähmlich zwey Söhne. Der Älteste, welcher
einst dem Vater in der Regierung folgen sollte, war ein Jüngling
von sechzehn Jahren, sehr von sich eingenommen, durch Hof-
Schmeicheley verderbt, kalt, eingebildet von seinem Fürsten-
stande, hatte dabey viel Hang zur Sinnlichkeit, zum Geize, wenig
Genie, gar keine Kenntnisse und keinen Trieb, dergleichen zu
erlangen. Der Jüngste hingegen war sanft, bescheiden, wohl-
wollend, aufmerksam auf alles, was ihn belehren konnte, nicht
eben von durchdringendem Geiste, aber von gutem, graden
Hausverstande, und unschuldig von Seiten der Sitten. Jener
war von Jugend auf in den Händen eines eigennützigen, un-
wissenden Hof-Pedanten gewesen; dieser aber einem guten alten
Manne anvertrauet worden, der, nicht ohne Mühe, von dem
Monarchen die Erlaubniß erlangte, seinen Zögling, fern vom
Residenz-Getümmel, auf dem Lande zu erziehen. Wir werden
künftig sehen, mit welchem Erfolge dieser Erziehungsplan ge-
krönt wurde. Jetzt will ich nur noch sagen, daß jener alte Mann
derselbe war, dem ich die oben mitgetheilten Bruchstücke aus
der Geschichte Abyssiniens zu danken habe. – Wenden wir uns
wieder zu dem ältern Fürsten-Knaben! Herr Wurmbrand hatte
seinem Monarchen so viel von Peter des Großen in Rußland
kühnem Unternehmen, als Privatmann zu reisen, alle Verhält-
nisse des Lebens kennen zu lernen und als Soldat und Schiff-
mann und Handwerker von unten auf zu dienen, erzählt, daß,
als er der Negus seinen Plan zur Reise des Kronprinzen billigte,
um doch auch etwas von eignen hohen Einfällen hinzu zu thun,

zugleich erklärte, sein Sohn sollte, wie Peter von Rußland, in Deutschland als gemeiner Soldat dienen, und nach und nach alle Stufen, bis zum Throne, ersteigen. Es wurde vorläufig beschlossen, daß ich, den man damahls in Abyssinien erwartete, wenn ich anders dem Könige zu gefallen das Glück hätte, den Prinzen nebst einem zahlreichen Gefolge auf Reisen führen, und, bey unsrer Zurückkunft, einige Fuder Deutscher Gelehrten und Künstler mit nach Abyssinien bringen sollte. Da ich diese Reise im zweyten Theile meines Buchs beschreiben werde, so sage ich hier nichts mehr davon, und eile zu dem letzten Puncte, der in meines Herrn Vetters Aufklärungsplane weitläuftig aus einander gesetzt war.

Dieser Punct betraf den Luxus. Herr Wurmbrand gab sich Mühe, zu beweisen, daß dieser einem Lande gar nicht schädlich wäre; daß man ihm manche neue Erfindungen zu danken hätte; daß er das Geld in gehörigen Umlauf brächte und Thätigkeit und Industrie ermunterte; endlich daß er das Volk beschäftigte und von Meutereyen gegen den Alleinherrscher abhielte, und zugleich, indem er tausend neue Bedürfnisse erzeugte, die Unterthanen von dem Monarchen abhängiger machte. Bey dieser Gelegenheit war denn auch von den glänzenden Vergnügungen in der Residenz, von Pracht und zuletzt von Schauspielen die Rede. »Es ist ein eitler Einwurf«, schrieb mein Herr Vetter, »wenn man sagt, diejenigen, welche bloß für das frivole Vergnügen der Bürger sorgten, bereicherten sich, auf Unkosten der nützlichen, arbeitsamern Classen. Ich will hier nicht ein Mahl von dem Nutzen der Schauspiele auf Bildung des Kopfs und Herzens reden, sondern nur das bemerklich machen, daß solche Künstler und muntre Gesellen selten Reichthümer sammeln, sondern das Geld, was sie heute verdienen, morgen wieder verzehren.« – »Das mag seyn«, erwiderte der Negus, »aber die Gastwirthe, Modehändler und Andre, an welche das Geld aus diesen leichtfertigen Händen kömmt, sind ein eben so böses Volk, das es gleichfalls nicht zu besitzen verdient. Die arbeitende Classe also trägt es hin, um es durch Hände von Verschwendern, an Müssiggänger zu bringen, die sich damit bereichern.« –

»Und das finden Ew. Majestät nicht gut?« fragte Wurmbrand, »grade das passt, in das System einer unumschränkten Regierung! Was würde aus den Monarchien werden, wenn man darin frugale und fleissige Menschen reich werden ließe? Um über diese Herr zu bleiben, dürfen sie sich nie im Wohlstande fühlen, indeß die Andern, sammelten sie auch noch soviel Schätze, immer durch ihre Thorheiten abhängig, immer Sclaven von Innen und Außen bleiben.« – »Du hast zu meiner Zufriedenheit geantwortet«, sprach der König. »Ich machte Dir nur den Einwurf, um zu sehen, ob Du die Sache gehörig durchgedacht hättest. Ich erwarte von Dir einen Entwurf zu einem neuen Schauspiel-Etat. Laß mir auch die Ägyptischen Luftspringer wieder kommen, die im vorigen Jahre hier waren! Und wenn Dein Vetter, der Herr von Noldmann aus Deutschland kömmt, soll er directeur des plaisirs werden.«

Sechzehntes Kapitel.

Der Verfasser tritt seine Bedienungen an, und unterredet sich mit dem Negus über verschiedne Gegenstände.

Am zweyten Tage, nachdem ich von des Negus Majestät zum Baalomaal, oder Cammerjunker und Leib-Garde-Obersten war ernannt worden, kündigte mir mein Herr Vetter an, daß es nun Zeit wäre, Besitz von den mir gnädigst anvertraueten Stellen zu nehmen. Ich mußte daher erst des Morgens den Waffen-Übungen der Garde du Corps beywohnen, zu welchem Endzwecke mir von besagtem meinem Vetter ein schöner Gaul, der auf drey von seinen Beinen noch so ziemlich flink war, zum Geschenke gemacht wurde. Wem Gott ein Amt gibt, dem gibt er auch Verstand dazu. Es ging mit der Reiterey besser, als ich gedacht hatte; und was die Manoeuvres betraf, so verstanden die andern Officiers nicht mehr davon, als ich.

Der König war selbst gegenwärtig; unter seinen Augen machten wir allerley hübsche Angriffe; hätte ein Feind da gestanden, wo wir einhaueten, so würden wir ihn garstig zugerichtet haben. Jetzt ging alles ohne Unglück ab, außer daß wir ein altes Weib und zwey Kinder, die im Wege standen und sich nicht so schnell retten konnten, tödteten, indem wir sie überritten, weil wir, wie sich das versteht, dieser Kleinigkeit wegen, nicht unsre Glieder trennen durften.

»Herr Vetter!« sprach ich, als ich zu Hause kam, »ich habe mir, mit Erlaubniß zu sagen, einen Wolf geritten.« – »Das thut nichts«, antwortete er, »in des Königs Dienste muß man Leib und Leben für nichts achten. Indessen sollt Ihr Euch noch heute in einer andern Amts-Verrichtung zeigen, zu welcher Ihr dieser beschädigten Theile, die Ihr einstweilen mit Cameelsfett schmieren möget, gar nicht bedürft. Sr. Majestät befehlen nähmlich, daß Ihr Allerhöchst-Denenselben heute zum ersten Mahl vorlesen sollt; also haltet Euch nach der Mittags-Tafel bereit dazu!«

Indeß wir noch also sprachen, wurde der Minister abgerufen, ehe er mir genauere Anweisung geben konnte, aus welchem Buche der König sich wollte vorlesen lassen. Darüber kam die bestimmte Zeit heran, und ich steckte ein Paar Bände zu mir, die mir grade in die Hände fielen. Unglücklicher Weise waren es Französische Bücher, und zwar ein Theil von Rousseau's Werken, worin sein Contract social stand, und der erste Theil von Montesquieu esprit des loix. In diesen Werken steht nun freylich wohl nichts, womit man einen Despoten in den Schlaf lesen kann; aber ich hatte nun ein Mahl kein anderes; doch fragte ich zum Überflusse, in welcher Sprache Ihro Majestät beföhlen, sich vorlesen zu lassen. – »Das ist mir einerley«, erwiderte der Monarch, »lies Du nur her, was Du hast!« Also fing ich an, laut und vernehmlich, doch mit sanfter Stimme, das erste Kapitel aus Montesquieu herzudeclamiren. Der König nickte von Zeit zu Zeit mit dem Kopfe, als wollte er mir seinen Beyfall zu erkennen geben, und endlich verwandelte sich dieß Nicken in einen sanften Schlummer, worauf ich, meiner

Instruction gemäß, das Buch beysteckte und davon schleichen wollte; allein der Negus erwachte in demselben Augenblicke, und winkte mir, wieder zu kommen: »Nein, nein!« rief er, »gehe nicht fort! Mein Schlaf ist schon vorüber. Es hat recht hübsch geklungen, was Du gelesen hast; ich bin zufrieden; doch magst Du ein ander Mahl Deutsche Bücher mitbringen. Jetzt will ich mit Dir über verschiedne Gegenstände reden.« – Nun begann unter uns ein Gespräch, das ich hier, in so fern ich mich dessen noch erinnre, mittheilen will.

NEGUS. Da ich Dir nun die Direction der Schauspiele über- tragen habe, so mußt Du auch ein wachsames Auge auf die Musik halten. Die Kerl spielen mir da nicht immer Alle mit; es sind faule Schlingel darunter, die zuweilen mitten im Stücke aufhören und die Andern fortspielen lassen. Sie meinen, ich merkte das nicht; aber ich sehe alles, und will, daß Du sie an- haltest, fleissiger zu seyn.

ICH. Allergnädigster Herr! Es findet sich oft, daß einzelne Stimmen pausiren müssen.

NEGUS. Was? pausiren? In meinem Dienste leide ich keine Pausen; das laß Dir gesagt seyn! Und was die Regimentsmusik bey meiner Garde betrifft, so sollst Du mir die Größten von den Spielleuten auf die beiden Flügel stellen, und diese sollen mir die Posaunen von Jericho blasen. Ich kann es nicht leiden, wenn ein kleiner Knirps sich pechbraun an einem Instrumente drückt, das noch ein Mahl so lang als er selbst ist.

ICH. Aber Ew. Majestät geruhen, zu überlegen, daß doch nicht jedermann sich auf alle Instrumente gelegt hat. Wenn nun ein solcher Mann grade die Posaunen von Jericho zu spielen nicht gelernt hätte?

NEGUS. Darauf nehme ich keine Entschuldigung an; er muß so lange geprügelt werden, bis er bläst. O! ich sehe wohl, Du kennst die Subordination noch nicht, die ich eingeführt habe. Aber, weil wir doch von Schauspielen reden, damit muß mirs auch auf einen andern Fuß kommen. Ich weiß nicht, was die Abyssinischen Theater-Dichter dabey haben, daß sie dem

Also fing ich an ... das erste Kapitel aus Montesquieu herzudeclamiren. Der König nickte von Zeit zu Zeit mit dem Kopfe, als wollte er mir seinen Beyfall zu erkennen geben, und endlich verwandelte sich dieß Nicken in einen sanften Schlummer ...

· 143 ·

Volke lauter jämmerliche, infame Mordgeschichten darstellen, daß sie nichts als Schurken, Stock-Narren, Carricaturen und Nickel und solches Lumpengesindel zu Helden und Heldinnen ihrer Trauerspiele und Lustspiele wählen; daß bey dem Plane ihrer Stücke oft eine Begebenheit zum Grunde liegt, die entweder höchst unwahrscheinlich ist, in hundert Jahren nicht Ein Mahl im menschlichen Leben vorfällt, oder die aus einer so höchst elenden Verkettung unglaublich unglücklicher Zufälle, die sich gegen die besten Menschen verschworen zu haben scheinen, zusammen gesetzt ist, daß man, bey meiner Seele! nichts dabey empfinden kann, als Ekel vor diesen Gräueln, und Unwillen gegen Gott, der, wenn man solchen Unglücks-Mahlern glauben soll, auch dann seine Geschöpfe peinigt und mit Gewalt in den Abgrund zieht, wenn sie nichts verschuldet haben. Nein! ich mag wohl, daß der Zuschauer seine Thorheiten und Laster in Beyspielen geschildert sehe; aber es müssen keine Tollhaus-Thorheiten und keine Straßenräubers-Laster seyn, damit der Zuschauer sich selber in seinen Augen nicht als ein Engel von Tugend und Weisheit in Vergleichung mit jenen Creaturen erscheine. Ich mag wohl, daß auf dem Theater anschaulich gezeigt werde, in welches Labyrinth von Elend der schwache Mensch durch einen einzigen schiefen Bocksprung gerathen kann; aber bloß eine Gallerie von Jammer und Noth zu eröffnen, um zu zeigen, daß man die elende Kunst versteht, uns zu erschüttern; den Mann, der in das Schauspiel geht, um sich, auf anständige und vernünftige Weise, von seinen häuslichen und bürgerlichen Geschäften zu erholen, seine Sorgen und Leiden zu vergessen, und sein Gemüth durch Lächeln aufzuheitern, oder durch sanfte Rührung in süße Schwermuth einzuwiegen, und dadurch den Sturm wilder Leidenschaften zu dämpfen; einen solchen Mann dergestalt zu handhaben, daß ihm die Haare zu Berge stehen müssen; ihm gleichsam zu sagen: Siehst Du, Kerl! alles Unglück, was Du zu Hause und auswärts gesehen und erlebt hast, ist gar nichts gegen das, was Dir noch jeden Augenblick begegnen kann, wärst Du auch der edelste und klügste Mann auf der Welt; damit er dann trauriger, muthloser und verzweiflungsvoller, als je, nach Hause gehe – Mich dünkt, das ist ein unedler Zweck, dessen sich die Schauspielkunst schämen sollte. Und wenn denn die Bösewichte in solcher Herrlichkeit und Kraft dargestellt werden, daß man über ihre Größe die Abscheulichkeit und Gefahr ihrer Grundsätze vergißt, oder so liebenswürdig, daß wir uns hingezogen fühlen, zu ihnen, und daß leise der Gedanke in uns erwacht: für ein so eminentes Genie gäbe es keine Gesetze, keine Moral, und daß der feurige Jüngling leicht versucht wird, sich für ein solches privilegirtes Wesen zu halten; und wenn nun neben diesen Riesen von abscheulicher Erhabenheit die kalten Tugendbilder wie geschmacklose Zwerg-Figuren aussehen. Endlich wenn man uns, statt natürlicher, menschlicher Scenen und interessanter Begebenheiten, höchst verwickelte, sich durchkreuzende, immer unerwartet sich auflösende Geschichten darstellt, so daß man zuletzt keinen Sinn mehr für das Einfache hat, und uns alles in der wirklichen Welt langweilig und zu alltäglich vorkömmt, weil man unsre Phantasie ohne Unterlaß reitzt, mit uns in idealischen Sphären herum zu segeln – Was für Nutzen hat dann das Schauspiel für Kopf und Herz? Nein! Du sollst mir das Theaterwesen auf andern Fuß bringen, so wie es in Deutschland ist, denn ich hoffe, da wird es ja besser seyn.

ICH. Allergnädigster König! Ich bewundre in tiefster Demuth Ew. Majestät hohe Einsichten, und werde diese gnädigsten Befehle zu meiner Richtschnur nehmen. Was aber unsern Geschmack in diesem Fache in Deutschland betrifft, so geht es leider! dort eben so damit, wie hier und in allen übrigen Ländern. Der Trieb nach Neuheit jagt die Menschen ohne Unterlaß weiter von dem gebahnten Wege ab, und nachher, wenn die Einbildungskraft erst an das Herumschwärmen gewöhnt ist, dann hält es schwer, sie wieder zurück zu führen. Auf Ein Mahl wird sich das auch hier wohl nicht thun lassen; allein ich denke, nach und nach wird man der Hirngespinste müde, und sehnt sich wieder nach Einfalt und Wahrheit.

NEGUS. Nun, nun! wir wollen schon sehen, wie sich das Ding treiben läßt. Seitdem ich Buchdruckereyen habe anlegen lassen, schreiben die Abyssinischen Gelehrten ziemlich fleissig; noch ist zwar nicht viel kluges Zeug erschienen, aber ich denke, wenn sie erst ein wenig in Übung kommen, so soll es schon besser gehen. In Deutschland kommen wohl recht viel Bücher heraus?

ICH. Viel tausend jährlich.

NEGUS. Gott bewahre! Da sind wir noch weit zurück. Aber da können doch unmöglich in jedem Buche neue Sachen stehen.

ICH. Nichts weniger! Einer schreibt den Andern aus; was schon hundert tausend Mahl gesagt ist und täglich am Tische und auf der Gasse, im Wachen und Traume gesagt wird, das läßt man auf unzählige Art, anders eingekleidet, drucken.

NEGUS. Das halte ich aber wahrlich für den elendesten Zeitverlust, woran die Leichtigkeit, solches dummes Zeug durch Buchdruckereyen in die Welt schicken zu können, Schuld ist.

ICH. Ich halte es auch für Zeitverlust, aber was ist dagegen zu machen? Kein Buch ist so schlecht, daß es nicht Leser finden sollte. Bey täglich wachsendem Luxus, Reichthume und Müssiggange, steigt auch das Bedürfniß, sich die Zeit durch Lesen zu vertreiben. Eine Menge Leute, die weder Lust, noch Geschicklichkeit haben, nützliche Arbeiten im Staate zu treiben, leben davon, daß sie Bücher machen. Das Erste, was ihnen grade in den Kopf kömmt, werfen sie auf das Papier. Am mehrsten Unfug wird mit den so genannten schönen Wissenschaften getrieben; sie sollten der Gelehrsamkeit eigentlich nur das seyn, was bey den Armeen die leichten Truppen sind. So wie man diesen wohl erlauben darf, auch zuweilen in Reihen und Gliedern zu fechten; sie aber, ohne von einem regulairen Corps unterstützt zu werden, doch nichts ausrichten können; so sollten die soliden Wissenschaften auch die eigentliche Stärke der gelehrten Haupt-Armee ausmachen. Nun aber bleibt es immer bey der Spiegel-Fechterey, und die litterarischen Husaren verstehen nichts Gründliches vom Dienste. Weil sie nicht Lust haben, die Regeln zu lernen, die doch aus der Natur geschöpft sind, und ohne welche man des sichern Erfolgs nie gewiß ist, sich auch leicht zu weit verirrt; so stellen sie sich, als verachteten sie alle Regeln, als wären diese völlig überflüssig. *Selbst gute Köpfe werden von diesem so bequemen Vorurtheile angesteckt, und leisten nicht, was sie leisten könnten. Es erscheint jetzt in Deutschland, unter dem Nahmen von Gedichten, Schauspielen und Romanen, ein solcher Wust von geschmacklosem Zeuge, daß wir uns dessen vor unsern Nachbarn schämen müßten, wenn es nicht leider! in allen Ländern eben so herginge. An fleissige Ausfeilung seiner Werke denkt niemand. In einer müssigen Stunde, oder wenn der Autor Geld bedarf, bey guter oder schlechter Laune, heiterm oder umwölktem Kopfe, ohne seinen Gegenstand im Ganzen durchgedacht zu haben, schreibt er den Bogen voll, und schickt ihn vor Abend in die Druckerey. Er muß auch eilen; denn Eine Messe später, und die Form seiner Werke (worauf es mehr, als auf den Inhalt ankömmt) und die Sprache, darin er schreibt, sind nicht mehr in der Mode. – Niemand würde das Buch lesen, und enthielte es auch eine Quint-Essenz von Weisheit. Da er, bey dieser Veränderlichkeit des Geschmacks, gewiß weiß, daß sein Buch spätestens nach zehn Jahren Maculatur seyn wird; so spornt ihn kein Ringen nach Unsterblichkeit an; er sucht also bey seinen Lebzeiten noch einigen Vortheil von seinen Talenten zu ziehen, ein eitles Lob einzuernten, etwas Geld zu gewinnen. Dieser letzte Punct hängt von der Gefälligkeit des Verlegers ab, den er durch Nachgiebigkeit gegen den verderbten Mode-Geschmack, durch auffallende Titel, durch bizarre Einkleidungen und durch allerley andre unwürdige Künste zu gewinnen, schadlos zu halten, und gegen die Räubereyen der Nachdrucker zu sichern suchen muß. Aus diesem Allem erfolgt nun, daß der Geschmack an gründlichen Wissenschaften, die Lust, ernsthafte Werke zu lesen und zu schreiben, immer geringer wird, daß das Publicum den Sinn für Wohlklang, Numerus, Würde und Eleganz im Ausdrucke, Sprach-Richtigkeit und Ordnung in Gedanken und Einkleidung verliert; daß jeder schiefe Kopf, oder Tagedieb, der keinen Trieb hat, etwas Gründliches zu lernen, keine Geduld, eine nützliche Hanthierung im Staate zu treiben, Schriftsteller wird; daß hierdurch der Stand eines Schriftstellers tief herabsinkt und man-*

cher gute Kopf deßwegen nicht schreibt, weil er sich schämt, mit Jenen in Eine Classe geworfen, und von einem unwissenden, undankbaren, verschrobnen Publicum beurtheilt zu werden.

NEGUS. Ich erstaune; Dein Vetter hat mir Wunderdinge von Eurer Literatur erzählt; wenn ich wüßte, daß er mich zum Narren gehabt hätte, so ließe ich ihn spießen. Wenn die Buchdruckerey solches Unwesen stiftet, so wäre es ja fast besser, man erschwerte die Mittel, schlechte Einfälle allgemein auszubereiten.

ICH. Ew. Majestät halten zu Gnaden! Der Erfindung der Buchdruckerey haben wir unendlich mehr Gutes zu danken, als sie Verwirrung angerichtet hat. Ich habe auch keinesweges sagen wollen, daß es uns an guten Büchern in Deutschland fehlt; aber es könnte besser mit unsrer Literatur aussehen, wenn –

NEGUS. Wenn, wenn – Vollkommen ist nichts in der Welt. – Wir wollen das Wesen mit den Buchdruckereyen ein wenig ablauern. Wenn mir die Kerl denn gar zu dummes Zeug schreiben, so will ich ein Mahl an Einem ein Exempel geben, das die Andern abschrecken soll. Aber Dein Vetter spricht mir ja immer so viel von der Critik in Deutschland, und daß gewisse Leute sichs zum Geschäfte machten, alle neue Schriften öffentlich zu beurtheilen und vor schlechten Büchern zu warnen; hilft denn das nicht?

ICH. Allergnädigster Herr! Mit der Critik sieht es bey uns nicht besser aus. Von Obrigkeits wegen kann man doch keine Leute ansetzen, die in Werken des Geschmacks Urtheile sprechen sollen; also wirft sich Jeder zum Kunstrichter auf, der Beruf dazu fühlt; beurtheilt, ohne seinen Nahmen zu nennen, folglich ohne daß man weiß, ob die Machtsprüche von einem Manne herrühren, der in dem Fache erfahren ist, Bücher, die er nicht versteht, oft nicht ein Mahl durchgelesen hat; posaunt die Schriften seiner Freunde aus; schimpft aus Neid und Partheylichkeit die größten Männer; mischt persönliche Angriffe auf den Character der Schriftsteller mit in die Recensionen – und so ist man denn auch dahin gekommen, auf die Critik gar nicht mehr zu achten – ja! man hält sichs fast für einen Schimpf, sein Werk in manchen gelehrten Zeitungen und Journalen gelobt zu sehen.

NEGUS. Das ist eine tolle Einrichtung. Indessen muß man dem Dinge hier den Lauf lassen. Ich möchte doch gar zu gern, daß Abyssinien auch durch Aufblühen der Wissenschaften und Künste berühmt würde. – Aber es ist schon spät; es wird wohl Zeit seyn, in das Schauspiel zu gehen. Was wird heute gegeben?

ICH. Das Trauerspiel: Der Levit vom Stamme Ephraim.

NEGUS. Ha! das ist die Geschichte aus dem Buche der Richter. Da wird die Frau des armen Leviten genothzüchtigt, bis sie stirbt, und dann geviertheilt. Das ist ganz lustig anzusehen. Komm mit mir! Und morgen nach der Tafel sollst Du mir aus einem Deutschen Buche vorlesen.

Siebenzehntes Kapitel.

Des Verfassers zweyte Unterredung mit dem großen Negus über Staats-Angelegenheiten.

Mit der Ängstlichkeit, die einen Minister zu befallen pflegt, wenn er eine seiner Creaturen in den Dienst seines Despoten gebracht hat, und er nun noch in der Ungewißheit schwebt, ob der gnädigste Herr auch zufrieden mit seiner Wahl ist, oder ob nicht vielleicht diese Empfehlung ihm, dem Minister selber, schaden, seinen Credit schwächen könnte – mit dieser Ängstlichkeit zog mich mein Herr Vetter, sobald er im Schauspiele sich mir nähern konnte, auf die Seite, und fragte mich, wie meine erste Amtsverwaltung bey dem Monarchen abgelaufen wäre. »Ihr seyd, wie ich höre, sehr lange bey seiner Majestät gewesen«, sagte er, »ich hoffe, Ihr werdet mit Vorsicht und nichts geredet haben, was uns schaden könnte. Ihr seyd mit Fürsten und Höfen noch nicht sehr bekannt. Jedes Wort muß man hier auf die Wagschale legen. Die großen Herrn sind denn auch mißtrauisch, und verschweigen können sie gar nichts von dem, was man ihnen im Vertrauen sagt.«

Ich bat den Herrn Minister, nur ruhig zu seyn, und erzählte ihm alles, was zwischen dem Könige und mir vorgefallen war. »Aber«, rief mein Vetter aus, »seyd Ihr denn toll, Sr. Majestät aus einem Buche vorzulesen, das in einer Sprache geschrieben ist, wovon er nicht eine Sylbe versteht?« »Konnte ich das wissen?« erwiderte ich, »warum sagte er mirs nicht, daß er kein Französisch gelernt hätte?« – »Als wenn es sich für einen König schickte, zu bekennen, daß er in irgend einer Sache unerfahren wäre, die einer seiner Unterthanen weiß! Ich hoffe, Ihr habt es ihm nicht merken lassen, daß Ihr dieß nur ein Mahl ahnden könntet?« – »Nichts weniger! Aber ich gestehe Euch auch, der Herr sprach so verständig über manche Gegenstände, daß ich versucht war, ihm alle mögliche Gelehrsamkeit zuzutrauen. Unter andern fällte er über die Schauspielkunst sehr treffende Urtheile.« – »O! bleibt mir damit vom Leibe! diese lange Declamation habe ich schon so oft von ihm gehört; die hat er in einem deutschen Manuscripte gelesen, das ich ihm geliehen habe, hat sie auswendig gelernt und prahlt nun damit; doch, das bleibt unter uns! Diese Gabe haben alle Fürsten, mit fremden Kenntnissen zu prangen; und Ihr werdet sehen, daß wenn Ihr ihm heute etwas Gutes gesagt habt, er nach einigen Tagen vergessen haben wird, daß das von Euch kam, und daß er Euch dann vielleicht Eure eigne Waare wieder verkaufen wird. Übrigens wünschte ich, Ihr möchtet suchen, künftig die Gespräche unvermerkt auf politische Gegenstände zu lenken, und ihm ein wenig von den herrlichen Einrichtungen unsrer Deutschen Staaten erzählen; denn von dieser Seite habe ich meine Last mit ihm; er will in Allem seinem Kopfe folgen, und hat so despotische Grundsätze, daß ich selbst oft für meine und Eure Sicherheit bange bin. Hier ist der Ort nicht, davon zu reden. Kommt morgen früh in mein Cabinet! da will ich Euch weitläuftig instruiren.«

Ich ermangelte nicht, diesen Befehl des Herrn Ministers zu vollziehen, und ging des andern Tages nach der Tafel, vollkommen vorbereitet, zu meinem allergnädigsten Negus.

Die Leser werden es mir, wie ich hoffe, nicht zur Eitelkeit auslegen, wie Einige von ihnen es einem großen Deutschen Schriftsteller, bey einem ähnlichen Falle dafür ausgelegt haben, wenn ich ihnen noch ein Paar von meinen Gesprächen mit dem Monarchen Abyssiniens erzähle. Es ist nothwendig, daß ich berichte, wie der Negus über manche Gegenstände, welche auf die Aufklärung seines Landes Bezug haben konnten, dachte, wenn ich von meinen und meines Herrn Vetters Bemühungen, dort alles auf Europäischen Fuß zu setzen, Rechenschaft geben will. – Also ohne Umschweife!

Ich las heute dem Negus aus Wielands Geschichte der Abderiten vor, wobey Se. Majestät herzlich lachten, als wir durch einen großen Lerm, der draußen vor den Fenstern des Schlosses entstand, unterbrochen wurden. Ich erschrak und fürchtete einen Auflauf des Volks; allein der König beruhigte mich und erklärte mir den Vorfall. Es war nähmlich von undenklichen Zeiten her in Abyssinien eingeführt, daß täglich, um eine gewisse Stunde, eine Anzahl Menschen vor die Fenster der königlichen Zimmer treten, und mit großem Geschreye Gerechtigkeit und Hülfe erflehen und fordern mußten.* Der Zweck dieser Ceremonie war, den Monarchen, mitten in seinen Freuden und Wollüsten, aus dem Schlummer der Sinnlichkeit zu erwecken, und ihn daran zu erinnern, daß tausend Menschen jeden Augenblick auf seine Thätigkeit und Wachsamkeit Anspruch zu machen ein Recht hätten.

Diesen Gebrauch lobte ich und fügte hinzu: ich wünschte, es möchte etwas Ähnliches bey uns in Deutschland eingeführt werden.

»Ich hoffe«, sprach der Negus, »Eure Könige und Fürsten werden solcher Erinnerungen so wenig als ich bedürfen.« – »Wenigstens«, erwiderte ich ganz freymüthig, »kann es wohl nicht schaden, wenn man es ihnen zuweilen an das Herz legt,

* Siehe Bruce's Reisen.

daß sie Menschen sind, wie wir Alle. Auf dem Throne, umringt von Schmeichlern, die jedes halb kluge Wort, das aus ihrem Munde geht, wie einen Orakel-Spruch bewundern, jede menschliche Handlung, deren ein guter Privatmann, nach Verhältniß seines Vermögens, ohne ein Mahl zu ahnden, daß er etwas anders als seine Pflicht gethan hat, unzählige begeht, in Zeitungen und Gedichten ausposaunen; angebetet von Sclaven-Seelen, die sie ohne Unterlaß in dem Wahne erhalten, als sey jeder Fürst ein Statthalter Gottes, folglich alles Gute, was er seinen Unterthanen erwiese, und alle Sorgfalt, welche er ihnen widmete, und wofür er doch ernährt, gepflegt und geehrt wird, eine Gnade, sey das Geld, welches er ausspendet, das Almosen, welches er gibt, die Besoldung, womit er den Fleiß belohnt, aus seinem Schatze hergegeben, da es doch nur das Eigenthum des Landes ist, welches er verwaltet; in eitlen Freuden, Zerstreuungen und Lüsten herumtaumelnd, vergessen die Großen der Erde, wenn sie nicht so erhaben, so edel wie Ew. Majestät denken, gar zu leicht, daß indeß Millionen Menschen nach Brot und nach Sicherheit gegen Unrecht und Bedrückungen seufzen. Man entfernt von ihnen den Anblick des Elendes, damit sie nicht auf die Spur kommen, woher dieß Elend rührt, nicht erfahren, daß die kleinen Unter-Tyrannen es sind, die das Volk so unglücklich machen; damit sie nicht böser Laune werden, noch verstimmt seyen, wenn irgend ein Liebling für sich oder seine Creaturen eine neue Gunst auf Unkosten Andrer erbetteln will. Da würde es denn ganz heilsam seyn, wenn man sie zuweilen durch die laute Volksstimme daran erinnerte, daß dieß Volk ein Recht hat, sie zu ihrer Pflicht aufzufordern, und daß, wenn sie auch vor dieser lauten Stimme ihre Ohren verschlössen, jeder dieser schreyenden Mäuler auch zwey Arme hat, womit man Felsen sprengen, also auch Throne umstürzen kann.«

NEGUS. Darfst Du das in Deutschland laut sagen, was Du Dich unterstehst, hier vor mir zu reden?

ICH. Allergnädigster König! Ein großer, edler Regent fürchtet die Stimme der Wahrheit nicht, und haßt nicht Den, welcher die Stimme führt; und die kleinen, niedrigen Despoten scheuet man jetzt nicht mehr. Man schreibt und redet schon ziemlich laut über Menschenrechte und Regentenpflichten, und wird bald noch lauter darüber reden. Nur ist es zu bedauern, daß solche Wahrheiten selten zu den Ohren unsrer Fürsten kommen. Die Vezirs und Muftis, die mehr als die Sultane dabey interessirt sind, daß alles auf dem alten Fuße bleibe, verstopfen ihren Herrn die Ohren, und verbinden ihnen die Augen. Unsre Fürsten sind zum Theil gutgeartete Menschen; wenn man ihnen an das Herz redete, so würden wohl Viele von ihnen auf bessere Wege zu lenken seyn; ja! sie würden die Nothwendigkeit einsehen, ihr System zu ändern. – Denn das läßt sich doch begreifen, daß, früh oder spät, das gemißhandelte Volk die Last der unnatürlichen Ketten fühlen und sich wundern wird, wie es wohl kömmt, daß es erst jetzt einsieht, es liege nur an ihm, diese Fesseln abzuschütteln. Und dann möchte vielleicht eine ärgre Revolution erfolgen, als gegenwärtig zu befürchten wäre, wenn die Despoten gutwillig sich den ersten, heiligsten Gesetzen, den Gesetzen der Menschheit unterwürfen.

NEGUS. Aber wenn Eure Fürsten das, was gegen die Mißbräuche ihrer Gewalt geschrieben und gesprochen wird, nicht erfahren, so stiftet ja das ganze Geschrey darüber keinen Nutzen, wohl aber den Nachtheil, daß das Volk zum Aufruhr, auch gegen gute Regenten, zur Unzufriedenheit, auch über die besten Einrichtungen, angereizt werden kann.

ICH. Nein, mein gnädigster König! Das Volk im Ganzen ist nie zum Aufruhre geneigt, und einzelne unruhige Köpfe würden es vergebens versuchen, Menschen zur Meuterey zu verführen, die sich, unter einer väterlichen Regierung, glücklich fühlen, Menschen, die Freude und Wonne und Sicherheit und Wohlstand in ihren stillen, friedlichen Hütten schmecken; die nach öffentlich bekannten Grundsätzen regiert, nicht im Blinden geführt, nach Gerechtigkeit und Verordnungen, nicht nach Willkühr gerichtet werden. Einzelnes Klagen und Murren wird dann freylich wohl dennoch gehört werden; nicht Jeden wird man zufrieden stellen können; auch werden einzelne Unvollkommenheiten mit unterlaufen; aber allgemeine Meuterey wird nie Wurzel fassen, und schrieben die Bösgesinnten auch noch so arge Libelle. Also schaden dergleichen freye Reden und Schriften nicht. – Aber sie stiften auch Nutzen. Lieset und hört sie der Fürst nicht, so lesen und hören sie doch zuweilen seine Verführer, zittern bey dem Gedanken, daß ihr Reich sich seinem Ende nahen könne, und verlieren den Muth. Der Gedrückte, Gebeugte, Scheue, Furchtsame aber wird belebt, wagt es ein Mahl, bey einer entscheidenden Gelegenheit, wo er aufs Äußerste gebracht ist, den Götzen die Kniebeugung zu versagen; und der Schwache, der im Begriff war, sich zum Werkzeuge der Unterdrückung mißbrauchen zu lassen, schämt sich, und tritt zurück, tritt auf die Seite der Bessern, wenn jene Wahrheiten in allgemeinen Umlauf kommen, und niedrige Sclaven-Seelen der öffentlichen Verachtung preisgegeben sind.

NEGUS. Du redest kühn; aber ich mag dergleichen wohl hören, und werfe darum keine Ungnade auf Dich. Komm morgen wieder! Für heute habe ich genug. Nur bitte ich, wenn Du nicht Lust hast, gekreuzigt zu werden, daß Du über dergleichen Gegenstände nur mit mir und außerdem höchstens noch mit Deinem Vetter, sonst aber mit niemand redest.

Ehrerbiethig verbeugte ich mich nun zur Erde, und ging von dannen; aber ich gestehe es, ich war sehr zufrieden von meiner Wenigkeit an diesem Tage.

Achtzehntes Kapitel.

Drittes Gespräch mit dem Negus; über die Deutsche Verfassung.

Ich konnte unmöglich meinem Herrn Vetter die Behaglichkeit verbergen, die mir das Bewußtseyn, als ein redlicher, freymüthiger Mann geredet zu haben, gab; so bald ich daher mit ihm allein war, erzählte ich ihm haarklein jedes Wort, das zwischen dem Negus und mir gewechselt worden war. »So habt Ihr es denn«, rief der Herr Minister aus, »recht darauf angelegt, mich und Euch durch Eure Unvorsichtigkeit ins Verderben zu stürzen? Solche Dinge einem Monarchen zu sagen! – Hat man je so etwas gehört? Mich wundert, daß er Euch nicht auf der Stelle hat spießen lassen. Nun gottlob! daß es so abgelaufen ist! Aber ich rathe es Euch, vorsichtiger zu werden, sonst werde ich der Erste seyn, der seine Hand von Euch abzieht.«

Als mein Vetter also sprach, glaubte ich, es sey grade Zeit, mich Ein für alle Mahl bey ihm in Ansehen zu setzen; ich ging also ernsthaft auf ihn zu, runzelte ein wenig die Stirn, und sprach mit Nachdruck folgendes zu ihm: »Herr Minister! ich muß es Euch grade heraus sagen, daß mir dieser Protectors-Ton gar nicht gefällt. Wer immer grade und redlich handelt, bedarf keines Schutzes, und wer nicht eher redet, als bis er gefragt wird, und dann, wenn es Pflicht ist, so redet, wie es Rechtschaffenheit und Wahrheit fordern, der hat nicht Ursache, irgend jemand zu fürchten. Drohen aber lasse ich mir nun vollends von niemand auf der Welt. Wenn Ihr geglaubt habt, Ihr würdet aus mir hier einen Sclaven machen, der kein andres Wort über seine Lippen brächte, als was Ihr ihm vorschriebet, und was in Euren Plan passte; so hättet Ihr mich lieber in Goßlar in meiner Armuth lassen sollen. Ich mag keines sterblichen Menschen Maschine seyn. Hof-Erfahrungen habe ich freylich wenig; aber das finde ich doch auch hier bestätigt, was ich immer geglaubt habe, daß die Fürsten selbst nicht so schlimm sind, als die, welche sie umgeben. Ihr seyd es, welche diese Menschen verderben, indem Ihr aus knechtischer Furcht sie in ihren schädlichen Grillen durch unterthänigen Beyfall bestärkt, oder gar, aus niedrigen Neben-Absichten, ihnen gefährliche Grundsätze in den Kopf jagt. Ihr sehet es, Herr Vetter! der Negus hat die Dinge, welche ich ihm gesagt habe, geduldig angehört und hat mich nicht spießen lassen; und Ihr, die Ihr Euch freuen solltet, daß Ihr ein Mahl einen ehrlichen Mann in den Dienst gebracht habt, Ihr wollt mir das Maul stopfen. Nein! ich werde reden, so lange ich meine Stelle behalte; ich fühle es, der König ist kein schlimmer Mann; er verdient es, daß man ihm die Wahrheit nicht verhehle. Glaubt Ihr, ich werde mich deßwegen je zu der Rolle eines schändlichen Schmeichlers erniedrigen, weil ich hier umsonst Pasteten bey Hofe fresse, oder ich ließe mich besolden, um den Negus mit verderben zu helfen, so irrt Ihr Euch gewaltig. Dient das nicht in Euern Kram; bedürft Ihr eines Menschen, der anders denkt; so schickt mich wieder zurück nach meinem schmutzigen Goßlar – und damit Gott befohlen!«

Leichenblaß wurde mein Herr Vetter bey dieser Erklärung; er versuchte es verschiedene Mahl, mich zu unterbrechen, und mich durch ungnädige Minen in Furcht zu setzen; aber vergebens! Ich fuhr ernsthaft fort; und als ich fertig war, wollte ich ihn verlassen. Nun spannte er andre Saiten auf, lobte meine Redlichkeit, versprach, mich zu unterstützen, und bat mich nur, nicht gar zu unvorsichtig zu Werke zu gehen. Das verhieß ich ihm denn sehr gern, und wir schieden als Freunde auseinander.

Gegen Abend fand ich mich wieder bey meinem Monarchen ein, der mich mit heiterm Gesichte empfing. »Heute«, sprach er, »sollst Du mir etwas von der Verfassung Eurer Deutschen Höfe erzählen. Ich denke, das wird ganz lustig anzuhören seyn, und ich erlaube Dir, von nun an immer eben so offenherzig, wie gestern, mit mir zu reden. Fange nur gleich an!« Das that ich denn, und machte ihm ungefähr nachstehende Schilderung:

»Unsre größern Deutschen Staaten werden mehrentheils nach menschlichen und gerechten Grundsätzen regiert; ein mächtigrer Fürst fühlt lebhafter die Wichtigkeit seines Berufs, weiß, daß so viel Augen auf ihn gerichtet sind, daß er einst in der Geschichte seines Zeitalters auftreten muß; er wird sorgsamer erzogen; seine Verbindung mit andern Reichen leidet nicht, daß er willkührlich sein Regierungs-System ändern könne, und fremde Mächte wachen über ihn und sein Land, als einen wichtigen Theil des Ganzen. Große, allgemeine Gebrechen, worüber ganz Europa seufzt, drücken freylich diese mächtigern Staaten auch; die täglich anwachsenden, ungeheuren, stehenden Heere, die der Bevölkerung und der Industrie schaden, und müssige Menschen auf Kosten der arbeitsamen ernähren; schädliche Vergrößerung der Residenzen, wohin aller Reichthum aus den öden Provinzen fließt; unnützer Aufwand; Sittenlosigkeit; Liebe zur Pracht, Üppigkeit und Wollust, die von daher sich in alle Classen verbreiten – das alles sind freylich schwere Landplagen; aber sie werden von dem unaufhaltsamen Strome der Cultur herbey geführt, und es steht fast nicht in der Macht des Landesherrn, diesen Lauf zu hemmen. – Im Ganzen herrscht denn doch in diesen beträchtlichern Deutschen Staaten eine gewisse, wenigstens nicht ganz unsystematisch vertheilte Summe von Wohlstand und Zufriedenheit unter allen Classen der Bürger, und wenn gleich die albernen Grundsätze von Fürstenrechten, die nun ein Mahl allgemein angenommen sind, echte, der freyen Menschheit zukommende Behaglichkeit verdrängen; so tritt doch an deren Stelle eine Art conventioneller Glückseligkeit, und alles ist so calculirt, daß wenigstens jeder Stand diejenige kleine Portion von Lebensgenuß schmeckt, die man ihm, nach jenen Grundsätzen, gestatten kann. Die Völker beruhigen sich dabey, wenn es nicht zu arg wird, und man sie nicht zur Verzweiflung bringt; und vielleicht würde es noch schlimmer werden, wenn sie auf Ein Mahl dieß System über den Haufen werfen wollten.

Ganz anders aber sieht es mit den kleinern Fürsten aus. Diese könnten, nach Verhältniß, sehr viel glücklicher seyn, und sehr viel mehr Gutes verbreiten, als die mächtigern. Auch sind unter ihnen edle, vortreffliche Männer, die ihre Unterthanen, wie ihre Kinder betrachten und behandeln, und von ihnen wie Väter geliebt werden. Ein kleinerer Zirkel ist leichter zu übersehen; es ist leichter, da zu helfen, wo es fehlt, wenn das ganze Ländchen gleichsam nur Eine ruhige Familie ausmacht. Sie bedürfen des ungeheuren Aufwandes von Kriegsheeren, Hof- und Staats-Bedienten, Tafeln, Festen, Gesandten und dergleichen nicht. – Und ist es nicht rühmlicher, erhabner, größer, in der Stille tausend Menschen an Leib und Seele glücklich, frey und froh zu machen, von ihnen gesegnet und zärtlich geliebt zu werden, als Millionen Sclaven mit eisernen Ketten an ein Joch zu schmieden, damit die Nachwelt den Mann, der nicht Einen Freund je gehabt, für den nicht Eines Menschen Herz je geschlagen hat, als einen – merkwürdigen Beherrscher bewundre?

Und diese Wonne könnten alle unsre kleinen Fürsten schmecken; allein dafür haben nur Wenige unter ihnen Sinn. Die rasende Begierde, es den größten Monarchen gleich zu thun, sich bemerken zu machen, von sich reden zu lassen, verleitet sie zu hundert Thorheiten und bösen Streichen. Der Fürst will einen churfürstlichen Hofstaat haben, der Graf kauft sich den Fürsten-Titel. Die kleinen, von arbeitsamen Menschen leeren, hölzernen Residenzen wimmeln von müssigen, liederlichen, hungrigen, bunten Soldaten und von hirnlosen, niederträchtigen, bettelarmen Hofschranzen, die sich unter einander hassen, verleumden, verfolgen, und, durch die schändlichste Schmeicheley und durch die Bereitwilligkeit sich zu den entehrendsten Diensten brauchen zu lassen, den schwachen Fürsten noch täglich mehr verderben. Feile, menschenscheue Schriftsteller und erkaufte Zeitungsschreiber posaunen dann Handlungen von diesen durchlauchtigen Sündern aus, um welche gelobt zu werden ein Privatmann sich schämen würde, und beschreiben ihre geschmacklosen Feste. Noch geht es leidlich, wenn die Potentaten ihr Unwesen nur zu Hause treiben, und das, was der arme Unterthan im Schweisse seines Angesichts aufbringt, wenigstens im Lande wieder verzehren; allein da kutschieren manche von ihnen alle Jahre nach Frankreich, Italien oder England, oder figuriren im Dienste größerer Herren; und wenn sie denn ein Mahl nach Hause kommen, so wissen sie nichts zu treiben, als vor langer Weile die Thorheiten nachzuahmen, die sie auswärts gesehen haben. Dazu bringen sie auch noch wohl einen Schwarm fremder Windbeutel und Schelme mit, die dann an die Spitze der Geschäfte gestellt werden, verdienstvolle Einheimische verdrängen und die größte Verwirrung in einem Lande anrichten, von dessen Verfassung sie nichts verstehen. Diese Fremde setzen dem Fürsten nun vollends allerley kostbare

Spielereyen in den Kopf. Da wird das ganze Land zu einem Jagd-Park umgeschaffen; oder es werden prächtige Theater erbauet, indeß das alte Schloß den Einsturz droht, Schauspieler und Tänzer reichlich besoldet, indeß die Räthe nicht das liebe Brot haben; oder Tonnen Goldes an Kutsch- und Reitpferden verschwendet, indeß der arme Bauer keine Mähre hat, die seinen Pflug zieht.

Zu diesem allen muß das unglückliche Ländchen das Geld aufbringen, und da gibt es denn keine Art von Finanz-Operation, zu welcher man nicht seine Zuflucht nähme, um dem unglücklichen Bauer den letzten Häller aus dem Beutel zu locken. Ist, bis auf die freye Luft nach, alles, was sich taxiren läßt, mit Auflagen beschwert; so legt man Lotterien und Lotto an. Da holt der arme Dienstbothe, der sich einen sauer erworbnen Noth-Pfennig, zur Sicherheit gegen Alter und Krankheit, zurückgelegt hatte, getäuscht durch die eitle Vorspieglung des zu hoffenden Gewinstes, seine Sparbüchse hervor, und verliert seinen einzigen Trost, im Spiele gegen seinen durchlauchtigsten Landesvater. Und sind alle Mittel, Geld zu erhaschen, durchprobiert, so nimmt man noch zu dem letzten und abscheulichsten seine Zuflucht – man verkauft das Leben seiner Unterthanen fremden Potentaten.

So wie das ganze Augenmerk solcher Fürsten nur dahin geht, aus dem Lande so viel Geld als möglich zu ziehen, um den unnützen Aufwand zu bestreiten; so studieren denn auch die Räthe und Diener allein darauf, sich zu bereichern; und ihnen wird durch die Finger gesehen, in so fern sie nur neue Plünderungs-Mittel erfinden helfen – ja! es gibt Länder, wo die Besoldungen ausdrücklich darum so geringe sind, weil man darauf rechnet, daß das Übrige durch Betrug und Bestechung herbey geschafft wird. Es gibt besonders Einen Staat in Deutschland, wo dieser Unfug aufs Höchste getrieben wird; wo öffentlich, unter des Ministers Schutze, und mit Vorwissen des Fürsten, ein Jude die Bedienungen dem Meistbiethenden verkauft; wo dieser Handel schamlos in des Ministers Vorzimmer getrieben wird; wo die Beamten Recht und Gerechtigkeit um Geld feil haben, und das alles vor den Augen des ganzen Deutschen Publicum, dem man diese Abscheulichkeiten schon oft in Journalen und andern Büchern gedruckt vor Augen gelegt hat, worüber aber die unverschämten Schelme nur lachen und ihr Wesen forttreiben.«

NEGUS. Es ist kaum möglich, daß Du deine Schilderung nicht übertreiben solltest. Was würden Eure Landstände zu solchen Abscheulichkeiten sagen?

ICH. Daß es Gott erbarme! Was sind denn unsre Landstände? Gewählte Repräsentanten aus solchen Volks-Classen, die bey diesen Bedrückungen am wenigsten leiden, zuweilen sogar ihren Vortheil dabey finden, folglich, auf Unkosten des Standes, der alles tragen muß und nicht mitsprechen darf, verwilligen, was der Despot fordert. Mit den Wahlen geht es denn auch so her, daß es ein Jammer ist. Unwissende Menschen, ohne Kenntniß des Landes, ja! nicht selten ohne gesunde Vernunft; Leute die vom Hofe abhängen, Bedienungen haben, oder dergleichen für sich und die Ihrigen suchen, versammeln sich da. Der Bevollmächtigte des Fürsten hält da eine Rede, worin er landesväterliche Grundsätze auskramt, fordert dann neue Abgaben und die Deputirten – verwilligen. Die Versammlungen werden in die Länge gezogen, damit man mehr Diäten gewinne, und die Bürden, die das Land drücken, werden von Jahr zu Jahr größer.

NEGUS. Das ist freylich traurig; aber am Ende bleibt doch dem, welchen man gar zu arg mißhandelt, der Weg der Justiz übrig, die, wie mich Dein Vetter versichert, in Deutschland, sogar gegen den Fürsten selber, unparteyisch durchgreift.

ICH. Das ist wahr; allein dem sey der Himmel gnädig, der in Deutschland einen Proceß zu führen hat! Kostbarer und weitläuftiger kann wohl in keinem Lande die Justiz verwaltet werden, als bey uns. Unsre Streitigkeiten werden nach den Sammlungen der alten Römischen Gesetze entschieden; diese Gesetze sind voll von Albernheiten und Spitzfindigkeiten, passen nicht auf unsre Zeiten, auf unsre Verfassung, und lassen sich auf zehnfache Weise auslegen. Es gibt eine eigne Classe von Menschen, die bloß davon leben, daß sie die Processe in die Länge ziehen und die Gesetze verdrehen. Niemand darf mündlich und klar seine Sachen vortragen, sondern alles muß schriftlich durch die Hände der Advocaten verhandelt werden. Über die Beendigung der einfachsten Streitigkeiten, welche die gesunde Vernunft in zwey Minuten entscheiden könnte, verstreicht eine ganze Lebenszeit, und wenn unzählige Rieße Papier sind verschrieben worden, so haben beide Parteyen mehr an Gerichtsgebühren und Proceßkosten bezahlt, als der ganze Gegenstand des Streits, vielleicht mehr als ihre Habe und Gut werth ist. Zu dieser Menge unnützer Römischer Gesetze kommen denn noch in jedem Staate ungeheuer viel besondre Landes-Verordnungen, die niemand im Gedächtnisse behalten kann, und deren eine die andre aufhebt. Noch sind die Parteyen glücklich und können wenigstens hoffen, daß endlich ein Mahl ihr Rechtshandel entschieden werden wird, wenn sie in einem Lande wohnen, wo die Appellationen nicht nach Wetzlar gehen; denn wer das Elend erlebt, bey dem Reichs-Cammergerichte einen Proceß anhängig zu haben, der ist sehr zu beklagen. Dort bleiben jährlich viel hundert Sachen liegen, wovon die zeitliche Glückseligkeit so mancher Familie abhängt. Und das kann, bey dem besten Willen der dortigen Richter, der ein Mahl eingeführten Form nach, gar nicht anders seyn. Nun setzen Ew. Majestät den Fall, daß einem von den unzähligen Herren über Leben und Tod, die in Deutschland ihr Wesen treiben, daß es einem von den kleinen Fürsten einfällt, aus meiner Haut Riemen zu seinen Parforce-Peitschen schneiden zu lassen, wie sie denn zuweilen gar sonderbare Grillen haben, und ich sterbe nun an einer solchen Operation; so hat denn freylich meine arme Witwe das Recht, den Tyrannen in Wetzlar zu belangen. Sie erlebt es nicht, meine Kinder und Kindeskinder erleben es nicht, daß das Urtheil gesprochen wird. Zu Bettlern wird die ganze Generation. – Endlich erscheint der längst erseufzte Spruch; der Fürst wird verurtheilt – Geld zu bezahlen. In das Leben zurückrufen kann er den Ermordeten nicht; die durchweinten, durchjammerten

*Nächte sind nicht zurückzurufen – doch Geld soll er bezahlen,
oder vielmehr sein unschuldiges Land – aber er bezahlt nicht –
einem benachbarten Fürsten wird die Execution aufgetragen –
aber sie erfolgt nicht; tausend Chicanen hindern die Vollziehung
des Unheils. –*

*NEGUS. Schweig! so geht es ja in Marocco nicht her! Du
selbst sagst, daß unter den Fürsten in Deutschland so viel edle
Männer sind; würden diese, wenn es also wäre, wie Du es
beschreibst, nicht längst zusammen getreten seyn, nicht längst
in Regensburg, oder wie das Nest heißt, wo der große Divan
gehalten wird, die Mißbräuche ihrer Verfassung in Überlegung
genommen und abgestellt haben?*

*ICH. Ja! wenn das eine so leichte Unternehmung wäre!
Vorgekommen sind diese Gegenstände oft genug und laut genug
geschrien wird auch darüber; allein in Deutschland erfordert
so etwas Zeit und Förmlichkeiten, und darüber zerschlägt sich
das Ganze. Über unnützes Ceremoniel werden unendliche Verhandlungen gepflogen, und wie manche große, wichtige Unternehmung, hat sich, nachdem sie schon einen Aufwand von
Millionen gekostet hatte, bloß darum zerschlagen, weil man
nicht darüber einig werden konnte, ob alle Gesandten, oder nur
einige von ihnen in Armsesseln sitzen dürften?*

*NEGUS. Nein! Da lobe ich mir doch unsre Einrichtung; aber
mehr Aufklärung ist in Deinem Vaterlande, als bey uns; das
muß man gestehen. Übrigens bleibt es dabey, daß Du mit dem
Kronprinzen nach Deutschland reisest, und das bald. Er soll das
Gute und Böse dort kennen lernen; in vier Wochen sollt Ihr fort.*

*Und so schloß sich denn mein heutiges Gespräch mit dem
Negus.*

Neunzehntes Kapitel.

Noch ein Gespräch mit dem großen Negus,
moralischen und vermischten Inhalts.

M anche Leser mögen mir vielleicht Schuld geben, ich hätte das Gemählde, welches ich dem großen Negus von unsern Deutschen Höfen entwarf, mit zu starken Farben aufgetragen. Wer das Glück hat, in dem nördlichen Theile von Deutschland, unter einer milden Regierung und umringt von zufriednen, nicht gedrückten Menschen zu leben, dem kömmt das unglaublich vor, was in den südlichen Gegenden täglich vorgeht, und was der warme Freund der Menschheit nicht ohne Unwillen und Zähneknirschen sehen und hören kann. Allein es ist nun ein Mahl so, und da es öffentlich vorgeht, so muß es auch öffentlich erzählt werden dürfen. Doch hatte ich noch einen andern Grund, warum ich dem Könige dieß Unwesen so fürchterlich schilderte; einige der Gebrechen, die ich hier als meinem Vaterlande eigen angab, waren, wie man sich aus meinen Fragmenten der Abyssinischen Geschichte erinnern wird, hier nicht weniger eingerissen. Es war ein delicater Punct, dieß gegen den Monarchen zu rügen; indem ich aber die Scene nach Deutschland hin verlegte, und dennoch der Wahrheit treu blieb, gab ich ihm Gelegenheit, die Übel mit allen ihren Folgen kaltblütig zu überschauen.

Ich hielt dieß um so mehr für Pflicht, da ich sah, wie mein Vetter, nicht eigentlich aus bösem Herzen, aber aus einer unverzeihlichen Schwäche und aus Furcht, Gunst und Ehrenstellen zu verlieren, dem Negus auf unendliche Weise schmeichelte, sein Steckenpferd, die Aufklärung zu verbreiten und von sich als einem Beförderer der Wissenschaften und Künste reden zu machen, streichelte, und wie mit der Europäischen so genannten Aufklärung, alle unsre schädliche Thorheiten und Ungehörigkeiten mit nach Abyssinien zogen. Hindern konnte ich das nicht; aber ich wollte wenigstens nichts dazu beytragen. Benjamin

Noldmann ist weit davon entfernt, sich denen zum Muster aufdringen zu wollen, die Einfluß auf Potentaten haben; aber das kann er doch nicht verhehlen, daß er die Erfahrung gemacht hat, daß man mehr als bloß die innere Beruhigung, die Pflicht der Rechtschaffenheit erfüllt zu haben, dabey gewinnt, wenn man freymüthig die Partey der Wahrheit, Gerechtigkeit und Menschlichkeit nimmt. Die Fürsten verachten doch im Grunde den sclavischen Schmeichler, und schonen und ehren den unbestechbar redlichen Mann. Und ist es nicht das feinste Lob, das man einem Fürsten zu geben vermag, wenn man in seiner Gegenwart Andre seines Gleichen tadelt? Heißt das nicht so viel gesagt, als daß man ihn unfähig hält, in ähnliche Fehler zu verfallen? Geschieht dieß ohne Bitterkeit und Leidenschaft; so kann es auch wirklich, in so fern es oft wiederhohlt wird, eine Sinnes-Änderung bey ihm bewirken und ihn wenigstens von manchem raschen Schritte abhalten, wenn er sieht, daß auch er der öffentlichen Prüfung unterworfen ist.

Diesem Systeme bin ich immer treu geblieben, so lange ich in Gondar war. Ich hatte einige Belesenheit in der Geschichte der Europäischen Staaten, und das gab mir Gelegenheit, was ich vorzubringen hatte, zuweilen von daher zu entlehnen. Wir redeten von Ludwig dem Vierzehnten, den die Schmeichler einst den Großen genannt haben, und ich machte ihm bemerklich, welch ein elender, kleiner, eitler Kerl dieser große König gewesen wäre, wie er die Menschen als das Vieh betrachtet hätte, erzählte ihm unter andern, wie viel Tausende er in seinen unnützen Kriegen aufgeopfert; wie er an armen Leuten Proben mit Arzeneyen und gefährlichen Fistel-Curen hätte vornehmen lassen, um zu sehen, ob sie daran stürben, oder ob er seinen gesalbten Körper einer gleichen Behandlung unterwerfen dürfte. Ich hätte ihm einen ähnlichen Zug von einem Deutschen Fürsten erzählen können, unterließ das auch nicht etwa aus Menschenfurcht – denn an den Ufern des Nils pflegt man sich nicht viel um einen Despoten zu bekümmern, der an den Ufern des Rheins hauset – aber ich erlangte ja denselben Zweck durch das Beyspiel eines verstorbnen Königs. Ich zeigte ihm, wie bis dahin unsre mehrsten historischen Werke nicht etwa die Geschichten der Völker, sondern das Inventarium der Thorheiten der Großen enthielten, und machte ihn unter andern aufmerksam auf die Reihe von Octavbänden: la vie privée de Louis XV, in welchen mit großer Wichtigkeit Armseligkeiten erzählt sind, worüber die Nachwelt nur spotten kann.

Ich erzählte ihm, wie tyrannisch einige deutsche Fürsten mit ihren Dienern umgehen, und bestritt das Recht des Landesherrn, seine Räthe willkührlich zu verabschieden, die eben so wohl als er selbst, in Diensten des Staats stehen, dessen oberster Aufseher er ist, und die, wenn sie ihre Pflicht erfüllen, nicht nach Gutdünken abgeschafft werden können. – Ein Satz, den der Freyherr von Moser in einer eignen, sehr lesenswerthen Schrift mit den wichtigsten Gründen unterstützt hat!

Einst hatte ein Abyssinischer Schriftsteller sehr frey über die Landes-Verfassung geschrieben, und den persönlichen Character des Negus angegriffen. Die Censur-Commission verboth nicht nur die öffentliche Bekanntmachung dieses Buchs, sondern trug auch darauf an, den Verfasser für seine Kühnheit zu bestrafen. Se. Majestät verzieh ihm, und bildete sich sehr viel auf diese gnädige Nachsicht ein. Ich schwieg; aber einige Tage nachher nahm ich Gelegenheit, dem Könige einen Aufsatz über Scheintugenden vorzulesen; er war von mir, ich gab aber vor, er stehe in einem gedruckten Werke.

Folgende Stelle sollte auf jenen Vorfall zielen; es hieß da: »Man nennt das Großmuth, wenn der vornehme Beleidigte dem geringern Beleidiger verzeiht, wenn man sich im Glücke nicht an dem rächt, der uns im Unglücke gekränkt hat. Begreift man denn nicht, daß es kein Verdienst seyn kann, wenn angenehme Verhältnisse uns in eine heitre Laune setzen, sich nicht durch das unangenehme Gefühl der Rache wieder zu verstimmen; daß stolze Verachtung nicht Großmuth ist; daß der Reiz des Ehrgeizes, deßwegen gelobt zu werden, weit größer geworden seyn kann, als das Gefühl der alten Wunde; daß der Mann uns vielleicht nicht wichtig genug ist; endlich, daß uns daran gelegen seyn muß, eben ihn um so mehr zu unserm

Anhänger zu machen, je furchtbarer er als Feind gewesen ist?« –

Ich sah mit Vergnügen, daß solche hingeworfne Ideen nicht ohne gute Wirkung blieben, und hätte mein Vetter und das Heer der Hofleute mit mir gemeinschaftliche Sache gemacht, so zweifle ich nicht daran, daß wir noch etwas Gutes aus unserm alten Negus würden haben ziehen können.

Da nun die Zeit unsrer Abreise immer näher heranrückte; so bat ich um Erlaubniß, noch vorher eine kleine Reise in einige Provinzen von Abyssinien machen zu dürfen, die ich auch erhielt. Hauptsächlich aber war mir's darum zu thun, den merkwürdigen Mann kennen zu lernen, von dem ich nun schon ein paar Mahl Erwähnung gethan habe; ich meine den Erzieher des jüngern königlichen Prinzen. Mit wahrer Traurigkeit bemerkte ich auf dieser Reise das abscheuliche Verderbniß der Sitten in allen Ständen, das leider! mit den Graden der Cultur in gleichem Verhältnisse stand, und ich rief oft mißmüthig aus: »Müssen denn die Menschen um so lasterhafter werden, je mehr sie ihre intellectuellen Anlagen ausbilden; oder ist dieß alles nur Folge der halben Aufklärung; werden nicht endlich diese Nebenwege, diese Abwege dennoch zu dem letzten großen Ziele, zu dem Triumphe der Aufklärung, zu der auf Erfahrung gestützten Wahrheit hinführen, daß der höchste Grad von Weisheit in dem höchsten Grade von Tugend beruhe, und daß nur der mäßige, nüchterne, von unruhigen Leidenschaften freye Mensch den großen Genuß des Lebens, aller geistigen und körperlichen Kräfte, häuslicher Glückseligkeit und bürgerlicher Vortheile schmecken könne?«

Die Weiber in Abyssinien, besonders die in Tabelaque, sind im höchsten Grade frech und verbuhlt;* sie spotten öffentlich der Pflicht und der Tugend; die Priester und Mönche sind allen Ausschweifungen ergeben, und dabey die ärgsten Diebe. – Und dennoch hält man strenge auf Beobachtung der religiösen Ceremonien, betet sehr viel, und besucht fleissig die zahlreichen Kirchen.

* Siehe Bruce.

Über alle diese Gegenstände, und hauptsächlich über die Kraft des Einflusses der Religion auf die Sittlichkeit, hatte ich, nach meiner Zurückkunft, sehr weitläufige Gespräche mit dem großen Negus. Eines Tags fragte mich der König, ob es wahr sey, daß in Deutschland jeder Mann sich mit Einer Frau, jede Frau sich mit Einem Manne begnügte?

ICH. Das nun eben nicht; aber gesetzmäßig sind doch die Vielweiberey und Vielmännerey verbothen.

NEGUS. In der Bibel steht nichts von dem Verbothe der Vielweiberey. Was die Vielmännerey betrifft, so sagt uns schon die gesunde Vernunft, daß unter Menschen, die nicht wie das Vieh leben wollen, eine Frau nicht mehr als Einen Mann haben dürfe, der ihr Herr, ihr Ernährer und der Vater ihrer Kinder sey; aber das sehe ich nicht ein, warum Eure bürgerlichen Gesetze dem Manne nicht erlauben, so viel Weiber zu nehmen, als er ernähren kann.

ICH. Weil in Europa die Gattinn zugleich des Mannes treue Gefährtinn, seine theilnehmende Freundinn im Glück und Unglücke, die sorgsame Mutter und Mit-Erzieherinn seiner Kinder seyn soll – Bande, die nur durch gegenseitiges Zutrauen, durch gegenseitige Hochachtung, durch gegenseitige ausschließliche Hingebung und durch die Überzeugung fester geknüpft werden können, daß, auch außer den Augenblicken der Befriedigung sinnlicher Begierden, und auch dann, wenn Schönheit und Jugend von ihr weichen, die Frau dem Manne noch etwas seyn werde. – Und wo findet man das in einem orientalischen Harem?

NEGUS. Das Ding klingt ganz hübsch; aber wenn nun der Mann sich bey der Wahl seines Weibes übereilt hat, so hat er dann ein solches Geschöpf, seine ganze Lebenszeit hindurch, auf dem Halse, und darf sich für dieß Ungemach nicht an der Seite eines liebenswürdigern Gegenstandes entschädigen.

ICH. Das ist freylich ein großes Leiden; allein dem sind ja beide Theile ausgesetzt; und muß nicht jedermann die Folgen seiner Übereilungen tragen?

NEGUS. Nein! das steht mir nicht an, und das Gesetz soll in Abyssinien nie eingeführt werden. Aber Du sagtest vorhin, man begnüge sich auch in Deutschland damit nicht.

ICH. Ey nun! Die Verfeinerung der Sitten, die Galanterie, worin uns zuerst unsre Nachbaren, die Franzosen, unterrichtet haben, hat meine verheiratheten Landsleute gelehrt, jenes beschwerliche Gesetz von beiden Seiten durch Conventionen aufzuheben. Die Dame hat einen Freund, der zugleich sich des Herrn Gemahls Zutrauen und Zuneigung zu erwerben weiß; folglich kann die Welt nichts darüber sagen, wenn er Tag und Nacht im Hause freyen Zutritt hat, in so fern der Ehemann nichts dagegen zu erinnern findet. Und dieser ist sehr zufrieden mit der Einrichtung, wenn man ihm nur unterdessen die Freyheit erlaubt, bey seinem verheiratheten Nachbar gleichfalls den Hausfreund zu spielen. So bleibt das Äußere der bürgerlichen Verfassung immer in seinen Würden, und der Teufel verliert doch nichts dabey.

NEGUS. Ihr seyd, wie ich sehe, in Deutschland gewaltig anhänglich an Formen. Um die Sachen selbst bekümmert Ihr Euch wenig, wenn Ihr nur den Schein davon seht, und dann raisonnirt Ihr mächtig viel, über Eure vortrefflichen Einrichtungen, indeß es im Innern bey Euch hergeht wie bey uns und aller Orten.

ICH. Freylich gibt es überall auf der Erde menschliche Unvollkommenheiten; aber sehr cultivirte Staaten haben denn doch das zum Voraus, daß sie, durch diese Anhänglichkeit an äußere Formen, dem allgemeinen Einreissen mancher Verderbnisse steuern. Sehr unweise handeln daher solche Fürsten die öffentlich das Beyspiel von Hinwegsetzung über dergleichen Conventionen geben, die vor den Augen ihres Volks einer feilen Buhlerinn alle Ehre und Rechte einer Gattinn einräumen. Hat Politik, oder ein unglückliches Geschick einen solchen Fürsten an ein Geschöpf gekettet, das Seiner unwerth, das unfähig ist, durch angenehmen Umgang, die Sorgen seines wichtigen und schweren Berufs zu erleichtern; so erlaube man ihm denn, in der Stille, an der Seite eines liebenswürdigern Wesens, seine

Sorgen zu vergessen und das Glück der Liebe und Freundschaft wie ein Privatmann zu schmecken! Aber er, und zwar Er, mehr als irgend ein Andrer, respectire die äußern Formen, welche die Gesetze vorschreiben! (so lange nun ein Mahl die Menschen nicht nach natürlichen, sondern nach conventionellen Vorschriften handeln sollen.) Und das nicht etwa bloß, weil Aller Augen auf ihn gerichtet sind, weil er schuldig ist, dem Volke aller Classen Beyspiel zu geben, sondern auch seines eignen Vortheils wegen. Denn wenn er den Unterthanen zeigt, daß derjenige den Gesetzen nicht zu gehorchen braucht, der mächtig genug ist, sich Impunität zu verschaffen; so gibt er ihnen den Wink, daß auch Jeder den Pflichten gegen ihn und dem ihm schuldigen Gehorsame sich entziehen dürfe, der nur die Mittel ausfindig machen könne, dieß heimlich, oder ungestraft zu thun.

NEGUS. Das läßt sich hören; aber wenn Ihr mit den Pflichten des Ehestandes so viel Zwang verbindet, so hoffe ich, Eure Gesetze schränken desto weniger die freye Wahl der Leute ein, die sich nun einander heirathen und ihr ganzes Leben ausschließlich mit einander hinbringen wollen.

ICH. Ew. Majestät wissen, daß die Grade der Blutsverwandtschaft wenigstens einige Einschränkungen in diese Freyheit legen.

NEGUS. Warum denn das?

ICH. Ey! schon in den Mosaischen Gesetzen. –

NEGUS. Das ist ein albernes Geschwätz! Was kümmern Euch die Gesetze, die man einem Volke in Palästina gegeben hat, und die nach dem Clima und nach den Bedürfnissen der Juden eingerichtet waren? Ich sehe gar nicht ein, warum bey Euch nicht der Bruder seine Schwester heirathen soll, wenn sie ihm gefällt, um so mehr, da er diese besser als andre Mädchen kennt, und also weiß, ob ihre Gemüthsart sich zu der seinigen schickt.

ICH. Wenn aber das Vorurtheil von Blutschande ausgerottet würde; sollten dann nicht die frühern Ausschweifungen unter jungen Leuten beiderley Geschlechts, die uneingeschränkt in den Häusern der Ältern mit einander umgehen, allgemeiner werden?

NEGUS. Gar nicht! Der Reiz der Neuheit und die Überwindung der Schwierigkeiten – das ist es grade, was verbothene Begierden erweckt; und Menschen, die sich täglich sehen und mit allen ihren Unvollkommenheiten kennen lernen, werden nie lüstern nach einander werden; und wenn sie dennoch Liebe zu einander fassen, so wird das eine vernünftige Liebe seyn, bey welcher die Sinne nur die Nebenrolle spielen, und der man keine Hindernisse in den Weg legen sollte. Allein von den Schwierigkeiten, die das Vorurtheil der Verwandtschaft der freyen Wahl bey den Heirathen in den Weg legt, redete ich nicht; sondern das wollte ich von Dir hören, ob Du ein so schweres Monopolium nicht unbillig fändest, da auch die Verhältnisse des bürgerlichen Lebens es Euern Jünglingen unmöglich machen, bey der Wahl ihrer Gattinnen, gänzlich ihrer Neigung zu folgen. Du siehst, daß ich nicht ohne Kenntniß der Sache rede; ich lese Deutsche Bücher. Alle Eure Schriftsteller klagen über den steigenden Luxus, der es zur Nothwendigkeit macht, bey den Heirathen vorzüglich auf die Vermögens-Umstände Rücksicht zu nehmen.

ICH. Und dennoch halte ich diese Klagen für ungegründet. Aufwand in Kleidern hat zugenommen; aber dagegen kostet auch jetzt ein seidnes Gewand weniger, als ehemahls eines von Leinen oder Wolle. Man besetzt die Tafeln mit mehr Speisen und trinkt mehrere Arten von Wein; aber dagegen werden auch jährlich mehr Gärten und Weinberge angebaut, mehr Bäume gepflanzt, mehr Wüsten urbar gemacht. Die kleinen Bedürfnisse des Lebens vervielfältigen sich, aber mit ihnen zugleich die Anstalten, sie in größrer Zahl und zu wohlfeilern Preisen zu liefern. Seiden-, Porcelain- und andre Fabriken werden aller Orten angelegt, und indeß alle Preise steigen, vermehrt sich auch die Summe des Geldes durch die ungeheure Menge des Metalls, das jährlich der Erde entlockt wird. Jetzt sind also hundert Thaler grade das, was ehemahls zehn Thaler waren. Gehalt, Gagen, Lohn und Tagelohn steigen in demselben Verhältnisse; der Arbeitsmann nimmt mehr für seine Waaren, und so wird in allen Ständen das Gleichgewicht wieder hergestellt, außer daß der Verschwender jetzt mehr Anlockung hat, sein Eigenthum zu verprassen; aber wessen Schuld ist das anders, als seine eigne?

NEGUS. Der Unterschied der Stände legt denn auch den Heirathen nach bloßer Neigung Hindernisse in den Weg.

ICH. Für Leute, die nicht den Muth haben, sich über Vorurtheile hinaus zu setzen.

NEGUS. Und der Unterschied der Religion?

ICH. Bey der jetzt immer allgemeiner werdenden Toleranz. –

NEGUS. Ihr mögt mir ja tolerant seyn! In Worten seyd Ihr es, aber in der That nichts weniger, als das. In allen Euren Journalen lese ich Klagen darüber. In Einer Deutschen Stadt kann niemand zum Bürger aufgenommen werden, als der die Prädestination glaubt; in der andern darf niemand gute Schuhe machen, als der den heiligen Kerl in Rom für unfehlbar hält; in der dritten hilft dem Manne die größte Geschicklichkeit nicht, er kann keinen Thorschreibers-Dienst erlangen, wenn er nicht Martin Luthers Begriffe vom Abendmahle hat. – Das ist mir eine schöne Toleranz! Und wie zanken sich nicht Eure Gelehrte, und zwar solche, die gar keine Pfaffen sind, schimpfen wie die Bettelbuben auf einander, und suchen Einer den Andern auf die abscheulichste Weise verhaßt und verdächtig zu machen, wenn Einer, der bis jetzt für einen Calvinisten gegolten, sich ein Mahl hat merken lassen, daß es doch wohl möglich wäre, daß der liebe Gott die Menschen nach dem richten würde, was sie gethan, und nicht nach dem, was sie geglaubt hätten! – Nein! so etwas mußt Du mir nicht aufhängen wollen. Ich weiß wohl, was Ihr in Deutschland Gutes und Böses habt; aufgeklärter seyd Ihr im Ganzen, als wir; das muß wahr seyn; aber toleranter mit Nichten!

Im Grunde konnte ich hierauf wenig antworten; der Negus hatte nicht so durchaus Unrecht. Zur Ehre meines Vaterlandes hätte ich wohl wünschen mögen, daß er weniger belesen in Deutschen Büchern gewesen wäre, in welchen wir ewig über die

Gebrechen unsrer Verfassung schreyen, ohne daß die, welche ihnen abhelfen könnten, desfalls mehr oder weniger thun. Von einer andern Seite aber war mirs doch lieb, daß diese Klagen Eindruck auf ihn gemacht hatten, weil ich hoffte, er würde dadurch aufmerksam auf die Mängel in seinen eignen Staaten werden.

Ich gab sogar hierzu nähere Gelegenheit, indem ich ihm bemerklich machte, wie sehr es noch in allen Europäischen Ländern an Gesetzen fehlte, welche die moralische Verbesserung der Menschen zum Gegenstande hätten. »Dafür«, sagte ich, »wird so ziemlich gesorgt, daß das Eigenthum und das Leben der Bürger gesichert sey; aber in welchem Lande ist eine Strafe auf heimliche Verleumdung, auf Lügen, auf falsche Betheue-rungen, auf offenbar verwahrlosete Kinder-Erziehung, auf Be-trug und unvernünftiges Überfordern im Handel und Wandel, auf Verspottung des Schwachen, Verkleinerung des Rufs des Edeln, auf Einmischung in fremde Geschäfte gesetzt? Ja! wir haben einige Gesetze und bürgerliche Einrichtungen, die offen-bar die heimlichen Übertretungen der Pflichten begünstigen. Ein armes Mädchen, welches das Unglück gehabt hat, einen einzigen Fehltritt zu begehen, und schwanger zu werden, wird wirklich härter bestraft, als eine offenbare Gassenhure, die man ertappt, und die dasselbe Verbrechen täglich begeht. Durch diese Härte gegen verunglückte Mädchen und durch den Schimpf, womit sie und ihre unehliche Kinder belegt sind, befördern wir den Kindermord, und bestrafen dann diesen auf die grau-samste Art. Das Zeugniß eines Menschen, der das schändliche Handwerk eines Kupplers treibt, oder von dem sich beweisen läßt, daß er ein Lügner, oder sonst ein sittenloser, seinen Pflich-ten untreuer Mensch ist, gilt, wenn er einen Eid ablegt, vor Gericht eben so viel, als das Wort des Mannes von unbeschol-nen Sitten.

Und bey allen diesen Gebrechen unsrer Staats-Verfassungen, legt man noch in manchen Ländern den Leuten den Zwang auf, nicht auswandern zu dürfen. Es scheint so billig, als möglich, daß man sich entweder den Verordnungen eines Landes unterwerfen, oder dasselbe verlassen muß; grausam aber ist es, die Menschen zwingen zu wollen, da zu leben, wo sie nicht leben mögen, und sich Gesetzen zu unterwerfen, zu deren Bestimmung sie ihre Einwilligung nicht gegeben haben.«

Dem Könige mochte es wohl gefallen, daß ich, unparteyischer als mein Herr Vetter, das Gute und Mangelhafte in meinem Vaterlande mit gleicher Freymüthigkeit bekannte; endlich aber schien ihm doch mein Gespräch, über diese ernsthafte Gegenstände, lange Weile zu machen. – Und gestehen Sie es, liebe Leser! es geht Ihnen auch so! – Er beurlaubte mich also für heute; und da meine Unterredungen mit ihm in den folgenden Tagen nur den Plan zu meiner bevorstehenden Reise betrafen, so will ich Sie mit Erzählungen dieser unwichtigen Dinge nicht ferner ermüden.

Zwanzigstes Kapitel.

Zurüstungen zu der Reise des Kronprinzen. Abreise des Verfassers mit ihm von Gondar.

Nun rückte denn die Zeit immer näher heran, wo ich den großen Beruf erfüllen sollte, den Kron-Erben von Abyssinien auf Reisen zu führen. Da der Czar Peter der Große von Rußland unser Vorbild bey diesem Zuge war; so wurde alles, was Voltaire und andre glaubwürdige Männer davon erzählt hatten, fleissig gelesen und darnach unser Plan eingerichtet. Die Schätze des Reichs wurden nicht geschont; ein Überfluß an Gold und Juwelen war da; man machte Geschäfte mit Ägyptischen Kaufleuten, die uns mit Wechsel- und Creditbriefen auf alle die Hauptstädte versahen, durch welche wir reisen würden; und so wurde dieser öconomische Punct geschwinder aufs Reine gebracht, als es wohl bey ähnlichen Reisen andrer Potentaten geschehen ist; es kam nun nur noch auf die übrigen Einrichtungen an.

Mein Herr Vetter zeigte sich dabey als ein wahrer Minister. Sorgenvoll und zerstreuet ging er umher, während dieß große Geschäft schwer auf ihm lag; und die Conferenzen, sowohl mit Sr. Majestät als den übrigen Staatsräthen nahmen gar kein Ende. Die Zeitungsschreiber redeten von nichts anderm mehr, so uninteressant und langweilig dieß auch auswärts zu lesen war; die Abyssinischen Poeten sangen sich heiser, und beeiferten sich, die frommen Wünsche der Unterthanen in Reime zu bringen; die Hofleute aber cabalirten und schmiedeten Ränke, um Einer vor dem Andern zum Voraus die Ehre zu erlangen, mit von der Reisegesellschaft zu seyn, und die Übrigen davon zu verdrängen.

Was die Wahl dieser Reisegesellschaft betraf, so ernannte sie der Negus, theils aus eigner Bewegung, theils auf den Vorschlag meines Herrn Vetters. Mich bat niemand, als der alte ehrliche Hofnarr, ein Vorwort für ihn einzulegen, damit er mitgehen dürfte; ich verwendete mich zu seinem Besten, und der König willigte ein. Ich fand in der Folge keine Ursache, mich das reuen zu lassen; denn er war in der That der Klügste von der ganzen Gesellschaft; der Hofmarschall übernahm es, unterdessen sein Amt in Gondar zu verwalten. Er schickte sich dazu recht gut, und arbeitete nur in einer andern Manier, als der eigentliche Hofnarr; indem dieser andre Leute zum Besten zu haben pflegte, der Hofmarschall hingegen dadurch belustigte, daß er sich zum Besten haben ließ.

Als nun die ganze Liste der Begleitenden aufgesetzt war, fand sich's, daß sie mehr als sechzig Personen ausmachten. Unter diesen waren außer mir nur noch sechs Weiße; die Übrigen waren theils so wie der Prinz selbst, schwarz, theils olivenfarbig; und so, wie ihr Äußerliches, so waren auch ihre Gemüthsarten sehr verschieden. Manche von ihnen, an den Ufern des Nigers geboren, waren schön von Gestalt und sanft von Sitten; Andre, die von der Zahnküste abstammten, häßlich, wild und grausam. Ich wurde mit Vollmachten, Instructionen und mit uneingeschränkter Gewalt über alle diese Leute versehen, die, wie die sämmtlichen Unterthanen des Königs, Sclaven waren. Was

man mir übrigens in Ansehung des Zwecks und der Einrichtung unsrer Reise, der Art, den Prinzen zu behandeln, und seine
Schritte und Beobachtungen zu leiten, vorschrieb, war nicht
in allen Stücken nach meinem Geschmacke; allein so geht es
ja immer denen, die Fürsten-Söhne führen; ich nahm mir also
vor, so viel möglich diesen Anweisungen zu folgen.

Sodann war mir verordnet, wie viel Stück Deutscher Gelehrten, Philosophen, Pädagogen, Fabrikanten, Dichter, Mahler,
Bildhauer, Tonkünstler u. s. f. ich bey unsrer Zurückkunft mitbringen sollte.

Nach dem Muster der Reise des Czar Peters wurde ich als
Abyssinischer Gesandter an alle Höfe und Republiken, die wir
besuchen würden, bevollmächtigt; der Kronprinz aber sollte
sich incognito in meinem Gefolge befinden.

Wie denn bey Höfen alle wichtige Schritte, die vorgehen
sollen, oder vorgegangen sind, sich mit Festen, Schmausereyen
und Farcen anfangen und endigen, so gab es denn auch in
der Residenz und im ganzen Lande bey dieser Gelegenheit sehr
viel Schauspiele, Bälle, Erleuchtungen, Gallatage und Kirchen-
gebete.

Endlich erschien der Tag des Aufbruchs; der Zug war prächtig
anzusehen; ich habe eine weitläuftige Beschreibung davon aufgesetzt; aber mein Herr Verleger weigert sich, sie hier mit ab-
drucken zu lassen. Der Mann nimmt es ein Bißchen genau mit
seinem Honorario, und weiß nicht, wie viel vernünftige Leute
an der Schildrung solcher Feyerlichkeiten Vergnügen finden. Des
alten Negus Majestät begleiteten uns, nebst zahlreicher Suite,
bis an die Grenze; den 1. May 1772 reiseten wir aus Gondar ab.
– Das Weitre ist im zweyten Theile dieses Buchs zu lesen.

Ende des ersten Theils.

Zweyter Theil.

Erstes Kapitel.

Vermischte Reise-Nachrichten.
Ankunft in Deutschland.

Da ich den ersten Theil dieses Buchs mit der Nachricht von meiner Abreise aus Gondar beschlossen habe, so werden nun wohl die Leser sich zum Voraus vor einer weitläuftigen Reisebeschreibung fürchten, oder (wie denn der Geschmack verschieden ist) sich zum Theil darauf freuen. So viel möglich, möchte ich gern beiden Parteyen gefallen; ich will daher zwar einige Nachrichten von demjenigen, was uns bis zu unsrer Ankunft in Hessen begegnet ist, aus meinem Tagebuche auszeichnen, sie aber mit einer ausführlichen Reisebeschreibung verschonen.

Der Weg, welchen ich mit dem Kronprinzen und unserm ganzen Gefolge machen sollte, war mir folgender Maßen vorgeschrieben: Wir reiseten zu Lande durch einen großen Theil des Abyssinischen Reichs, um den Thronfolger den getreuen Unterthanen zur Schau auszustellen. Da wurden dann in Städten und Dörfern Ehrenpforten ohne Zahl errichtet und Reden gehalten, und Gedichte überreicht; der arme Handwerksmann holte seinen kleinen Geldbeutel hervor, gab die Hälfte daraus dem drohenden Contributions-Einnehmer hin, und kaufte für die andre Hälfte ein Paar Lichter, womit er seine Fenster erleuchtete, hinter welchen er mit hungrigem Magen stand und sich die Thränen trocknete, als wir in einem prächtigen Zuge auf Elephanten und Cameelen durch die Gassen zogen.

Wir hatten auf der Reise gewaltig viel von der Hitze auszustehen, besonders unter der Linie. Gegen Ende des May-Monaths erreichten wir die Grenze von Unter-Guinea. Man hat in diesen Gegenden vom April an, bis zum September, in welchem der Sommer eintritt, fast immer Regenwetter; das verleidete uns ein wenig das Vergnügen der Reise: doch, da es unsre Absicht war, die Könige dieses Landes zu besuchen, so hatten wir Gelegenheit, uns von Zeit zu Zeit von den Beschwerlichkeiten des Wegs auszuruhen, und an den Höfen findet man ja stets dasselbe Wetter.

Wir hielten uns einige Tage in der Residenz des Monarchen von Loango auf. Er war aber ein gar wunderlicher Herr, der uns wenig Gastfreundschaft erzeigte. Nach den Landes-Gesetzen darf, bey Todesstrafe, niemand ihn speisen sehen; wir wurden also an besondern Tafeln, und zwar ziemlich mager bewirthet. Bey den Audienzen redete der König nicht ein einziges Wort, weßwegen ihn dann das Volk für einen sehr weisen Herrn hielt und ihm göttliche Verehrung bezeugte. Man wollte uns zumuthen, die Füße dieses gekrönten Sterblichen zu küssen. Da hiervon nichts in meiner Instruction stand und ich es abgeschmackt fand, diese ekelhafte und lächerliche Unterwürfigkeit einem Erdensohne zu beweisen, so vergingen vier Tage mit Forderungen von seiner und Protestationen von unsrer Seite. Unser Hofnarr war der Einzige, der sich aus Scherz entschloß, dem Könige ein Mahl den Fuß zu küssen, da er dann zu einer Audienz zugelassen und mit einem Ordensbande beschenkt wurde. Übrigens reiseten wir ziemlich unzufrieden und ohne Abschied zu nehmen von dannen.

Den Hof in Congo fanden wir viel glänzender und geselliger. Der König und die ersten Kron-Bedienten, Edelleute und Ritter waren prächtig in Gold und Seide gekleidet, trugen weiße Halbstiefel und große Mützen. Man bewies uns ausgezeichnete Höflichkeit, die uns viel lange Weile machte, und uns prächtige Geschenke an die hungrigen, schlecht besoldeten Hofleute kostete. Die Einwohner in Congo waren indessen sehr artig und gesittet; wir fanden viel catholische Christen unter ihnen; sogar der ganze Hof war der Römischen Kirche zugethan. Bey Gelegenheit, da wir einige in diesem Reiche von den Portugiesen angelegte Festungen besahen, hatte ich viel Mühe, dem Prinzen das Recht

zu beweisen, das die Europäer hätten, in allen Gegenden des Erdbodens, ohne gutwillige Erlaubniß der Einwohner, sich niederzulassen, Besitz von Grundstücken zu nehmen, und mit den
Producten des Landes zu ihrem Vortheile zu wuchern.

In Angola gefielen mir die Orang-Outang vorzüglich wohl.
Man konnte sie kaum von den übrigen Hofleuten unterscheiden; denn auch das in der Naturgeschichte angegebne Kenn-
zeichen, daß sie keine Waden und keine Hinterbacken haben,
paßte eben so wohl auf die dortigen Cammerjunker. Es ist aber
jene Affenart mehr in Congo, als in Angola einheimisch.

Übrigens ist ganz Unter-Guinea ein fruchtbares, reiches und
angenehmes Land.

Bey der Insel Loanda bestiegen wir ein portugiesisches Schiff,
und fuhren damit, ohne große Widerwärtigkeiten, nachdem
wir zum zweyten Mahl den Äquator durchschnitten hatten,
Cabo Verde vorbey, bis Lissabon. Da es nun unser Zweck nicht
war, uns in andern Europäischen Reichen lange aufzuhalten,
so suchte ich sogleich ein Schiff auf, das nach Deutschland
segeln wollte, verdung uns sämmtlich mit unsern Päckereyen
darauf, und kam, nach einer ziemlich beschwerlichen Reise, in
Hamburg im Hafen an.

Zweytes Kapitel.

Reise des Kronprinzen von Abyssinien
und seines Gefolges durch Deutschland.

Eine so volkreiche und in allem Betrachte so interessante
Handelsstadt, wie Hamburg, verdiente wohl, daß wir
uns eine Zeitlang hier aufhielten; ich nahm also auf
vierzehn Tage Quartiere für unsre ganze Suite in zwey großen
Gasthöfen am Jungfernstiege, und führte meinen Prinzen, in
Begleitung seiner Cavaliers und meines Freundes des Hofnarren
und Ritters, in der Stadt herum.

Es war eine unbeschreiblich angenehme Empfindung für mich, als wir in Hamburg an das Land stiegen, nach so langer Zeit den vaterländischen Boden wieder zu betreten; und dieß Gefühl wurde verstärkt durch die Überlegung, daß es grade der erste freye, von Despotismus aller Art unentweihte Staat war, den ich dem Kronprinzen von Abyssinien zeigen konnte. »Hier, mein Prinz!« sagte ich, als er beym Blockhause, wo man nach unserm Nahmen fragte, auf den albernen Einfall gerieth, sich für einen Grafen, oder dergleichen ausgeben zu wollen, »hier bedarf es keines Incognito; hier sind wir Alle gleich, und niemand bekümmert sich um Ihren Fürstenstand. Kaum wird Ihr schwarzes Gesicht in einer Stadt Aufsehen erregen, wo man gewöhnt ist, allerley Arten von Figuren zu sehen, wo jedermann, unbesorgt um fremde Händel, sich nur um seine eignen Geschäfte bekümmert; wo kein Haufen müssiger Tagediebe und besoldeter Ausspäher, den Schritten der Fremden auflauert, um dem neugierigen Fürsten, oder seinem mißtrauischen Minister Nachricht davon zu geben, so bald ein fremdes Gesicht sich in der Stadt blicken läßt.«

Ich nahm überhaupt Gelegenheit, dem Prinzen richtige Begriffe von der Glückseligkeit einer, nicht dem Nahmen nach, sondern in der That republicanischen Verfassung beyzubringen. Gewiß kann der kleine Staat von Hamburg den übrigen Deutschen reichsstädtischen Gebiethen zum Muster dienen. Unsre Deutschen Schriftsteller declamiren zum Theil so gewaltig zum Vortheile der Monarchien, und behaupten, früh oder spät arte doch ein Freystaat in eine Oligarchie aus, und dann sey man schlimmer daran, als unter der unumschränkten Herrschaft eines Einzigen. Wenn doch die guten Leute nur einen Blick auf die Regierungsform in Hamburg werfen, und sagen wollten, ob es möglich ist, bey der größten Ordnung und strenger Aufrechthaltung der Gesetze, freyer, ungekränkter zu leben, als dort! Und diese Verfassung hat nun unverändert, so manches Menschenalter hindurch, also fortgedauert. Man hört von keinen Klagen, von keinen Bedrückungen; man hat keine stolze Patrizier-Familien, die, wie in andern Reichsstädten, den Ton angeben, die kleinen Fürsten spielen, und vor deren unmündigen Knaben der bessere Bürger sclavisch den Hut abzieht. Man würde in Hamburg kaum wissen, daß es einen Adel in Deutschland gibt, wenn nicht einige Menschen dieser Art dort wohnten, die auf ihre Kutschen allerley bunte Bestien gemahlt haben, wodurch sie ihre Abstammung beweisen. Man läßt diesen Leuten ihren Werth; sind sie übrigens verständige Menschen, so wird ihnen mit Achtung begegnet, ohne daß man ihnen den elenden Vorzug einer adligen Geburt beneidet. Ich habe nie gehört, daß sich ein Hamburgischer Bürger einen Adelsbrief gekauft hätte – und dennoch bemerkt man einen feinen Ton in allen Gesellschaften; und dennoch gehen alle Geschäfte ihren ordentlichen Gang; es herrscht keine Anarchie, die kleine Republik steht bey auswärtigen Mächten in hohem Ansehen; Kaiser und Könige schicken ihr Gesandten, und sie bleibt ungekränkt von ihren eifersüchtigen Nachbarn. – Warum sollte es unmöglich seyn, daß diese wohlthätige Verfassung in allen Deutschen Staaten nach und nach, wenigstens in den Reichsstädten allgemein eingeführt würde?

Wir sahen des Abends die Bürgerwache aufziehen, die des Nachts, zu Bewachung der Stadt, die Lohn-Soldaten ablöset. Mein junger Prinz erlaubte sich einige muthwillige Scherze über die Verschiedenheit der Kleidung und Bewaffnung dieser guten Leute; ich hielt es für Pflicht, ihm hierüber einen kleinen Wink zu geben: »diese Menschen«, sprach ich, »scheinen mir tausend Mahl ehrwürdiger, als die bezahlten Krieger in den einförmigen Sclaven-Röcken, mit ihren mechanischen Uhrwerks-Bewegungen. Jene bewachen ihr und ihrer Brüder Eigenthum und ihre Rechte, und es ist ziemlich einerley, in welchem Rocke sie das thun; es ist wahrlich ein närrisches Vorurtheil, daß man denjenigen höher achtet, der ernährt und gekleidet wird, als denjenigen, welcher ihn ernährt und kleidet; allein ich begreife wohl, daß es zum Systeme des Despotismus gehört, da man nun ein Mahl dieser künstlichen Werkzeuge so nothwendig bedarf, einen hohen äußern Werth darauf zu legen, um, durch den Reiz der Ehre, freye Menschen anzulocken, sich für wenig Geld zu

Unterjochung ihrer Brüder mißbrauchen zu lassen. Der von Vorurtheilen freye Mann nennt die Sache bey ihrem rechten Nahmen; er verlangt nicht umzustürzen, was auf Ein Mahl nicht zerstört werden kann; aber er will, daß man das nothwendige Übel (wenn es denn wirklich nothwendig ist) nicht höher schätze, als das ursprüngliche Gute; daß man nicht hochmüthig mit seinen Ketten prale, und nicht diejenigen höhne, die so glücklich sind, dieses traurigen Schmucks nicht zu bedürfen.«

Ich merkte wohl, daß, außer Soban (so hieß der Hofnarr) und mir, nur wenige von unsrer Gesellschaft Sinn für solche Wahrheiten hatten, und daß die Hofschranzen mächtig die Nasen rümpften; aber ich hielt es für Pflicht, so zu reden, und werde es immer für Pflicht halten. Man bekehrt die Despoten und ihre Kinder nicht; aber man erweckt doch ernsthafte Gedanken in ihnen, daß sie sich vielleicht scheuen, noch weiter zu greifen, indem sie ahnden, es könne ein Mahl dem ganzen Volke einfallen, ihre Rechte und Pflichten ein wenig näher zu beleuchten. Erlangt man das, so hat man doch wahrhaftig schon viel gewonnen; es wird dann wenigstens nicht ärger, als es jetzt ist; und am Ende muß man doch auch dafür sorgen, daß gewisse natürliche Begriffe unter dem Haufen von conventionellen nicht gänzlich verloren gehen.

Ich habe oben gesagt, daß wenige von unserer Gesellschaft Sinn für kühne, unverstellte Wahrheit hatten. Ich muß doch aber hiervon den geheimen Secretair des Kronprinzen ausnehmen, der Manim hieß, ein sehr verständiger Mann und richtiger Beobachter war. Er fing in Hamburg ein Tagebuch an, in welchem er alles aufzeichnen wollte, was ihm in Deutschland im Guten und Bösen merkwürdig vorkommen würde, und ich werde zuweilen etwas daraus anführen.

Dem Plane gemäß, den ich zu unsrer Reise entworfen hatte, wollten wir von Hamburg über Braunschweig und Berlin, durch einen Theil von Sachsen, nach Frankfurth am Mayn; dann in den Rhein-Gegenden umher; hierauf nach Bayern und Österreich reisen, und zuletzt zurück bis Cassel, wo der Kronprinz in

Kriegsdienste treten und zwar, nach Peter des Großen Beyspiele, von unten auf dienen sollte. Da ich indessen Vollmacht hatte, diesen Plan nach Gutdünken zu verändern, so beschloß ich, die Reise zu theilen, gleich von Berlin aus nach Cassel zu gehen, und dort den Prinzen in Thätigkeit zu bringen. Ich hatte oft gehört, welche klägliche Rolle zuweilen die Fürstensöhne spielen, wenn sie unmittelbar aus der väterlichen Residenz in die große Welt kommen und sich an fremden Höfen zeigen, welche lächerliche Prätensionen sie dann mit sich herum tragen, und wie wenig Nutzen sie von ihren Reisen ziehen. Da ich doch gern einige Ehre mit meinem Prinzen einlegen wollte, so hielt ich es für besser, daß er erst im Dienste ein Bißchen geschmeidig gemacht, mit verschiednen menschlichen Verhältnissen bekannt und an militairische Subordination gewöhnt würde. Wenn die Leser sich zu erinnern belieben, welche Schilderung ich im funfzehnten Kapitel des ersten Theils dieses Buchs von Sr. Hoheit gemacht habe; so werden Sie meinen Entschluß nicht anders als billigen können. Wir besuchten auch desfalls auf dieser Reise gar keine Höfe, sondern besahen nur andre Merkwürdigkeiten, Hospitäler, Philanthropine, Werk- und Spinnhäuser und dergleichen in den Städten, durch welche wir reiseten.

Nicht weit von Dresden stießen wir auf einen Haufen großer und kleiner Knaben, begleitet von einigen erwachsenen Leuten; alle zu Fuße und sämmtlich einförmig gekleidet. Sie schienen sehr munter zu seyn und machten allerley Bockssprünge, weßwegen wir sie denn für eine Gesellschaft von Seiltänzern oder etwas ähnliches hielten, die einen Jahrmarkt besuchen wollten. Indessen erfuhren wir, bey genauer Erkundigung, daß es die Zöglinge eines Erziehungs-Instituts nebst ihren Lehrern waren, die jetzt eine Lustreise von zwanzig Meilen unternommen hatten, um sich in Sachsen umzusehen. Das Wetter war angenehm, und ich schlug meinem schwarzen Prinzen, mit welchem ich in einer zweysitzigen Kutsche allein saß, vor, auszusteigen, den Rest des Wegs bis Dresden in Gesellschaft dieses fröhlichen Haufens zu machen, und indeß das Gefolge voraus zu schicken. Er willigte ein, und wir sahen uns bald umgeben von diesen artigen Kindern, die sich an unsern ausländischen Figuren nicht genug ergetzen konnten, und, nachdem wir uns mit ihnen in Gespräche eingelassen hatten, uns tausend neugierige, doch bescheidne Fragen vorlegten, deren Beantwortung einige von ihnen auf der Stelle in ihre Tagebücher aufzeichneten.

Da ich so lange Zeit aus Deutschland entfernt gewesen war, und sich unterdessen der Ton in den öffentlichen Erziehungs-Anstalten und überhaupt die Grundsätze der Pädagogen sehr verändert hatten, so war mir alles, was ich sah und hörte, neu. Ich gesellte mich zu einem der Lehrer und erkundigte mich genau nach der Art, wie jetzt die Jugend in solchen Philanthropinen (der Nahme gefiel mir ungemein) gebildet und unterrichtet würden. Die Erläuterungen, die er mir darüber gab, setzten mich wirklich in einige Verwunderung, weil sie sich gar nicht zu meinen altväterlichen Begriffen von Erziehung passen wollten; doch da ich, ohne mich zu rühmen, wohl behaupten kann, daß ich nicht eigensinnig auf meiner Meinung bestehe, sondern mich gern eines Bessern belehren und von Vorurtheilen zurück bringen lasse, so wagte ich nur behutsam einige Einwürfe und ließ mir die Zurechtweisung des Pädagogen wohl gefallen.

Ich meinte nähmlich, diese Art von Erziehung passe nicht so recht eigentlich zu unsern übrigen bürgerlichen Verfassungen; es könne doch wohl nicht schaden, wenn man die Jugend an ein wenig mehr Zwang und Pedanterie gewöhnte, da sie in der Folge in allen Verhältnissen sich dergleichen gefallen lassen müßte.

Ich hörte ferner mit Verwunderung, daß es den stärkern Knaben erlaubt sey, die schwächern zu Leistung der niedrigsten Dienste zu zwingen; daß die, welche mehr Taschengeld als andre bekämen, die ärmern als Lakayen besoldeten (denn wirklich sahe ich einen armen kleinen Grafen, der dem baumstarken Sohne eines Bierbrauers ein schweres Bündel nachtragen mußte); daß, weil man also durch Geld sich große Gemächlichkeiten, oder nach den Umständen, Befreyung von Mißhandlungen erkaufen konnte, die jungen Leute unter sich einen Handel trieben, wobey nicht selten Einer den Andern übervortheilte. Die Lehrer machten mir aber begreiflich, wie nützlich es wäre, daß die Kinder mit diesen Verderbnissen, die im Großen in der Welt, wo doch Reichthum und Stärke die Haupt-Triebräder wären, aller Orten herrschten, früh bekannt würden.

Von einer andern Seite fürchtete ich, der Freyheitssinn, den ich an ihnen wahrnahm und die Hinwegsetzung über allen Zwang, den Conventionen, Stand und eine gewisse im Leben nöthige Geschmeidigkeit auflegen, möchten die Knaben in eine solche Stimmung setzen, daß sie hernach im Zwange des bürgerlichen Lebens sich sehr unbehaglich und unglücklich fühlten.

Ich fand es zwar sehr gut, daß die Kinder nicht verzärtelt, sondern an Wind und Wetter gewöhnt, auch zu mäßigen Bewegungen und nützlichen körperlichen Übungen angehalten werden; aber das konnte ich nicht fassen, warum man Menschen, die sich den Wissenschaften widmen und einen großen Theil ihres Lebens am Schreibpulte hinbringen sollen, mit so viel Sorgfalt in den brotlosen Künsten des Schwimmens, Springens, Ringens und Kletterns unterrichtet, wodurch ihnen eine sitzende Lebensart verhaßt gemacht wird, und wovon sie in unsern Tagen nie Gebrauch machen können, auch wohl, wenn der Fall der Noth eintritt, mehrentheils von ihrer Geschicklichkeit verlassen werden.

Ich erfuhr mit Mißvergnügen aus einzelnen Gesprächen der Knaben unter einander, die sich von mir nicht beobachtet glaubten, daß, ungeachtet der strengen Aufsicht im Erziehungs-Hause, welche der Herr Pädagoge so hoch pries, die Kinder zuweilen Gelegenheit fänden, des Nachts hinaus zu schleichen, die Garten- oder Hof-Mauern zu ersteigen um, wenn sie nicht noch etwas Ärgers treiben, wenigstens – Obst zu stehlen.

Ich warf die Frage auf, ob es nicht gut seyn würde, wenn man das Gedächtniß der Kinder, ein wenig mehr, als jetzt üblich sey, mit einigem mechanischen Auswendiglernen schärfte, und wenigstens Eine Sprache, zur Grundlage der übrigen, nach Regeln lernte?

Überhaupt kam es mir vor, als wenn das Studium der todten Sprachen bey diesem Manne in keinem so großen Ansehen stünde, als ich wünschte und aus eigner Erfahrung heilsam gefunden hatte.

Der Pädagoge machte mich auch mit einer neuen von einem gewissen Herrn Basedow erfundnen Methode, die Kinder das Lesen zu lehren, bekannt, die ich Anfangs für Scherz, oder unwürdige Spielerey hielt, nachher aber den großen Nutzen davon einsah. Herr Basedow hatte nähmlich Bräzel backen lassen, welche die Figur von Buchstaben hatten. An diesen, den Kindern so interessanten Gegenständen nun zeigte er ihnen, aus welchen Zügen ein A ein B etc. besteht, und wie man zum Beyspiel aus einem lateinischen W sogleich ein V machen kann, wenn man die Hälfte davon herunter beißt. Dieß ist in der That recht artig und wurde von mir in mein Tagebuch notirt. Übrigens aber waren wir doch darin einig, daß es besser ist, wenn man die Kinder gewöhnt, ernsthafte Sachen ernsthaft zu treiben, Vergnügen an Überwindung von Schwierigkeiten zu finden und nicht an allen Dingen die leichtesten Seiten aufzusuchen.

Was nun das Reisen des ganzen Instituts betrifft, so fürchtete ich, es könnten manche Leute glauben, die Lehrer hätten mehr Vergnügen und Nutzen davon, als die Zöglinge; die Ältern kostete das unnützes Geld; die Knaben wären in dem Alter doch noch nicht im Stande zweckmäßige Beobachtungen zu machen; auf der Reise sey es unmöglich, die jungen Leute so genau zu bewachen; sie könnten also in den Wirthshäusern und sonst manches sehen und hören, das sie besser nicht hören und nicht sehen sollten. Überhaupt aber glaubte ich zu finden, daß die Erziehung in solchen Philanthropinen zuviel Kosten-Aufwand erforderte; folglich dachte ich, käme diese Wohlthat ärmern Ältern nicht zu Statten, und die reichen thäten besser, ihre Kinder unter ihren Augen erziehen zu lassen.

Alle diese Zweifel nun hob mir der Lehrer mit Höflichkeit, Gründlichkeit und Bescheidenheit, drey Eigenschaften, die man, nebst der Uneigennützigkeit, wie ich höre (jedoch vermuthlich mit Unrecht) einigen neuern Pädagogen zuweilen hat streitig machen wollen.

Im Ganzen waren wir beide doch der Meinung, daß nicht alles Neue gut und nicht alles Alte zu verachten sey; daß die Menschen in Deutschland, wie aller Orten, sehr geneigt seyen, von einer Übertreibung in die andre zu fallen; daß in der Erziehung durchaus keine allgemeine Vorschriften Platz haben können; daß also die Pädagogik nie eine positive Wissenschaft werden könne; daß es jedermann frey stehen müsse, über dieß Geschäft, über diese allgemeine Menschen-Angelegenheit, seine Meinung zu sagen; daß die Methoden in solchen Instituten immer höchst mangelhaft bleiben werden, so lange die Aufseher derselben entweder sich dadurch bereichern wollten, diese Unternehmung als eine Finanz-Operation ansähen, oder aus Mangel an Fonds gezwungen wären, nach einer großen Anzahl Zöglinge, deren Ältern reich wären, zu streben, ihre Einrichtungen anzupreisen, auszuposaunen, die Fehler derselben zu bemänteln und denen mit Grobheiten das Maul zu stopfen, die mit Recht oder Unrecht etwas daran tadelten; endlich, daß die alte Erziehung doch auch sehr viel große Männer gebildet hätte, und daß wir beiden selbst, die wir davon redeten, Ursache hätten, die Methoden unsrer ehmahligen Lehrer nicht zu verachten; daß man übrigens, was die neuere Erziehung geleistet hätte, erst gegen Ende dieses Jahrhunderts nach dem Erfolge würde beurtheilen können.

Ich gestehe, daß ich mich freundschaftlich hingezogen fühlte zu dem wackern Erzieher, und da ich von meinem allergnädigsten Könige Auftrag hatte, auch ein Paar Pädagogen mit dem nächsten Transporte nach Abyssinien zu schicken, so that ich meinem neuen Freunde den Antrag, einer von diesen zu seyn und überließ ihm die Wahl des Andern. Allein er schlug mein Anerbiethen aus, so verführerisch es auch, wie er sagte, für ihn war. Dagegen aber empfohl er mir zwey andre Männer, wovon der Eine kürzlich sich mit dem Director eines solchen Instituts verunwilligt hatte, wobey es zu einigen Schlägen gekommen war, der Zweyte aber das Unglück gehabt hatte, zu bekannt mit einem Fräulein zu werden, in deren Ältern Hause er Erzieher gewesen war, weßwegen er denn hatte flüchten müssen. Da mein Freund beiden Männern übrigens ein sehr gutes Zeugniß gab, so nahm ich keinen Anstand, ihm die Bedingungen mitzutheilen, unter denen ich sie annehmen dürfte, und wir verabredeten, daß sie sich binnen vier Wochen in Cassel bei mir einfinden sollten.

Indeß wir nun also mit einander plauderten, hatten sich die Knaben mit meinem Prinzen unterredet. Dieser war, wie man weiß, über siebenzehn Jahre alt; aber sehr verzärtelt und schwach an Kräften. Er hatte, wie es schien, bey den jungen Leuten seinen Fürstenstand gelten machen wollen; sie aber waren nicht gewöhnt, darauf etwas gut zu thun; auf einige Stichelreden, die man desfalls gegen ihn vorgebracht hatte, war es grob geworden; ein nervichter Junge nahm dieß krumm, und ehe ich es hindern konnte, sahe ich den Prinzen von seinem Gegner zur Erde gestreckt. Ich sprang herzu, und erlösete ihn, dem diese Lection sehr mißbehagte, und hielt mit Mühe ein Paar herbeyeilende Bediente des Prinzen ab, sich in das Spiel zu mischen. Da übrigens hier an keine Bestrafung des Verbrechens der beleidigten Majestät zu denken war, so blieb uns nichts übrig, als in den Wagen zu steigen, und von dannen zu fahren; und so kamen wir in einer Stunde in Dresden an.

Drittes Kapitel.

Fortsetzung des Vorigen.

Wir hielten uns nicht lange in Dresden auf; es war die Zeit der Leipziger Buchhändler-Messe, und ich hatte eine doppelte Ursache, gern alsdann dort seyn zu wollen. Ich war nähmlich, durch meine Abwesenheit, ein wenig verhindert worden, in der Kenntniß der Deutschen Literatur mit fortzurücken; hier, wo einige hundert Buchhändler alle

neuern Producte vaterländischer Gelehrsamkeit und des Geschmacks gegen einander austauschen, konnte ich hoffen, in
wenig Tagen deutlichere Begriffe von dem gegenwärtigen Zustande der Cultur und dem literarischen Tone in Deutschland
zu bekommen, als andrer Orten in langen Monathen. Da ich
ferner den Auftrag, Gelehrte und Schriftsteller aller Art für
Abyssinien anzuwerben, nie aus den Augen verlor, so dachte
ich, Leipzig sey zur Zeit der Messe grade der Ort, wo ich theils
einige derselben persönlich kennen lernen, theils von den Buchhändlern erfahren könnte, welche unter ihnen in vorzüglich
großem Rufe stünden. Die jungen reisenden Prinzen müssen,
wie bekannt, daran Geschmack finden, was ihre Hofmeister
wählen; also war auch mein schwarzer Prinz sogleich bereit,
meinem Plane zu folgen.

Wir kamen gegen Abend an und traten in einem großen
Gasthofe ab. Indeß die Tafeln für Se. Hoheit und uns alle be-
reitet wurden, ging ich hinunter in das allgemeine Gastzimmer
und unterhielt mich ein wenig mit den dort sitzenden Gästen.
Es waren auch, wie ich bald merkte, Gelehrte und Buchhändler darunter. Einer von ihnen zeigte mir den großen Meß-
Catalogus. – Mein Gott! wie erschrack ich! Gegen Ein Werk
von nützlichem Inhalte, zehn dickleibichte Romane, deren Titel
nicht ein Mahl von Sprachfehlern und Albernheiten frey waren;
eben so viel in acht Tagen verfertigte Lust- und Trauerspiele,
eben so viel Werke über Freymaurerey, Taschenspielerkünste,
Geistersehen und Goldmachen; eben so viel Schmähschriften
gegen den persönlichen Character solcher Männer, die man, bey
ihrer ersten Erscheinung in der gelehrten Welt, zur Ungebühr
ausposaunt hatte, an denen man nun seine eigne Blödsinnig-
keit bestrafte, alles wirklich Gute an ihnen mit Füßen trat und
auf die unwürdigste Weise kleine Anecdoten aus ihrem Privatleben, die niemand nichts angingen, hervor suchte, um den
Mann öffentlich zu beschimpfen und preis zu machen, der im
Grunde nichts weiter versehen, als daß er das Unglück gehabt,
einst, mehr als er gefordert hatte, hochgepriesen zu werden;
eben so viel Mährchen-Sammlungen, in welchen Geschichten,

die schon hundert Mahl gedruckt waren, ja! deren einige in aller Ammen Munde waren, neu aufgestutzt erschienen. – Und endlich Musenalmanache, Blumenlesen! – Einer von den Gästen hohlte ein solches Büchelchen aus der Tasche hervor; ich blätterte darin, und erstaunte. »O Himmel!« rief ich, »sind das Verse? Ist es genug, daß man seinen Unsinn in kurzen, langen und mittelmäßig langen Zeilen absetze, um das ein Gedicht zu nennen? So kann ja jeder Knabe seine Schul-Exercitia, wenn er sie auf diese Weise schreibt, zu Versen erheben! Wo man verlegen ist, eine lange Sylbe, zu finden, da nimmt man statt dessen fünf kurze; oder macht auch nach Belieben zu kurzen Sylben solche, in denen sechs rauhe Consonanten, zwey doppelte m und dergleichen vorkommen. Was in aller Welt«, fragte ich, indem ich weiter blätterte, »will dieser Barde aus Wien mit seinem holprichten reimlosen Gewäsche, voll Provinzialismen? Kann etwas als Gedicht wohlklingen, was schon als Prosa das Ohr beleidigen würde? Und welch eine unwürdige Veranlassung zu diesem kleinen Liede? Kann man in Dichterfeuer gesetzt werden, von einem Gegenstande, der der Aufmerksamkeit jedes verständigen Mannes unwerth ist? Und dieß platte Sinngedicht! Ist ein Einfall, dessen sich ein Knabe von einigen Anlagen schämen sollte, werth, in der erhabnen Sprache der Begeisterung vorgetragen zu werden? Und diese Kleinigkeit von dem edeln Gleim! Kann der würdige Sänger der Kriegslieder sich, aus Gefälligkeit gegen ein entnervtes Publicum, zu solchen wäßrichten Spielereyen herab lassen? Lieset denn niemand mehr unsre alten Lehrer, Hagedorn, Gerstenberg, Lessing, Kleist, Utz, Gellert, Ramler, Wieland, Klopstock und andre, um zu lernen, was Versbau, Wohlklang, Erhabenheit heißt? Und was sagen unsre Critiker dazu?« Als ich der Critiker Erwähnung that, sahe ich, wie ein Paar von den Buchhändlern schelmisch einander anlächelten. Ich bat sie, mich zurecht zu weisen, wenn ich etwas Albernes sollte gesagt haben. »Nein!« antwortete der eine, der ein stattlicher Mann aus Hamburg war, »Sie würden vollkommen Recht haben, von der Critik zu verlangen, daß sie Schriftsteller und Dichter vor Vernachlässigung weiser Regeln warnte, wenn unsre Kunstrichter bekannte Männer von Kenntnissen und Ruf wären. Wenn aber jeder unbärtige Knabe, der ein wenig Lectur hat, sich mit einer Gesellschaft von Halbgelehrten seines Gleichen vereinigt, und dann hinter der Maske der Anonymität, die Werke der größten Männer von entschiednem Rufe mit Machtsprüchen für lose Waare erklärt, seiner unbedeutenden Freunde unreife Geburten hingegen als Meisterstücke ausposaunt; oder wenn ein elender Zeitungsschreiber seinen interessanten Nachrichten von den geschmacklosen Festen, welche die Fürsten und Gesandten gegeben haben, von Universal-Arzeneyen und von Couriern, deren Depeschen noch niemand gelesen hat, größern Gewinnstes wegen, auch einen so genannten gelehrten Artikel anhängt, das heißt, ein leeres Blatt, bestimmt, um darauf gegen gute Bezahlung die Lobes-Erhebungen abzudrucken, welche wir Verleger, oder die Schriftsteller selbst, von ihren eignen Büchern ihnen einschicken; oder wenn ein Dutzend junger Leute, unter der Firma eines Mannes von einigem Rufe in der gelehrten Welt, in einem critischen Journale, statt unparteyisch die herauskommenden Werke nach dem innern Gehalte zu beurtheilen, den darin herrschenden bestimmten Begriffen Gerechtigkeit wiederfahren zu lassen, die schwankenden hingegen zu widerlegen, wenn sie, sage ich, statt dessen, die Lieblings-Meinungen ihres Anführers allgemein zu machen suchen, und jedes Buch tadeln müssen, in welchem gegentheilige Sätze vorgetragen werden; oder wenn nun gar, unter dem Nahmen von gelehrter Critik, der persönliche Character der Schriftsteller hämischer Weise angegriffen wird; wenn man ehrliche, harmlose Leute dem Publico verdächtig zu machen sucht; Scenen aus ihrem Privatleben, die niemand nichts angehen, auf die gehässigste Art hervor zieht, um dem Manne, dessen literarische Verdienste man vielleicht beneidet, die öffentliche Achtung zu rauben, von welcher sein bürgerliches Glück abhängt – sagen Sie mir, mein Herr! ob dann noch die Critik bey uns in Ansehen stehen kann, und ob nicht die Recensionen auch der unparteyischsten, kenntnißvollsten Journalisten verdächtig werden müssen?«

Diese Schilderung gefiel mir nicht; ich faßte aber Zutrauen zu dem Manne, welcher sie mir entwarf, und eröffnete ihm meinen Vorsatz, in Leipzig einige Gelehrte, Künstler und einen Buchhändler anzuwerben, die sich entschließen könnten, nach Abyssinien zu reisen, wobey ich ihm dann die vortheilhaften Bedingungen bekannt machte, unter denen sie sich in Adova niederlassen könnten. Der redliche Buchhändler sagte mir grade heraus, daß schwerlich Männer von einigem Rufe, und die in Deutschland ihr Auskommen hätten, sich zu dieser weiten Reise verstehen würden; doch versprach er, die Sache in Leipzig bekannt zu machen.

Am folgenden Tage nun hatte ich einen großen Überlauf von Leuten aller Art, die sich für Dichter, Philosophen, Tonkünstler, Mahler und dergleichen ausgaben, und mir, zum Beweise ihrer Geschicklichkeit, ihre Werke überreichten. Von Buchhändlern meldete sich niemand, als Herr Schulz aus Hanau. Dieser schien ein ganz guter Mann zu seyn, und wir wären gewiß unsers Handels einig geworden, wenn er nicht noch an demselben Tage die Nachricht bekommen hätte, daß man einen Buchhändler-Umschlag in Hanau anlegen wollte, bey welchem für ihn viel zu gewinnen seyn würde; er zog also sein Wort zurück. Dagegen wollte mir Herr Schmieder aus Carlsruhe einen seiner Freunde empfehlen, allein man warnte mich, mich mit diesem nicht einzulassen. »Sie werden sich«, sagte man mir, »unangenehmen Vorfällen aussetzen, wenn anders Policey in Abyssinien ist; denn diese Leute, so wackre Männer sie auch sonst sind, können das vermaledeyte Nachdrucken nicht lassen, und dagegen hat man nun ein Mahl das Vorurtheil, es für Dieberey zu halten.« Endlich wurde ich mit einem jungen Manne aus Berlin einig, der einen Buchladen in Adova anzulegen versprach.

Ich wollte nun auch gleich ein großes Sortiment von Deutschen Büchern mit nach Abyssinien schicken, und ging desfalls mit dem redlichen Hamburgischen Buchhändler, wegen der Wahl dieser Schriften, zu Rathe. Er stellte mir folgendes vor: »Ich weiß nicht«, sprach er, »ob in Abyssinien, wie etwa in England, ein bestimmter, fester Geschmack herrscht, oder ob, wie bey uns, eine Mode-Seuche von der andern verdrängt wird. In Deutschland machen zum Beyspiel jetzt alle Schriften über Freymaurerey und Jesuiten ihr Glück; in der folgenden Messe kauft diese Waare kein Mensch mehr, weil die Periode von Empfindeley eingetreten ist, welche Herr Miller in Ulm mit seinen Romanen voll Mondenschein angegeben hat; ein halbes Jahr nachher muß Sturm und Drang aus allen Producten der neuesten Literatur hervor brausen; die Leute müssen dann Alle reden, als wenn sie im Fieber-Paroxysmus lägen; dieser Geschmack wird wieder von einem andern überwältigt, und wenn grade gar keine solche Thorheit herrschend ist, schreibt man über Pädagogik. Auf allen Fall werden Sie indessen am besten thun, wenn Sie von jedem Sortimente einige Centner mitschicken. Als Ballast können Sie die größte Anzahl Artikel brauchen, die bey den Gebrüdern Korn in Breslau heraus kommen. Wo am mehrsten von den Schiffsmäusen zu besorgen ist, dahin legen Sie die Erziehungs-Schriften und die Anecdoten- und Mährchen-Sammlungen. Wenn auch einige Alphabethe davon weggefressen werden, so schadet das nichts, weil das mehrste von dem, was darin steht, doch schon oft anderwärts gedruckt ist. Die Musenalmanache und dergleichen müssen Sie vor der Nässe bewahren, sonst verderben die Bilder, und die sind das Beste darin. Die Romanen, die ein gewisser geistlicher Herr herausgibt, bedürfen weniger Sorgfalt; sie sind ziemlich weitschweifig geschrieben, so daß ohne Nachtheil aus jedem zwanzig Bogen ausfallen können, und zudem wiederholt er sich ja in jedem seiner neuen Producte; folglich kann nicht leicht etwas von dem, was er je gesagt hat, verloren gehen. Die theologischen Schriften würde ich sorgfältig von andern verständigen Werken absondern; es gibt sonst Streit. Die juristischen können Sie statt der Matratzen in die Hangematten legen; es schläft sich gut darauf. In die Journale mögen Sie die übrigen Waaren einwickeln. Wollen Sie Übersetzungen mitschicken, so müssen Sie zwey Schiffe ausrüsten. Die wenigen guten Geschichtsbücher, die wir seit kurzer Zeit gewonnen haben, einige philosophische, mathematische und cameralistische Aufsätze, und die Schriften unsrer geschicktesten Ärzte und Naturkündiger will ich Ihnen aufzeichnen; diese bitte ich in Ehren zu halten; sie haben alle in der Cajüte Platz. Meines lieben Bürgers Gesänge und drey unsrer andern neuern Dichter will ich Ihnen, nebst Wielands Meisterstücken, in Franzband einbinden lassen, damit Ihre Leute unterwegens darin lesen und darüber die Beschwerlichkeiten der Reise vergessen mögen.«

Ich dankte dem ehrlichen Buchhändler für diesen Unterricht und folgte pünctlich seinem Rathe. Was aber die Gelehrten und Künstler betraf, die ich in Leipzig in Sold nehmen wollte, so war ich doch in einiger Verlegenheit über die Wahl, welche ich unter der Menge derer, die sich gemeldet hatten, treffen möchte. In meiner Instruction stand, daß ich durchaus zwey Philosophen vom Handwerke liefern sollte; dieß schien mir aber leichter zu befehlen, als auszuführen. »Wer wahrhaftig den Nahmen eines Philosophen verdient«, sagte ich, als ich mit Manim, dem geheimen Secretär, darüber sprach, »der wird da, wo er lebt, zufrieden seyn, und sich nicht durch den Wink eines Fürsten verleiten lassen, nach Abyssinien zu wandern. Indeß nennt sich heut zu Tage jeder Mensch, der ein bißchen quer Feld ein raisonnirt, einen Philosophen; aber mit solchen so genannten Philosophen würde ich wenig Ehre einlegen.« Zwey Männer hatten sich bey mir unter diesem Titel gemeldet; der Eine schien ein etwas ungeschliffener Geselle zu seyn, der allem widersprach, was man in seiner Gegenwart vorbrachte, übrigens aber beynahe so vernünftig redete, wie ein Mensch, der kein Philosoph ist. Das Einzige, was mir an ihm mißfiel, war, daß er auf alle solche Dinge schimpfte, zu deren Besitz er entweder, seinen bürgerlichen Verhältnissen nach, nicht gelangen konnte, zum Beyspiel Rang und Ehrenstellen, oder wozu er keine Neigung in sich empfand, und daß er sich über alle Conventionen der gesellschaftlichen Verbindung hinaus setzte, von welcher er doch nicht gänzlich unabhängig leben konnte, auch die Vortheile vorlieb nahm, die ihm ihre Einrichtungen gewährten. Übrigens hatte er einen Widerwillen gegen den Wein und empfohl daher die goldne Mäßigkeit. Die Philosophie des andern Mannes, der sich bey mir angab, war in ein lächelndes Gewand gehüllt; seine Weisheit bestand eigentlich darin, alles von der lustigen Seite anzusehen; er genoß, wo er Gelegenheit hatte und Trieb dazu fühlte; er spottete über das, was er nicht verstand, floh alle beschwerliche Arbeit und Anstrengung und war kein Feind von einer wohlbesetzten Tafel. Ich war lange Zeit unschlüssig, ob ich diese beiden Philosophen nach Abyssinien schicken sollte, oder nicht; endlich aber, und da mir ohnehin keine Wahl übrig blieb, bestimmte ich mich dazu, und gab ihnen die Anweisung, zu eben der Zeit, wie die von mir in Sold genommnen Pädagogen und der Buchhändler, nach Cassel zu kommen.

Was die Dichter betraf, so hatte ich unter Ein hundert und drey und vierzig Poeten, die sich bey mir meldeten, die Wahl. Dieß waren insgesamt junge Leute, an welche die Ältern zum Theil den Rest ihres Vermögens gewendet hatten, um sie in Leipzig Brot-Studien lernen zu lassen, damit sie einst die Stützen ihrer Familien und nützliche Bürger im Staate werden sollten. Weil sich aber Neigungen nicht zwingen lassen, so waren die Söhne ihrem Hange zu dem bequemern Studium der schönen Wissenschaften und Künste gefolgt, und hatten sich vorzüglich auf das Versemachen gelegt. Ich hielt es vier Tage lang mit aller möglichen Geduld aus, mir von ihnen Producte in aller Art Poesie vorlesen zu lassen, und die Manuscripte, welche sie mir, zur Probe ihrer Geschicklichkeit, überreichten, durchzublättern; endlich aber wurde mir's zu viel; ich mußte mich wohl für zwey unter ihnen entscheiden. Einen jungen Menschen, welcher Hexameter machte und ein Heldengedicht, betitelt: Herkules Arbeiten, in zwölf Gesängen verfertigt, und einen Andern, der mir funfzehnhundert Sinngedichte, einen dicken Stoß Trinklieder und ein Trauerspiel: Achab und Jesebell in Alexandrinern überreicht hatte; diese beiden nahm ich an. Die übrigen verdroß der Vorzug, den ich diesen gab; sie machten Pasquillen auf mich und den Abyssinischen Hof, den sie nicht kannten, besangen die Freyheit des Dichterlebens und die Schande, von den Großen der Erde Pensionen anzunehmen, und Einer von ihnen warf mir gar in der Nacht die Fenster ein.

Ich wollte Leipzig nicht verlassen, ohne einen Mann kennen zu lernen, der damahls dort war und der mir eben so merkwürdig wegen seines edeln Herzens, als wegen der unverkennbaren, großen Verdienste um die Deutsche Literatur schien. Auch ein Buchhändler, aber nicht von gemeinem Schlage; ein Mann, der Studium, Geschmack, echte Philosophie und unbestechbaren Eifer für Wahrheit in gleich hohem Grade besitzt; ich meine Nicolai, der nun seit einer langen Reihe von Jahren, mit den besten Köpfen Deutschlands in Verbindung, vernünftige und gründliche Critik in ihrer Würde zu erhalten sucht, und den falschen Geschmack und die jedesmahligen Thorheiten des Zeitalters muthig bekämpft. Ich hatte das Glück, mich ein Paar Stunden lang mit ihm zu meiner Belehrung zu unterhalten. Wirklich bedurfte ich dieser Belehrung, denn ich war gar nicht mehr zu Hause in der Deutschen Literatur. Als ich mein Vaterland verlassen hatte, warf man unsern Gelehrten mit Recht Pedanterey vor; jetzt hatte man Ursache gegen den allgemein einreissenden Mangel an Gründlichkeit und Anordnung in Gedanken und Vortrag zu eifern.

Um den ersten Transport von Gelehrten und Künstlern, die ich nach Abyssinien schicken sollte, vollständig zu machen, fehlten mir noch einige Tonkünstler; auch hierzu hoffte ich in Leipzig Gelegenheit zu finden. Es gaben sich viel Leute bey mir an; aber soll ich meinen altväterischen, verdorbnen Geschmack anklagen, oder waren die Künstler daran Schuld? genug! keiner von diesen Herren wirkte mit seiner Musik auf mein Herz. Derjenige, welcher als Capellmeister angenommen zu werden verlangte, spielte mir auf dem Clavier etwas von seiner eignen Composition vor, und phantasirte nachher noch ein Stündchen; allein ich hörte nichts, als ein verwirrtes Gewühl von Tönen unter einander – das war keine Sprache menschlicher Empfindung, menschlicher Leidenschaft. Ausweichungen in entfernte Tonarten, durch Verwandlungen von # in b, die nur dazu dienen konnten, die Ohren für den feinen Unterschied zwischen Dis und Es, Cis und Des u.s.f. stumpf zu machen und Verhältnisse unter Harmonien zu finden, die nichts mit einander gemein haben; ungeheuer schwere Passagen und Finger-Kunst-stückchen, die lustiger anzusehen, als ihre Wirkungen reizend zu hören waren. Mit dem Allem aber hatte der Mann sich doch einen gewissen Nahmen gemacht, und man würde meiner gespottet haben, wenn ich ihn nicht angenommen hätte.

Der zweyte Tonkünstler, den ich für die Capelle meines gnädigsten Königs anwarb, war ein Violinist, der eine bewunderungswürdige Fertigkeit in seiner linken Hand hatte. Er fuhr damit jeden Augenblick bis an den Steg hinauf; ich kann nicht sagen, daß er immer ganz rein intonirt hätte; allein das bemerkt man auch bey diesen schnellen Spässen und Sprüngen nicht, und empfinden konnte man nun freylich nicht mehr dabey, als bey dem Anblicke eines Seiltänzers; immer aber war seine Kunst merkwürdig zu sehen. Ich brachte eine kleine musicalische Gesellschaft zusammen; unser Virtuose spielte ein Violin-Concert. Das erste Allegro war erhaben und schön; fast im hohen tragischen Style geschrieben; ein Bißchen verdarb er es durch die letzte Cadenz, in welcher er das Katzengeschrey, obgleich sehr natürlich, nachahmte. Dann kam ein Adagio, dessen langsame, melodische Fortschreitung er durch eine Menge unnützer Läufe und Schnörkel, dem Gange eines Hundes gleich machte, der denselben Weg zehn Mahl hin und her läuft. Zuletzt folgte ein artiges Rondeau, wovon das Thema die Melodie des Liedes war: Meine Mutter, die hat Gänse; fünf graue, sechs blaue; sind das nicht Gänse? Alle Zuhörer, mich ausgenommen, bewunderten dieß allerliebste Stück; ich konnte es nicht fassen, wie man Vergnügen daran finden könnte, ein elendes Gassenlied, das schon Ekel erweckt, wenn es ein Mahl geleyert wird, auf vielfache Art, mit allerley armseligen Veränderungen wiederhohlen zu hören. Indessen erschallte, so oft der Virtuose durch ein Paar Semitone wieder in das Thema fiel, und wieder anhub die Melodie: Meine Mutter, die hat etc. ein lautes Bravo, Bravissimo! Er zeigte mir auch die Partitur eines von ihm componirten musicalischen Hochamts. Die Ouvertüre war im Dreyviertel-Tacte geschrieben; ein Bißchen geschwinder gespielt, so würde man sie für eine von den Wienerischen

Wirthshaus-Minuetten gehalten haben, womit der große Haydn leider! seine erhabensten Werke buntschäckicht macht. Alle übrigen Theile der Messe waren im galanten Theater-Styl geschrieben, und das *Agnus dei* war eine Art von Pastorale. Ich hatte von jeher ganz andre Begriffe von der Würde der gottesdienstlichen Musik gehabt, als daß ich hätte glauben können, daß dergleichen Spielereyen darin angebracht werden dürften, und ich erinnerte mich noch recht wohl, wie herzlich ich ein Mahl in meiner Jugend lachte, als ich in Goßlar von dem Cantor unsrer Schule (der, im Vorbeygehen gesagt, da es ihm an Sängern fehlte, zwey Stimmen zu übernehmen pflegte, indem er bald einen fürchterlichen Bierbaß, bald eine unangenehme *fistula ani sang*) als ich von diesem Cantor des guten Schwindels Oratorio: Die Hirten bey der Krippe in Bethlehem aufführen hörte. In dieser Cantate ließ er es im Stalle, wo die Mutter Gottes doch wohl keine englische Wand-Uhr stehen gehabt hat, zwölf schlagen, und jeden Glockenschlag beantworteten die Violinen mit einem Accord. Das war nun wohl auch Spielerey gewesen; allein im Ganzen hatte doch vor zehn Jahren mehr Ernst im Kirchenstyl geherrscht, als ich jetzt fand. Ich äußerte meine Verwunderung darüber; man versicherte mich aber, das sey jetzt der neueste Geschmack und man fände, besonders in catholischen Kirchen-Musiken, nicht nur äußerst selten einfachen edeln Gesang, ohne melismatische Verzierungen, sondern es wäre auch nichts ungewöhnliches, den Organisten, während der Wandlung, das Thema eines Liedchens aus einer Opera buffa leyern zu hören; überhaupt forderte man jetzt von der Musik nichts, als daß sie das Ohr kitzeln, und von dem Spieler und Componisten nichts, als daß sie überraschen, sich durch irgend eine Bizarrerie auszeichnen sollten. Die Italiener fingen schon wieder an, die Recitative, dem Nahmen und Zwecke dieser Gattung gänzlich entgegen, statt eines einfachen, der gewöhnlichen Sprache, bis auf die stärkere Accentuirung nach, so nahe als möglich kommenden Vertrags, mit Manieren, Läufen und Passagen zu überladen. Kürzlich wäre eine vortreffliche Sängerinn, die aber zu reine Begriffe von ihrer Kunst gehabt hätte, um jenen verdorbnen Geschmack anzunehmen, in einer großen Residenz angekommen; man hätte es ihr aber unmöglich gemacht, sich so viel Zuhörer zu verschaffen, als zu Bestreitung der Unkosten eines Concerts erforderlich gewesen wären. Bald nachher hätte ein reisender Charlatan angekündigt, er wolle sich auf der Maultrommel öffentlich hören lassen, und da hätte nicht nur die Policey den Kerl nicht zur Stadt hinaus gejagt, sondern er wäre mit einem bespickten Beutel weiter gereiset.

Am mehrsten Beyfall fand damahls, wie ich merkte, die Musik der Italienischen Opere buffe. Deutsche Männer, die Talente zu bessern Dingen gehabt hätten, fingen an, diese elenden geschmack- und sittenlosen Farcen zu übersetzen, der Italienischen Composition, ohne Rücksicht auf Vernunft, Wohlklang und echte Declamation, holprichte, Deutsche Worte unterzulegen, und das Publikum tödtete in diesem abscheulichen Schauspiele seine besten Stunden, hörte nur auf das Geleyer und übersah den Unsinn — als wenn es unmöglich wäre, Vernunft und Geschmack zu vereinigen. — Die welschen Possenspieler hatten Zulauf in Menge und unsre einländischen Meisterstücke wurden vor leeren Bänken aufgeführt.

Da es denn nun ein Mahl mit der Tonkunst in Deutschland nicht anders aussah, und ich doch Deutsche Tonkünstler anwerben sollte, so schloß ich mit dem Capellmeister und dem Violinisten meinen Contract und nahm noch einen Virtuosen auf einem ganz neuen Instrumente an, welches man das Basset-Horn nannte und das viel Ähnlichkeit mit dem Geschrey einer wilden Gans hatte.

Auf diese Weise waren nun meine Geschäfte in Leipzig beendigt, und ich reisete mit meinem Prinzen und seinem Gefolge weiter.

Viertes Kapitel.

Ankunft in Cassel.
Transport der Gelehrten und Künstler nach Abyssinien.
Der Kronprinz tritt in den Dienst.

Es würde die Leser ermüden, wenn ich Ihnen eine längere Beschreibung von demjenigen liefern wollte, was wir auf dieser ersten Reise bis zu unsrer Ankunft in Cassel sahen und beobachteten; deßwegen will ich meine Erzählung nun von unserm Einzuge in diese letztere Stadt wieder anfangen.

Hier war es, wo mein Prinz in Kriegsdienste treten und zwar von unten auf anfangen und so von Stufe zu Stufe bis zu den höchsten militärischen Ehrenstellen fortrücken sollte, welches, wie bekannt ist, bey Fürstensöhnen, ihrer angebornen Verdienste wegen, ziemlich schnell zu gehen pflegt.

Ich glaubte nicht, daß man diesem Plane das geringste Hinderniß in den Weg legen würde, denn er war ja wahrlich so gut Prinz als Einer, und wollte nur der Ehre wegen dienen; allein es fiel sehr gegen meine Erwartung aus. Des Königs von Abyssinien Majestät hatten mich als Gesandten an dem Hofe des damahls regierenden Landgrafen acreditirt und Se. Hoheit der Thron-Erbe befand sich in meiner Suite incognito. Unser Gefolge war prächtig und ich zweifelte keinesweges daran, daß man uns mit ausgezeichneter Ehre am Hofe empfangen würde. Um desto größer war mein Befremden, als man uns für Abenteurer hielt, gar nichts von einem Königreiche Abyssinien wissen wollte, und mich, den Gesandten eines großen Monarchen, lächerlich zu machen suchte. Der damahlige Bibliothecar in Cassel, ein Franzose, bekam Auftrag, in Reisebeschreibungen nachzusehen, ob und wo in der Welt das Königreich Abyssinien gelegen sey? Ich war zuweilen bey seinen mühsamen Nachforschungen gegenwärtig, und fand, zu meiner Verwunderung, Sophiens Reisen von Memel nach Sachsen mit unter die Reisebeschreibungen gestellt. War nun der Umstand daran Schuld, daß der gute Mann kein Deutsch verstand, oder wußte man wirklich in Cassel nichts von Abyssinien und hatte auch keine Bücher darüber; genug! das Resultat blieb, daß man mir ankündigte, man wollte uns zwar erlauben, in der Residenz als Fremde unser Geld zu verzehren, könne mich aber keinesweges als den Gesandten eines fremden Hofes anerkennen, und den Prinzen schon deßwegen nicht in Kriegsdiensten ansetzen, weil sein schwarzes Gesicht gar zu sehr gegen die Physionomien der schönen jungen Leute, woraus des Landgrafen Armee bestand, abstechen würde. Indessen fand sich ein Mittel, diesen letzten Einwurf zu heben; es hatte nähmlich der Landgraf beschlossen, bey seiner ersten Garde Mohren zu Trommelschlägern anzunehmen; da nun mein Prinz, wie Peter der Große, von unten auf dienen sollte, und Trommelschläger zu werden in der That von unten auf dienen heißt; so that man mir den Vorschlag, den Thron-Erben von Abyssinien das Kalbfell schlagen zu lassen. Ein gewisser Italienischer Graf Bollo galt damahls sehr viel am Hofe; ein würdiger Mann, der einst in Polen eine wichtige Rolle gespielt, einer kleinen kühnen Unternehmung wegen aber, die in dem kalten Polen für nicht so unbedeutend angesehen wird, als in dem wärmern Italien, aus dem Lande gejagt worden war. Dieser rieth mir, den Antrag vorerst anzunehmen, indeß aber nach Abyssinien zu schreiben, mir Verhaltungs-Befehle und wichtigre Documente zu meiner Beglaubigung schicken zu lassen, wobey er mir dann Hoffnung machte, daß in der Folge mein Prinz doch noch wohl, trotz seines schwarzen Antlitzes, zu den höchsten kriegerischen Ehrenstellen gelangen könnte. Ich ließ also Se. Hoheit Tambour werden, und miethete für mich und unser Gefolge ein großes Haus.

Hier lebten wir als reiche Privatleute, gaben oft große Schmausereyen und hatten das Glück unsre Tafel immer von Gästen, besonders von Fremden, deren eine Menge dort wohnten, umringt zu sehen, unter welchen sich vorzüglich einige Französische Marquis, zum Beyspiel der Chevalier de Batincourt, der mit den ersten Häusern in Frankreich in Verhältnissen stand, fleissig einfanden.

Während dieser Zeit nun kamen die von mir in Sold genommenen Gelehrten und Künstler, der Verabredung gemäß an. Ich beschloß, sie, begleitet von einigen unsrer Leute, zu Schiffe auf der Fulda bis Münden, dann auf der Weser bis Bremen, und von da zur See weiter spediren zu lassen. Mein lustiger Freund, der päbstliche Ritter und Hofnarr Soban, gab ihnen, als sie abreiseten, einen comischen Frachtbrief mit, der in dem gewöhnlichen Kaufmanns-Styl verfaßt, an den Minister Wurmbrand adressirt war, und sich anfing: Unter Geleite Gottes und durch den Schiffer N. N. liefern wir Ew. Edeln zehn Stück Deutscher Gelehrten und Kunststückmacher, welche wir hier für Se. Majestät eingekauft haben, und zwar Nro. 1 et 2 ein Paar Poeten, wovon der Eine Lieder und Reime, der Andre ganz ungereimte Verse macht; Nro. 3 et 4 zwey wohlconditionirte Menschen-Erzieher u. s. f.

Nachdem ich diesen meinen Auftrag nach bestem Vermögen ausgerichtet hatte, war nun meine ganze Sorgfalt auf den mir anvertrauten Kron-Erben gerichtet; allein da erlebte ich bald die unangenehmsten Vorfälle, die im folgenden Kapitel erzählt werden sollen. Der Prinz war, wie alle Fürstenkinder, mit hohen Begriffen von seinem Stande auferzogen worden; Subordination war schon an sich ein Ding, woran er gar nicht gewöhnt war, und nun vollends einer so strengen Zucht sich zu unterwerfen, als unter welcher ein Trommelschläger bey der Hessischen Garde zu stehen pflegt, das war etwas unleidliches für Se. Hoheit; doch ging es ein ganzes Jahr hindurch ziemlich gut. Zwar wollte man von seinem Fürstenstande nichts wissen, weil die Mohren gewöhnlich da, wo man ihre Genealogie nicht untersuchen kann, sich für Prinzen auszugeben pflegen, die man in ihrer Jugend ihren durchlauchtigen Ältern geraubt hätte; allein man behandelte ihn doch ziemlich freundlich; die jungen Officier scherzten mit ihm; der Dienst war nicht schwer, und man erlaubte ihm, wenn er nicht auf der Wache war, in unserm Hause zu leben, wo er seinen Hofstaat bereit fand, alles zu seinem Vergnügen und zur Entschädigung für die ertragnen Ungemächlichkeiten beyzutragen. Ja! was sonst unerhört, von ihm aber in seiner Capitulation ausbedungen war, man gab ihm, während der Landgraf sich in Paris aufhielt, die Erlaubniß, mit mir eine Reise zu machen. Wir gingen zur Messe nach Frankfurth, sahen noch andre merkwürdige Städte, besuchten einige Bäder und blieben vier Monate lang aus.

Diese Reise hatte auf die Sitten des Prinzen keine so vortheilhaften Einflüsse, als ich gewünscht hätte. Durch die freyen, zum Theil zügellosen Reden, die der junge Herr in der Wachstube in Cassel gehört, und durch muthwillige Scherze, die man dort mit ihm getrieben hatte, war der Keim zu allerley unregelmäßigen Begierden in ihm rege, und sein Sinn für Trunk, Spiel und Weiber erweckt worden. Seine Hofleute hatten bald gemerkt, zu welchem Grade von Aufklärung der Prinz gekommen war, und hatten, um sich ihm gefällig zu machen, ihm heimlich Gelegenheit verschafft, auszuschweifen. Mein ehrlicher Manim machte mich aufmerksam darauf; aber was sollte ich thun? Der Prinz war kein Kind mehr; es war mir unmöglich, ihn so ängstlich zu bewachen; auch hatte ich manche andre Geschäfte. Jetzt, auf dieser Reise, fanden sich der Gelegenheiten irre zu gehen noch weit mehr. Er kam in Frankfurth ein paar Mahl betrunken zu Hause; ich machte sanfte und ernste Vorstellungen; man antwortete leichtsinnig und spöttisch. In Maynz hatten sich ein Paar junge Domherren ein Fest daraus gemacht, ihn in ein berüchtigtes Haus zu führen, wo er sich eine ekelhafte Krankheit hohlte. Ich ahndete dieß bald an seiner Gesichtsfarbe, ließ einen Arzt rufen und hoffte, dieser Unfall sollte ihn von Ausschweifungen zurück bringen; allein kaum war er hergestellt, so ging wieder das vorige Leben an. Nun hatte ich freylich unumschränkte Gewalt über die Personen seines Hofstaats und hätte seine Haupt-Verführer fortjagen können; aber ich gestehe es, dazu hatte ich den Muth nicht. Was hätten diese verstoßnen Elenden mitten in Deutschland anfangen wollen? Wer weiß ferner, ob ich nicht ihre heimliche Rache hätte fürchten müssen! Bey einem, ein Mahl an Zügellosigkeit gewöhnten Prinzen würden auch bald andere ihre Plätze eingenommen haben. Und wer kann sagen, was endlich meiner erwarten, was Verleumdung und Ahndung, von Seiten des Kronprinzen selbst, mir zubereiten konnte, wenn wir nach Abyssinien zurück kamen? Also, ich bekenne es zu meiner Schande, sahe ich durch die Finger; und Ihr, die Ihr oft die armen Prinzen-Hofmeister tadelt, wieget ein wenig diese Gründe ab, und setzet Euch in unsre Stelle!

Bey einem Orte, dessen Bäder und Brunnen-Quellen eine Menge Leidende hinziehen, denkt man sich einen ruhigen, friedevollen Aufenthalt, wo die armen Kranken, neben dem Gebrauche der Heilmittel, Leib und Seele durch zwanglose Geselligkeit und durch Entfernung von allen häuslichen Sorgen, von tobendem Geräusche und leidenschaftlichem Tumulte, zu stärken und zu erheitern suchen. Um desto auffallender mußte den Bessern unter unsern Abyssinischen Reise-Gefährten, die mit den Europäischen Sitten noch nicht völlig bekannt waren, der Anblick der Lebensart in den Bädern seyn, die wir besuchten. Pracht, Aufwand, Residenz-Ton, Hof-Etikette, Schmausereyen, Üppigkeit, Bacchanten-Unfug, bis in die späte Nacht hinein; die heftigsten Ausbrüche der Liebe, des Zorns, der Rache, der Eifersucht; Intriguen, Cabalen, hohes Spiel, das so manchen um seine und der seinigen ganze zeitliche Glückseligkeit und um seine Gemüthsruhe brachte; Völlerey; Wollust – und kurz! alles, was Leidenschaften und Begierden im Tumult erhalten kann, das fand man hier.

»Und hierher reiset man seiner Gesundheit wegen?« rief Manim aus. »Und was treibt man an jenem grünen Tische, den Leute mit Sternen und Ordensbändern nun schon seit sechs Stunden umringen? Auf den Gesichtern der Umstehenden lese ich abwechselnd ängstliche Erwartung, Schadenfreude, Verzweiflung, Wuth. – Hier müssen wichtige Sachen verhandelt werden, denn ich sehe da Männer von Jahren und Erfahrung, ja! Regenten sitzen, die gewiß ihre Zeit nicht mit Kleinigkeiten, oder gar mit schädlichen Dingen verderben werden. Sehen Sie nur an! jetzt führt man auch unsern Prinzen hin. Nun! das ist doch ein Mahl gut, daß er sich auch den bessern Leuten zugesellt.« – O Himmel! wie sehr irrte Manim! Es war ein

Pharao-Tisch. Man hatte Se. Hoheit verleitet, sich an dieß abscheuliche Spiel zu geben; er spielte, wie jeder reiche Neuling, und dabey machte man seinen Ehrgeiz rege. Ein Fürst hieß es, müsse großmüthig spielen. – Großmuth und Spiel? – wie herrlich die beiden Dinge zusammen passen! – Das Ende vom Liede war, daß ich am folgenden Tage eine ungeheure Summe bezahlen mußte.

»Pfui!« rief ich aus. »Freylich macht Sie dieser Verlust nicht arm; aber können Sie, ohne zu erröthen, hier, in fremden Ländern, Tausende auf Eine Karte setzen, indeß Sie in Ihren Staaten, mit der Hälfte der Summe, zehn Familien vom Untergange erretten könnten? Und vergessen Sie denn, daß dieß Geld, welches Sie hier vergaunern, gar nicht Ihr, sondern der guten Abyssinier Eigenthum ist, die es im Schweiß ihres Angesichts erworben haben?«

»Hier scheint alles recht lustig herzugehen«, sprach Soban, als wir einst dem Tanze in einem großen Saale zusahen, »aber woher kömmt es, daß diese Menschen, mitten in den Freuden des Tanzes, so gezwungen, so ernsthaft aussehen, als wenn sie ein verdrießliches, wichtiges Geschäfte trieben? Heißt das Tanzen? Woher kömmt es überhaupt, daß hier in Deutschland die Jünglinge, wenigstens in den Städten und in den Zirkeln der höhern Stände, so feyerlich, so kalt, so kränklich, so gelehrt, so erfahren, so untheilnehmend, so verschlossen scheinen?« – »Ach!« erwiderte ich, »daran ist leider! die Erziehung Schuld. Sie werden zu früh mit der Welt und ihren Verderbnissen bekannt, werden zu früh klug, lesen zu viel Romane und Bücher, zu Beförderung der Menschenkenntniß. Und wenn sie nun in die wirkliche große Welt treten, dann bringen sie schon Widerwillen, Ekel und überspannte Forderungen mit. Alles ist ihnen zu alltäglich; sie kennen alles schon aus Büchern; es ekelt sie an. Vererbte Krankheiten nagen am Körper; der einfache Genuß hat keinen Reiz der Neuheit für sie; sie jagen also dem erkünstelten nach; Ausschweifungen aller Art erschlaffen die Nerven, in den Jahren schon, wo die Natur ihre Kräfte zum Wachsthume braucht. Kränklichkeit und böse Launen folgen ihnen

dann ohne Unterlaß; sie machen sich und andern das Leben
sauer. – Lassen Sie mich dieß Bild nicht weiter ausmahlen! Wo
ist jetzt noch ein Platz auf dem Erdboden, der nicht die Origi-
nale zu diesem Gemählde bey Tausenden liefert?«

Die Zeit unsers Urlaubs war nun bald verstrichen und wir
reiseten nach Cassel zurück. Wir hatten große Summen verschwendet – mit wie viel Nutzen, das können sich die Leser
selbst sagen. Der Kronprinz war nicht mehr der blühende,
starke Jüngling, und seine Launen wurden mir oft unerträglich. Er war auffahrend, ungestüm, dann ein Mahl ausgelassen
munter und offenherzig, und gleich nachher herabgespannt,
mißtrauisch, bitter, heimtückisch.

Was dabey noch meinen Verdruß vermehrte, war ein Brief
von meinem Herrn Vetter aus Abyssinien, den ich in Cassel
fand, und aus welchem ich hier einige Auszüge liefern will.

»Was zum Henker!« schrieb er mir, »was für Kerl hat mir
der Herr Vetter da aus Deutschland geschickt? Wenn ich nicht
glaubte, daß sie alle toll geworden, indem sie die Linie passirt
sind, so würde ich nicht wissen, was ich zu des Herrn Vetters
Auswahl sagen sollte. Die beiden Philosophen haben sich schon
unterwegens auf dem Schiffe gewaltig prostituirt. Der Eine
war fast immer besoffen, und da der Andre sehr jähzornig ist,
so gab es zuweilen fürchterliche Auftritte. Einst geriethen sie
über die echte Toleranz in Streit, und da Jener behauptete, daß
man Jedem seine Privat-Meinungen lassen müsse, Dieser hingegen für das Gegentheil eiferte, wurde der Zwist so lebhaft,
daß der Duldungs-Prediger, als er seinen Gegner gar nicht überzeugen konnte, ihn bey den Ohren faßte; da kam es dann zu
einer solchen Prügeley, daß sie mit verbundnen Köpfen hier
ankamen. Die Pädagogen sind noch ärger; Herr Ilsenberth läuft
allen Mädchen und Knaben nach, und der Magister Löffler
schreibt, statt sich um das Erziehungswesen zu bekümmern,
über Politik. Er hat kürzlich ein Werk heraus gegeben, in welchem er gegen alle Regenten eifert, ungeachtet er doch von dem
unsrigen die schöne Pension einstreicht; er nennt die Fürsten
gesalbte Henker und ermuntert das Volk zum Aufruhre und

zu Gründung einer freyen Republik. Von den beiden Dichtern mahlt der Eine die Freuden der Wollust mit den reizendsten Farben, und der Andre singt in rauhen Barden-Gesängen die aufrührerischen Grundsätze, die der politische Pädagoge in Prosa ausbreitet. Der Buchhändler verlegt und empfiehlt allen diesen gefährlichen Unsinn und hat heimlich eine Menge irreligioser und unsittlicher Bücher mitgebracht. Die unschädlichsten Narren sind Eure drey Musiker; aber die Kerl machen ein solches Geleyer, daß der alte Obermarschall neulich im Hof-Concerte die Strangurie davon bekommen hat. Se. Majestät waren im Begriffe sehr ungnädig auf Euch zu werden; ich habe alle Mühe gehabt, Sie zu überzeugen, daß alles dieß zur Aufklärung gehörte; daß die Männer, welche Ihr uns geschickt hättet, im Grunde sehr geschickte Leute wären, denen man aber, nach den Regeln der Toleranz, Denk- und Preßfreyheit, ihre kleinen Eigenheiten übersehen müßte. Indessen bitte ich doch den Herrn Vetter, bey dem nächsten Transporte recht vorsichtig in der Wahl der Subjecte zu Werke zu gehen, und vor allen Dingen die Speditionen über das Mittelländische Meer her zu machen, damit sie nicht die Linie zu passiren brauchen, denn ich merke wohl, das verträgt kein Deutscher Gelehrter. Übrigens rückt es nun mit der Universität in Adova ziemlich gut fort. Die beiden Erzieher sind auch dahin geschickt worden, haben ein Institut angelegt, und schon ziemlich viel Zöglinge. Bezahlen lassen sie sich nicht schlecht, geben sich aber auch viel Mühe mit den Kindern, lehren sie unter andern allerley Sprünge, und baden sie täglich in dem Flusse Rieberaini.«

Dieß war der Haupt-Inhalt des Briefes, der mir einige Unruhe verursachte, und mich zu dem Entschlusse bewog, künftig vorsichtiger in der Wahl der Leute zu seyn, die ich nach Abyssinien senden würde.

Fünftes Kapitel.

Der Kronprinz erlebt einen verdrieß-
lichen Vorfall, verläßt die Hessischen Dienste
und geht wieder auf Reisen.

Ich habe vorhin gesagt, daß unsre letzte Reise keine lobens-
werthe Veränderung in der Gemüthsart und in den Sitten
des Kronprinzen von Abyssinien bewirkt hatte, und daß dieß
unangenehme Vorfälle nach sich zog; jetzt komme ich zu der
Erzählung dieses Umstandes.

Die Ausschweifungen, denen sich Se. Hoheit ergab, hatten
seine Natur geschwächt. Er war nicht mehr so leicht aus dem
Schlafe zu wecken, als ehemahls, und mehrentheils übler Laune,
wenn er aus dem Bette aufstand. Eines Tages, da sein Kammer-
diener vergebens sich bemüht hatte, ihn zu gehöriger Zeit auf
die Beine zu bringen, erschien er vor seines Hauptmanns Hause,
als die Compagnie schon nach dem Paradeplatze marschirt
war. Der Capitän, ein Herr von Natsmer, der überhaupt den
Ruf hatte, ein wenig strenge im Dienste zu seyn, fragte den
Prinzen, als er sich endlich bey der Colonnade am Schlosse ein-
fand, warum er so spät käme? Se. Hoheit nahmen dieß sehr
ungnädig, antworteten etwas naseweis, und wurden (es thut
mir leid, daß ich es erzählen muß) nachdem man ihnen erst
zwanzig derbe Stockprügel hatte zumessen lassen, verurtheilt,
einige Stunden krumm geschlossen zu werden.

Sobald ich Nachricht von dieser unehrerbiethigen Behandlung erfuhr, begab ich mich zu dem Herrn General, Comman-
danten und Obersten der ersten Garde, bat, versprach, drohete
sogar mit der strengsten Ahndung von Seiten Sr. Abyssinischen
Majestät, mußte aber die Demüthigung erleben, daß auf dieß
alles nicht geachtet, und mir sogar bedeutet wurde, ich sollte
mich bescheidner ausdrücken, wenn ich nicht Lust hätte, an
mir selber eine kleine Execution vollziehen zu lassen. Was war
also zu thun? Der Prinz mußte seine Strafe aushalten.

Wüthend kamen Se. Hoheit aus der Wachstube in ihr Hotel
zurück; ich that alles, um den Prinzen zu trösten. »...Wer einst
befehlen will, muß gehorchen lernen; auch diese Lection haben
Ew. Hoheit heute erhalten.«

Wüthend kamen Se. Hoheit aus der Wachstube in ihr Hotel zurück; ich that alles, um den Prinzen zu trösten. »Man muß«, sagte ich, »aus jedem widrigen Vorfalle im menschlichen Leben nützliche Lehren zu ziehen suchen. Unsers allergnädigsten Königs Majestät haben gewünscht, daß Sie mit der militärischen Subordination bekannt werden möchten; und Sie haben diese Bekanntschaft, obgleich freylich auf schmerzliche Art, gemacht. Wer einst befehlen will, muß gehorchen lernen; auch diese Lection haben Ew. Hoheit heute erhalten. Endlich aber kann Sie dieser Vorfall noch auf wichtige Betrachtungen leiten. Sie sind von königlichem Stamme; in ganz Africa macht man Ihnen das nicht streitig; hier hingegen will niemand Sie für einen Prinzen anerkennen; man behandelt Sie bloß als einen Menschen in den Verhältnissen von Unterwürfigkeit gegen stärkere Menschen. Dieß, denke ich, müßte Ew. Hoheit auf den Gedanken führen, daß es doch wohl nicht eigentlich ein allgemeines Naturgesetz ist, was gewisse Sterbliche zu Fürsten macht, sondern daß man die Rücksicht auf den Unterschied der Stände nur der Übereinkunft zu danken hat; daß die Menschen, was in ihrer Macht steht zu geben und einzuräumen, auch wieder nehmen können; daß es also höchst wichtig und nöthig ist, sich Eigenschaften zu erwerben, die nicht von der willkührlichen Bestimmung des größern Haufens abhängen, sondern deren Werth von jedem Erdensohne anerkannt werden muß. Setzen Ew. Hoheit nun den Fall, daß, so wie man hier nichts von Ihrer königlichen Abstammung wissen will, auch die Völker in Africa plötzlich auf den Einfall kämen, Sie nicht mehr für vornehmer halten zu wollen, als jeden andern Bürger im Staate; dann, gnädigster Herr! würden Sie doch wirklich aufhören, Fürst zu seyn, weil Sie nur dadurch Fürst sind, daß man Sie dafür anerkennt, weil nicht die Natur, sondern die Convention Fürsten schafft. – Was würde Ihnen dann übrig bleiben, womit Sie sich Unterhalt, Schutz und Achtung erwerben könnten, wenn Sie nicht dafür gesorgt hätten, sich zu einem bessern Menschen zu bilden? Sie sehen hier, daß man in der Welt Schläge austheilt und Schläge bekömmt, je nachdem die äußern Umstände es mit sich bringen, und daß die Natur es nicht ist, die manche Menschen-Gattungen geboren werden läßt, um ewig geprügelt zu werden, und andre, um immer zu prügeln.«

Sehr kräftige dauernde Eindrücke machte diese meine Predigt nun wohl nicht auf den Prinzen; aber ich tröstete mich damit, meine Pflicht erfüllt zu haben; übrigens war doch auch mir dieser Vorfall sehr ärgerlich, und da ohnehin nie zu erwarten war, daß Se. Hoheit in Deutschland zu höhern militärischen Ehrenstellen hinauf rücken würden, so glaubte ich es verantworten zu können, daß ich den Prinzen seinen Abschied fordern ließ, welcher ihm, seiner Capitulation gemäß, nicht verweigert werden durfte. Die Begebenheit selber aber berichtete ich, mit einiger Vorsicht, nach Abyssinien, und meldete dem Könige, daß wir nun unsre Reise durch Deutschland fortsetzen und auch die Höfe besuchen würden. – Von dieser Reise werde ich, wie von der vorigen, keine weitläuftige Beschreibung liefern, sondern wiederum nur einzelne Bemerkungen mittheilen, die meine Abyssinier über die Sitten und Einrichtungen in Deutschland machten, und hie und da irgend einen Vorfall erzählen, der uns begegnete. Wir durchstreiften übrigens dieß Mahl den größten Theil der westlichen und südlichen Provinzen meines Vaterlandes, und nahmen dann, wie man hören wird, den Rückweg durch die Preußischen Staaten.

Äußerst auffallend war meinen Reisegefährten die Menge und Mannigfaltigkeit der Gesetze, die Verschiedenheit des Münzfußes, des Maßes, des Gewichts, der Regierungsform, der Lebensart und der Gebräuche. Sie meinten auf unsern Reichstagen, wo doch wohl manche wichtige Dinge verhandelt würden, möchte es der Mühe werth seyn, diese Buntscheckigkeit endlich abzuschaffen. »Für Fremde und Einheimische ist das alles gleich unbequem«, sagte Manim, »in manchem Deutschen Staate, der kaum drey Quadrat-Meilen groß ist, gibt es mehr, zum Theil sich widersprechende Verordnungen, als ein Mensch, erreichte er auch Methusalem's Alter, im Gedächtnisse fassen kann. Jeder Stand, jeder Ort hat seine eignen Sitten und mit der feinen Lebensart, mit welcher man in Einer Gesellschaft allgemein gefällt, gilt man in der andern für einen abgeschmackten Menschen. Die Verschiedenheit des Maßes, Gewichtes und Münzfußes macht unbeschreibliche Verwirrung und Erschwerung im Handel. Ihr rechnet nach Geld-Sorten, die gar nicht existiren. Der Kaufmann, der sein Hauptbuch schließen will, muß sich den Kopf zerbrechen, um die Procente mit courenten, mit den Species- mit den Banco-Thalern, leichten und schwerern Gulden, Kreuzern, Stübern, guten Groschen, Marien-Groschen, Albus, Dreyern, Batzen, Pfennigen, Hellern, Lübischen, Dänischen, Flämischen Schillingen und Groten, Petermännchen und Gott weiß! mit welchem Zeuge zu vergleichen, seine Agio-Rechnung und seinen Abschluß zu machen. Post-Anstalten, Meilen-Berechnung, Wege, Zölle, alles ist unendlich verschieden. Man verliert Geduld, Zeit und Geld dabey.«

Was die Post betrifft, so hatten wir damit einen sonderbaren Vorfall. Einer unsrer Bedienten hatte, ich weiß nicht mehr wo, der öffentlichen fahrenden Post einen Koffer, worin seine sämmtliche Wäsche war, weil kein Raum mehr dafür auf unserm Bagage-Wagen gewesen, anvertrauet. Der Adresse nach sollten wir ihn in Frankfurth finden; allein es kam die Nachricht, der Koffer sey vom Wagen gestohlen worden, und man könne ihm nichts dafür vergüten, weil in dem Lande, wo er ihn auf die Post gegeben, eine Verordnung statt habe, nach welcher man nur dann den Werth der von dem Postwagen gestohlnen Sachen ersetzte, wenn dieser Werth von dem Eigenthümer vorher wäre angegeben worden. Wir stellten dagegen vor: es sey albern von einem Fremden zu verlangen, daß er jede Verordnung eines Landes kennen sollte, besonders solche Verordnungen, die gegen alle Begriffe von Billigkeit und Recht stritten. Ein Landesherr sollte überhaupt, so viel er kann, für die Sicherheit der Heerstraßen einstehen, und selbst dann, wenn die Post mit Gewalt angefallen und bestohlen würde, den Schaden ersetzen; weil die Post ihm eine Revenüe gewährte, weil man theures Porto bezahlen müßte, weil es einem Reisenden in diesem Lande nicht ein Mahl frey gestellt sey, ob er mit der Post, oder mit anderm Fuhrwerke reisen wollte; allein dieß Mahl sey gar nicht der Fall einer gewaltsamen Beraubung gewesen, sondern man hätte denen Leuten den Koffer unter den Händen weggestohlen, welchen er anvertrauet gewesen. Die Post-Direction sey doch also wenigstens gewiß als ein negotiorum gestor anzusehen, und müsse für dasjenige haften, was durch Vernachlässigung ihrer Leute verloren ginge. Die Verordnung, daß der Werth der Sachen vorher angegeben werden müßte, sey dem Fremden, bey Ablieferung des Koffers, nicht bekannt gemacht worden; woher sollte er sie also wissen? Man könne sich leicht einbilden, daß, wenn er sie gewußt hätte, er, da es nicht wohl möglich sey, seine Wäsche u. d. gl. genau zu taxiren, den Werth zehn Mahl höher würde angegeben haben, da dieß doch nichts mehr kostete; und wäre das geschehen, so müßte sie nun mehr bezahlen, als gerecht wäre. Diese eben so unbillige, als zwecklose Verordnung könne also nur dazu dienen, die Postknechte zu verleiten, daß sie unerfahrne Reisende bestöhlen, und Fremde zu bestimmen, ein Land zu fliehen, wo man seines Eigenthums nicht sicher sey, wenn man nicht zehn tausend Verordnungen in der kurzen Zeit seines Aufenthalts durchstudieren könne. – Alle diese Vorstellungen halfen nichts, und der arme Bediente erhielt keine Vergütung für seinen Verlust.

In einer Stadt, die ich nicht nennen will, waren wir Zeugen einer Scene, die mich innigst rührte, weil sie mir bewies, daß noch nicht alle Stände in Deutschland den Sinn für Tugend und Keuschheit verloren hatten. Dem regierenden Fürsten daselbst, der ein sehr ausschweifendes, sittenloses Leben führte, war einst die Tochter eines Bürgers begegnet; sie hatte ihm gefallen, und er hatte ihr den Antrag thun lassen, seine Buhlerinn zu werden. Das Mädchen verwarf mit Würde diesen entehrenden Antrag, und ihr Vater, ein nervichter Bierbrauer, warf den Unterhändler zur Thür hinaus. Kurz darauf starb das ehrliche Mädchen; und nun beeiferte sich jedermann, ihren Sarg mit atlaßnen Kissen, mit Kronen und Blumen zu schmücken, und vor des Fürsten Schloß vorbey führte man den Leichenzug, dem unzählige gutgesinnte Einwohner aus allen Ständen folgten. Wir hatten das Glück, grade um diese Zeit in der Stadt zu seyn, und ich nützte die Gelegenheit, um meinem Prinzen eine kleine Lection zu geben, die aber leider! auf seinem polirten Fürsten-Herzen abgleitete.

Auf der benachbarten Universität hielten wir uns einige Tage auf, und besuchten da einige berühmte Männer, von denen ich hier keine Schilderung entwerfe, weil ich es für unverschämt halte, dem Beyspiele unserer neuern Reisenden zu folgen, die sich in die Studierzimmer der Gelehrten eindrängen, ihnen da eine Menge platter Schmeicheleyen vorsagen, und wenn dann die gutmüthigen Männer das für baares Geld annehmen, in froher Herzens-Ergießung irgend ein nicht ganz weises Wort fallen lassen oder in Augenblicken der Zerstreuung und Über-raschung ein wenig unzusammenhängend reden, oder das Unglück haben, nicht grade so zu seyn und auszusehen, wie es den Reisenden gefallen hat, sich den Mann zu denken, das Unglück erleben müssen, eine schiefe Schilderung von sich, oder eine wörtliche Wiederholung ihrer vertraulichen Gespräche, in irgend einem Journale gedruckt zu lesen.

Man behandelte uns sehr ehrenvoll auf dieser Universität, und ich beschloß, mit meinem Prinzen sechs Wochen da zu bleiben, und einigen Vorlesungen beyzuwohnen.

Einst hatte ich mit einem Professor der Statistik ein Gespräch über die Sitten einiger wilden Völker. Ich wagte es, zu behaup-ten, daß nicht eigentlich die Natur, sondern nur gewisse, durch Vorurtheil erzeugte Begriffe uns einen so großen Abscheu gegen das Essen des Menschenfleisches einflößten. Ob Menschenfleisch ein appetitlicher Bissen sey, sagte ich, das wüßte ich nicht; aber das glaubte ich nicht, daß ein allgemeiner Instinct in uns einen größern Ekel gegen das Fleisch eines frisch getödteten Menschen erzeugte, als gegen das Fleisch irgend eines andern Thiers. Dieß war eine Hypothese, die ich nur so hinwarf; aber ich war nicht wenig verwundert, als ich kurz nachher in einer historischen Zeitschrift, die dieser Professor heraus gab, die Nachricht las, daß die Abyssinier Menschenfresser wären.

Man that kurz vor unsrer Abreise von da dem Kronprinzen den Antrag, die Doctorwürde in der Rechtsgelehrsamkeit anzunehmen. Ich hatte Mühe, Sr. Hoheit begreiflich zu machen, wozu eigentlich diese pedantische Posse dienen könnte; und als es ihm deutlich wurde, da konnte ich doch weder ihn, noch einen von seinen Hofleuten bewegen, diese Farce mit sich spielen zu lassen, welche sie wirklich als ein Überbleibsel der Barbarey und als eine Satyre auf die wahre Gelehrsamkeit ansahen. Der einzige Soban entschloß sich endlich, diese Mummerey mit sich vornehmen zu lassen. Zu diesem Endzwecke schrieb ich ihm eine sehr gelehrte Dissertation. Ich wählte einen Gegenstand aus der Lehre von den Testamenten, und bewies, wie philosophisch, billig und vernünftig das Gesetz in Ansehung der Quadrigae wäre. Dieß Gesetz nähmlich, welches vielleicht manchen meiner Leser unbekannt ist, verordnet, daß, wenn jemand in seinem Testamente, einem Freunde einen Zug von vier Pferden vermacht, und indeß eines von den vier Pferden stirbt, der Freund – gar nichts bekömmt, weil der Erblasser ihm nicht drey sondern vier Pferde habe schenken wollen. In der That kann man nichts weiseres ersinnen, als dieß Gesetz; auch fand meine Disputation allgemeinen Beyfall; der Ritter und Hofnarr Soban wurde Doctor juris darüber; las Reden und Antworten her, die ich ihm aufgesetzt hatte; ich und der Reise-Stallmeister opponirten, und alles ging vortrefflich von Statten, denn bey dem Examen wurde alter Rheinwein herum gereicht. Zwey Tage nach dieser Feyerlichkeit reiseten wir weiter.

Sechstes Kapitel.

Fortsetzung der Reise-Nachrichten.

Sobald wir über den oberrheinischen Kreis hinaus kamen, beschloß ich, meinen Prinzen an die zahlreichen großen und kleinen Höfe in dortiger Gegend zu führen. Sie sind wirklich, jeder in seiner Art, sehr merkwürdig zu sehen; dennoch aber übergehe ich, um nicht zu weitläuftig zu werden, die

Schilderung derselben mit Stillschweigen. Nur so viel muß ich aus Dankbarkeit erwähnen, daß man uns aller Orten äußerst höflich und artig behandelte, sobald man erfuhr, daß Se. Hoheit ein Königssohn, wir Andern Abyssinische echte Edelleute und dabey überflüssig mit Gelde versehen wären. Übrigens mußten wir immer gewaltig viel von Africa erzählen, und wurden, besonders von den Prinzessinnen und Hof-Damen, reichlicher gefragt, als gespeiset.

In Mannheim konnte Soban der Versuchung nicht widerstehen, sich einen Geheimenraths-Titel zu kaufen. Er wurde um neunhundert Gulden einig, konnte aber nicht die Erlaubniß erlangen, diesen Titel auf seinen siebenjährigen Sohn, der in Gondar geblieben war, vererben zu dürfen, indem in der Pfalz nur die wirklichen Bedienungen, nicht aber die Titel auch Kindern versichert und gegeben werden.

In derselben Stadt warb ich auch zwey Mahler, einen Bildhauer, einen Baumeister und noch einen Tonkünstler für Abyssinien an. Mit Vergnügen sahe ich, in welchem blühenden Zustande hier die schönen Künste waren. Vor zwanzig Jahren schien man in Deutschland so sorglos über diesen Punct, und überlegte nicht, welchen Einfluß der beständige Anblick von falschen Schnörkeln, überladnen Zierrathen, zwecklosen Kleinigkeiten und die Gewohnheit, Mißtöne zu hören und verzeichnete Carricaturen und bunten Popanz zu sehen, auf den Geschmack, auf die Denkungsart und auf die Einfalt des Characters haben, schöne Formen und allgemein herrschende Harmonie hingegen Kopf, Herz und Sinn veredeln. Die Entdeckung der Monumente des schönern Alterthums in Italien hat einigen wohlthätigen Einfluß auf den Geschmack und das Gefühl der Deutschen gehabt. Leider! aber reißt jetzt, da ich dieß schreibe, wieder die elende Augenlust an bunten Arabesquen und kindischem Firlfanz bey uns ein; und so werden wir denn wohl bald wieder in die Zeiten der Gothischen Barbarey zurück sinken.

Die Menge der Bettler, die uns in manchen Städten, besonders in solchen, wo catholische geistliche Fürsten regierten, haufenweise anfielen und auf allen Spaziergängen das unschuldige

Vergnügen des Genusses der schönen Natur durch den Anblick des Elendes verbitterten, gaben meinen Reisegefährten sehr üble Begriffe von der Policey in Deutschland und von der Menschenliebe der Regierungen.

Niemand ging in seinem Tadel unbilliger Weise weiter, als der Geheimerath, Ritter, Doctor und Hofnarr Soban. Einst sah ich ein Heft von seinem Reise-Journale liegen, blätterte darin und fand folgende bittre Stelle:

»Die Schauspiele und andre öffentliche Vergnügungen sind in manchen Deutschen Städten sehr prächtig; die Hospitäler, Waisen- und Findelhäuser hingegen elend und jämmerlich. In großen Residenzen geht man unentgeltlich in die Oper, muß aber seinen Platz in der Kirche und alle gottesdienstlichen Handlungen, Trauung, Taufe, Beichte etc. bezahlen. Ein Tänzer, oder ein verschnittner Welscher Sänger, bekömmt jährlich funfzig Mahl mehr Gehalt, als ein Volkslehrer und Kinder-Erzieher. Jener wird bey den Großen des Reichs zur Tafel gebeten, wenn sie sich selber ehren, für Kenner der Kunst gelten wollen; diesen hingegen bittet höchstens dann ein Minister ein Mahl zum Essen, pflanzt ihn neben der Thür hin, und redet kein Wort mit ihm, wenn er, außer seinen Kindern und dem Informator, grade niemand an der Tafel hat, als etwa seinen Advocaten und den Gerichtshalter von seinem Gute. Sammle in einer Gesellschaft von reichen Leuten zu einer Summe, wofür Philadelphia, oder irgend ein andrer Gaukler seine unnütze Künste zeigen soll – und es wird Ducaten in Deinen Hut regnen; sammle ein Almosen für eine fleissige, in Dürftigkeit gerathne Familie – und man wird mit Verdruß Groschen hinein werfen. Die müssigen Hofschranzen fahren in vergoldeten Kutschen; der nützliche Handwerker und Künstler muß zu Fuße umher schleichen, um vergebens die Rechnungen in die Palläste zu tragen, die ihm jene Windbeutel zu bezahlen schuldig sind. Er wird von groben Lakayen zurück gewiesen, die in Kleidern stecken, welche bey ihm auf Credit ausgenommen sind. Die Fürsten lassen in die Zeitungen und Journale einrücken, wie sehr sie einländische Fabriken und Manufacturen unterstützen, und tragen nichts an ihrem Leibe, was nicht außer Landes gekauft und verfertigt ist. Die Noth des armen Landmannes rührt nicht die hartherzigen Minister; sie lesen Französische Romane und werfen die Suppliken der jammernden Unterthanen in die Ecke. Es bekümmert sie wenig, ob das Volk sie segne, oder ihnen fluche; aber ein erkauftes oder erbetteltes Ordensband von einem fremden Könige, der nie ihren Nahmen gehört hat, halten sie für den wahren Stämpel ihres Verdienstes; und wenn sie ihr kaltes Herz mit einem silbernen Stern beklebt haben, so sehen sie voll Zuversicht und Unverschämtheit auf bessre Menschen herab. Willst Du, daß der Präsident, wenn er um zehn Uhr des Morgens sich aus dem Bette erhebt, beym Frühstücke, unter der Menge von Briefen, die unerbrochen da liegen, Deiner Klage einige Aufmerksamkeit widmen soll, so fange Deine Bittschrift mit den Worten an: durch den Fuhrmann N. N. schicke Ew. etc. ein Fäßchen mit Austern; und Du wirst sehen, wie sich sein Gesicht erheitert. Schwätzer, Windbeutel und unverschämte Ignoranten machen ihr Glück; das bescheidne Verdienst wird übersehen. Verwandtschaft, niedrige Schmeicheley und gewissenlose Gefälligkeit sind die Mittel, sich empor zu schwingen. Wenn der ohne seine Schuld Arme einige Thaler stiehlt, so wird er gesetzmäßig aufgeknüpft; wer aber im Handel und Wandel überfordert, schlechte Waare für theures Geld liefert; den nennt man einen schlauen Mann. Der Richter, der Sachwalter und der Deputirte dürfen ihre Geschäfte unnützer Weise in die Länge ziehen, um desto mehr Gebühren und Diäten zu bekommen; der Tagelöhner darf faulenzen, so bald der Aufseher die Augen wegwendet; verdungne Arbeit darf liederlich von der Hand geschlagen werden; der Schneider darf doppelt so viel Zeug zum Kleide berechnen, als er gebraucht hat; zu seiner Rechtfertigung ist es genug, daß es alle übrige Schneider auch so machen.«

»Nein! das ist zu arg!« rief ich aus, als ich dieß las, »gibt es nicht edle Fürsten, sorgsame Landesväter, wohlthätige, aufmerksame Regierungen in Deutschland?«

SOBAN. Nun ja! diese sind also Ausnahme; aber ist darum jenes weniger wahr? Soll man darum von den Gebrechen schweigen, weil sie nicht ganz durchaus allgemein sind?

ICH. Allein das sind ja Gebrechen, die man in allen Staaten, in allen bürgerlichen Einrichtungen des Erdbodens antrifft.

SOBAN. Vielleicht! doch sind sie darum nicht nothwendig, nicht unvermeidlich. Man rede um desto öfter und lauter davon, um zu bewirken, daß endlich zu ihrer Abstellung Anstalten getroffen werden!

ICH. Was hat Dir denn das arme Deutschland gethan, daß Du das Original zu diesem abscheulichen Gemählde grade daher entlehnst?

SOBAN. Närrischer Kerl! ich schreibe ja ein Journal von meiner Reise durch Deutschland und nicht durch Spanien, oder Marocco. Bist Du doch, wie die mehrsten Menschen, die es übel nehmen, wenn man die Wahrheit sagt, und wenn sie die Thatsachen nicht leugnen können, mit der elenden Ausflucht gegen uns zu Felde ziehen, daß es andrer Orten nicht besser hergeht.

Ich sah wohl, daß Soban nicht zu bekehren war, und daß man Ritter, Doctor und Rath seyn und dennoch übereilt und unbillig von den Sitten, die in Ländern und Städten herrschen, urtheilen kann.

Da ich immer fortfuhr, zu dem zweyten Transporte der Gelehrten und Künstler, welche ich nach Abyssinien schicken sollte, Subjecte aufzusuchen und anzuwerben, so hatte ich auch in Regensburg einen Mann bewogen, diese weite Reise zu machen, der mir als ein großer Chymiker gerühmt wurde. Er trieb hauptsächlich den pharmaceutischen Theil der Scheidekunst, und bewies mir durch Zeugnisse und Documente, daß er mit gewissen Wundertropfen alle Krankheiten zu heilen im Stande wäre. So sehr auch der Vorfall, den mein Vater mit dem Grafen St. Germain erlebt hatte, und dessen sich die Leser noch aus dem ersten Theile dieses Buchs erinnern werden, mich hätte von meinem Glauben an Universal-Arzeneyen ablenken können, so gestehe ich doch, daß ich nicht im Stande war, der

einleuchtenden und überzeugenden Beredsamkeit dieses Mannes
zu widerstehen. Ich hielt es vielmehr für ein großes Glück, ihn
mit nach Abyssinien spediren zu können, wo es doch wirklich
noch in dem Fache der höhern geheimen Natur-Wissenschaften
sehr dunkel aussah. Wir nahmen diesen Mann mit uns, da wir
grade noch einen Platz in der dritten Kutsche übrig hatten;
allein der arme Schelm war so schwächlich, daß wir ihn in
München zurück lassen mußten, wo er auch vier Wochen nachher starb.

Siebentes Kapitel.

Ein neuer Transport von Gelehrten
wird nach Abyssinien geschickt. Unerwartete
Nachrichten nöthigen zur Rückreise.

Bis jetzt waren wir Alle, die wir aus Abyssinien gereiset
waren, immer gesund und munter gewesen, den Kronprinzen ausgenommen, der sich, wie ich oben erzählt
habe, durch seine Ausschweifungen allerley Übel zuzog; dennoch
aber führten wir zwey Ärzte in unserm Gefolge, nicht sowohl,
um uns ihrer Hülfe unterwegens zu bedienen, als vielmehr, weil
ich den Auftrag hatte, ein Paar tüchtige Männer in diesem
Fache nach Abyssinien zu schicken, und ich doch dieß Mahl
gern die Subjecte, die ich nach Africa überschiffen ließ, erst
genauer kennen lernen wollte. Ich weiß wohl, daß man einem
gewissen großen Manne vorwirft, er habe, bey einem ähnlichen
Auftrage, nicht so gewissenhaft in Rücksicht auf ein fremdes
Reich gehandelt, sondern dahin ein solches Sortiment von
elenden Ärzten spedirt, daß seit dieser Zeit die Sterblichkeit in
Deutschland bey weitem nicht so groß gewesen, als vorher. Dem
sey wie ihm wolle! ich that das Meinige, nahm jene beiden
Männer auf dringende Empfehlung einer ganzen Facultät an,
und suchte auf der Reise, durch Gespräche mit ihnen (in so fern

ein Laye dazu im Stande ist) mich von ihren Talenten und Kenntnissen zu überzeugen. Jetzt indessen fand sich auf ein Mahl Gelegenheit, wo sie ihre Geschicklichkeit practisch zeigen konnten.

Wir wurden nähmlich in Wien zu so viel herrlichen Gaste-reyen eingeladen und dann mit einer solchen Menge von nahr-haften Speisen versehen, daß Manims, des geheimen Secretärs, Africanische Constitution dieß Übermaß des Guten nicht zu ertragen vermochte; wenigstens schoben wir nachher die Schuld auf die in Wien geführte Lebensart, als er in Prag von einem heftigen Fieber befallen wurde, das Anfangs die Wirkung aller Arzneymittel, welche ihm unsre Ärzte reichten, vereitelte. End-lich wurde er hergestellt, und dieß gab mir, da ich meinen Freund schon für verloren gehalten hatte, in der That sehr große Begriffe von der Geschicklichkeit der beiden Aesculapen. Soban, der ein Erz-Spötter war, dachte ganz anders darüber. Er hatte schon vorher seinen Hohn über die unter Ärzten übliche Ter-minologie gehabt. Er fand es lächerlich, daß sie etwas mit dem Nahmen der ersten Wege belegten, was, seiner Meinung nach, offenbar die letzten Wege wären, und daß sie von zwölf außerordentlichen Dingen redeten, um die allernatürlichsten Dinge von der Welt auszudrücken. Als aber der gute Manim hergestellt wurde, da erzählte Soban noch, auf Unkosten der beiden Ärzte, ein Mährchen, dem ich aber keinen Glauben bey-messen mochte. Er behauptete nähmlich, er hätte zu Anfange der Krankheit ein Mahl die beiden Herren belauscht, als sie sich, beynahe bis zum Schlagen, über den Sitz des Übels gezankt hätten. Der Eine hätte behauptet, es stecke in der Leber, der Andre, in der Lunge. Nun hätten sie gegenseitig gedroht, ein-ander als Ignoranten der Welt bekannt zu machen, endlich aber, um die Hoffnung auf die schönen Pensionen in Abyssinien nicht zu verlieren, sich dahin verglichen, daß sie den Kranken auf ein Magen-Fieber, folglich auf eine Krankheit, von der sie beide glaubten, daß er sie nicht hätte, curiren wollten; – und siehe da! das Glück habe ihre Unwissenheit begünstigt und Manim sey gerettet worden.

Noch ein Mahl! ich hielt dieß für einen muthwilligen Scherz, glaubte dankbar an die Geschicklichkeit der beiden Ärzte, und als im nächsten Frühjahre der zweyte Transport von Gelehrten und Künstlern abging, schickte ich sie nebst den Mahlern, Bildhauern, Baumeistern, einem Apotheker, zwey Wundärzten, noch einigen Tonkünstlern und verschiednen Fabrikanten und Manufacturisten, nach Italien, woselbst sie eingeschifft wurden, glücklich nach Cairo und von da zu Lande weiter nach Abyssinien kamen.

Das Heer der Mönche, die wir in den catholischen Gegenden, durch welche wir reiseten, antrafen, fiel unsern Abyssiniern sehr auf. Sie wünschten alle, man möchte diese völlig unnütze Menschenclasse gänzlich aussterben lassen. Ich konnte nicht anders, als diesen Wunsch billigen, nur fügte ich die Bemerkung hinzu, es möchte, wenn es ein Mahl dahin kommen sollte, die unnützen Stände ganz oder zum Theil aufzuheben, doch auch die Reihe solche treffen, die wenigstens ebenso unnütz und vielleicht viel schädlicher wären, und da dachte ich denn freylich, obgleich ich selbst einst Sachwalter gewesen war, an das ungeheure Heer der Advocaten und an manche andre Menschenclassen, die ihren Unterhalt von den Thorheiten und Verderbnissen der Leute ziehen.

Die Menge religioser Gebräuche und der zum Theil geschmacklose, kleinliche Prunk, welcher in den catholischen Kirchen herrscht, war gleichfalls ein Stein des Anstoßes für meine Reisegefährten, die an keinen andern Gottesdienst, als an kurze, feyerliche Gebethe gewöhnt waren. Nicht besser aber waren sie von den protestantischen Kirchen-Gebräuchen zufrieden. »Etwas für die Sinne muß jedoch der äußere Gottesdienst haben«, sagte Manim, »eben weil es äußerer Gottesdienst ist, und die Menschen sinnlich, durch sinnliche Mittel zu rühren sind, und für höhere Eindrücke empfänglicher gemacht werden. Eine bloße Verstandes-Religion, bey welcher gar nicht auf das Gefühl Rücksicht genommen wäre, würde daher aller äußern Feyerlichkeiten entbehren können. Sollen aber gottesdienstliche Gebräuche statt finden, zu welchen sich Menschen aus allen

Volksclassen versammeln, so müssen diese Gebräuche nicht kindisch, aber auch nicht langweilig seyn. Eine Predigt, das heißt, eine Rede, über irgend einen religiösen Gegenstand, ist eine gute Sache; aber sie kann nicht als ein gottesdienstlicher Gebrauch angesehen werden, und wirkt nur bey denen, welche, ihrer Gemüthsstimmung nach, grade zu der Zeit an dem verhandelten Gegenstande Theil nehmen können, und nur bey denen, welchen der Vortrag gut und geschmackvoll vorkömmt, also bey einer sehr kleinen Anzahl von Zuhörern, einige Rührung; wirkt durch den Verstand auf das Herz, statt daß das Wesen des äußern Gottesdienstes gewiß darin bestehen soll, durch das Gefühl, durch das Herz, durch die Sinne, auf den Verstand, auf den Willen zu wirken. Sollte nun aber ein kalter Raisonneur, oder so genannter Philosoph alle äußern sinnlichen Mittel, nähmlich Feyerlichkeit, einfache Pracht, Zauber der Musik, der Baukunst und der Mahlerey für unwürdige Mittel halten, das Herz zur Gottesverehrung zu stimmen, so wird er doch zugeben müssen, daß es noch viel unverständiger und unwürdiger sey, Eindrücke von ganz entgegengesetzter Art zu bewirken, und solche gottesdienstliche Gebräuche einzuführen, die jeden Mann von edelm Geschmack, von feinem Gefühle und von gesunder Vernunft empören, ihm lange Weile machen, und dem höchsten Wesen, wenn es sich herab ließe, dieß Unwesen zu beschauen, äußerst mißfällig seyn müßten. Nun besuche man aber ein Mahl Eure protestantischen Kirchen, besonders auf dem Lande, und erstaune über die Verkehrtheit der Menschen! In dem geschmacklosesten, feuchtesten, kältesten und schmutzigsten Gebäude des ganzen Städtchens oder Dorfs versammelt sich das Volk beiderley Geschlechts und setzt sich, theils wie in den Schulen auf Bänken, theils in kleinen hölzernen Kasten, den Tollhaus-Kojen gleich, theils auf andern erkauften, oder nicht erkauften Plätzen, in groteskem Anputze hin. Dann beginnt ein Gesang, dessen Poesie oft platt und comisch, die Musik abscheulich und die Begleitung einer verstimmten Orgel unerträglich ist. Ein Schulmeister gibt mit gräßlich verzerrtem Gesichte die Melodie an, und wiederholt durch die Nase die letzten Worte jedes Verses. Einige hundert unmusicalische Menschen brüllen aus Leibeskräften mit. Und solcher Gesänge muß man vielleicht sechs in Einer Sitzung hören. Wollt Ihr durchaus Musik geben, so gebet gute Musik! Soll gesungen werden, so lasset doch Menschen singen, die singen können! Zwischendurch werden von einem Manne in einer großen Perücke, in heulendem Tone, Stellen aus der Bibel verlesen; es werden Gebethe gesprochen, die jedermann auswendig weiß. Dann tritt der Geistliche in einen kleinen, erhaben gestellten Kasten, und hält eine Rede, die nur auf den Gemüthszustand weniger Zuhörer paßt. Hierauf geht das Gebrülle noch ein Mahl an, und am Ende spielt der Organist ein lustiges Stückchen, worauf die Versammlung, wovon die Hälfte geschlafen hat, im Winter durch und durch gefroren, im Sommer von den Dünsten fast erstickt ist, aus einander geht. – Und das soll ein dem erhabensten Wesen gefälliger, zu wahrer Andacht erweckender Gottesdienst seyn? Versammelt Euch doch lieber in einfach verzierten, reinlichen Gebäuden, wo gesunde, gemäßigte Luft herrscht! Lasset vier Menschen, die gute Stimmen haben und musikalisch sind, kurze, erhabne Hymnen singen! Euer Priester trete in einem anständigen und geschmackvollen Gewande auf, und bethe aus der Seele! Fallet auf Eure Knie und bethet ihm in der Stille nach! Lasset ihn eine kurze Rede in kunstloser, aber warmer Herzenssprache über die Schönheiten der Natur und die Herrlichkeiten der Schöpfung halten! Das Ganze daure nicht zu lange und komme nicht zu oft, damit Ihr mit Vergnügen und Wonne die Tempel besucht und in froher, heitrer Stimmung wieder heraus gehet!«

Ich glaubte, daß Manim Recht hatte; aber was ist zu thun? Einzelne Fürsten, besonders die Regenten kleinerer Staaten, könnten freylich nach und nach, mit Vorsicht und ohne das gegen jede Neuerung eingenommene Volk zu empören, zweckmäßige Verbesserungen in der Liturgie einführen, und so würde der Nachbar dem Beyspiele folgen; eine allgemeine Veranstaltung dieser Art von Seiten aller protestantischen Fürsten hingegen ist wohl weder zu erwarten, noch auszuführen; allein das ist gewiß, daß die täglich mehr einreißende Gleichgültigkeit gegen Religion, größtentheils mit von der geschmacklosen Einrichtung unsers äußern Gottesdienstes herrührt, und daß man es wahrlich, bey immer mehr zunehmender Aufklärung und Ausbreitung eines eklern Geschmacks in allen Ständen, einem Manne, der kein Heuchler ist und nicht etwa, seiner bürgerlichen Lage nach, Andern ein Beyspiel geben muß, nicht übel deuten kann, wenn er selten die Kirchen besucht, wo er nicht nur weniger als zu Hause zur Andacht gestimmt wird, sondern auch tödtende lange Weile und Empörung seines Sinnes für alles was schön und groß ist, seiner wartet.

In einem Sächsischen Dorfe sahen wir auf dem Gute des Edelmanns einen Auflauf von Menschen; wir fragten nach der Ursache und erfuhren, daß der Besitzer dieses Guts kürzlich gestorben war; der, welchen jedermann für den rechtmäßigen Erben hielt, befand sich außer Landes. Nun nützte ein Andrer, der Ansprüche auf die Verlassenschaft machte, diesen Augenblick, um sich vorerst in den Besitz zu setzen.

»Und wie fängt der Mann das an?« fragte Manim. »Er läßt«, antwortete man ihm, »von einem Notarius und Zeugen einen Splitter aus der Hausthür schneiden, Feuer auf dem Heerde anzünden, den Schafen ein Bißchen Wolle abschneiden; und nun erlangt er dadurch den Vortheil, daß er in Possession des Guts bleibt, seine Ansprüche mögen auch noch so ungegründet seyn, daß sein Gegner klagen muß und vielleicht das Ende des Streits nicht erlebt.« – »Aber«, rief Manim, und wendete sich gegen mich, »ist dieser Gebrauch allgemein in Deutschland eingeführt?« »Nichts weniger«, sprach ich, »und ich denke, er sollte nirgends Platz finden, wo man Billigkeit und gesunde Vernunft respectirt; allein«, fügte ich hinzu, »es gäbe noch wohl wichtigre Mißbräuche in der Justiz-Verfassung einzelner Deutschen Staaten abzuschaffen, wenn sich das ebenso leicht thun ließe, als man darüber raisonnirt. Glaubst Du zum Beyspiel wohl, daß es bey uns Länder gibt, in welchen die Tortur, das Monument der grausamsten Barbarey, noch jetzt im Gange bleibt?«

MANIM. Tortur? Was ist das?

ICH. Eine Reihe von körperlichen Peinigungen, durch welche man dem Verbrecher das Geständniß seiner verübten Schandthaten zu entlocken sucht.

MANIM. Aber wenn nun der Bösewicht so starke Nerven hat, daß er die Martern aushält, und dennoch nicht bekennt? oder wenn der unschuldig Angeklagte von der Grausamkeit der Schmerzen überwältigt, Verbrechen gesteht, die er nie begangen hat?

ICH. Von dem letztern Falle hat man, wenigstens in Deutschland, nur sehr seltene Beyspiele.

MANIM. Ich dächte, eines wäre genug, um diesen schändlichen Gebrauch abzuschaffen.

ICH. Es wird aber auch nicht eher jemand zur Tortur verurtheilt, als bis er schon des Verbrechens überwiesen ist. Bekennt er dann nicht, so wird er doch nicht freygelassen. Höchstens kann er der Todesstrafe entgehen; ein lebenslängliches Gefängniß erwartet nichts desto weniger seiner.

MANIM. Nun! so dächte ich doch, es sey hundert Mahl menschlicher, einen Bösewicht mit einer geringern Strafe davon kommen zu lassen, als ein einzig Mahl sich dem erschrecklichen Falle auszusetzen, einen Mitbürger unverdienter Weise zu peinigen.

ICH. Die Gesetze fordern das eigne Geständniß.

MANIM. Das ist thöricht, wenn man die Sache schon gewiß weiß.

ICH. Und der Verbrecher soll die Mitschuldigen angeben.

MANIM. Meine gesunde Vernunft getrauet sich, zu beweisen, daß dieß die höchste Grausamkeit ist. Der Staat kann den Bürger, welcher in diesem Staate leben will, zwingen, nach den moralischen Grundsätzen zu handeln, die der größere Theil des Volks als richtig und heilsam erkannt und ihnen gesetzliche Kraft gegeben hat. Er kann den, welcher dagegen handelt, bestrafen, ausstoßen, einsperren; er kann offenbar gewordne Handlungen richten, nie aber kann er, ohne die höchste Tyranney, das Bekenntniß verborgen gebliebner Übertretungen, durch grausame Martern erzwingen.

ICH. *Ich sehe, Du bist kein Jurist.*

MANIM. *Nein! ich bin ein Mann, der gesunde Vernunft und Freyheit und Menschenwürde respectirt. Reden wir nicht mehr davon!*

Allein ich will auch die Leser nicht länger mehr mit den Bemerkungen meiner Abyssinischen Reisegefährten über solche Dinge, welche ihnen in Deutschland auffielen, ermüden; was ich davon erzählt habe, das sollte ihnen nur zeigen, aus welchen sonderbaren Gesichtspuncten zuweilen die Leute, denen Europäische Verfassungen fremd sind, dergleichen Gegenstände ansehen. Daß es übrigens unbillig seyn würde, wenn man ihre verkehrten Meinungen auf meine Rechnung schreiben wollte, das versteht sich, wie ich glaube von selber. Kürzer aber habe ich mich unmöglich fassen können. Ich bin in sieben Kapiteln einen Zeitraum von mehr als fünf Jahren durchlaufen; denn so lange waren wir jetzt aus Abyssinien abwesend gewesen, und nun bin ich schon im Begriffe von unsrer Rückreise zu reden.

Im August des Jahrs 1777 nähmlich bekam ich, eben als ich mit dem Kronprinzen und seinem Gefolge in Berlin war, einen Brief von meinem Herrn Vetter, dem Minister von Wurmbrand. Dieser Brief enthielt den Befehl, gleich nach Empfang desselben Anstalt zu unsrer Rückkehr nach Abyssinien zu machen, so schnell als möglich zu reisen, und den kürzesten Weg zu nehmen. »Se. Majestät der König«, schrieb mir mein Vetter, »befinden sich in sehr bedenklichen Gesundheits-Umständen, und wünschen den Thron-Erben hier zu sehen. Ihr müßt also die Rückreise Sr. Hoheit so viel sich's nur irgend thun läßt, beschleunigen. Allein der Weg ist weit, und ich zweifle sehr, daß der Prinz seinen Herrn Vater noch lebendig antreffen wird. Indessen hoffe ich, mein lieber Vetter! es wird sich unser künftiger Monarch unter Eurer Anleitung so gebildet haben, daß die Länder, welche nun unter seinem Scepter stehen werden, sich blühende, glückliche Zeiten versprechen können. Ich darf dabey Eurer Klugheit und Redlichkeit zutrauen, daß Ihr nichts werdet versäumt haben, nicht nur Euch Sr. Hoheit Gunst, Gnade und

Vertrauen zu erwerben, sondern auch, bey schicklichen Gelegenheiten, dem Prinzen meine eifrigen und treuen Dienste von
einer solchen Seite zu schildern, daß ich ruhig und ohne Be-
sorgniß der nahe bevorstehenden Regierungs-Veränderung entgegen sehen könne.«

So bald ich diesen Brief erhielt, machte ich dem Kronprinzen
den Haupt-Inhalt desselben bekannt, und zwey Tage nachher
befanden wir uns schon auf der Rückreise nach Abyssinien.

Achtes Kapitel.

Etwas über den Prinzen. Rückkunft nach Gondar.

Der letzte Theil von meines Herrn Vetters Briefe, nähmlich was den Kronprinzen und meinen Einfluß auf
denselben betraf, machte mir in der That unruhige
Nächte, und meine Beklemmung nahm zu, je mehr ich ihn,
nachdem er die Nachricht von des Königs gefährlichen Gesundheits-Umständen erhalten hatte, auf der Reise beobachtete. Der
Minister erwartete, wie ich aus seinen Äußerungen sah, nun
bald einen, durch meine Sorgfalt und durch eigne Erfahrungen
gebildeten würdigen Fürsten auf Abyssiniens Thron zu sehen –
und ach! wie wenig Ursache hatte ich, seinen Hoffnungen einen
guten Erfolg zu versprechen!

Ich habe schon im funfzehnten Kapitel des ersten Theils
dieses Buchs, als ich den Character der beiden königlich Abyssinischen Prinzen schilderte, ein Bild von diesem ältesten entworfen, das leider! zu erkennen gab, welche schlimme Anlagen
dieser Königs-Sohn schon in seiner frühen Jugend verrieth, und
was ich von seiner Aufführung in Cassel und überhaupt auf
der Reise erzählt habe, paßt vollkommen zu jenen Zügen. Daß
ich es an Eifer, Fleiß und Ermahnungen nicht mangeln ließ, um
bessere Gesinnungen und Gefühle in ihm zu erwecken, das kann
ich auf meine Ehre versichern; aber ich muß es gestehen, als

ich sah, daß alle meine Vorstellungen vergebens waren, daß die Schmeicheleyen der Hofschranzen, die man uns mitgegeben hatte, nebst den bösen Beyspielen, die er an den Höfen und in den Städten, welche wir besuchten, sahe, mächtiger auf ihn wirkten, als meine Lehren, und oft in Einer Stunde alles vereitelten, was ich durch wochenlange Predigten bewirkt zu haben glaubte; da verlor ich den Muth, und wurde, um mich ihm zuletzt nicht durchaus verhaßt zu machen, nachsichtiger gegen ihn, und – wenn man glaubt, daß es Pflicht sey, auch da zu arbeiten, wo man gewiß weiß, daß alle Arbeit verloren ist – nachlässiger in Erfüllung meiner Pflichten.

Die kalte, untheilnehmende Seele des Prinzen war schlechterdings durch nichts, was gute Menschen interessirt, zu rühren. Glaubte ich zuweilen wohlwollende Aufwallungen in ihm zu bemerken, so erfuhr ich doch bald nachher, daß diese entweder nur von schwachen Nerven herrührten, die manchen unwillkührlichen Eindrücken nicht zu widerstehen vermochten, oder daß er, wie das bey sanguinischen Temperamenten nicht ungewöhnlich ist, sich hingab, wo diese Hingebung ihm eignen Genuß gewährte, auch keine Art von Aufopferung kostete, und daß er aus langer Weile Freundschaften schloß, wobey sein Herz nicht war.

Eitel im höchsten Grade und nur dann herablassend, gefällig und höflich, wenn er Schmeicheley und niedrige Gefälligkeit dafür einzuernten hoffen durfte, hatte er keinen Sinn für fremdes Verdienst, schätzte niemand, betrachtete alle Menschen als geborne Sclaven, und sich von der Natur bestimmt, hoch über sie alle da zu stehen, und sie zu Werkzeugen seiner thörichten Unternehmungen zu machen. Er hielt jedermann für eigennützig, glaubte so wenig Andre fähig, aus Liebe zum Guten, ohne Nebenabsichten zu handeln, als er selbst in sich fühlte, wie wenig er im Stande war, etwas aus edlern Trieben zu unternehmen. Der Gedanke, daß jedermann Plane auf seine Schätze machte, trieb ihn zu dem schmutzigsten Geize; wo es aber Befriedigung seiner Lüste oder seiner kindischen Eitelkeit galt, da warf er große Summen weg.

Sein Hang zu Ausschweifungen und sinnlichen Vergnügungen aller Art nahm mit jedem Jahre zu, und bald wurde ihm eine ununterbrochne Reihe von wollüstigen und betäubenden Freuden zum Bedürfnisse.

Nicht eine Spur von wahrhafter Festigkeit war in seinem Character; momentane Eindrücke, Launen und Grillen bestimmten ihn; aber in dem Augenblicke, daß er etwas wollte, durfte nichts der Erfüllung seiner Wünsche im Wege stehen; allein er hob die Schwierigkeiten nicht, sondern ertrotzte es von Andern, daß diese sie aus dem Wege schaffen mußten.

Ich sah bald, daß dieser Jünglings-Character einen Mann ankündigte, der einst als kalter Tyrann und schwacher Wollüstling viel tausend Menschen elend machen würde, und mit traurigem Herzen wurde ich gewahr, daß er aus jeder fremden Stadt, die wir besuchten, neue Laster, verstärkte Eindrücke zu Ausbildung seiner unglücklichen Gemüthsart mit sich nahm. Wo Verderbniß der Sitten herrschte und die Gelegenheit zu Ausschweifungen häufig war, da ergab er sich blindlings seinem Hange zur Wollust und Völlerey. Wo der Despotismus am höchsten getrieben wurde, da bestärkte er sich in seinen Grundsätzen von unbedingtem Gehorsame, den er forderte. Statt in den Preußischen Staaten die unermüdete Wachsamkeit und Thätigkeit des großen, unsterblichen Friedrichs zum Wohl seiner glücklichen Unterthanen anzustaunen und zum höchsten Ideale eines Vorbilds für ihn zu machen, freuete er sich nur, wenn er hörte, daß der weise Monarch nicht litte, daß man ihm widerspräche, und nahm die Idee aus Berlin mit, daß ein König nie irren könne. Er ahmte nicht die Einfalt, Gradheit, Prunklosigkeit und Popularität des edeln, für die gute Sache so warmen Josephs nach; aber er legte die Art zu handeln des Kaisers nach seiner Weise aus, und bildete sich daraus übel verstandne Grundsätze zu Unterdrückung und Demüthigung aller höhern Stände, und zu willkührlicher Anwendung einer unumschränkten Gewalt, die keine Gesetze, keine Meinungen, kein Eigenthum respectirt; und statt von Carl Theodor zu lernen, wie ein Fürst Talente, Wissenschaften und Künste ermuntern und belohnen soll, nährte er in Mannheim und in München seinen Hang zur Unkeuschheit, zur Unmäßigkeit und zur Pracht.

Kurz! er kam an Leib und Seele sehr viel verderbter zurück, als er ausgereiset war; dennoch aber war es mir gelungen, ihm eine gewisse Furcht vor meinen strengen Grundsätzen einzuflößen, in so weit nähmlich, daß er sich doch scheuete, in meiner Gegenwart sich ganz so zu zeigen, wie er war, ganz so zu handeln, wie er gern gehandelt hätte. Allein auch dieser Überrest von Scham verschwand, als er den Brief gelesen hatte, den ich aus Abyssinien erhielt. Nun sahe er sich schon in Gedanken auf dem Throne eines großen Reichs, über jede Einschränkung, jede Rücksicht hinaus; von diesem Augenblicke an veränderte sich sein Gesicht gegen mich, und er behandelte mich, als wenn ich der geringste seiner Sclaven gewesen wäre.

Wie wenig er sich nun noch um meinen Beyfall und meine Achtung bekümmerte, davon gab er mir, als wir uns in Venedig einschifften (denn wir nahmen den Weg durch Tyrol dahin) eine auffallende Probe. Er hatte nähmlich in Cassel Bekanntschaft mit einer verbuhlten und ränkevollen Französischen Schauspielerinn gemacht, und diese während der ganzen Zeit seines Aufenthalts in dieser Stadt unterhalten. Ich habe oben erzählt, daß seine Hofleute, so bald sie merkten, daß er sich dergleichen Ausschweifungen ergäbe, ihm allen Vorschub dazu leisteten; unter diesen Kupplern und Gelegenheitsmachern war aber keiner so geschäftig, als der erste Cammerjunker Sr. Hoheit, welcher Stilky hieß. Dieser Mensch machte mir unerhört viel Kummer; er war unerschöpflich an Ränken und Niederträchtigkeiten, und der Einzige, der sich durch schändliche Gefälligkeit dem Prinzen nothwendig zu machen verstand.

Als wir Cassel verließen hatte Stilky die Veranstaltung getroffen, daß die Französische Schauspielerinn uns nachreisen mußte. Es befremdete mich ein wenig, in Frankfurth am Mayn und nachher in Mannheim im Schauspiele und an andern öffentlichen Örtern ein Frauenzimmer-Gesicht wahrzunehmen, das ich schon öfter gesehen zu haben glaubte; allein ich dachte nicht weiter daran, bis ich dieselbe Person wiederum in München, in der Oper und zwar mit Sr. Hoheit im Gespräch begriffen fand. Da merkte ich nun wohl, daß dieß Zusammentreffen nicht von ungefähr kam. Der Prinz schlich oft gegen Abend, allein von Stilky begleitet, aus, und kam erst gegen die Morgen-Dämmerung wieder zu Hause. Es wurden mir von den Örtern her, durch welche wir gereiset waren, Wechsel, die der Prinz ausgestellt hatte, zur Zahlung vorgelegt, ohne daß ich deutlich sah, wozu er diese Summen angewendet haben konnte. – Das alles war mir sehr unangenehm; aber was sollte ich thun? Vorstellungen halfen nicht; er war kein Knabe mehr, gegen den ich heftigre Mittel hätte anwenden, ihn etwa einsperren können; am Ende war es auch wohl für seine Gesundheit wenigstens besser, wenn er doch nun ein Mahl ausschweifen wollte und mußte, daß er sich an ein einziges Frauenzimmer hing, als wenn er aus einem berüchtigten Hause in das andere gelaufen wäre. Wenn wir Europa verlassen, dachte ich, so wird doch die Dame zurückbleiben müssen, und habe ich den Prinzen erst in Gondar abgeliefert, dann mögen Andre die Sorge übernehmen, auf seine Schritte Acht zu geben!

Allein, wie soll ich mein Erstaunen schildern, als er in Venedig in mein Zimmer trat, und mit einem hohen, befehlenden Ton und Blicke mir ankündigte, daß ich dafür sorgen müßte, eine Dame, welche ihn nach Abyssinien begleiten würde, nebst ihren Domestiken mit an Bord zu nehmen, und ihnen alle Gemächlichkeiten zu verschaffen? Jetzt glaubte ich reden zu müssen, und ich that das mit Nachdruck. Von ernsten Vorstellungen und männlichen Weigerungen ließ ich mich zu den dringendsten, flehentlichsten Bitten herab – alles umsonst! Ich mischte Spott und Satyre hinein, suchte seine Eitelkeit rege zu machen, ihm vorzumahlen, wie schimpflich es für einen Fürsten sey, sich in den Fesseln einer feilen Dirne zu schmiegen – alles vergebens! Endlich erklärte er mir mit dem frechsten Ungestüm, daß die Zeiten vorüber wären, wo ich ihn hätte als ein Kind behandeln dürfen, und daß, wenn Einer von uns beiden, die Französinn oder ich, in Europa bleiben müßte, die Reihe mich treffen würde.

Nun schwieg ich, aber ich warf einen Blick auf ihn, der ihn hätte erröthen machen müssen, wenn Africanische Fürsten erröthen könnten. – Die Buhlerinn wurde, nebst zwey Kammermädchen und zwey Livree-Bedienten, eingeschifft, und wir segelten mit günstigem Winde aus dem Golfo di Venezia ab.

Nie ist mir eine Reise unangenehmer, langweiliger gewesen, als diese Seereise von Venedig bis Alexandrien. Unser Schiff glich einem schwimmenden Bordelle. Vom frühen Morgen bis in die späte Nacht wurden Bachanale gefeyert, und die zügelloseste Frechheit herrschte in Reden und Handlungen. Soban's und Manim's Gesellschaft waren mein einziger Trost. Wir saßen, so oft wir konnten, in einer kleinen Cajüte, oder auf dem Verdecke zusammen, suchten zu vergessen, von was für Menschen wir umgeben waren, unterredeten uns mit einander, oder lasen, und hatten die Ehre, spottweise von der ausgelassenen Bande, die Philosophen genannt zu werden.

In Alexandrien fanden wir alles zu der Landreise durch Ägypten und Nubien in Bereitschaft. Mein Herr Vetter hatte dafür gesorgt; Cameele und Elephanten nebst allen Lebensbedürfnissen und einer zahlreichen Bedeckung hatten schon seit zwey Monathen auf uns gewartet; bey Abreise des Zugs hatte der alte Negus noch gelebt.

Hier nun theilte ich mit des Kronprinzen Erlaubniß die Caravane in zwey Theile. Die Wahrheit zu gestehen, so schämte ich mich, mit dem Gefolge dem Könige und dem Minister unter die Augen zu treten; ich wollte also voraus reisen und sie erst vorbereiten zu dem, was sie sehen würden. Mit mir reisete Soban, der ein herzliches Verlangen hatte, Weib und Kind wieder zu sehen. Wir nahmen nur wenig Leute mit; Manim blieb, mit dem Reste der Suite, bey dem Prinzen, und führte den zweyten Zug. Wir kamen zu Anfange des Februars im Jahre 1778 in Gondar an; der Kronprinz hielt zehn Tage später seinen Einzug in der Residenz.

Neuntes Kapitel.

Schilderung des Zustandes, in welchem der Verfasser den Hof von Gondar fand. Betragen des neuen Königs.

Sobald ich die Grenzen des Abyssinischen Reichs betrat, erfuhr ich, daß der gute alte König vor vier Wochen gestorben wäre. Nach allem, was ich von dem Kronprinzen und meinen Verhältnissen mit ihm gesagt habe, wird man leicht begreifen, daß diese Nachricht mich recht sehr niedergeschlagen machte. Ich trat in Gondar sogleich in dem Hause meines Herrn Vetters, in welchem, wie man weiß, auch ich wohnte, ab, und wurde von ihm, der mich längst sehnlich erwartet hatte, liebreich empfangen. Zwischen Furcht und Hoffnung schwebend, legte er mir tausend Fragen über die Erwartungen vor, die man von dem neuen Monarchen hegen dürfte, und ich hielt es für Pflicht, ihm offenherzig zu gestehen, wie wenig Glück ich dem Lande von dieser Veränderung versprechen könnte.

Ich habe im ersten Theile dieses Buchs den alten Negus so treu als möglich geschildert. Das war freylich nicht das Gemählde eines großen Regenten; aber doch eines Mannes, der das Gute mit Wärme zu lieben, zu wünschen und zu befördern im Stande war; der sich gern unterrichten, gern etwas in der Welt ausrichten wollte, das nützlich und lobenswerth wäre; der dabey, obgleich er eine zu hohe Meinung von sich selber hatte und gern glänzen wollte, dennoch auch fremdem Werthe Gerechtigkeit wiederfahren zu lassen, guten Rath anzunehmen, nützliche Dienste zu erkennen und zu vergelten wußte; endlich der, so viel er auch auf seinen Fürstenstand und auf unumschränkte Gewalt hielt, doch kein eigentlicher Tyrann war.

Wie der Kronprinz von allen diesen Zügen nicht einen einzigen hatte, wie er dagegen alle Fehler seines Vaters in dem höchsten Grade und Übermaße mit unzähligen Lastern vereinigte, wovon in des alten Negus Character keine Spur zu finden war; das wissen die Leser nun auch. – Meinem Vetter aber entfiel der Muth, als er diese Umstände erfuhr. Indessen war es der Klugheit gemäß, dieß gegen niemand zu äußern, und ruhig abzuwarten, welche Wendung das Ganze nehmen, und wie sich der neue König bey seiner Ankunft gegen jedermann betragen würde.

Das Volk in allen Ländern ist, wie bekannt, nie von der gegenwärtigen Regierung vollkommen zufrieden, verspricht sich unter dem Scepter des Thronfolgers ein goldnes Zeitalter, und hegt immer von den Kronprinzen gewaltige Hoffnungen, von welchen es dann gewöhnlich, nach Jahres Frist, wenn der neue Herr nicht jeden unruhigen Kopf zufrieden stellt, tief wieder herab sinkt, und den hochseligen Fürsten wieder aus dem Grabe hervor wünscht. So ging es auch hier! Noch ehe der Prinz nach Gondar kam, lief schon der Ruf seiner großen Tugenden, seiner Menschenliebe, Huld, Weisheit und Gerechtigkeit vor ihm her, und die Zeitungen waren voll Anecdoten von edeln Zügen und Proben der liebenswürdigsten, erhabensten Denkungsart, die er auf seiner Reise hätte blicken lassen, und wovon ich freylich nichts gesehen hatte. Als er nun aber vollends seinen feyerlichen Einzug in der Residenz hielt, schön geschmückt auf einem Elephanten saß, und von beiden Seiten mit fürstlicher Herablassung und Freundlichkeit den herzudringenden Haufen anlächelte, die Glückwünsche in Prosa und Versen und die leeren Complimente so gnädig annahm und so artig beantwortete; da erschallten aus allen Ecken die Ausrufungen: o! der gute Herr! der gnädige Herr! das ist ein Herr! wie wird nun das Land so glücklich seyn!

Es kostet die Fürsten sehr wenig, die Herzen des Pöbels zu ihrem Vortheile zu stimmen; das eingewurzelte Vorurtheil, daß diese Menschen-Classe aus Wesen höherer Art besteht, wirkt, daß man alles, was sie menschliches thun, für Herablassung erklärt. Durch diese sclavische Anbethung hat man wirklich den mehrsten von ihnen so den Kopf verdreht, daß sie glauben, was Andre ihnen erwiesen, das wäre strenge Pflicht, was sie hingegen für Andre thäten, bloße willkührliche Gnade. Man sollte ihnen doch von Jugend auf sagen, daß Titus ein eitler Narr war, wenn er ausrief: der Tag sey verloren, an welchem er nicht eine gute Handlung begangen, eine Wohlthat erzeigt hätte. Das ist bey allen Menschen in der Welt der Fall, daß die Tage verloren sind, an welchen man nichts Gutes thut; aber bey Fürsten ist es keine Kunst, Wohlthaten zu erzeigen, denn sie nehmen die Mittel dazu aus fremden Geldbeuteln. Was sie geben, gehört nicht ihnen, sondern dem Staate; was man von ihnen erbittet, in so fern man es mit Gerechtigkeit von ihnen erbitten kann, ist nicht mehr und nicht weniger, als was man sich selbst geben oder nehmen würde, wenn man nicht darüber einig geworden wäre, einem gemeinschaftlichen Ausspender und Verwalter sich anzuvertrauen, und dieser hat Ursache dem Volke dafür zu danken, daß es ihm erlaubt, auf so wohlfeile Art Gutes zu thun, und Menschen froh zu machen, ohne daß es ihm etwas kostet. – Man verzeihe mir diese Ausschweifung! Das sind Wahrheiten, die man nicht oft genug sagen kann. – Kehren wir nun zu unserm neuen Könige zurück!

Jedermann war nun in Erwartung, wodurch der junge Negus den Antritt seiner Regierung bezeichnen würde. Die ersten Monathe verstrichen mit Feyerlichkeiten, Krönungen, Huldigungen, mit Ertheilung von Titeln, Orden, und Ausspendungen von Geschenken an allerley gute, schlechte und unbedeutende Menschen. Da Se. Majestät sich nicht gern mit Arbeiten abgaben, und mein Herr Vetter als ein fleissiger, der Geschäfte kundiger Mann bekannt war, dem Negus auch als Kronprinzen nie etwas zu Leide gethan hatte, so blieb es Anfangs mit ihm beym Alten, und er behielt seine Stellen und Würden. Was mich betrifft, so hätte ich freylich eine Beförderung zu höheren Ehrenämtern erwarten können; denn es hatte mir der alte Negus dergleichen versprochen, wenn ich den Prinzen glücklich zurück brächte. Allein man weiß ja, wie wenig ich mich bey dem jungen Herrn und seinen Günstlingen eingeschmeichelt hatte; ich blieb also, was ich war, Baalomaal, und konnte froh seyn, daß ich nicht verabschiedet wurde. Einige schiefe Ge-

Der neue König wurde nun mit Bitten und Klagen aller Art
bestürmt, wie denn bey solchen Regierungs-Veränderungen alles Alte
wieder aufgerührt zu werden pflegt, und nun Jeder das durchsetzen
zu können hofft, was ihm bis jetzt nicht hat glücken wollen.

sichter, die ich zuweilen bekam, und je ein Mahl einen matten Spott über langweilige Philosophen abgerechnet, ging mir's also nicht schlimm. Man im wurde Finanz-Rath. Soban aber erhielt eine Pension und die Erlaubniß oder vielmehr den Wink, mit seiner Familie nach Sire zu ziehen, woher er gebürtig war. Sein Hofnarren-Amt würde ihm den Freybrief gegeben haben, ungestraft derbe Wahrheiten zu sagen, und die hatte man nicht Lust zu hören.

Der neue König wurde nun mit Bitten und Klagen aller Art bestürmt, wie denn bey solchen Regierungs-Veränderungen alles Alte wieder aufgerührt zu werden pflegt, und nun Jeder das durchsetzen zu können hofft, was ihm bis jetzt nicht hat glücken wollen. Die mehrsten dieser Bittschriften wurden dem Minister zur Prüfung und um das Nöthige zu verfügen, von Sr. Majestät übergeben, und dieß gab meinem Herrn Vetter wirklich Gelegenheit, manche nützliche Abänderung zu machen, wovon der alte Negus, aus einem kleinen Eigensinne, oder irgend einem Vorurtheile, nichts hatte hören wollen. Die Räthe in allen Departements suchten sich angenehm zu machen, und kamen mit nützlichen Vorschlägen, die zum Theil ausgeführt wurden. Wo irgend in Geschäften Schläfrigkeit eingeschlichen war und Sachen liegen geblieben waren, da trat nun neue Thätigkeit ein. – Die Ehre von diesem Allen fiel auf den jungen König, und da hieß es wieder: Sehet! das ist ein Herr! der sorgt für sein Land!

Es war unter der vorigen Regierung den Unterthanen eine gewisse Auflage zugemuthet worden, die ein wenig drückend für einige Classen der Bürger schien. Die Summen waren zum Theil nicht einzutreiben gewesen, aber immer in den Rechnungen liquidirt worden. Man legte dem neuen Könige ein langes Verzeichniß dieser inexigibeln Posten vor, und Se. Majestät hatten die hohe Gnade, zu befehlen, daß ein Strich dadurch gemacht werden sollte – Sie schenkten den Unterthanen, was doch nie zu erlangen war – und alle Zeitungen posaunten, es habe der huldreiche Monarch dem Lande einen großen Theil der rückständigen Abgaben erlassen.

Weiter fiel in dem ersten halben Jahre eben nichts Neues vor; nun schwiegen nach und nach die Stimmen der Lobredner; mancher hatte auch nicht erlangt, was er gehofft und erbeten hatte; da fing man denn an, Se. Majestät mit kälterm Blute in der Nähe zu beobachten, und wir werden künftig hören, was man bemerkte.

Zehntes Kapitel.

Nachricht von den Fortschritten, welche indeß die Aufklärung in Abyssinien gemacht hatte.

Es ist Zeit, daß wir nun sehen, wie weit das edle Aufklärungsgeschäft in Abyssinien bis zu der Thronbesteigung des neuen Königs vorgerückt war.

Wir haben gehört, daß der gute alte Negus sehr ernstlich darauf bedacht war, Wissenschaften und Künste in seinem Lande blühen zu machen, daß er dabey dem Rathe meines Herrn Vetters folgte, und alles auf Europäischen Fuß einzurichten sich bestrebte. Die Universität in Adova kam bald in großen Flor; die von mir nach Abyssinien spedierten Gelehrten und Künstler suchten, jeder in seiner Art, sich Ruhm, Anhang, Schüler und Zöglinge zu verschaffen. Wo sie in den niedern Ständen einen Knaben entdeckten, in dem ein Funken eines höhern Genius loderte, da zogen sie, wie sie das nannten, das verborgne Talent aus dem Staube hervor; der Bauer-Junge lief vom Pfluge weg, und setzte sich an den Schreibtisch, oder hinter die Staffeley, und der Gärtner warf das Grabscheit in die Ecke, um die Geige zur Hand zu nehmen; der Schuster machte Verse und beschmutzte seine Dichter-Werkzeuge nicht mehr mit garstigem Pechdrahte; Academien der bildenden Künste wurden gestiftet, Preise ausgetheilt, und der alte Negus freuete sich herzlich, in Prosa und Versen als ein zweyter August geschildert zu werden, und von einheimischen Künstlern hundert Mahl sein Antlitz auf Leinwand getragen und in Marmor gehauen zu sehen.

Die schönen Künste haben etwas sehr Verführerisches; bald wurde im ganzen Reiche in allen Ecken gepinselt, gefiddelt, geleyert, gedichtet, und wer auch über diese angenehmen Zeitvertreibe nicht jede bürgerliche und häusliche Beschäftigung aufgab, der theilte doch seine Zeit zwischen nützlicher Thätigkeit und dem Umgange mit den gefälligen Musen. Man fing an einzusehen, daß es zu einer guten Erziehung gehörte, nicht fremd in den schönen Künsten zu seyn, sich angenehme Talente zu erwerben; die jungen Mädchen ließen die einförmige Spindel ruhen, und sangen und spielten süße Abyssinische Lieder.

Man weiß, welchen Einfluß Poesie und Musik auf das Herz und die Sitten haben; auch in Abyssinien wurde dieser Einfluß sichtbar. Süßes Schmachten und zärtliche Sehnsucht schwammen nun in den Blicken der cultivirten Bürger-Töchter; nun erst sahen sie, welch ein liebliches, holdes Gesicht der bescheidne Mond hätte, und wie traulich er auf sie herab lächelte, wenn sie der langweiligen Spinnstube entschlichen und Arm in Arm mit den Nachbars-Söhnen in dem stillen Garten umher schlenderten. Der kleine, lose Liebesgott nützte diese glücklichen Stimmungen; der Schalk war aller Orten, und ließ den bedächtlichern Hymen zu Hause. Man kam zurück von den altväterischen Begriffen von übertriebner Sittsamkeit und Keuschheit. – Sich des Lebens zu freuen, zu genießen, hier, wo so reiche Fülle ist, die schöne Jugend nicht zu verträumen und eine Hand voll kurzer Jahre nicht mit ernsthaften Grillen zu verderben – das war die bessere Philosophie, welche jetzt die weiser gewordnen, aufgeklärten, gebildeten Abyssinier studierten und in Ausübung brachten.

Die Großen des Hofs, und überhaupt die Edelleute, die Affen des Monarchen, die ehemahls sich's fast zu einer Ehre rechneten, nicht lesen und schreiben zu können, affectirten nun, wie Er, Beschützer der Gelehrten und Künstler zu seyn; Landjunker forderten von einem Manne, den sie als Verwalter annehmen wollten, daß er auch ein Bißchen Baßgeige spielen mußte,

schickten ein Fuder Korn in die Stadt, und gaben ihrem Advocaten Auftrag, für das daraus zu lösende Geld Bücher für ihre
Weiber und Töchter zu kaufen, die nun auch anfingen von
Wonne und Lebensgenuß und Mondenschein zu reden, Cicisbei
zu halten, und Romane zu spielen.

Als die Leute merkten, daß der Stand eines Gelehrten und
Künstlers in Abyssinien in Ansehen kam, und etwas dabey zu
gewinnen war, da wollte nun jedermann studieren; der Schneider schämte sich seiner Nadel, und schickte seinen Tölpel von
Jungen in die Stadt-Schule, um einst die Ehre zu haben, ihn
einen Degen tragen zu sehen, und der Bauer verkaufte einen
Theil seines Erbguts, um seinen Knaben nach Adova zu senden,
damit dort in den gelehrten Treibhäusern die Keime des Genius
aus seiner bäurischen Natur hervor gejagt würden.

Die Folgen von diesem allgemeinen Drange zur so genannten
Gelehrsamkeit wurden nach zehn Jahren, ja! schon, als ich nach
Abyssinien zurück kam, sehr sichtbar. Man wird sich hierüber
um so weniger wundern, wenn man sich erinnert, daß ich im
eilften und zwölften Kapitel des ersten Theils dieses Buchs erzählt habe, wie weit es damit schon gekommen war, ehe wir
Deutsche in Abyssinien unser Wesen trieben. Die nützlichsten
Stände im Staate, die erwerbenden Classen der Bürger, kamen
in Verachtung und Abnahme und die glänzendere, verzehrende
Classe in Flor. Da jetzt auch sehr viel mittelmäßige und schiefe
Köpfe sich in die Studien warfen, so verlor man nach und nach
die Idee, daß ein Mann, der sich einen Gelehrten nennte, gründliche Kenntnisse in seinem Fache haben müßte; und so erntete
denn oft der unwissende Schwätzer und Windbeutel den Preis
ein, zog die Vortheile, die dem wahren Verdienste gebührten.
Die Menge der jungen Gelehrten, die sich zu den öffentlichen
Ämtern drängten, war so groß, daß, um auf der Versorgungs-
liste in die Reihe zu kommen, man früher anfangen mußte, als
der Verstand reif war, und ein Vater, um noch in seinem Alter
die Freude zu erleben, seinen Sohn in einer Bedienung zu sehen,
sich gezwungen sah, ihn ohne Vorkenntnisse auf Universitäten
zu schicken, und beynahe eben so unwissend von da zurück in

ein Amt zu rufen. Daraus entstand dann eine stillschweigende Convention, keine gründliche Kenntniß zu einzelnen Fächern zu fordern, sich mit oberflächlichem Wortkram zu begnügen; aber dagegen auch in allen Zweigen der Gelehrsamkeit herum zu pfuschen. – Doch, ich habe ja schon den größten Theil dieser Verkehrtheiten beschrieben, als ich von dem Zustande der Wissenschaften bey meiner ersten Ankunft in Gondar redete, und füge also nur hinzu, daß dieß alles im höchsten Grade zugenommen hatte, seitdem die Regierung die so genannten Gelehrten und Künstler vorzüglich zu unterstützen, Aufklärung zu befördern, Academien, Buchdruckereyen und Buchläden anzulegen und Preßfreyheit einzuführen anfing.

Nun wetteiferten die Bücherschreiber in Abyssinien mit einander um den Preis, wer die größte Menge von Geistes-Producten liefern könnte, um die Wuth aller Stände, nach täglich neuer Lectur, zu stillen. Man kann sich wohl einbilden, was für Zeug dann zum Vorschein kam; allein die unbeschreibliche Veränderlichkeit der literarischen Moden, die eine sichere Folge des Mangels an gründlichen Kenntnissen und an echtem Geschmacke ist, bewirkte gewisse Perioden, wovon ich doch einige nahmhaft machen will.

Am fruchtbarsten waren die Romanschreiber. Anfangs nannte man einen Roman ein Buch, in welchem die Sitten guter und böser Menschen aus verschiednen Ständen, so, wie sie in der wirklichen Welt beschaffen zu seyn pflegen, durch Erzählung und lebhafte Darstellung ihres Betragens, in erdichteten, aber wahrscheinlichen, doch nicht immer alltäglichen Begebenheiten, zum Beyspiele, zur Warnung und überhaupt zu Vermehrung der Menschenkenntniß, geschildert wurden. – Und so war dann ein Roman ein nützliches Buch für junge Leute, die in die große Welt treten wollten, und noch unbekannt waren in dem, was die Menschen, mit allen ihren Leidenschaften und Thorheiten, in derselben treiben, wirken, wünschen und begehren. Allein bald waren ihnen die gewöhnlichen, wirklichen oder möglichen Begebenheiten zu gemein, und die mit Wahrheit dargestellten Menschen zu alltäglich. Da schafften die Herren Romanschreiber für ihr Publicum eine neue Welt, arbeiteten ins Wunderbare hinein, stellten Ideale von Menschen dar, wie sie nun freylich der Schöpfer nicht zu liefern im Stande ist, und ließen ihre Helden die unerwartetsten, unerhörtesten Schicksale, Freuden und Leiden erleben. Nun wurde die Phantasie der Jünglinge und Mädchen hoch über die gewöhnliche Welt hinaus erhoben; nun war alles, was sie umgab, ihnen zuwider; alles ekelte sie an; der gemeine Gang der Dinge war nichts für sie. Ein Mädchen hielt sich für verloren, wenn sie, ohne vorhergegangne Entführung, mit Beystimmung ihrer braven Ältern, einem ehrlichen Kerl die Hand als Gattinn reichen sollte, und ein Jüngling, in dem der Geist der Aventüre in Brand gerieth, lief ohne bestimme Ursache in die weite Welt hinein, um zu sehen, was die wohlthätigen Feen da für ihn thun würden.

Als die Ideale, welche auf diese Weise den jungen Leuten in den Kopf gesetzt waren, sich nirgends realisirt finden wollten, da ging das Winseln über die erbärmliche Alltagswelt los. – So nannte man die Welt, welche der Schöpfer selbst recht gut fand, als er sie fertig hatte! Nun schrieben die Herren Büchermacher nur klägliche, rührende Geschichten; alles jammerte, empfindelte, seufzte. Diese empfindsame Periode griff dann die Nerven gewaltig an; jedermann klagte über Kränklichkeit und Vapeurs, beschwor seinen Freund, ihm einen Dolch in das Herz zu stoßen, um dem Leben voll Jammers ein Ende zu machen, und beschwor die Sterne, mitleidig auf das Elend dieses Erdenlebens herab zu blicken.

Aber bald erwachte der Geist andrer Schriftsteller voll Drang und Kraft. Diese sprachen der Jugend Muth ein, ermunterten sie, nicht zu verzweifeln, sondern das Übel mit der Wurzel auszureissen. Die leidigen Conventionen und Regeln und Moralien – das waren die Fesseln, in denen die freye Menschheit seufzte, und die man brechen mußte. – Fort also mit dem Zwange, den sogenannter Anstand, unnatürliche Gesetze, eingebildete Regeln auflegen! Dem Herzen, der Natur, den innern Trieben gefolgt und umgestürzt, was dem Genusse, für welchen wir geschaffen sind, und der Entwicklung größerer Kraft entgegen ist! – Das war die Parole, mit welcher nun das Reich des Geniewesens anfing. Nun trotzte der Jüngling kühn den langweiligen Vorschriften des Sittenpredigers, warf das Joch des bürgerlichen Zwanges und der feinern Lebensart weg, ließ die Haare um den Kopf hängen, nahm seinen Knotenstock in die Hand und ging, wohin ihn zu gehen gelüstete, wäre es auch in das Ehebette seines Bruders und Freundes gewesen. Er folgte seinen Trieben, und die Schriftsteller bewiesen ihm, daß kein Mensch anders handeln könne, als er handelt, daß oft der, welchen die ganze Welt für einen Bösewicht, Verwüster und Zerstörer der öffentlichen Ruhe gehalten hätte, ein größerer Mann gewesen, als der hochgepriesene Wohlthäter des Menschengeschlechts; und daß alles gut und groß sey, wozu Kraft gehörte. Vergebens suchten einige ernsthafte Männer zu beweisen, daß Auflodern nicht erwärmendes Feuer, Stoß nicht Kraft genannt werden dürfe; daß wahre Kraft und Festigkeit und Muth im Ausdauern, in consequentem, regelmäßigem, bestimmtem Fortrücken, zu reinen verständigen Zwecken besteht. – Man spottete der Pedanten und rasete darauf los. Auch in den Wissenschaften und Künsten warf man alle Regeln zur Seite und verschrie die Vorschriften, welche aus der Natur geschöpft waren, als schändliche Fesseln des höhern Genies.

Diese Periode erhielt sich bis zu der größern Revolution, wovon ich in der Folge reden werde, und schien auch in der That äußerst passend für die Abyssinier, wie sie jetzt waren. Weichlichen, verzärtelten Menschen, mit äußerst reitzbaren Nerven und dabey gewöhnt an Üppigkeit und Wohlleben und sinnlichen Kitzel, deren Phantasie immer mit der gesunden Vernunft davon lief, und die dabey jede dauernde Anstrengung flohen; solchen Menschen war freylich ein System willkommen, nach welchem ihre Ausschweifungen gerechtfertigt wurden, ihre Fieber-Wuth für Kraft, ihre Unverschämtheit und Regellosigkeit für angeborne natürliche Freyheit und ihr polyhistorisches Geschwätz für Gelehrsamkeit galt.

Es ist nun Zeit, auch zu sagen, wie sich die Priester hiebey betrugen. Aus der neuern Geschichte von Abyssinien, die ich im ersten Theile dieses Buchs vorgetragen habe, wird man sich noch erinnern, daß das Ansehen der Geistlichkeit und der edeln Orthodoxie unter der Regierung des zuletzt verstorbnen Negus nicht eben sehr groß war. Als nun die Aufklärung so mächtige Fortschritte machte, man allen Zwang abschüttelte, und eine gewisse Kühnheit in Grundsätzen und Handlungen allgemein wurde; da kam denn auch die Reihe an das Kirchen-System. Die Zeiten waren vorbey, wo man sich mit unnützen Grübeleyen über Glaubenslehren abgab; aber auch die Zeiten waren vorbey, wo man sich von dem Priesterstande vorschreiben ließ, was man glauben und denken sollte. Jetzt, da es auf alle Weise, wegen des unangenehmen Gedränges, in welches zuweilen die jetzige Moralität mit dem Religions-Systeme kam, bequemer war, auch dieses wegzuwerfen, machte man dazu Anstalt. Allein es war dem Genius des Zeitalters zuwider, dieß mit einigem Forschungsgeiste zu unternehmen; leichter war es, auch in diesem Fache, wie in allen übrigen, mit Spott und Persifflage das anzugreifen, was zu mühsam mit Gründen zu bekämpfen war, und da der alte Negus die Pfaffen nicht schätzte und selbst immer aufgeklärter und toleranter wurde, so mußten die geistlichen Herren dieß wohl geschehen lassen. Um jedoch nicht allen Einfluß zu verlieren, dreheten die Feinsten unter ihnen den Mantel nach dem Winde, fingen selbst an, Duldung zu predigen und die Glaubenslehren nach Zeit und Umständen zu modificiren. – Wie consequent dieß gehandelt war, und ob nicht die wenigen eifrigen Zeloten weiser handelten, die auch nicht Ein Tittelchen ausgelöscht haben wollten, und, in Erwartung besserer Zeiten, nicht aufhörten die Kanzel zu pauken, den Unglauben zu anathematisiren, Verderben und Untergang zu prophezeyen und mit Feuer vom Himmel zu drohen – das überlasse ich dem geneigten Leser zu entscheiden.

Eilftes Kapitel.

Fortsetzung des Vorigen.

Ich habe eben gesagt, daß der alte Negus täglich toleranter und aufgeklärter geworden wäre; doch darf ich nicht behaupten, diese Vervollkommnung sey das Werk eines tiefen, reiflichen Nachdenkens über dergleichen Gegenstände gewesen; vielmehr riß ihn der allgemeine Strom des Lichts unmerklich mit sich fort. Wir haben gehört, daß er eine Bücher-Censur errichtet hatte; diese wurde freylich nicht aufgehoben; aber das konnte er doch nicht ändern, daß die Censoren selbst allmählich anfingen, die Grundsätze ihres Zeitalters anzunehmen. Nach und nach starben denn auch die alten, ungeschmeidigen Männer und junge, freyer denkende kamen, in diesem Departement, an das Ruder. Man wird immer weniger empört durch kühne Sätze, je öfter man sie hört, und zuletzt kommen sie in allgemeinen Cours und erhalten durch vieljährigen Besitz die Rechte der Wahrheit. Dieß haben diejenigen wohl gewußt, welche den Menschen Thorheiten und Irrthümer aufheften wollten. Sie haben so lange dieselben Fratzen gepredigt, gesungen, geschrieben, gemahlt, bis zuletzt kein Mensch mehr das Herz hatte, sich selber zu fragen, ob auch wohl ein gesunder Begriff in dem allen liege; und beobachten wir mit philosophischem Auge, auf welche Weise, mitten in aufgeklärten Zeiten, gewisse Betrüger sich großen Anhang zu verschaffen wissen; so werden wir finden, worauf die Kunst dieser Leute beruht; sie wissen, daß, wenn sie nur nicht müde werden, den Unsinn zu behaupten, der Anfangs verlacht, nachher übersehen, dann geduldet, hierauf vertheidigt wird, und endlich Märtyrer findet, sie doch zuletzt ihren Zweck erreichen; und daß, wenn es erst so weit ist, dann wenig Leute den Muth haben, sich allgemeinen Meinungen zu widersetzen. Diese Bemerkung könnten sich, wie ich glaube, diejenigen zu Nutzen machen, welchen es darum zu thun ist, edle, große und nützliche Wahrheiten auszubreiten.

*Noch ein Mahl! Das ganze Geheimniß, um alles in der Welt
durchzusetzen, beruht in diesen vier Worten:* nicht müde zu
werden.

*Bey dieser kleinen Ausschweifung habe ich nur die Absicht
gehabt, begreiflich zu machen, wie es zuging, daß die Aufklärung in Abyssinien so schnelle Fortschritte machte. In der That
brachte man kurz vor dem Tode des alten Negus, in öffentlichen
gemischten Gesellschaften, an Tafel und sonst gesprächsweise
Sätze vor, die man zehn Jahre früher kaum würde zu denken
gewagt haben; und die Großen des Hofs, ja! der Monarch selbst,
glaubten jetzt schon den Ruf vorurtheilfreyer Beförderer der
Aufklärung auf das Spiel zu setzen, wenn sie, so ungern sie
auch manches hörten, die natürliche Befugniß der Leute, über
alles ihre Meinung zu sagen, einschränkten. Es schlich sich also
unvermerkt eine gänzliche Denk- und Preß-Freyheit ein, von
welcher denn auch, wie von allen guten Dingen in der Welt,
vielfältig Mißbrauch gemacht, und weder die häusliche Ruhe
der Bürger, noch die wohlthätigen Vorurtheile der Schwächern,
noch der Ruf der Edlern, noch das Vertrauen der Freundschaft,
noch das Familien-Geheimniß – kurz nichts geschont, sondern
alles an das Tageslicht gezogen, beurtheilt, verdächtig gemacht,
angegriffen, verspottet und ohne Ersatz vertilgt wurde.*

*Unmittelbar aber traf diese Folge auch den ersten Beförde-
rer der Aufklärung, den König selber. Das Licht, welches er
angezündet hatte, leuchtete weiter, als seine Absicht gewesen
war. Nachdem man lange genug frey und kühn über Moral,
Religion und Privat-Verhältnisse geredet und geschrieben hatte,
fing man auch an, eben so ungezwungen über Menschen- und
Völker-Rechte, über Fürsten-Ansprüche und Befugnisse, über
Sclaverey und Freyheit zu raisonniren.*

*So standen die Sachen, als meine Deutschen Philosophen und
Pädagogen nach Abyssinien kamen. Diese, besonders die letztern, hätten nun viel dazu beytragen können, alles in ein ver-
nünftiges Geleise zu bringen. Unglücklicher Weise aber thaten
sie das Gegentheil. Ich habe immer geglaubt, daß sich über Erziehung keine allgemeine Regeln geben ließen, sondern daß sich*

diese nach Zeit und Umständen richten müßten, weil doch ihr Hauptzweck ist, Menschen zu bilden, die in ihr Zeitalter passen, und als nützliche Bürger zu Ihrer und ihrer Mitbürger Vervollkommnung und Glückseligkeit alles mögliche beytragen sollen. In einer Periode also, in welcher die Abyssinier ausschweifende Begriffe von Freyheit und Zwanglosigkeit hatten, jede ernsthafte Anstrengung scheueten, sehr vorlaut und egoistisch waren, alle Conventionen und alle Rücksichten auf Stand, Alter und Erfahrung verachteten und, über ihren Gesichtskreis hinaus, über alles im Himmel und auf Erden raisonnirten, schien es der Klugheit gemäß, die Jugend an mehr Ordnung, Pünctlichkeit, Gehorsam, Bescheidenheit, Mißtrauen in eigne Fähigkeiten, emsigen Fleiß, Überwindung von Schwierigkeiten, und Aufopferung zum allgemeinen Besten zu gewöhnen; allein daran dachten leider! meine Pädagogen nicht. Sie ermunterten vielmehr in den Knaben den übel verstandnen Freyheitssinn, declamirten gegen Pedanterie, Autorität, Sclaverey und Despotismus und erzogen die jungen Leute so, daß sie sich hernach durchaus nicht in den Zwang des bürgerlichen Lebens fügen wollten, und die frohen, im Spielen hingetändelten Stunden, welche sie in den Erziehungs-Instituten genossen, nachher durch manche unbehagliche, bittre büßen mußten, folglich die Summe der unzufriednen, unruhigen Bürger vermehrten.

Noch etwas verstärkte diese allgemeine Gährung, und das waren die geheimen Verbindungen, wovon ich doch auch noch ein Wort sagen muß. Nachdem die Abyssinier in allen Gebiethen wissenschaftlicher Kenntnisse herum geirrt waren und über alles nachgedacht zu haben glaubten, was den Menschen wichtig seyn kann, fanden sie, was man auf der letzten Seite jedes Systems findet, daß unser Wissen und Wollen und Wirken Stückwerk, unvollkommen und dunkel bleibt. In diesen Grenzen irdischer Weisheit und Thätigkeit aber sich einpfälen zu lassen, das dünkte Menschen von so reitzbaren Nerven, schwärmender Phantasie und unruhigem Thätigkeitstriebe, zu gemein; weil indessen ihre Begriffe nicht gehörig geordnet, sondern verwirrt und schwankend waren; so nährten sie unaufhörlich heimliche Wünsche und dunkle Ahndungen. Hie und da theilten sich Menschen, in denen dieß kochte und wurmte, solche Empfindungen mit, und freueten sich, wenn sie sahen, daß sie einander verstanden, oder zu verstehen glauben durften, obgleich sie nicht im Stande waren, mit Worten deutlich zu machen, was sie eigentlich wollten und suchten. Sie wurden aber über gewissen Hieroglyphen, Zeichen und Phrasen einig, wodurch sie in einander ihre dunkle Ideen wieder erwecken konnten und der Gedanke, daß dieß nun eine Sprache war, die nicht Jeder verstand, hatte etwas angenehmes, kitzelndes. Bald hielten sie diese neue Typen für wirkliche neue Sachen, für neu erfundene Wahrheiten, täuschten sich selbst, sprachen von ihren geheimen Kenntnissen, nahmen andre in diesen Bund auf, welche auch diese Bilder lernten, einen Sinn damit zu verbinden glaubten, aber eigentlich nichts bestimmtes darüber zu sagen wußten, als daß sich so etwas mit gemeinen Worten gar nicht ausdrücken ließe. Der gemeinschaftliche Besitz eines Geheimnisses bindet die Bewahrer desselben enge zusammen, und in einem Zeitalter, wo alle natürliche Bande locker geworden sind, und den Menschen zu alltäglich und langweilig vorkommen, erweckt eine neue Art von Verhältniß, das gar nicht auf den gewöhnlichen Conventionen beruht, den doch zur Geselligkeit geschaffenen Menschen zu neuer Wärme für seine Nebenmenschen. Er vergißt dann, daß er dieß Glück auf eine viel natürlichere Weise finden könnte, schimpft auf die Mängel der bürgerlichen Einrichtungen, ohne Vorschläge zu ihrer Verbesserung zu thun, und schafft sich neue Verbindungen, die noch größere Mängel, aber den Reiz der Neuheit und das Verdienst haben, daß er selbst ihr Schöpfer ist. Dieß alles wohl überlegt; so darf man sich darüber nicht wundern, daß in kurzer Zeit die Wuth zu geheimen Bündnissen in Abyssinien sehr hoch stieg, und daß deren eine Menge von allerley Art errichtet wurde.

So lange die ersten Stifter noch lebten, verband man doch einigen dunkeln Sinn mit der Bilder-Sprache und den mystischen Gebräuchen dieser Gesellschaften; nachher fing man an, sich nicht viel um die Deutung zu bekümmern, sondern hielt sich an die geselligen Zwecke; als aber die Gärung in den Köpfen und Gemüthern der Abyssinier unter allen Ständen so allgemein wurde, und Aufklärer, Reformatoren und Aufrührer von vielfacher Art im Volke hervor traten und sich Parteyen zu machen suchten, da nützten diese Menschen, zu guten und bösen Zwecken, den Schleyer und das Vehiculum geheimer Verbindungen, und weil die Hieroglyphen und Gebräuche alle mögliche Auslegungen litten, so war dieß ein herrliches Mittel, jedes System darauf zu bauen. Noch konnten solche Verbindungen an Ehrwürdigkeit viel gewinnen, wenn man ihnen ein hohes Alterthum andichtete; zum Glück war auch dazu Rath zu schaffen. Man untersuchte die Pyramiden und Obelisken in Ägypten, (die, im Vorbeygehen zu sagen, der übrigens gelehrte Herr Professor Witte kürzlich für vulcanische Producte und die innere Einrichtung der Zimmer etc. für Arbeiten gewisser Schnecken erklärt hat) und fand mit Freuden, daß darauf, so wie auf den Ruinen der Stadt Axum, Figuren eingegraben waren, die mit den Hieroglyphen der geheimen Verbindungen sehr viel Ähnlichkeiten hatten; und da war denn bald eine zusammenhängende Geschichte der verborgnen Weisheit heraus buchstabirt, die jede Partey zum Vortheile ihrer Lehre auslegte, und die übrigen Practicanten verketzerte. Schwärmer und Betrüger aller Art, Geisterseher, Goldmacher, Diebe, politische Reformatoren, Stifter neuer Religions-Secten – alle hingen dieß Gewand um, und setzten phantastische Menschen, schwache Denker und unruhige Köpfe in Bewegung, lockten sie von nützlicher Thätigkeit ab, und erfüllten sie mit Reformations-Geiste. – Doch, ich habe schon zu viel von diesen Armseligkeiten gesagt; wir werden bald hören, was am Ende aus dieser allgemeinen Gährung entstand.

Zwölftes Kapitel.

*Nachricht von dem, was in den ersten Regierungs-
jahren des neuen Landesvaters vorging.*

W ir haben am Ende des neunten Kapitels gehört, daß
die abgöttische Verehrung, welche man in den ersten
Monathen der neuen Regierung dem jungen Könige
erwiesen hatte, nach und nach der kältern Überlegung wich.
Und diese kältere Überlegung lehrte die Abyssinier bald, wie viel
sie bey der Veränderung gewonnen oder verloren hatten. Kaum
war der erste Taumel der Feyerlichkeiten vorüber, und der Gang
der Geschäfte wieder in die gewöhnliche Ordnung gekommen,
als der junge Despot sich durch einige willkührliche Verordnungen ankündigte, die jedermann furchtsam und muthlos
machten. Er führte das Kniebeugen und das alte sclavische
Ceremoniel wieder ein, beschränkte die Freyheit der Presse,
verstattete nicht mehr jedem aus dem Volke freyen Zutritt zu
seiner Person, sondern schloß sich mit seiner Französischen
Buhlerinn und seinen Lieblingen in dem Palaste ein, lebte
dort in Völlerey und Unthätigkeit, erschien dann nur ein Mahl
in der Woche, und zwar, nach alter Abyssinischer Weise, ver-
hüllt, von Trabanten umgeben, in dem Zirkel seiner verachtungswerthen Günstlinge, wovon die Niederträchtigsten in alle
Departements eingeschoben, den verdienstvollen Männern vor
und an die Seite gesetzt, und zu Geschäften gebraucht wurden,
wovon sie nichts verstanden. Diese machten dann den Negus
mißtrauisch gegen seine treuesten Diener, welche er nicht mehr
hörte, nicht mehr um Rath fragte, sondern sie kalt und rauh
behandelte. Es wurden Einrichtungen gemacht, die nicht in
die Landes-Verfassung paßten, alle natürliche Freyheit einschränkten und sehr drückend für die Unterthanen waren. Er
nahm keine Gegenvorstellungen an; sein Wink war strenger Befehl; sein Wille die Ursache; die geringste Weigerung, oder auch
nur ein bescheidner Einwurf, war hinreichend, den würdigsten

Mann um Bedienung und Freyheit zu bringen. Es schlichen Ausspäher, Auflaurer und Horcher in allen öffentlichen und Privathäusern herum, und sammelten jedes Wort auf, das einem Manne in guter oder böser Laune entwischte. Dann wurde auf ein Mahl ein sorgloser, unschädlicher Mann durch Wache des Nachts aus seinem Bette geholt und, ohne öffentlichen Proceß, seiner Bedienungen entsetzt, oder eingekerkert, oder des Landes verwiesen, oder verschwand, ohne daß man wußte, wohin. Zuweilen wurde bey Todesstrafe verbothen, von gewissen Dingen, oder von gewissen Personen zu reden. Gab jemand ein Mahl seinen Freunden ein fröhliches Mahl, oder vergnügte sich in seinem Hause mit Musik und Tanz, oder kaufte sich ein schönes Cameel, so wurde dieß dem Negus hinterbracht. Es hieß, dem Manne sey zu wohl, und es wurde ihm ein Theil seines Gehalts genommen. Allgemeine Muthlosigkeit herrschte nun, niemand trauete dem Andern; Geselligkeit, heitre Laune und Gastfreundschaft verschwanden, und wer einen guten Bissen essen wollte, verschloß sich in sein Cabinet.

Desto üppiger und wollüstiger aber lebte das Kebsweib des Negus mit seinem Anhange. Palläste und Lustschlösser wurden für diese mit ungeheuren Kosten erbauet, oder gekauft, oder den Eigenthümern abgenöthigt, und nichts glich der Pracht, die in ihrem Putze und Hausrathe herrschte. Unersättlich waren die Begierden des abscheulichen Weibes, in dessen räuberischen Händen Glück und Unglück von Millionen edler Menschen lag. Nun gab es kein andres Mittel, als diesen Götzen anzubeten und ihm Geschenke zu bringen, wenn man etwas erlangen wollte. Ihr Vorzimmer wimmelte von den Großen des Reichs, denen sie mit Übermuth und Spott begegnete; Generale mußten ihr den Fußschämel nachtragen; ehrwürdigen Greisen äffte sie vor dem versammelten Hofe die körperlichen Schwachheiten ihres Alters nach, und machte sie zum Gegenstande des allgemeinen Gelächters. Sie beherrschte despotisch ihren Negus; gab ihm nicht die Erlaubniß mehr Weiber zu nehmen, ja! nur eine einzige freundlich anzublicken, und wenn er mit ihr und einem Paar Günstlingen allein war, dann trieb sie muthwillige Französische Scherze mit ihm, und nöthigte ihn zu kindischen Spielen, die sonderbar mit der Majestät des Throns contrastirten, worauf man so strenge hielt.

Nach dem Beyspiele der königlichen Buhlerinn waren auch die von ihr beschützten Lieblinge nicht unthätig zu Vermehrung ihrer Gewalt und ihres Vermögens. Auch sie ließen sich Güter schenken, welche Andern gehörten; auch sie ließen sich bestechen, um durch ihr Vorwort einen Schurken auf einen Platz zu stellen, auf welchen ein redlicher Mann Recht hatte, Ansprüche zu machen. Justiz wurde verkauft, ja! man mußte dafür bezahlen, daß man von seinen Nachbarn in Ruhe gelassen würde.

Bey dieser abscheulichen Wirthschaft konnte es freylich mit den Finanzen nicht besser aussehen, als mit der Moralität. Die ungeheure Verschwendung, die am Hofe herrschte, erschöpfte die Cassen; man nahm seine Zuflucht zu allen Mitteln, welche in solchen Fällen angewendet zu werden pflegen; man forderte Abgaben von allen, auch von den nöthigsten Bedürfnissen des Lebens; man erfand Auflagen, wovon in Abyssinien noch kein Beyspiel war, und trieb diese mit einer grausamen Strenge ein, die die Menschheit empörte.

So standen die Sachen, als ein verderblicher Krieg mit dem Könige von Nemas, das Werk, die Abyssinischen Unterthanen zu Grunde zu richten, vollendete. Dieser Krieg hatte einer elenden Grenz-Streitigkeit wegen seinen Anfang genommen; beide Monarchen wurden von schelmischen Lieblingen regiert, die voraus sahen, daß sie dabey im Trüben fischen könnten und daher das Feuer anbliesen, das außerdem leicht zu dämpfen gewesen wäre. Man verwarf also von beiden Seiten alle Vergleichs-Vorschläge, und rüstete sich zum Feldzuge. Die beiden Könige brauchten ja nicht mitzugehen, sondern konnten sich's bey Weibern und Flaschen wohl seyn lassen, indeß ihre Unterthanen die Ehre hatten, sich die Hälse zu brechen.

Nun wurde durch ganz Abyssinien eine gewaltsame Werbung vorgenommen; einige Söhne, die Stützen ihrer Familien, Greise und Knaben mußten mit in den Krieg. An die Spitzen der

Regimenter und des ganzen Heers aber wurden die Günstlinge der Buhlerinn gestellt, die weder militärische Kenntnisse, noch Muth besaßen, aber desto besser die Kunst verstanden, sich zu bereichern. Der Ausgang dieses Kriegs war leicht voraus zu sehen. Die Soldaten stritten mit Unlust, liebten ihre Anführer nicht, wurden schlecht behandelt, dabey betrogen und durch die Unwissenheit der Generale aufgeopfert; am Ende des dritten Feldzugs erfolgte ein für Abyssinien sehr nachtheiliger Frieden, durch welchen, ohne die ungeheuren Summen zu rechnen, die der Krieg gekostet hatte, mehr verloren ging, als vor demselben der König von Nemas je in Anspruch genommen hatte.

Allein wie verhielten sich denn der Herr Minister Joseph von Wurmbrand und der Baalomaal Benjamin Noldmann bey diesem Allen? – Das werden wir im nächsten Kapitel erfahren.

Dreyzehntes Kapitel.

Wie es dem Verfasser
und seinem Herrn Vetter geht.

Ich habe bis jetzt die Fehler nicht verschwiegen, welche man meinem Herrn Vetter, als Staatsmann betrachtet, vorwerfen könnte. Einer der hauptsächlichsten war gewiß der, daß er den alten Negus in despotischen Grundsätzen bestärkte, oder vielmehr, durch Verpflanzung der Europäischen Einrichtungen nach Abyssinien, die Ausübung des dortigen Despotismus erleichterte und in ein zusammenhängendes System brachte, ohne dennoch ernstlich genug auf Einführung weiser Grundsätze zu denken, nach welchen man despotisch regieren wollte. Was mich selber betrifft; so habe ich gleichfalls nicht verhehlt, daß ich mir einige Unvorsichtigkeiten in der Wahl der nach Abyssinien geschickten Gelehrten und Künstler und einigen Mangel an Festigkeit, bey Leitung des Kronprinzen, habe zu Schulden kommen lassen; allein mit eben dieser Aufrichtigkeit und Wahrheitsliebe darf ich doch auch behaupten, daß wir beide uns, als unter der neuen Regierung nur Schelme und Schmeichler, auf Unkosten der Bessern, ihr Glück machen konnten, gewiß so betragen haben, wie es redliche Männer ziemt. – Auch wird man mir das glauben, wenn ich nun erzähle, daß wir das Opfer davon wurden.

So lange die Einrichtungen, welche der neue Monarch machte und seine raschen Schritte, nur Unkunde, jugendliche Übereilung und Schwäche verriethen; hoffte der Minister immer noch, Zeit, Erfahrung und sanfte Vorstellungen würden in der Folge das Ihrige thun. Er verbarg oft seinen Unwillen, ertrug manche Demüthigung, beruhigte sich, wenn er nach Gewissen geredet hatte, und ließ dem Dinge seinen Lauf. Als aber endlich der Haufen der niederträchtigen Creaturen, in allen ihm anvertraueten Fächern, nach Willkühr schaltete und waltete; man dann von ihm verlangte, daß er Befehle unterschreiben und ausfertigen lassen sollte, die tyrannisch und unvernünftig waren; da wagte er endlich einen Schritt, wovon er voraus sah, daß er ihm theuer zu stehen kommen würde, den er aber sich selber, der Redlichkeit und seinem Rufe schuldig zu seyn glaubte. Er weigerte sich grades Wegs, die Hände zu solchen Grausamkeiten zu biethen, und forderte, daß man ihm folgen, oder ihm den Abschied geben sollte. Hierauf hatte man gelauert; das hatte man gehofft und voraus gesehen. Er bekam nicht nur den Abschied, sondern auch Befehl, ein kleines Jahrgeld, welches man ihm aussetzte, in den Gebirgen von Waldubba zu verzehren. Sein Sturz (wenn man den Triumph der Rechtschaffenheit also nennen muß) zog den meinigen nach sich; mein Urtheil war dem seinigen gleich; und Stilky, der bekannte Liebling und Kuppler des Negus, wurde erster Minister.

Ich meine gesagt zu haben, daß die Dörfer, welche in den Gebirgen von Waldubba liegen, woselbst auch viel Einsiedler-Mönche wohnen, wie das Russische Sibirien, zu einem Exil für die in Ungnade gefallnen Staatsbedienten bestimmt sind, daß man ferner die jüngern Prinzen, welche nicht auf den Thron kommen sollen, dahin zu senden pflegt, und daß also auch der jüngere Bruder des neuen Negus mit seinem Hofmeister, den ich als einen edeln und weisen Mann beschrieben habe, dort lebte. Die Einrichtung, die jüngern königlichen Kinder auf diese Weise aus aller Verbindung mit dem Hofe und dem Volke zu setzen, rührte aber eigentlich aus ältern Zeiten her, und war das Werk herrschsüchtiger Minister, die auf diese Weise unter den Prinzen den schwächsten zum Thronerben auswählen, und die übrigen in Dunkelheit vergraben konnten. Als nun mein Herr Vetter an das Ruder der Geschäfte trat, und dieser in der That die besten, uneigennützigsten Absichten hatte, wenn gleich er nicht immer glücklich in der Wahl der Mittel war, bat er den alten Negus, jene grausame Gewohnheit, die Prinzen als Gefangne zu behandeln und in Unwissenheit zu erhalten, abzuschaffen. Er erhielt ohne Mühe von dem gutmüthigen Könige, zugleich mit dem Befehle, den Kronprinzen unter meiner Führung auf Reisen zu schicken, auch für den andern Negus-Sohn die Erlaubniß, nebst seinem einsichtsvollen Mentor, den Aufenthalt in Waldubba mit Adova zu vertauschen, wo nun die neue Universität gegründet und der Umgang mit Gelehrten fähig war, seinen Geist vollends auszubilden, und ihn sein Leben angenehm hinbringen zu machen. Seit fünf Jahren wohnte also der junge Herr nebst seinem kleinen Hofstaate in Adova.

Als nun meinem Herrn Vetter und mir angekündigt wurde, daß wir jene rauhe und zugleich ungesunde Gegend zu unserm künftigen Aufenthalte wählen sollten; da wurde uns in der That das Herz schwer. Unser Umgang würde sich haben auf die dort wohnenden heuchlerischen und ausschweifenden Mönche einschränken müssen – und welch ein elendes Leben war das! Nach Europa zurück zu reisen, daran war jetzt nicht zu denken. Die Jahrszeit schien dazu nicht günstig; man würde uns nicht erlaubt haben, etwas von dem Vermögen, welches wir uns gesammelt hatten, mitzunehmen, und als Bettler in unser Vaterland wieder zu kommen, nach der Rolle, die wir gespielt hatten – das war ein bittrer Gedanke. Hierzu kam noch, daß, ohne besondre Empfehlung und Sorgfalt der Abyssinischen Regierung, worauf wir doch jetzt nicht rechnen durften, diese weite Reise für uns gefährlich, ja! unmöglich wurde.

In dieser Verlegenheit hielten wir es für Pflicht gegen uns selber, den Umständen nachzugeben, und uns zu guten Worten herab zu lassen. Wir demüthigten uns also und baten, daß man uns gestatten möchte, ruhig in Adova uns niederzulassen, wo jetzt eine große Anzahl unsrer Landesleute wohnte, an denen wir in unsern glänzenden Tagen so viel auszusetzen gefunden hatten, und nach deren Umgang wir uns nun innigst sehnten. Nicht ohne Schwierigkeit erlangten wir diese Vergünstigung; doch gab man endlich nach, und wir zogen im Anfange des Jahres 1781 nach Adova.

Undankbar müßte ich gegen das Schicksal seyn, wenn ich nicht laut bekennen wollte, daß die sechs Jahre, welche ich dort im Exil zugebracht habe, mit zu den glücklichsten meines Lebens gehört haben. Wir kauften, mein Vetter und ich, ein kleines artiges Häuschen, nebst Hof und Garten, richteten uns nicht prächtig, aber gemächlich ein, schlossen uns auf gewisse Weise an den kleinen Hof des liebenswürdigen Prinzen an, von welchem ich in der Folge noch so viel werde sagen müssen, und genossen den lehrreichen Umgang seines mir unvergeßlichen Führers Alwo. (Wie kommt es, daß ich den Nahmen dieses vortrefflichen Mannes noch nicht genannt habe?) Aber auch die Gesellschaft der Deutschen Gelehrten und Künstler, die dort wohnten, gewährte uns manche angenehme Unterhaltung. Es waren darunter doch gute Köpfe, wenn auch hie und da ein wenig Verschraubtheit mit unterlief. – Unser Leben war den Wissenschaften, der Gemüthsruhe und geselligen Freuden ge- widmet; die Ausbildung meines Geistes und Herzens habe ich dieser sechsjährigen Periode zu danken.

Was nachher in Abyssinien vorging, und ich in den folgenden Kapiteln erzählen werde, das habe ich größtentheils in der Ent- fernung, mit kaltem Blute, ohne thätige Theilnahme beobach- tet, und um desto unparteyischer wird nun der Rest meiner Geschichte ausfallen.

Vierzehntes Kapitel.

Aufruhr in Nubien.
Wirkung davon im Abyssinischen Reiche.

Obgleich die willkührlichste, höchst tyrannische und drückendste Regierung in Abyssinien herrschte, und allgemeines Verderbniß der Sitten täglich mehr überhand nahm, so war es dem Negus doch unmöglich, den ein Mahl angezündeten Funken von Freyheit im Denken und Reden gänzlich auszulöschen. So allgemein war denn auch wirklich die Corruption nicht, daß nicht, besonders in den Mittelständen und unter solchen Leuten, die bey Hofe nichts zu suchen hatten, noch Tugend, Weisheit und Gradheit geherrscht hätten. Brachte die übereilte Aufklärung in schiefen und aufbrausenden Köpfen verkehrte Wirkungen hervor, so gab sie doch auch in den besser organisirten Anlaß zu einer nützlichen Gährung, regte manche schlafende Kraft auf, und erweckte auch wohl den echten Sinn für Wahrheit und Freyheit. Ich möchte wünschen, daß diejenigen, welche so geneigt sind, wegen des Mißbrauchs einer Sache, die Sache selbst zu verwerfen, und die daher auch jetzt jede Anstalt zur Aufklärung verdächtig zu machen suchen, weil das Wort Aufklärung so oft mißverstanden wird, und zur Firma schädlicher Zwecke dient; ich möchte doch wünschen, daß diese Leute recht wohl calculirten, ob es besser gethan sey, bey ausgemacht tödlichen und ansteckenden Krankheiten, der Natur alles zu überlassen, oder Mittel zu wählen, unter denen, wenn sie auch ein wenig gewagt sind, doch wohl Eines anschlagen kann, und woran wenigstens kein Einziger stirbt, der nicht ohne dasselbe auch gestorben wäre, oder einen siechen Körper behalten hätte.

Je strenger der Negus jedes kühne Wort, das gegen ihn ausgestoßen und ihm hinterbracht wurde, bestrafte, um desto größer (wie immer das Verbothene süßer schmeckt) wurde der Reitz, heimlich über die neue Regierung zu raisonniren. Aber es war nicht bloß vom Raisonniren die Rede, sondern das Elend, die Armuth, der Jammer der Völker rührten jedes gefühlvollen Mannes Herz, und erzeugten den leisen Wunsch in ihm: möchte doch die Vorsehung Hülfe schicken! Er suchte dann unter dem Haufen einen Freund, dem er sich vertrauen konnte, dem, wie ihm, die allgemeine Noth des Landes die Seele erschütterte, und er fand bald einen solchen, da nach einem Paar Jahren schon, außer dem glänzenden Pöbel, der in den Ringmauern des Palastes sein Wesen trieb, kein Mensch mit zufriedner, heitrer, froher und freyer Mine umher wandelte. Wenn dann zwey solcher Unzufriednen sich gegen einander aufschlossen, dann stieß auch wohl Einer von ihnen das Wort heraus: nein! das kann so nicht bleiben; es muß anders werden!

Die geheimen Verbindungen, welche seit einiger Zeit jeder Anführer einer Partey, jeder Erfinder eines Systems, jeder Reformator zu seinen Zwecken nützte, waren auch bey dieser Gelegenheit nicht unthätig. Man stiftete dergleichen, in welchen, unter dem Siegel der Verschwiegenheit, kühne politische Grundsätze gepredigt und die Mitglieder mit Wärme und Enthusiasmus für Freyheit erfüllt wurden.

Der allgemeine Haß, der in allen Classen der Bürger gegen den corrumpirten Hof herrschte, erweckte einen sehr wohlthätigen Widerwillen gegen verderbte Sitten; und dieselben Menschen, welche bis dahin sich von dem allgemeinen Strome zu einem üppigen, wollüstigen und müssigen Leben hatten hinreissen lassen, suchten nun eine Ehre darin, eine Lebensart zu führen, die von jener abstach. Man sahe nun wieder, wenigstens äußerlich, Eifer für Keuschheit, Mäßigkeit, Simplicität und für alle gesellige Tugenden erwachen.

Bittre Spötter, die, ohne wahre Wärme für das Gute, nur jede Gelegenheit, etwas Witziges und Beissendes zu sagen, begierig ergriffen, schrieben Satyren auf den König, auf das Kebsweib und die Günstlinge. Man hört auf zu fürchten, was man ein Mahl gewagt hat, in verächtlichem, burleskem Lichte anzusehen. Diese Spöttereyen liefen abschriftlich aus Hand in Hand und wurden endlich gar heimlich gedruckt. Einländische und auswärtige Dichter, Blätter-Schreiber, Mahler und Kupfer-stecher wählten den Abyssinischen Hof zum Gegenstande ihres Witzes. Bald circulirte eine ungeheure Menge solcher Pamphlete. Nun wollte die Regierung größern Ernst brauchen, Untersuchungen anstellen, ließ einen armen Pasquillanten einkerkern – das sicherste Mittel, das Übel ärger zu machen! Wer bis dahin noch nicht frey geschrieben, gelesen, geredet hatte, der fing jetzt erst an, und unter Menschen, die außerdem vielleicht geschworne Feinde waren, entstand eine stillschweigende Verabredung, sich einander nicht zu verrathen; die Buchhändler aber wurden reich dabey und sorgten für geheime Austheilung aller so genannten rebellischen Schriften. Das Volk wurde immer kühner; der Minister Stilky fand auf seinem Schreibtische, unter den Suppliken, Schandschriften und Drohungen gegen ihn, und des Morgens prangten an den Thorpfeilern des Schloßhofs Pasquillen auf Se. Majestät.

Vielleicht hätte dennoch diese allgemeine Gährung weiter keine entscheidende Folgen gehabt, wenn nicht auf ein Mahl die große Revolution, welche in Nubien anfing und vielleicht noch jetzt nicht gänzlich zu Stande gekommen ist, in Abyssinien eine Haupt-Catastrophe herbeygeführt hätte. Man wird sich erinnern, welche Schilderung ich im fünften und sechsten Kapitel des ersten Theils dieses Buchs von dem Despotismus in Nubien entworfen habe; die Völker seufzten dort alle unter dem abscheulichsten Drucke; aber noch war die Unzufriedenheit zu keinem thätlichen Ausbruche gekommen. Ein kleiner Umstand, dergleichen mehrentheils in dieser Welt die größern Begebenheiten zu erzeugen pflegt, reizte die Unterthanen des blödsinnigen Königs von Sennar zu einem Aufruhre gegen seine Statthalter. Man wählte verkehrte Mittel, um die Unruhen zu dämpfen, die dann bald weiter um sich griffen, und sich den mehrsten Nubischen monarchischen und republicanischen Staaten mittheilten. Der Pöbel, der keine Grenzen kennt, wenn er ein Mahl die erste Linie überschritten hat, wurde nun in allen Reichen unbändig; Könige und Fürsten wurden aus ihren Ländern vertrieben, die Volks-Unterdrücker ermordet, Gefängnisse erbrochen, Palläste geschleift, Magazine geplündert, ganze Städte verwüstet. – Freylich gingen dabey fürchterliche Grausamkeiten und Ungerechtigkeiten vor; aber an wem liegt denn die Schuld, wenn abscheuliche Missbräuche, verzweiflungsvolle Mittel unvermeidlich machen?

Die Abyssinischen Zeitungen waren voll von den Erzählungen dieser Empörungen in Nubien, und so vorsichtig sie auch waren, dergleichen Unfug als verderblich, unglücklich und unerlaubt darzustellen; so machten doch diese Erzählungen dem Abyssinischen Volke die Wahrheit einleuchtend: daß tausend vereinigte Menschen stärker sind als ein Einziger, und daß jene sich nur so lange von diesem mißhandeln zu lassen brauchen, als es ihnen beliebt. Diese an sich sehr einfache Wahrheit wurde jetzt laut und öffentlich gesagt und geschrieben.

Noch war der Zeitpunct da, wo der Negus alles hätte gut machen können, wenn er weise und redliche Rathgeber gehabt hätte; und sollten je ähnliche Scenen in einem Europäischen Staate vorfallen;* so möchte ich wünschen, daß die benachbarten Fürsten sich an diesen Africanischen Begebenheiten spiegeln möchten, um bessere Maßregeln zu nehmen, als damahls der Negus nahm. Ein ganzes Volk ist nicht so leicht zum Aufruhre geneigt, als man gewöhnlich glaubt. Jeder Einzelne liebt seine Ruhe, bauet, bey Revolutionen, nicht so ganz fest auf den Beystand des Nachbars, hofft noch immer auf bessere Zeiten. Viele sind dann auch durch Privat-Interesse an die jetzige Regierungsform geknüpft; sieht die Nation nur guten Willen von Seiten des Hofs und darf sich nur vergleichungsweise weniger gedrückt halten, als das benachbarte Volk, so trägt sie mit Geduld das Joch, wenn dieß Joch irgend ein wenig ausgefüttert, ausgepolstert ist. Nur dann, wenn die Unterthanen fast aller Classen, durch Tyranney aller Art, so auf's Äußerste gebracht sind, daß sie, deren Leben, Freyheit und Eigenthum ja ohnehin jeden Augenblick von der Willkühr ihres Despoten abhängen, bey dem Aufruhre nichts mehr verlieren und alles gewinnen können; nur dann greifen sie zu diesem verzweifelten Mittel.

* Vermuthlich hat Herr Noldmann dieß vor dem Jahre 1787 geschrieben.

Hätte daher der Negus Deputirte aus allen Ständen versammelt, und, ohne von seiner wahren Würde etwas zu vergeben, noch kindische Furcht oder böses Gewissen zu verrathen, ihnen vorgestellt, sie sähen, welche schreckliche Unruhen in den benachbarten Ländern herrschten, und wie nichts weniger als bessere Ordnung, sondern allgemeine Anarchie die Folgen der willkührlichen, gewaltsamen Schritte des großen Haufens wären; es sey aber billig, daß das Volk mit seinen Klagen über die Regierung gehört werde, und daß man ihm Rechenschaft von der Staatsverwaltung ablege; der Fürst sey doch eigentlich nur der Vorsteher des Staats; es sey dieß ein beschwerliches, gewiß weder angenehmes, noch leicht zu verwaltendes Amt. Auch Er, der Negus, könnte vielleicht manches darin versehen; gern wollte er einem Würdigern den Platz auf dem Throne überlassen, auf welchem sich's wahrlich nicht so weich und ruhig sitzen ließe, als wohl mancher glaubte. Wollten sie aber fernerhin Zutrauen zu ihm fassen; so sey er bereit, allen billigen Beschwerden abzuhelfen, und, gemeinschaftlich mit den Repräsentanten, Grundsätze zu bestimmen, nach welchen dann unabänderlich verfahren werden sollte u. s. w. – Ich sage, hätte er das gethan; so wäre alles gut gegangen.

Wenn doch nur die Fürsten weise genug seyn wollten, einzusehen, daß sie sichrer und unumschränkter ein Volk regieren können, das sich für frey hält, sich selber zu regieren glaubt, als einen Haufen immer unzufriedner, immer murrender Sclaven, denen man nie Rechenschaft gibt, sie nicht ein Mahl dann, wenn man ihnen Gutes erweiset, genug würdigt, um ihnen die Ursache zu sagen, warum man es ihnen erweiset! Ein guter Fürst kann doch nur die Absicht haben, sein Volk glücklich zu sehen, von den weisesten, treuesten und besten Menschen umgeben und geliebt zu seyn, und für sich und die Seinigen eine frohe, bequeme, auch wohl ein wenig glänzende Existenz zu haben. Das alles kann er ja erlangen, wie es der gute Vater Georg erlangt, und dennoch selbst den Gesetzen unterworfen seyn. Wo diese Gesetze regieren, diese Gesetze von der Nation selbst gegründet sind, der König aber nur die ausübende Macht hat, alles Gute und nichts Böses thun kann; da darf sich niemand an ihn halten, wenn nicht alles geht, wie es gehen sollte, und man wälzt nicht wie in unumschränkten Regierungen, die Schuld von allem, was Schicksal, Zeit und Umstände herbey führen, auf den, welcher sich als allmächtig ankündigt. Allein die kleinen Unter-Tyrannen, die sind es, welche den Fürsten solche verkehrte Begriffe einprägen. Sie fürchten, ihren Einfluß zu verlieren, und von bessern Menschen aus dem Sattel gehoben zu werden, wenn ihr Herr ein Mahl zu der Erkenntniß käme, daß sein und des Landes Interesse ein einziges und dasselbe ist.

Unser alberner Negus hatte für diese Wahrheiten keinen Sinn; auch sagte sie ihm niemand. Wie er sich betrug; davon will ich in den nächsten Blättern Bericht erstatten.

Funfzehntes Kapitel.

Fortsetzung des Vorigen.
Großer Sturm in Abyssinien.
Des Negus Flucht und Tod.

Als zuerst die Unterthanen des Königs von Sennar die Waffen gegen ihre Tyrannen ergriffen, und man sich gezwungen sahe, die benachbarten Könige um Hülfsvölker anzusprechen; da schrieb mir Manim, man affectire am Hofe zu Gondar, von diesem Aufruhre gar nicht zu reden; so sehr wolle man das Ansehn haben, dieß als eine Kleinigkeit zu verachten. Allein die Gährung breitete sich bald weiter aus; in Dequin, Bugia und in einigen kleinern Nubischen Staaten griff das Feuer der Empörung gleichfalls um sich, und nun wurde auch unser Negus gebeten, eine Armee zu Hülfe zu schicken. Er war sogleich dazu bereit, zog die Achseln über die Schwäche seiner nachbarlichen Könige, weil sie das rebellische Lumpen-Gesindel (so nannte man die Leute, welche ihre Menschenrechte gegen schändliche Unterdrücker vertheidigten und Macht durch Macht vertilgten!) noch nicht zu Paaren getrieben hätten; und so ließ er denn ein Heer ausrüsten, das einer von des würdigen Stilky's Brüdern anführte, der übrigens kein ganz schlimmer Mensch war.

Anfangs schrieben die Officier von der Armee, sie hofften bald wieder nach Gondar zu kommen, die Rebellen wären nur zusammengelaufner, buntscheckiger Pöbel, ohne Disciplin und Waffen-Übung; man hätte kaum Ehre davon, gegen solches Pack zu streiten; sie liefen in die Wälder, so bald sich nur ein tapfrer Abyssinier sehen ließe.

Ganz anders lauteten die Briefe im folgenden Jahre. Da bekamen die tapfern Abyssinier, wo sie sich zeigten, von jenem so genannten Pack derbe Schläge; ganze Corps wurden gefangen genommen, und da verwandelte sich dann des Negus Verachtung in bittern Grimm, vermischt vielleicht mit einer kleinen Ahndung, daß der Geist des Aufruhrs wohl über die Grenze nach Abyssinien herein schleichen könnte. In der That hatte es auch dazu allen Anschein; kühne Unternehmungen, besonders wenn sie vom Schicksale begünstigt werden, erwecken immer Bewundrung; man sprach jetzt, in Gondar selbst, laut, mit Interesse und Wärme, zum Lobe der Tapferkeit jener braven Nubier, die mit kleinen Haufen ungeübter Leute ganze Armeen erfahrner Krieger in die Flucht schlügen. Es fanden sich Dichter, die dreist genug waren, diese Thaten zu besingen; man las mit Eifer die neuen Zeitungen von daher, und murrte unter der Hand darüber, daß der Negus, mit Aufopferung so vieler wackern Abyssinier, sich in Händel mischte, die ihn nichts angingen.

Ich merkte in Adova, wo ich dieß alles in Entfernung beobachtete, daß meinen Deutschen Gelehrten, besonders den republicanisch gesinnten Pädagogen, die Finger juckten, etwas Kühnes über diesen Gegenstand schreiben zu können; allein ich suchte dieß zu verhindern, zeigte ihnen die Unzweckmäßigkeit und Gefahr eines solchen Unternehmens. »Man muß«, sagte ich, »der wohlthätigen Hand der Zeit die Sorge überlassen, der-

gleichen Revolutionen zur Reife zu bringen; vielleicht kömmt
der Augenblick, wo Sie, wenn das Feuer auch hier ausgebrochen
ist, Ihre schriftstellerische Talente auf eine würdigere Art anwenden können, zur allgemeinen Ruhe etwas beyzutragen und
mit philosophischem Geiste Volk und Monarchen über ihre
gegenseitigen Pflichten aufzuklären. Und denken Sie denn nicht
daran, welcher Gefahr Sie sich selber, den edeln Prinzen, und
uns Alle aussetzen würden, wenn der Negus glauben müßte,
daß, von Adova aus, der Geist des Aufruhrs, vielleicht aus
Privatrache von mir und meinem Vetter angereitzt, in Abyssinien erweckt würde?« – Meine Vorstellungen bewirkten, was
ich gehofft hatte, und nirgends vielleicht im ganzen Reiche
wurde mit soviel Mäßigung und Nüchternheit von diesen
Angelegenheiten geredet, als grade da, wo ein kleiner Haufen
von Menschen lebte, die sich nicht wenig über den Monarchen
zu beklagen hatten, und deren Einfluß nicht geringe gewesen
seyn würde, wenn sie ihn hätten anwenden wollen.

Bald nachher erschienen von Seiten des Hofs die strengsten
Verordnungen, über den Aufruhr in Nubien nicht zu reden,
nebst einem Verbothe aller Schriften, welche davon handelten
und aller ausländischen Zeitungen. – Wie wenig diese Befehle
fruchteten, das wird man leicht begreifen; man sah nun, daß
sich der Negus fürchtete, und das verschlimmerte das Übel.

Das nächste Frühjahr kam heran, und es sollte eine große Re-
cruten-Aufnahme für die Armee in Nubien vorgenommen werden; aber da weigerten sich, als sey deßwegen eine allgemeine
Verabredung getroffen worden, die sämmtlichen Dorfschaften,
ihre junge Mannschaft auf die Schlachtbank zu schicken. Man
ließ Regimenter gegen die widerspenstigen Bauern anrücken –
aber die Soldaten wurden zurück geschlagen.

In dieser Noth rief man das ziemlich geschmolzene Heer aus
Nubien zurück. Es kam; aber Anführer und gemeine Soldaten
hatten dort Freyheit und Menschenwürde respectiren gelernt;
alle weigerten sich einstimmig, gegen ihre Mitbürger die Waffen
zu führen; und der armselige Negus stand, nebst dem Haufen
seiner Lieblinge, in vernichteter Majestät, verlassen da.

Nun wollte er anfangen, mit dem Volke zu capituliren; allein es war zu spät; die Partey war jetzt zu ungleich. Ein zahlreiches Heer hatte sich unter Anführung eines vom Könige übel behandelten, zurück gesetzten und beschimpften alten Generals zusammen gezogen, wurde täglich durch neuen Zulauf verstärkt, und rückte schnell gegen Gondar an.

Was war zu thun? Se. Majestät lagen damahls an einer Entkräftung krank, die Sie sich durch allerhöchstdero viehische Ausschweifungen zugezogen hatten; Schreck und Ärgerniß vermehrten das Übel; und doch mußte eilig ein Entschluß gefaßt werden. Der Haufen der Hofschranzen selbst fing nun an, da die Altäre der Götzen wankten, dem Negus und seinem Kebsweibe nicht mehr mit jener sclavischen Ehrerbiethung zu begegnen; sie wären gern Alle davon gelaufen, wenn sie nicht geahndet hätten, daß sie bey der Armee mit dem Staubbesen würden empfangen werden.

In diesen Augenblicken von Verzweiflung hatte mein Herr Vetter, der Exminister, den Triumph, einen Courier vom Könige in Adova ankommen zu sehen, welcher ihm einen Brief von dem Monarchen brachte, der ihn in den herablassendsten Ausdrücken bat, alles Vergangne zu vergessen, und ihn beschwor, sich sogleich zum Kriegsheere zu begeben und alles anzuwenden, das unruhige Volk zufrieden zu stellen, indem er die Bedingungen gänzlich seiner Klugheit und Großmuth überließ. Der König selbst hatte sich indeß nebst seinem Hofstaate nach einer Festung führen lassen, wo er wenigstens vor den kleinen wilden Haufen, die jetzt ohne Zucht und Ordnung durch das ganze Reich rennten, sicher seyn konnte.

Mein Vetter genoß diesen Triumph, wie es einem verständigen und redlichen Manne zukömmt; er vergaß den alten Groll und begab sich, begleitet von meiner Wenigkeit, unverzüglich in das Lager der Insurgenten.

Allein die Zeiten, Vergleichs-Vorschläge anzunehmen, waren vorbey. Wir wendeten unsre ganze Beredsamkeit vergebens an; die Nation drang auf gänzliche Abschaffung der monarchischen Regierung, auf Vernichtung des Adels, auf Abdankung des stehenden Heers, auf Auslieferung der Volks-Unterdrücker, um sie gebührend zu bestrafen, verlangte endlich, daß der Negus selbst den Thron verlassen und in den Stand eines Privatmannes zurück treten sollte.

Das waren nun harte Bedingungen; weil wir aber keine Hoffnung vor uns sahen, dieß National-Urtheil zu mildern, so wollten wir wenigstens den unglücklichen König nicht verlassen. Der jüngre Prinz war großmüthig genug, seines Bruders Schicksal mit ihm theilen zu wollen; und so zogen wir denn, der gute Prinz, sein vortrefflicher Lehrer, mein Herr Vetter und ich, im Frühjahre 1787 zu dem Negus in die kleine Festung, um dort den Ausgang der Sache zu erwarten.

Als wir dahin kamen, fanden wir seinen Gesundheits-Zustand so sehr verschlimmert, daß wir bald sahen, er würde den Schimpf, welcher ihm bevorstand, nicht erleben. Wirklich starb er wenige Tage nachher, wie solche unbedeutende Menschen zu sterben pflegen, und wir ließen ihn in der Stille begraben.

Jetzt harrte freylich der Buhlerinn und des ganzen Anhangs ein sehr trauriges Looß. Der Pöbel, welcher bey solchen Revolutionen sich nie in den Schranken der Gerechtigkeit und Mäßigung hält, hatte schon in Städten und Dörfern alle diejenigen auf die grausamste Weise ermordet, welche er für Creaturen des Hofs hielt; was für ein Schicksal die Haupt-Gegenstände des allgemeinen Hasses zu erwarten hatten, das ließ sich leicht voraus sehen. Wir wollten doch gern, so viel an uns lag, allem fernern Blutvergießen steuren; und so sorgten wir dafür, daß dieser ganze Haufen in der Nacht verkleidet die Festung verließ, und durch unbekannte Wege in das Königreich Congo flüchtete; da wir dann weiter nichts mehr von diesen unwürdigen Menschen gehört haben.

Sechzehntes Kapitel.

Erste Anstalten, zu Gründung einer neuen Regierungsform.
National-Versammlung.

Als die Nachricht von des Negus Tode und der Entweichung seiner Lieblinge im Lande bekannt wurde, war die Volks-Armee nur noch wenig Meilen von der Festung entfernt, in welcher wir uns mit dem Prinzen befanden. Eine unbeschreibliche Freude bemeisterte sich der Gemüther; allein zugleich schien auch der Pöbel zu glauben, mit der Vernichtung der Tyranney sey aller Zwang der Gesetze aufgehoben. Allgemeine Unordnung herrschte, besonders auf dem platten Lande; der Stärkere griff zu, um seine Habsucht, schlug zu, um seine Rachsucht zu befriedigen. Gewaltthätigkeiten aller Art und Sittenlosigkeit nahmen die Oberhand; es war Zeit schleunige Mittel zu wählen, um diesem Unwesen Einhalt zu thun; allein wer sollte hierzu Anstalt treffen, da kein Oberhaupt an der Spitze stand, und die Menschen besserer Art selbst unter sich uneinig waren, welche Gattung von Regierungsform sie künftig wählen und gründen sollten? Das Abyssinische Reich ist groß; wie in den entfernten Provinzen die Gemüther gestimmt waren, und ob dort das gebilligt werden würde, was man nun in Gondar vornahm, das konnte man nicht wissen. Hier, wo man die liebenswürdigen Eigenschaften des jüngern Prinzen kannte, schien der größte Theil des Volks geneigt, diesem die Regierung zu übertragen; mißtrauischere, vorsichtigere und sehr republicanisch gesinnte Leute hingegen wollten dieß theils nur unter gewissen Einschränkungen zugeben, theils durchaus nichts von Herrschaft eines Einzigen hören. Indessen war die Armee groß, und es ließ sich voraus setzen, daß, wenn diese sich einstimmig für ein System erklären würde, es nicht schwer halten könnte, dasselbe durchzusetzen.

In dieser Lage baten wir alle inständigst den Prinzen, sich an die Spitze des Heers zu stellen, davon der größte Theil ihm schon

ergeben war, und wovon er den Rest leicht durch seine Leut-
seligkeit und edle Beredsamkeit gewinnen würde; allein er
wollte sich durchaus nicht dazu entschließen, bis endlich die
Generale zu ihm gekommen waren, und ihn im Nahmen aller
Corps angefleht hatten, sie nicht zu verlassen, sondern durch
seine Gegenwart den Gewaltthätigkeiten im Lande zu steuren
und Ruhe und Ordnung wieder herzustellen. Da machte sich
denn der Prinz, begleitet von seinem ehrwürdigen Mentor und
uns Andern, auf, und begab sich in das Lager, woselbst er mit
lautem Jauchzen empfangen wurde.

So bald wir bey der Armee angekommen waren, ließ der Prinz
allen Truppen ankündigen, daß er ihnen etwas vorzutragen
hätte, weßwegen er sie ersuchte, von jedem Regimente, oder
(da das Heer zum Theil nur aus zusammengelaufenen Haufen
bestand) je aus tausend Mann, zwey auszuwählen, die man
ihm als Abgeordnete schicken möchte, damit er diesen seine
Absichten und Plane eröffnen könnte. Dieß geschahe mit aller
Ordnung und Bereitwilligkeit, worauf er denn den Deputirten
eine Rede hielt, die, so wenig sie studirt war, für ein Meister-
stück männlicher, einfacher und erhabner Beredsamkeit gelten
konnte. – Ich will nur etwas von dem Haupt-Inhalte derselben
hier herschreiben; es hieß darin, ihn blende nicht der Glanz
der Krone; er habe gelernt die Süßigkeiten eines den Wissenschaften und der nützlichen Thätigkeit in kleinern Kreisen gewidmeten Lebens zu schmecken. Er habe oft gefühlt, und fühle
noch, wie schwer es sey, sich selber, ohne den Rath eines weisen
Freundes, zu regieren – welche Thorheit also, Millionen Menschen, nach den Einsichten seines eignen beschränkten Kopfs
und nach den Gefühlen seines leicht irre zu führenden Herzens
lenken, und, ohne fremden Beyrath, unumschränkt beherrschen
zu wollen! – Ihm sey daher schon der Gedanke einer willkührlichen Alleinherrschaft unerträglich. Nur nach bestimmten,
mit reifer Überlegung verfaßten Gesetzen müßten vernünftige
Wesen ihre Handlungen einrichten, nicht nach den Winken
eines Einzigen unter ihnen. Indessen sey jetzt ein so stürmi-
scher Zeitpunct, wo es nicht möglich sey, über Gründung dieser

Gesetze sogleich einig zu werden. Er wollte also, doch nur auf Ein Jahr, das Ruder des Staats in seine Hände nehmen, nicht als sein Eigenthum, sondern als ein ihm anvertrautes Pfand, bis er es würdigern Händen übergeben könne. Es sey hier nöthig, rasche, entschlossene Schritte zu thun, um der Anarchie zu steuern und Anstalt zu einer festen Constitution zu machen. Wenn die Abgeordneten der Armee dieß billigten; so sollten diese dann sogleich sich an die Spitze einzelner Corps stellen, mit diesen in alle Provinzen des Reichs marschieren und dort mit vollem Ernst einer militärischen Strenge die Ordnung und Ruhe herstellen. Sie sollten hierauf Sorge tragen, daß jedes Dorf und jede Stadt Einen oder, nach Verhältniß der Größe, mehr Deputirte, zu welchem die Gemeinen oder Kirchspiele das größte Zutrauen hätten, ohne allen Unterschied der Stände, wählten; solche Deputirten aus allen Örtern, welche zu einem Amte gehörten, sollten wiederum unter sich zwey Männer auszeichnen, zu deren Vortheil sich das Urtheil der mehrsten unter ihnen vereinigte; mehrere Ämter, aus welchen eine Provinz bestehe, sollten nach eben diesem Maßstabe verfahren; und so würde denn aus zwölf Provinzen eine Anzahl von vier und zwanzig Menschen zusammen kommen – grade nicht zu viel, um wichtige Gegenstände mit Ordnung und Ruhe verhandeln zu können, und nicht zu wenig, um doch die Verschiedenheit der Meinungen und Einsichten zu nützen! Diese vier und zwanzig Personen sollten sich in Gondar versammeln, und ein National-Collegium ausmachen, dessen Präsident er, der Prinz, vorerst zu seyn, sich verbindlich mache. Der Zweck dieser Versammlung müßte seyn, eine auf bestimmte Gesetze gegründete Staats-Verfassung zu Stande zu bringen. Einen Plan hierzu hätte der Prinz, unter Anführung seines weisen Lehrers, schon seit einigen Jahren fertig liegen gehabt – nicht in der stolzen Absicht, je der Gesetzgeber seines Volks zu werden; sondern um seine Gedanken über Gegenstände zu berichtigen, die der ganzen Menschheit so wichtig wären, und weil er, bey der fürchterlichen Regierungs-Verfassung der letztern Zeiten, voraus gesehen hätte, daß er vielleicht einst seinen lieben Mitbürgern durch guten Rath nützlich werden könnte. Diesen Plan nun sollte die National-Versammlung durchgehen, prüfen, die einzelnen Theile desselben ausarbeiten und dann ihre Gedanken darüber ihren Committenten mittheilen. Dort würden diese Gesetze abermahls geprüft, berichtigt und noch weiter hinunter an die größern Ausschüsse geschickt und endlich jedem Einzelnen vorgelegt; durch eben diesen Weg kämen sie wieder, verbessert und bestätigt, bis an die Quelle, an den National-Congreß zurück, welcher die Resultate davon, nach der Mehrheit der Stimmen, als Grundgesetz niederschriebe. Auf diese Weise würde die neue Constitution durch die Mehrheit der Stimmen aller Hausväter, aus allen Ständen, im ganzen Reiche gegründet werden, und nach Jahres Frist könne alles in Ordnung seyn. Bis dahin wolle er, der Prinz, obgleich sehr gegen seine Neigung, sich als den König des Landes betrachten, weil das National-Collegium nicht Zeit haben würde, neben der Gesetzgebung, sich noch mit Regierungs-Angelegenheiten zu befassen. Er wolle dafür sorgen, daß die Geschäfte einen ordentlichen Gang gingen, nach der Weise, wie es unter seines Vaters Regierung gewesen sey. Man möge nur nicht den Einwurf machen, ein Jahr sey nicht hinreichend ein so großes Werk zu Stande zu bringen; sobald man über Grundsätze einig geworden wäre, (und das hoffte er bald zu bewirken) würde die weitere Ausarbeitung nicht viel Zeit wegnehmen; denn die Menge der Gesetze mache ein Land nicht glücklich, sondern ihre Einfalt, Bestimmtheit und pünctliche Befolgung. Auch dürfe man nicht einwenden, daß die Prüfung und Beystimmung aller, auch der weniger cultivirten Stände, weder nützlich, noch erforderlich zu diesem Geschäfte wären. Jeder volljährige Mensch sey cultivirt genug, um über das zu urtheilen, was er thun oder lassen müsse, oder vielmehr, es sey ungerecht, verlangen zu wollen, daß ein Mann etwas leisten oder unterlassen sollte, wenn man ihm nicht ein Mahl so viel Verstand zutrauete, einzusehen, warum man dieß von ihm forderte. Menschen im Staate seyen ja keine Kinder, welche im Blinden zu leiten und gegen ihren Willen ihre Handlungen zu lenken, andre gewisse Menschen, und noch obendrein die wenigsten an Menge, das Privilegium haben könnten. Wenn also der mögliche Fall angenommen werden könnte, daß die größere Anzahl der Bürger in einem Staate Thoren wären; so würde es sehr viel natürlicher seyn, dort, mit Einwilligung Aller, thörichte Gesetze zu geben, als einigen Klügern, oder sich klüger dünkenden zu gestatten, jenen mit Gewalt ihre Weisheit aufzudringen.

Diese Vorschläge fanden allgemeinen Beyfall, wurden niedergeschrieben und von den sämmtlichen Deputirten der Armee, welche mit ihren Corps in alle Gegenden des Reichs zogen, im Lande bekannt gemacht. Hierauf schritt man sogleich zu den Wahlen und binnen wenig Wochen waren die vier und zwanzig National-Deputirten in Gondar versammelt. Der Prinz aber übernahm, unter dem Titel eines Regenten, die Interims-Regierung, schaffte vorerst die drückendsten Mißbräuche ab, machte aber übrigens keine wichtige eigenmächtige Veränderungen.

Da ich hoffe, daß es den Lesern nicht unangenehm seyn wird, wenn ich Sie mit seinen Regierungs-Begriffen bekannt mache; so will ich in den folgenden Kapiteln den ganzen Plan, welchen er der ehrwürdigen Versammlung von Deputirten aus allen Ständen vorlegte, stückweise abschreiben.

Siebenzehntes Kapitel.

Entwurf der neuen Staats-Verfassung.
Richtige allgemeine Begriffe von bürgerlicher Freyheit
und Gesetzgebung.

Der Mensch in dieser Welt sucht Glückseligkeit, sucht sie vorzüglich, wenn er mit andern Menschen in Verbindung tritt; allein fühlt er sich hülflos und unbehaglich; um die Summe seiner Glückseligkeit zu vermehren, schließt er sich an seines Gleichen an.

Glückseligkeit ist Lebens-Genuß, und um des Lebens genießen zu können, muß man frey seyn. Lebt man aber in Verbindung mit andern Menschen, so kann nicht jeder Einzelne verlangen, Alles zu genießen; er muß auch den Übrigen erlauben, ihren Antheil Genuß von den allgemeinen Lebens-Gütern und Vortheilen zu schmecken; er muß also seiner Freyheit gewisse Grenzen setzen; doch nur solche Grenzen, in welchen er, mit der allgemeinen Glückseligkeit, seine eigne, durch einzelne Aufopferungen befördert; denn sind die Grenzen der Freyheit zu enge gezogen, die Aufopferungen zu groß, so fühlt sich der Mensch in Verbindung unglücklicher, als im isolirten Zustande; und so fällt also die Ursache weg, weßwegen er sich an Andre angeschlossen hat. Jedermann wünscht daher, auch als Staatsbürger, noch immer so viel von der natürlichen Freyheit zu behalten, als mit der Wohlfahrth des Ganzen bestehen kann. Es kömmt desfalls darauf an, richtige Begriffe von der bürgerlichen Freyheit *fest zu setzen, damit wir, die wir das Joch der Tyranney abgeschüttelt haben, um freye Bürger zu werden, uns unter einander verstehen und wissen mögen, was wir suchen und was wir erlangen können.*

Die Systeme des Natur- und Völkerrechts, die bey den Europäischen Nationen im Gange sind, und die ich studiert habe, finde ich voll verdrehter, conventioneller Ideen, die nichts weniger als aus der Natur entlehnt, nicht von der nüchternen, vorurtheilsfreyen Vernunft eingegeben sind; ich finde künstliche, ja! sogar religiose Begriffe mit eingemischt, die gar nicht dahin gehören, wovon der Mensch im Stande der Natur nichts wissen kann.

Die Freyheit des Menschen, im natürlichen, rohen, wilden Zustande, besteht darin, daß jeder Einzelne alle seine Handlungen willkührlich einrichten, thun darf, was ihm beliebt und wozu er Kräfte hat, und nehmen, was ihn gelüstet und was er bekommen kann.

Der Mensch im geselligen Zustande unterläßt manche willkührliche Handlung, versagt sich manchen Besitz und Genuß, um Andern dergleichen zu überlassen, in der Absicht, daß diese ein Gleiches in Rücksicht seiner thun werden, oder er gibt etwas hin, um wieder zu erhalten, und desto sichrer das Übrige zu besitzen; allein diese Aufopferungen sind willkührlich, sind das Werk wohlwollender Empfindungen, oder Speculation des Eigennutzes.

Die Menschen im bürgerlichen Leben bringen diese Regeln der Geselligkeit und gegenseitigen Aufopferung in gewisse Systeme, setzen, mit Übereinstimmung Aller, Vorschriften darüber fest, die man Gesetze nennt, nach welchen dann jeder handeln muß, zu deren Befolgung man jeden zwingen kann, der im Staate geduldet seyn will. Nun fallen alle willkührliche Handlungen weg, weil keine Handlung erdacht werden mag, die nicht Einfluß auf die Wohlfahrth des Ganzen haben könnte. Wollte man, wie es von vielen geschieht, gewisse Handlungen davon ausnehmen und diese der freyen Willkühr der Einzelnen überlassen, so würden sich bald Ursachen und Vorwände für jede Handlung finden. Dieß nun, nähmlich daß jede Handlung des Bürgers vom Staate eingeschränkt werden darf, ein Gegenstand der Gesetzgebung werden kann, klingt sehr despotisch; doch wird das wegfallen, wenn ich mich deutlicher erkläre. Despotismus besteht in der Befugniß, die Einem oder Mehrern verstattet, von Einem oder Mehrern genommen wird, Andern willkührlich vorzuschreiben, was sie in einzelnen Fällen thun oder unterlassen sollen; die Gewalt einer vernünftigen Staats-Verfassung hingegen beruht auf der Befugniß des ganzen Corps der Bürger, unter sich, durch Mehrheit der Stimmen, Regeln fest zu setzen, nach welchen jeder einzelne Bürger seine Handlungen einrichten soll, so lange er im Lande leben will, und in der Befugniß der Vorsteher des Staats, mit aller Strenge auf Befolgung dieser Regeln oder Gesetze zu dringen und zu halten.

Nach diesen allgemeinen Begriffen bestimme ich folgende besondere Sätze:

1. Alle Handlungen eines Bürgers im Staate können ein Gegenstand der Gesetzgebung seyn, weil sie alle Einfluß auf das Ganze haben können; eine andre Frage aber ist, ob es gut sey, über alle Handlungen Vorschriften zu geben? Es ist also keinem

Zweifel unterworfen, daß der Staat sich zum Beyspiel in das Erziehungswesen mischen und darüber Gesetze geben dürfe, weil es ihm nicht einerley seyn kann, was für Bürger ihm die folgende Generation liefert; allein es ist noch nicht ausgemacht, ob es zweckmäßig und vortheilhaft sey, oder nicht, sich in das Geschäft der Privat-Erziehung zu mischen. Ganz gleichgültige Handlungen einzuschränken, wäre nun vollends Thorheit.

2. Neue Gesetze aber, welche die Freyheit gewisser Handlungen einschränken, können nur mit Wissen und Willen aller erwachsenen Bürger im Staate gegeben werden.

3. Da nicht zu erwarten steht, daß Tausende leicht einerley Meinung seyn werden; so muß, bey einer solchen Gesetzgebung, die Mehrheit der Stimmen entscheiden. Die weiseste Meinung ist nun aber freylich nicht immer die Meinung des größern Haufens; allein jeder kann sich für den Weisesten halten; und wer darf dann entscheiden? Es bleibt daher kein anderes Mittel übrig, als die Meinung der mehrsten für die beste Meinung zu halten; und am Ende muß es ja auch von dem größten Haufen abhängen, unweise Gesetze zu geben, wenn er nun ein Mahl keine andre haben will, weil der größere Haufen der stärkste Theil ist, und das Recht des Stärkern in der ganzen Natur die Oberhand hat.

4. Es muß jedermann erlaubt seyn, wenn ihm diese Gesetze nicht gefallen, das Land zu verlassen, in welchem man gezwungen wird, nach denselben zu handeln. Ein Gesetz also, welches den Bürgern im Staate das Auswandern verbiethet, ist ein tyrannisches Gesetz; denn die bürgerliche Einrichtung soll eine Wohlthat für einzelne Menschen seyn, und man darf niemand zwingen, wider seinen Willen Wohlthaten anzunehmen.

5. Durch das Recht des Stärkern, folglich auch durch Vereinigung der größern Anzahl gegen die kleinere, folglich auch durch Entscheidung der Mehrheit der Stimmen, könnten ungerechte Befehle gegeben werden; die bloße Freyheit aber, sich diesen Ungerechtigkeiten durch Auswanderung aus dem Lande zu entziehen, scheint manchen guten und nützlichen Bürger in die Verlegenheit stürzen zu können, des Eigensinns vieler schie-

fen Köpfe wegen, mit seinem gradern Kopfe, das Land zu verlassen und die Früchte seines Fleisses darin mit dem Rücken anzusehen, ein Land, in welchem er manche andre Gemächlichkeit fand und auf vielfache Weise Gutes stiften konnte. Um auch diesen Nachtheil vom Staate abzuwälzen, muß man jedem erlauben, die Gemüther der größern Anzahl zum Vortheile seiner Meinung zu lenken. Da doch am Ende alles auf dem Recht des Stärkern beruht, so darf man auch niemand die Mittel benehmen, durch Stärke des Geistes, durch die Übermacht, welche höhere Verstandeskräfte gewähren, der andern Macht das Gleichgewicht zu halten. Es muß daher jedem unverwehrt bleiben, frey über zu machende und zu verändernde Gesetze seine Meinung zu sagen und zu schreiben, und alle Künste der Überredung und jedes andre Mittel anzuwenden, um den großen Haufen, welcher entscheidet, auf seine Seite zu bringen. Wendete er unedle Mittel an, und ließen seine Mitbürger sich durch unedle oder sophistische Gründe lenken, so wäre das ein Zeichen, daß die mehrsten dieser Leute schlechte, unvernünftige Menschen wären; und da würde dann erfolgen, was sie verdienten und der Ordnung der Dinge angemessen ist – sie würden eine schlechte Staats-Verfassung bekommen. Dieß wird aber schwerlich je der Fall seyn, und wenn man nur zwanglos der Ordnung der Natur den freyen Lauf läßt, so wird auf die Länge immer die Sache der gesunden Vernunft die Oberhand behalten.

6. Ist ein Gesetz ein Mahl gegründet, so muß freylich die heranwachsende Generation sich demselben unterwerfen, obgleich sie nicht ihre Stimme dazu gegeben hat; denn sie hat ja keinen neuen Staat zu errichten, sondern der Staat ist schon gegründet, in welchem zu leben die Neuhinzukommenden entweder die Freyheit behalten, und sich dann den Vorschriften unterwerfen müssen, oder aber auswandern mögen. Allein auch dieß könnte zu einer Art Ungerechtigkeit werden; nach Verlauf eines Jahrhunderts lebt ja keiner von den Gesetzgebern mehr; auch verändern sich die Zeiten und Umstände; da ist es dann unbillig, daß Menschen ihren freyen Willen nach

Vorschriften einschränken sollen, die in alten Zeiten Personen gegeben haben, welche gar keine Gewalt über die Handlungen solcher Menschen haben konnten, die damahls noch nicht existirten. Um auch diesen abzuhelfen, muß jedem Bürger im Staate frey stehen, nicht nur über zu gebende Verordnungen ungestört seine Meinungen zu sagen und sie auf alle Art gelten zu machen, sondern diese Freyheit muß sich auch auf sein Urtheil über schon existirende Gesetze und Einrichtungen erstrecken, die er abgeschafft zu sehen wünscht. – Frey und ungehindert muß also jeder Bürger über Regierung und Staatsverwaltung reden und schreiben dürfen.

7. Da der Ton des Zeitalters, da Lebensart und Sitten, Verhältnisse der Einwohner gegen einander und gegen Fremde, das Land selbst, kurz! alles, in einem Zeiträume von einem Menschenleben sich verändert, so werden manche heute gegebene Gesetze, nach funfzig Jahren unnütz und zwecklos seyn. Es ist daher der Klugheit gemäß, daß die Volks-Versammlung, nach Ablauf einer gewissen, zu bestimmenden Zeit, die sämmtlichen Landesverordnungen auf's neue durchgehe, untersuche, Einwendungen dagegen und nützliche Vorschläge zu Abänderungen und Neuerungen, von jedem Bürger im Staate sich vorlegen lasse, und darnach ein neues Gesetzbuch verfertige.

8. So gewiß jede Handlung eines Bürgers durch Gesetze bestimmt oder eingeschränkt werden darf, wie ich das schon bewiesen habe, so sehr befördert es die allgemeine und die Privat-Glückseligkeit, daß man bey der Gesetzgebung darauf Rücksicht nehme, so wenig als möglich die natürliche Freyheit einzuschränken, sich unter einander keinen unnützen, oder gar schädlich werdenden Zwang aufzulegen. Es werden daher bey unsrer Legislation eine Menge kleiner Verordnungen wegfallen, die bey andern Völkern ganze Bände füllen.

9. Da die Gewalt der Gesetzgebung sich nur auf Handlungen erstreckt, so können Gedanken und Meinungen gar nicht, offenbare Absichten sehr selten ein Gegenstand derselben seyn.

10. Was der Mensch besaß, ehe er in die bürgerliche Verbindung trat, was er ohne sie besitzen kann, was er ihr nicht zu

verdanken, von ihr nicht zu erwarten hat, wovon sie ihm den Besitz nicht zuzusichern vermag, endlich was er ihr nicht aufopfern kann, weil er selbst nicht Herr darüber ist; das darf eben so wenig ein Gegenstand der Gesetzgebung werden.

11. Weil es jedermann erlaubt seyn muß, auch über die wichtigsten Dinge frey und offenherzig seine Meinung zu sagen, und nur Handlungen der Gegenstand der Gesetzgebung sind, so dürfen also gesprochene und geschriebne Worte, von welcher Art sie auch seyn mögen, nie durch Gesetze eingeschränkt werden.

12. Da auf diese Weise der Staat den Bürgern Gelegenheit gibt, öffentlich alles Gute zu thun und zu reden, zum Besten des Ganzen und zu ihrer eignen Wohlfahrth alle redliche Mittel anzuwenden, sie auch gegen Beeinträchtigung dieser Freyheit kräftig schützt; so darf er dagegen desto strenger jede geheime Machination, jede versteckte Meuterey, jede im Finstern schleichende Wirksamkeit einzelner und verbundner Menschen, jede anonyme Verunglimpfung, Schmähung und Anklage, verdächtig finden und ahnden; denn da, wo man der Vernunft der Ausbreitung nützlicher Kenntnisse und der Ausführung nützlicher Zwecke keinen Zwang auflegt, da kann es keine erlaubte geheime Künste und keine redliche geheime Plane geben. – So viel von der bürgerlichen Freyheit und den Grenzen der gesetzgebenden Macht im Allgemeinen!

Achtzehntes Kapitel.

Fortsetzung. Staatsbediente und Vorsteher;
Ämter; Stände.

Ich sehe voraus, daß bey den besondern Vorschlägen, die ich nun zu Errichtung einer neuen Staatsverfassung wagen will, von allen Seiten der Einwurf mir entgegen gestellt werden wird, solche gegen alle bisher herrschend gewesene Ideen streitende Einrichtungen ließen sich, ohne gänzlichen Umsturz der ganzen Verfassung und ohne unabsehliche Verwirrung, nicht einführen. – Ich will dieß zugeben; allein meine Absicht ist auch nur, meinen Mitbürgern das Ideal einer vollkommnen Verfassung, wie ich sie mir denke, hinzustellen. Betrachten Sie dieß Ideal genau, untersuchen Sie, ob es ganz oder zum Theil zu erreichen ist! und wenn Sie dann auch nur einige meiner Vorschläge nützlich und anwendbar finden, so werde ich meine Mühe nicht verloren zu haben glauben. Allein ich muß Sie zugleich ermuntern, sich nicht durch Vorliebe für das Alte, nicht durch Privat-Eigennutz, noch durch Schwierigkeiten abschrecken zu lassen, das wahrhaftig Gute, dem Ganzen Nützliche, mit Hinwegwerfung alles dessen, was auch durch verjährte Vorurtheile gleichsam geheiligt scheint, mit Wärme und unverdrossen zu ergreifen. Ist man ein Mahl von der Güte eines neuen Systems und von der Mangelhaftigkeit des bisherigen überzeugt, so ist es besser, das alte mit Stumpf und Stiel auszurotten, als ewig zu flicken und nie ein vollkommnes Ganzes zu Stande zu bringen. Was helfen Palliativ-Curen, wenn man voraus sieht, daß, früh oder spät, ohne gewaltsamen Schnitt, der Tod unvermeidlich ist? – Rücken wir der Sache näher!

Ohne Haupt-Triebfeder kann keine Maschine bestehen, ohne Oberhaupt keine Gesellschaft Bestand haben; es muß also das Ruder des Staats gewissen Händen anvertrauet werden; nur muß dafür gesorgt seyn, daß der Mechanismus des Ganzen so geordnet sey, daß die dirigirende Kraft darin dem Gange keine willkührliche Richtung geben, nichts mehr thun könne, als grade was eine Feder in einem Uhrwerke bewirkt, nähmlich, alle übrigen, nach gewissen Regeln fortlaufenden Räder und Walzen die erste Bewegung zu geben. Je einfacher dieß erste Ressort ist, desto weniger Verwirrung wird zu besorgen seyn: nach dieser Analogie halte ich es für besser, daß Eine, als daß mehrere Personen die mechanischen Bewegungen des Staats-Cörpers dirigiren. – Ich rathe Euch also Einen Mann – nennt ihn König, oder wie Ihr wollt! – zu wählen, der für Ausübung Eurer Gesetze und Aufrechthaltung Eurer Einrichtungen sorge. Man weiß dann, an wen man sich zu halten hat, und Er fühlt, daß Ehre und Schande und Verantwortung auf ihn allein fällt, statt daß da, wo Mehrere die Hände am Ruder haben, Verschiedenheiten in den Characteren, Zwist, Mißverständnisse, die Einheit des Ganzen stören, die Geschäfte aufhalten und, indem Einer die Schuld auf den Andern schiebt, die Last dem Andern aufladet, nichts mit Eifer und Ordnung betrieben wird.

Unsern König müssen wir aus dem ganzen Volke wählen, und das ganze Volk muß ihn wählen, und zwar einen Mann, der schon der Nation bekannt ist, folglich einen unter den Statthaltern, von denen ich nachher reden werde. Er bekleidet seine Stelle, so wie alle übrige höhere Staats-Bediente, nur sechs Jahre lang, und tritt dann in den Privatstand zurück, wenn man ihn nicht etwa auf's Neue wählt. Während seiner Amtsführung kann niemand ihn zur Verantwortung ziehen; so bald seine Zeit verflossen ist, kann die National-Versammlung Rechenschaft von ihm fordern. Eine Art, aller mannbaren Bürger Stimmen zu sammeln, habe ich vorgeschlagen, als ich den Häuptern des Kriegsheers meinen ersten Entwurf zu Errichtung einer National-Versammlung vorlegte.

Der König hat, solange seine Regierung dauert, unumschränkte Gewalt, die Gesetze der Nation mit aller vorgeschriebenen oder erlaubten Strenge, in Ausübung bringen zu lassen. Er wacht über die Ordnung im Ganzen; an ihn laufen die Berichte der Statthalter; bey eiligen, in den Gesetzen nicht bestimmten Fällen, befiehlt er vorerst, was geschehen soll; ist die Sache wichtig, betrifft sie zum Beyspiel Krieg und Frieden; so beruft er die National-Versammlung oder erbittet sich schriftlich ihre Stimmen. Diese National-Versammlung, kömmt ordentlich zwar nur alle sechs Jahre ein Mahl zusammen, weil dann die Mitglieder, woraus sie bestehen soll, aus allen Provinzen gewählt werden; allein diese sechs Jahre hindurch bleibt doch jeder von den National-Räthen in dem Verhältnisse, daß er bereit seyn muß, mit seiner Person oder seinem Gutachten sich einzustellen. In allen Fällen, die ein Mahl in den Landes-Gesetzen bestimmt sind, bedarf es weiter keiner Anfragen, der König darf darin nichts willkührlich thun, muß immer pünctlich auf Befolgung derselben halten, darf eigenmächtig keine Strafen verhängen, aber auch keine Strafen erlassen, noch mildern.

Im Kriege ist der König kein Heerführer, sondern bleibt, so wie alle Staatsbediente, im Lande. Die Generale werden von der National-Versammlung ernannt und mit Instructionen versehen.

Er ist verpflichtet, jeden Morgen drey Stunden lang jedermann, der ihn sprechen will, vor sich zu lassen, Klagen anzuhören, oder schriftliche Aufsätze darüber zu fordern, wenn das nöthig ist, und dann die Sachen den verschiednen Gerichtshöfen zur Besorgung zu übergeben. Sechs untergeordnete Staats-Räthe arbeiten unter seiner Anweisung in diesen Geschäften.

Mit ihm zugleich wird ein Vice-König erwählt, der aber nicht eher mit Staats-Geschäften zu thun hat, als bis der wirkliche König krank, zur Arbeit unfähig wird, oder stirbt.

Die Residenz des Königs und des Staatsraths wird gleichfalls alle sechs Jahre, nach der Reihe, aus einer der zwölf Hauptstädte des Landes in die andre verlegt.

Des Königs Person ist nicht heiliger als die eines jeden andern nützlichen Bürgers; ihm wird keine Art von äußerer, sclavischer Verehrung bewiesen; er ist kein Gesalbter und kein Statthalter Gottes; er hat keine Leibwachen, keine ausgezeichnete Kleidung; seine Kinder und Verwandte sind Privat-Leute, wie wir Alle; er ist niemand in Gnaden gewogen, und niemand ist ihm unterthänig. Er erhält während der sechs Jahre seiner Amtsführung, da er nicht Muße übrig hat, durch Betreibung andrer Geschäfte seinen Unterhalt zu gewinnen, ein ansehnliches, doch nicht das Einkommen eines reichen Privatmannes überschreitendes Jahrgeld; allein der Staat besoldet ihm keine Hofschranzen, keine Müssiggänger, hält ihm keine Spielwerke. – Unser König soll ein weiser Mann seyn, und ein weiser Mann ist über Flitterstaat, unnütze Bedürfnisse und Thorheiten hinaus.

Der König kann keinen, auch den geringsten Diener des Staats nicht, weder ernennen, befördern, noch absetzen. Alle werden entweder von ihren Untergebenen oder von ihres Gleichen gewählt, oder, besonders die, welche Besoldung erhalten, von dem Collegio ihrer Vorgesetzten ernannt. Zu allen diesen Ämtern aber die Subjecte, sowie überhaupt alles, was der König nöthig und nützlich findet, in Vorschlag zu bringen, das ist seine Pflicht; und seine Mitbürger werden gewiß gern, wenn sie können, auf seine Empfehlungen Rücksicht nehmen, da seine Geschäfte ihn in den Stand setzen, die Bedürfnisse des Landes und die Fähigkeiten einzelner Personen genauer kennen zu lernen.

Wundert Euch nicht, meine lieben Mitbürger! wenn ich meinem Könige so wenig willkührliche Macht einräume, ihn so gänzlich den Gesetzen und der Nation unterwerfe! Ihr habt es hier gesehen, welche schreckliche Dinge der Despotismus anstellen kann; und wenn Ihr überleget, wie groß der Reitz eines ehrgeizigen Mannes ist, seine Gewalt über andre Menschen immer weiter auszudehnen; wenn Ihr einen Blick in die Geschichte werfet und da leset, wie die Beherrscher der Völker in allen Zeitaltern stufenweise weiter gegriffen haben, von einer Gewaltthätigkeit zur andern fortgeschritten sind, bis zuletzt ganze Völker sich und Gottes Erdboden, den sie bebauet hatten, als das Eigenthum eines höchst elenden Menschen ansahen, der ihnen nach Belieben Gesetze gab, die er selbst nicht hielt, und, wenn er ein Mahl einen Überrest von Menschlichkeit und Pflicht-Erfüllung zeigte, dieß denen Leuten, welche ihn ernährten und beschützten, für überschwengliche Gnade und Huld verkaufte – wenn Ihr das alles überlegt; so denke ich, Ihr werdet die Nothwendigkeit einsehen, bey Gründung einer neuen Constitution, auch die entfernteste Möglichkeit, wiederum unter das Joch der Tyranney zu kommen, aus dem Wege zu räumen. Wem schaudert nicht die Haut, wenn er lieset, wie Philipp der zweyte von Spanien und sein Herzog von Alba mit der Existenz der Menschen gespielt haben; wie gegen Sclaverey unempfindlich gewordene Menschen den kleinen, verachtungswerthen Ludwig den Vierzehnten, der seiner niedrigen, kindischen Eitelkeit Millionen Leben und den Flor des Reichs aufopferte – den

Großen *nannten; wie das Oberhaupt eines Standes, der den Eid der Keuschheit schwören muß, der Chef einer Religionspartey, die Hurer und Ehebrecher zur Verdammung verurtheilt, wie der Pabst Alexander der Sechste seine anerkannten Bastarte zu Herzogen erhob, und in öffentlicher Unzucht und Blutschande lebte; wie endlich noch jetzt in allen Ländern Europens große und kleine Fürsten mit Verordnungen und Strafen Unfug treiben, und Todes-Urtheile über Verbrechen unterzeichnen, die sie und ihre Lieblinge täglich begehen! – Und diese Beyspiele sollten uns nicht die Augen öffnen? – Doch, lasset uns jetzt von den übrigen Staats-Bedienten reden!*

So lange ein Mann Mitglied des Nationalraths, oder des höchsten Volks-Tribunals ist, kann er kein Amt im Staate bekleiden, denn er kann nicht zugleich Herr und Diener seyn.

Die Staatsräthe des Königs haben keine Stimme, sondern besorgen nur, unter seiner Anweisung, das Mechanische der Geschäfte. Sie sind also eigentlich keine Staats-Bediente, obgleich die Nation sie besoldet; der König allein wählt sie sich, kann sie nach Willkühr annehmen und verabschieden, denn er allein hat mit ihnen zu arbeiten.

Das ganze Reich ist in zwölf Provinzen getheilt; jede Provinz hat eine große Stadt, die, wie ich schon gesagt habe, abwechselnd die Residenz des ganzen Reichs wird. In jeder dieser Städte wohnt ein Statthalter, der in seiner Provinz die Stelle bekleidet, welche der König im ganzen Reiche versieht, doch also daß er an den König berichten muß. Der Statthalter ist der Präsident des Provinzial-Tribunals, das, außer ihm, aus sechs Räthen besteht, und Justiz- Finanz- und alle andre Angelegenheiten der Provinz dirigirt. Jeder Rath hat eine Stimme; der Statthalter nur dann, wenn die Meinungen getheilt sind. Der Statthalter und diese Räthe werden aus den Municipal-Magistraten und von denselben gewählt, und von der Nation besoldet. Weiter hinunter muß jeder Staats-Bediente sein Amt unentgeltlich verwalten. Nur die unbeträchtlichsten kleinen Stellen, wie zum Beyspiele die der Aufseher über Straßen und Dämme, Nachtwächter und so ferner sind mit Gehalt verknüpft. Alle wichtige

Ämter werden nur sechs Jahre lang von denselben Personen bekleidet.

Außer der großen Provinzial-Stadt sind in jeder Provinz nur noch drey kleinere Landstädte und drey große und neun kleinere Dörfer. Es ist vorgeschrieben, aus wie viel Häusern und Familien höchstens diese Städte und Dörfer bestehen dürfen. Dieß ist nach der möglichst zu erwartenden Bevölkerung bestimmt. Nimmt irgendwo die Volks-Menge über diese Grenze hinaus zu, so wird den übrigen Familien in einer andern Gegend, wo die Anzahl noch nicht vollständig ist, ein Aufenthalt angewiesen.

In jeder der kleinern Städte ist ein Municipal-Magistrat, der aus einem Vorsteher und vier Beysitzern besteht; diese werden aus und von der Bürgerschaft gewählt.

Drey kleinere Dörfer stehen unter einem Beamten, der zwey Gehülfen hat, und mit diesen in dem größern Dorfe wohnt. Er und sie werden von den Landleuten gewählt. Es müssen aber Männer seyn, die in dem größern Dorfe ansässig sind.

Jedes kleinere Dorf hat einen Richter, den die Einwohner wählen.

Alle kleinere Stellen werden durch Wahlen in den Stadt-Quartieren und Dorf-Gemeinen alle drey Jahre besetzt. Berichte, Anfragen und Forderungen gehen von unten hinauf, doch also, daß die Dorf-Angelegenheiten durch die Beamten, die Stadt-Sachen durch die Magistrate an das Provinzial-Collegium gehen. Eben so laufen die Antworten und Bescheide von oben herunter. Was in den Gesetzen klar bestimmt ist, darüber wird nicht angefragt, sondern es wird kurz abgethan. Die letzte Instanz für jemand, der auf diesem Wege keine Befriedigung findet, ist der König, der, wenn die Sache wichtig ist, sie dem National-Collegio vorträgt.

Da die Regierungsgeschäfte auf diese Weise gar nicht verwickelt seyn werden, so bedarf es nicht für jeden Zweig derselben eines eignen Collegiums. Die Haupt-Regierung, die Provinzial-Directionen, die Stadt-Collegia und die Dorf-Obrigkeiten haben zugleich das Justiz- Finanz- Kriegs- und Policeywesen, kurz! alles zu besorgen.

Jeder *Abyssinier* in der Stadt und auf dem Lande ist verbunden, noch außer den Jahren, da er die Waffen tragen muß, wovon in der Folge geredet werden wird, wenigstens drey Jahre seines Lebens hindurch unentgeltlich ein kleineres bürgerliches Amt zu verwalten – gleichviel welches! Er muß es annehmen, wenn das Zutrauen seiner Mitbürger ihn dazu erwählt.

Alle Ämter, Stände und Gewerbe im Staate aber sehen wir für gleich wichtig und vornehm an. Das Wort Rang wird bey uns gänzlich unbekannt werden. Der Staat bedarf eben so nothwendig eines Nachtwächters, als eines Beamten, eben so nothwendig eines Schusters, als eines Gelehrten. Wer kann bestimmen, wie viel eignes Verdienst der Mann, und wie viel mehr oder weniger Nutzen das gemeine Wesen davon zieht, daß dieser Mann grade Talente zu dem und nicht zu jenem Geschäfte von der Natur erhalten, oder ausgebauet hat? Und welcher Mann verdient wohl mehr Achtung und Vorzug, der, welcher mit besondrer Fertigkeit und mit unausgesetztem Fleisse, Jahr aus Jahr ein, Schwefelhölzer schnitzelt und davon seine Familie ernährt, oder der Bücherschreiber, der ein Mahl vortreffliche Dinge hat drucken lassen, die übrige Zeit seines Lebens aber gefaullenzt und, bey der Ungewißheit, ob er mit seiner Schriftstellerey wirklich etwas Gutes gestiftet, die Gelegenheit und Pflicht, unmittelbar seine Kräfte dem gemeinen Wesen zu widmen, verabsäumt hat? Vom Schuster kaufe ich Schuhe, weil er das Schuhmachen gelernt hat, vom Arzte eine Vorschrift für meine Gesundheit, weil er sich darauf versteht. Der Eine kann sich glücklicher fühlen in dem Besitze einer edlen Kunst, als der Andre mit einer bloß mechanischen Geschicklichkeit; das ist seine Sache; aber ich, der ich beider bedarf, warum soll ich weniger tief den Hut abziehen vor dem, der meine Blöße bekleidet, damit ich nicht durch Verkältung krank werde, als vor dem, der mir, wenn ich krank bin, zu helfen sucht? Mit der innern Ehrerbiethung und Achtung, ja! da ist es ganz etwas anders; wenn wir diese zum Maßstabe unsrer äußern Behandlung annehmen wollen, so bin ich gern zufrieden. Da wird man denn aber auch dem ehrlichen Tagelöhner oft eine tiefe

Verbeugung machen müssen, indeß der schelmische Minister, wie er es verdient, über die Schulter angesehen wird. In despotischen Staaten hält sich der geringste Fürsten-Sclave, und wäre er auch nur ein gemeiner Schreiber, für ein Wesen besserer Art, als der freye, unabhängige Handwerksmann. – Fort mit diesen Armseligkeiten! Fort mit Rang und Titeln! Die Rücksichten, welche man auf höheres Alter, auf bessere Erfahrungen, auf Weisheit, Güte, feinere Sitten und Herzens-Sympathie nimmt und im äußern Betragen zeigt, die werden nie wegfallen; aber vor falschem Glanze und eingebildeten Vorzügen wollen wir nicht länger die Knie beugen. Der redliche und verständige Bauer stehe in unsrer Achtung hoch über den nichtswürdigen Sohn des Staatsraths. Der Vorgesetzte im Amte ist nur in Amts-Geschäften vornehmer, als sein Untergeordneter; außerdem gilt er nicht mehr, als was er, als Mensch betrachtet, werth ist. Sollten wir Gesandten an fremde Höfe schicken, so müssen diese in Gesellschaft andrer Bothschafter allen Rangstreit aufgeben. Sie sind nicht Stellvertreter eines Despoten, sondern Geschäfts-träger einer Nation; und ein Volk ist nicht vornehmer, als das andre.

Noch viel alberner als die Idee von Rang und Titel überhaupt, ist der Begriff von ererbten oder erkauften, oder von einem Menschen dem andern verwilligten Range und Titeln – mit einem Worte! der Begriff von erblichem und ertheiltem Adel. Wie kann ein Fürst, und wäre seine Macht auch unbegrenzt, ein ganzes Volk zwingen, einen Menschen für edel zu halten? Wie kann er die Nachkommenschaft dieses Mannes, die noch nicht existirt, schon zum voraus für edel erklären? Wie kann der, welcher Verdienste um sein Vaterland hat, die größere Achtung seiner Mitbürger auf einen Andern übertragen, der vielleicht gar keine Verdienste hat, gar keine Achtung verdient? Wie schreyet man über Ungerechtigkeit, wenn in einem Lande der rechtschaffne Sohn eines schlechten Vaters einen Theil der Verachtung und Strafe mit tragen muß, die sein Erzeuger verwirkt hat? – Und dennoch findet man es billig, daß ein verachtungswerther, dummer Mensch auf die größte äußere

Ehre, auf die höchsten Staats-Bedienungen, auf Freyheiten, Vorrechte, Exemtionen, Einkünfte und andre Vortheile Anspruch
machen dürfe, weil das Ungefähr ihn muthmaßlich hat von
einer Familie abstammen lassen, von welcher ein Mahl ein
Mann von vorzüglich guten Eigenschaften das Oberhaupt gewesen ist, vielleicht auch nur diese Vorrechte für sich und die
Seinigen erkauft oder erschmeichelt hat!

Also kein Adel und keine Titel mehr unter uns! Ist es aber
nicht grausam und gewaltthätig, einer ganzen Classe von Bürgern Vorrechte zu rauben, in deren langjährigem Besitze sie
sind? – Nichts weniger! denn nach dieser Lehre dürften ja gar
keine verjährte Mißbräuche abgeschafft, keine durch Usurpa-
tion erschlichene Rechte vernichtet werden. Und hätten unsre
Vorfahren ihren Tyrannen und deren Gehülfen jene Privilegien,
die wir nun aufheben, durch die heiligsten Eide, auf ewig
zugesichert; – was kümmert das uns? Durften sie etwas verschenken, was nicht ihr Eigenthum war? durften sie Gesetze
geben, die den ersten Gesetzen der Menschheit widersprechen?

Allein ich sehe auch schon voraus, wie wenig Verwirrung
diese Abschaffung der erblichen Vorzüge, diese Vernichtung eines
falschen Stämpels des Verdienstes stiften wird. Die Edeln unter
den Edelleuten werden sich nun freuen, wenn sie überzeugt
seyn können, daß sie die Achtung, welche ihnen ihre Mitbürger
vor wie nach beweisen werden, nun wirklich ihrem wahren
Werthe und nicht dem Vorurtheile zu danken haben; ihre
Kinder werden sich bestreben, sich zu guten nützlichen Mitgliedern der Gesellschaft zu bilden, um nicht die Demüthigung
zu erleben, geringere Vorrechte, als ihre Ältern zu genießen.
Nur die so genannten Parvenüs, die so lange nach diesen elenden Vorzügen gekämpft haben, und die Unwürdigsten unter
den jetzt lebenden Edelleuten werden murren und schreyen,
besonders die letztern, darüber, daß man ihnen das Einzige
nimmt, was sie noch ein wenig emporheben konnte – aber
denen geschieht schon recht.

Daß Sclaverey und Leibeigenschaft von jetzt an auf immer
in Abyssinien aufhören müssen, versteht sich wohl von selber.

Wir sind alle freye Menschen, und wer bey dem Andern in Dienste tritt, kann sich jeden Augenblick wieder frey machen, sobald er Mittel findet sich häuslich niederzulassen und sein eigner Herr zu werden.

Neunzehntes Kapitel.

Fortsetzung. Ehen. Kinder-Erziehung. Väterliche Gewalt.

Das erste und natürlichste Band unter den Menschen, ist das zwischen Mann und Weib; auch diese Verbindung muß die bürgerliche Gesellschaft veredeln, fester knüpfen und durch weise Gesetze den Unordnungen steuern, die den Ehestand verbittern oder trennen könnten, ohne ihn jedoch durch drückenden Zwang zu einem beschwerlichen Joche zu machen.

Im rohen Stande der Natur suchen beide Geschlechter, wenn sie sich verbinden, nichts als Befriedigung ihrer körperlichen Triebe; im bürgerlichen Leben soll die Frau des Mannes treue Gefährthinn, Gehülfinn, Gesellschafterinn, Theilnehmerinn an seinen Leiden und Freuden, Mitregentinn seines Hauswesens und Mutter und Mit-Erzieherinn seiner Kinder seyn. Vernunft, Gefühl und Kenntniß der menschlichen Natur sagen uns daher sehr laut, daß Ein Mann nicht zugleich mehr Weiber, Ein Weib nicht zugleich mehr Männer haben soll, und daß das eheliche Bündniß nicht willkührlich, jeden Augenblick, wenn es einem der beiden Theile gefällt, wieder getrennt werden darf. Von einer andern Seite aber würde es hart seyn, wenn der Staat zwey Menschen, die in jugendlicher Übereilung sich verbindlich gemacht haben, mit einander zu leben, nachher aber finden, daß ihre Gemüthsarten durchaus nicht zu einander passen, und daher beiderseits unter sich darüber einig geworden sind, sich wieder zu trennen, wenn er diese zwingen wollte, einander zur Qual, ein unzertrennliches Paar auszumachen. *Folgende Gesetze über den Ehestand wird man daher der Vernunft und Billigkeit gemäß finden:*

Es muß ein dem Clima angemessenes Alter bestimmt werden, unter welchem Jünglinge und Mädchen nicht heirathen dürfen.

Er und sie melden sich bey der Obrigkeit, lassen sich als Mann und Weib einschreiben, und geben zugleich an, welche Art von Gewerbe oder Beschäftigung sie künftig treiben wollen.

Es gibt keine Verwandtschafts-Grade, die ein ehliches Bündniß unter Blutsfreunden unerlaubt machten.

Die Ältern der jungen Leute haben nicht das Recht, der Wahl ihrer Kinder bey den Heirathen Zwang aufzulegen.

Werden aus der Verbindung zweyer Personen, die sich nicht als Mann und Weib bey der Obrigkeit angekündigt haben, Kinder erzeugt, so entsteht die Frage: ob der Mann verehelicht oder ledig ist? In beiden Fällen trifft das Kind nicht der geringste Nachtheil von dieser Unregelmäßigkeit, sondern dieß erbt den Vater wie jedes andre ehliche Kind. Er muß es in sein Haus aufnehmen, und die Obrigkeit wacht darüber, daß er ihm eben so viel Sorgfalt, als den Söhnen und Töchtern widme, die in öffentlicher Ehe erzeugt werden. – Der Nahme Bastart ist also bey uns gar nicht schimpflich. Wo man den zufälligen Umständen der Geburt und Abstammung keine Vortheile einräumt, da muß man ihnen auch keine nachtheiligen Einflüsse gestatten.

Ist nun der Vater des Kindes unverehlicht, oder Witwer, so werden beide Ältern vor Gericht gefordert und befragt, was sie abgehalten haben kann, sich auf gesetzmäßige Weise zu verbinden? Zeigen sich öconomische Hindernisse, so sucht man diese aus dem Wege zu räumen. Wollen aber beide Theile oder will einer von ihnen sich auf keine ehliche Verbindung einlassen, so wird der Vater angehalten, sich des Kindes vollkommen so anzunehmen, als wenn er es in rechtmäßiger Ehe erzeugt hätte. Außerdem legt ihm das Gericht noch eine nach den Umständen zu bestimmende Strafe auf, die, wenn der Fall öfter eintritt, verstärkt wird. Das Mädchen wird nicht bestraft, theils in Rücksicht der Schwäche des Geschlechts, theils um nicht Gelegenheit zu Verheimlichung und Kindermord zu geben.

Ist der Vater ein Ehemann, so muß er das Kind in sein Haus aufnehmen, und es wird ihm eine schwere Strafe auferlegt, doch keine Geldbuße, weil dadurch sein Weib und seine andern Kinder am mehrsten gestraft seyn würden.

Ehescheidungen können Statt haben, wenn entweder, beide Theile es verlangen, oder wenn nur der eine Theil darum anhält. In beiden Fällen wird die Klage nicht eher angenommen, als nachdem Mann und Frau drey Jahre lang mit einander gelebt haben, es müßte dann ein bewiesener Ehebruch, oder Lebensgefahr von einer Seite die Ursache der verlangten Scheidung seyn.

Halten Eheleute, die nach dreyjährigem Ehestande durchaus nicht länger mit einander leben zu können glauben, gemeinschaftlich um die Trennung an, so wird ihnen noch ein halbes Jahr Bedenkzeit gegeben. Melden sie sich dann wieder, so werden sie geschieden, dürfen wieder heirathen; dem Mann liegt die Versorgung der Kinder ob, und die Frau muß sich zu ernähren suchen, so gut sie kann.

Bittet einer von den beiden Theilen um die Ehescheidung, so kömmt es auf die Ursache an, weßwegen er die Trennung fordert. Bey einem Ehebruche, welcher erwiesen der Frau zur Last fällt, darf der Mann sogleich wieder heirathen; die Frau wird auf eine nach den Umständen zu bestimmende Zeit entweder in ein Straf-Arbeitshaus oder gar in ein Gefängniß gesetzt, und darf nach Verlauf dieser Zeit, wenn sich ein Mann findet, der Ihrer begehrt, wieder heirathen. Sie kann sich gebessert haben und es wäre grausam, sie lebenslang den Qualen eines heftigen Temperaments auszusetzen. Die Kinder, welche der Mann nicht für die seinigen erkennen kann, nimmt der Staat in die Waisenhäuser auf.

Fordert die Frau die Scheidung wegen eines erwiesenen Ehebruchs von Seiten des Mannes, so muß dieser die Frau lebenslang unterhalten. Seine Strafe wird ebenso bestimmt wie im vorigen Falle.

Ehescheidungs-Klagen wegen Unfruchtbarkeit werden nicht angenommen.

Unvermögenheit oder solche Kränklichkeit, die den vertrautesten Umgang unter Eheleuten unmöglich oder gefährlich macht, muß von Ärzten bestätigt werden. Die Scheidung geschieht dann auf gute Weise; beide Theile treten in die Rechte unverheiratheter Personen zurück. Sind Kinder da, so muß sie der Mann ernähren. Ist die Frau während der Ehe kränklich geworden, so muß der Mann für ihren Unterhalt sorgen.

Eheleute, die über sechs Jahre lang, ohne gerichtliche Klage gegen einander, zusammen gelebt haben, können, auf Verlangen des Einen Theils, nicht so leicht, nach zehnjähriger ruhiger Ehe aber, gar nicht geschieden werden; es sey dann, daß bewiesener Ehebruch, oder Lebensgefahr die Ursache wäre.

Ehescheidungs-Klagen von Einem Theile, wegen Verschiedenheit der Gemüthsart oder dergleichen, werden nicht angenommen; aber gegen Mißhandlungen, Verschwendung des Vermögens etc. schützen die Gerichte und können, wenn gar kein andres Mittel da ist, ex officio scheiden.

Geschiedene Eheleute, die sich zum zweyten Mahle mit einander verheirathen, können nie wieder getrennt werden.

Da bey uns, wie man in der Folge sehen wird, jeder arbeitsame Mensch mit Weib und Kindern Unterhalt finden, folglich im ganzen Reiche kein Bettler geduldet werden kann; also auch die Schwierigkeit, eine Familie zu ernähren, niemand abhalten darf, sich zu verheirathen, so kann man desto strenger alle Hurerey bestrafen. Deßwegen werden Personen beiderley Geschlechts, welche überwiesen sind, daß sie sich einer liederlichen, ausschweifenden Lebensart ergeben haben, bey der ersten Ertappung scharf gezüchtigt und, wenn sie zum zweyten Mahl eines solchen Lebenswandels überwiesen werden, sowohl wie Kuppler und Kupplerinnen, nach den Umständen, zu kurzer, langer oder immerwährender Gefängniß-Strafe oder zur Landes-Verweisung verurtheilt.

Es kann dem Staate nicht gleichgültig seyn, wie die Kinder der Bürger im Physischen, Intellectuellen und Moralischen erzogen und gebildet werden. Ein großer Theil der Möglichkeit, unsre neue Staats-Verfassung einzuführen und dauerhaft zu machen, beruht auf der Hoffnung, daß die folgende Generation so geartet seyn soll, daß gesunde Vernunft, gemäßigte Begierden, veredelte Leidenschaften und einfache Sitten, bey ihnen die Oberhand über Vorurtheile, Phantasie, Sinnlichkeit, Reitzbarkeit, Kränklichkeit und Corruption aller Art gewinnen werden, so daß es kaum des Zwanges der Gesetze bedürfen wird, um sie zu solchen Handlungen und Unterlassungen zu bewegen, die verständiger, an Leib und Seele gesunder Menschen würdig sind. Obgleich nun also wirklich der Staat sich als den gemeinschaftlichen Vater seiner jungen Mitbürger ansehen kann; und, wenn es ihm obliegt, dafür zu sorgen, daß sie nicht Noth leiden, und daß sie Genuß des Lebens und der Freyheit haben, ihm auch das Recht zugestanden werden muß, dafür zu sorgen, daß sie nützliche, verständige Menschen werden, die diese Sorgfalt nicht erschweren und vereiteln: so ist es doch der Klugheit und Billigkeit gemäß, sich in das Erziehungs-Geschäft nur grade so viel zu mischen, als zweckmäßig ist; die süßen häuslichen Verhältnisse nicht zu trennen; den Ältern die Freude nicht zu rauben, ihre Kinder unter ihren Augen aufwachsen zu sehen; nicht zu veranlassen, daß die Eigenheiten, kleinen Familien-Sonderbarkeiten, Verschiedenheiten und Mannigfaltigkeiten, die dem geselligen Leben so viel Reitz geben, gänzlich ausgelöscht und alle Menschen im Lande pedantisch nach einerley Norm und Form gemodelt werden – ohne zu erwähnen, daß wirklich eine vernünftige häusliche Erziehung manche unverkennbare Vorzüge vor der öffentlichen hat. Um hier die Mittelstraße zu halten, schlage ich folgende Einrichtungen vor:

Da wir allen Unterschied der Stände aufheben, so muß man dafür sorgen, daß künftig in ganz Abyssinien wenigstens kein eigentlicher Pöbel gefunden werde, daß folglich alle Bürger im Staate zu einem gewissen Grade von Aufklärung gelangen, ohne jedoch die Einzelnen zu hindern, diesen Grad noch zu erhöhen. Unter dieser Aufklärung verstehe ich: eine Sammlung von klaren Begriffen über Menschen-Verhältnisse, gesellige und bürgerliche Pflichten, eine nicht gelehrte, aber richtige Kenntniß von dem Erdboden und besonders von dem Vaterlande, endlich einige Fertigkeit in solchen Dingen, die uns bey Erlernung und Ausübung jeder Kunst, Wissenschaft und Handthierung zu Hülfe kommen. Deßwegen sollen in allen Städten und Dörfern, auf Kosten des Staats, öffentliche Schulen angelegt werden, in welchen allen Kindern, sie mögen künftig bestimmt seyn, zu welcher Lebensart es auch sey, unentgeltlich, ein gleicher Unterricht im Lesen und Schreiben der Muttersprache, so wie im Rechnen ertheilt werde; dabey mache man sie mit einigen Hauptsätzen der Naturlehre und Naturgeschichte, des Landbaues und der Meßkunst bekannt; lehre sie ein wenig Geschichte und Erdbeschreibung; rede mit ihnen von den verschiednen Temperamenten der Menschen, von den Regeln der Klugheit und Redlichkeit, die man im Umgange mit diesen verschieden gestimmten Leuten zu beobachten hat, von den natürlichen und geselligen Pflichten, von den Mitteln zu Beförderung eigner und fremder, innerer und äußerer Glückseligkeit, und lege ihnen endlich einen Auszug aus den wichtigsten Gesetzen des Landes vor, wobey der vernünftige Grund jedes Gesetzes erklärt werden muß! Dieß sind die wichtigsten Vorkenntnisse für jeden Bürger eines gut eingerichteten Staats. Was die Religion betrifft; so rede man mit Ehrfurcht von dem unbegreiflichen Wesen Gottes, des Schöpfers und Erhalters; lehre sie, daß treue Berufs-Erfüllung die beste Weise sey, sich seiner Wohlthaten werth zu machen; verbinde mit dem Studium der Geschichte eine Nachricht von den verschiednen Meinungen verschiedner Völker über das Wesen Gottes und der Art, ihm äußere Verehrung zu bezeugen, und überlasse ihnen, sich bey reiferm Alter eine von diesen Methoden zu wählen!

So bald einem Vater ein Kind geboren wird, ist er verbunden der Obrigkeit Anzeige davon zu thun, damit das Kind unter dem Nahmen, den ihm der Vater gleich bey der Geburt gibt, in die Listen eingetragen werde. Bis in das zehnte Jahr bleiben die Kinder der Sorgfalt der Ältern einzig überlassen, und der Staat mischt sich nicht in ihre Erziehung.

Hinterläßt ein Hausvater bey seinem Tode unmündige Kinder, so werden denselben Vormünder gesetzt, und zwar jedem Kinde ein eigner. Von den Vormündern hängt es ab, ob sie die Kinder in ihre Häuser aufnehmen und mit ihren Söhnen und Töchtern erziehen, oder aber, besonders wenn öconomische Rücksichten dieß nothwendig machen, sie dem Staate übergeben wollen. Im letztern Falle werden die Kinder, welche unter zehn Jahre alt sind, dem Waisenhause anvertrauet, diejenigen aber, welche dieß Alter schon erreicht haben, bey einem Mitbürger in die Kost gegeben. Der Staat bezahlt eine bestimmte, im ganzen Reiche gleichförmige Summe dafür, und die Kinder besuchen die öffentliche Schule des Orts, wovon schon vorhin ist geredet worden, und woselbst sie unentgeltlich in den, jedem Bürger nöthigen Kenntnissen unterrichtet werden.

Unter einem Waisenhause darf man sich keine solche Anstalt denken, darin armer Leute Kinder dürftig ernährt, unterrichtet und zu den niedrigsten Bestimmungen im Staate zubereitet werden, sondern ein öffentliches Gebäude, worin die Kinder aus allen Classen der Bürger, wenn sie früh ihre Ältern verlieren, aufgenommen und nicht weniger sorgsam als alle übrige Kinder gebildet und gepflegt werden.

Von den Schulanstalten ist noch folgendes zu sagen. So bald ein Kind das zehnte Jahr erreicht hat, so ist der Vater oder Vormund verbunden, der Obrigkeit anzuzeigen, ob er demselben häuslichen Privat-Unterricht geben und geben lassen, oder es in die öffentliche Schule schicken will. Im ersten Falle hält die Obrigkeit ein wachsames Auge darauf, daß auch in der Privat-Erziehung nichts vernachlässigt werde. Zu diesem Endzwecke wird jährlich an gewissen Tagen die Jugend, welche die öffentliche Schule nicht besucht, versammelt, und in Gegenwart eines Richters und einiger Zeugen von den öffentlichen Lehrern und Lehrerinnen geprüft. Diese Prüfung erstreckt sich, wie sich das versteht, nicht eigentlich auf gelehrte Kenntnisse; auch wird dabey Rücksicht auf Fähigkeiten, Temperamente und Umstände genommen. Findet sich's aber, daß der Vater oder Vormund sich eine auffallende Nachlässigkeit in der Bildung des Kindes hat zu

Schulden kommen lassen, so wird er ernstlich zu größerer Sorgsamkeit ermahnt, und, wenn dann die nächstjährige Prüfung
nicht besser ausfällt, gezwungen, das Kind in die öffentlichen
Lehrstunden zu schicken. Hat der Vater Vermögen, oder, wenn
er nicht mehr lebt, dergleichen hinterlassen, so muß er das
festgesetzte jährliche Schulgeld in die Staats-Casse bezahlen,
wo nicht, so bleibt es bey der Einrichtung, daß die Kinder unentgeltlich die Wohlthat des Unterrichts genießen.

Die Wahl der Lehrer und Lehrerinnen liegt der Obrigkeit
ob. Es gehören aber diese Personen zu der geachtetsten Classe
unsrer Mitbürger, und wenn wir nicht alle Rang-Ordnungen
abgeschafft hätten, so würden sie gewiß zu dem ersten Range
gerechnet werden müssen. Sie werden vom Staate so besoldet,
daß sie gemächlich und ohne häusliche Sorgen leben können.
Unverheirathete Personen werden nie zu öffentlichen Lehrern
und Lehrerinnen gewählt, wohl aber Witwer und Witwen.

Es versteht sich, daß in jedem Dorfe und jeder Stadt wenigstens Eine besondre Schule für Knaben und eine andre für Mädchen errichtet werde. In letztern wird der literarische Unterricht als Nebensache, die Anweisung zu aller Art weiblichen
häuslichen Handarbeit als der Hauptgegenstand betrachtet.

Um aber auch in männlichen Schulen die Kinder an Arbeitsamkeit zu gewöhnen, so ist mit denselben eine Industrie-Schule
verknüpft. Ein mehrere Stunden lang fortdaurender trockner
Vortrag ermüdet; recht bequem kann nebenher und in den
Zwischenfristen eine nützliche Handarbeit getrieben werden,
und es ist ein abgeschmacktes Vorurtheil, daß dergleichen
für das männliche Geschlecht, besonders für die, welche sich
den Wissenschaften widmen, unanständig wäre. Die Arbeiten,
welche hier verfertigt werden, liefert der Lehrer in die öffentlichen Magazine ab, und erhält von daher die Materialien
und Werkzeuge. Was in den Mädchen-Schulen gearbeitet wird,
kömmt gleichfalls dahin. Man wird in der Folge hören, wozu
diese Magazine genützt werden.

Der Unterricht in den öffentlichen allgemeinen Schulen wird
vom zehnten bis zum funfzehnten Lebensjahre der Kinder fort-

gesetzt. So bald ein Kind dieß Alter erreicht hat, so ist der Vater oder Vormund verbunden, der Obrigkeit anzuzeigen, zu welcher Lebensart er den jungen Menschen bestimmt. (Die Mädchen bleiben als Gehülfinnen bey ihren Müttern oder Verwandten oder andern guten Leuten, bis sie Gelegenheit finden, sich zu verheirathen.) Leiden es die öconomischen Umstände, so sorgt nun der Vater oder Vormund dafür, daß der junge Mensch, je nachdem er aus ihm einen Handwerker, Gelehrten, Künstler, Kaufmann, Landmann, oder was er aus ihm machen will, auf eigne Kosten seine Lehrjahre in der neuen Laufbahn antrete; wo nicht, so übernimmt der Staat diese Sorgfalt; dann aber wird der Knabe erst geprüft, und es hängt von der Obrigkeit ab, wenn man ihn zu einem Geschäfte untauglich findet, ihm dazu keine Unterstützung zu geben. Gezwungen wird niemand zu irgend einer Lebensart; aber dem Staate kann man auch nicht zumuthen, Kosten zu verwenden, um Menschen auf Plätze zu stellen, auf welchen sie sich und Andern zur Last sind, und immer eine schlechte Rolle spielen.

Zwingen darf auch kein Vater den Sohn, eine Lebensart zu ergreifen, zu welcher er keine Neigung hat. Beklagt sich der Sohn desfalls bey der Obrigkeit, so wird die Sache untersucht, und findet man, daß er Geschick und Lust zu einem andern Studium hat, als wozu ihn der Vater bestimmt, so wird dieser angehalten, so viel herzugeben, als er seinem Plane nach ver- wenden wollte, der Sohn folgt seinem bessern Berufe, und der Staat trägt den Rest der Unkosten.

Bis in das funfzehnte Jahr der Kinder leidet die väterliche Gewalt weiter keine Einschränkung, als die, von der vorhin in Ansehung des Unterrichts ist geredet worden; es müßte denn seyn, daß grausame, durch Zeugen bewahrheitete Mißhand- lungen von Seiten der Ältern die Obrigkeit nöthigten, sich in ihre häuslichen Geschäfte zu mischen. Nach dem funfzehnten Jahre hingegen gehören die Kinder schon mehr dem Staate, als ihren Ältern, können sich gänzlich der väterlichen Gewalt ent- ziehen und sich in den Schutz des Staats begeben. Dann aber ist der Vater auch nicht mehr verbunden, den Sohn zu unterhalten, und dieser muß sich's gefallen lassen, welche Art von Laufbahn ihm der Staat anweisen will, damit er nicht dem gemeinen Wesen zur Last falle. Ist hingegen der Vater von dem Sohne unzufrieden, so kann er gleichfalls (jedoch nicht vor dem funfzehnten Jahre) seine Hand von ihm abziehen. Indem er ihn aber dem Staate übergibt, muß er zugleich eine zu bestimmende Summe zu Abkaufung seiner Verbindlichkeiten in den öffentlichen Schatz erlegen.

Mit dem zwanzigsten Jahre des Jünglings hört alle Gewalt des Vaters über ihn, aber auch alle Verbindlichkeit desselben, ihn zu ernähren, auf.

Zwanzigstes Kapitel.

Fortsetzung. Eigenthum. Erbschaften. Versorgung der Bürger.

Beynahe eben so vernunftwidrig, als der Begriff von geerbten Ständen, Titeln und Würden, ist die Idee von geerbtem Vermögen. Es ist billig, daß der, welcher durch seinen Fleiß sich Vermögen erworben hat, in dem ruhigen Besitze dieses Vermögens geschützt werde und, so lange er lebt, frey mit dem Erworbnen schalten und walten dürfe; aber daß er auch nach seinem Tode einen Willen haben und berechtigt seyn soll, die Schätze der Erde an wen er will auszutheilen und den Besitz derselben, der nur dem Arbeitsamen zukömmt, wenn er nicht mehr lebt, auf einen Andern, auf einen faulen, unthätigen Menschen zu übertragen; daß dieser anfangen kann, wo Jener aufgehört hat; daß er ohne Mühe und Arbeit freye Macht erhält, Tausende zu verwenden, indeß sein würdigrer und fleissiger Nachbar Hunger leidet; endlich, daß dieser vom blinden Ungefähr ihm zugetheilte Vortheil, ihm in allen andern Verhältnissen ein Übergewicht über bessere Menschen gibt – das ist doch wohl höchst widersinnig und ungerecht.

Ließe sich nicht der mögliche Fall denken, daß auf diese Weise zuletzt aller Reichthum eines Landes, und sogar das Land selbst, in die Gewalt eines einzigen schlechten Menschen käme, indeß alle Edeln darben, oder seine Sclaven werden müßten? Freylich sorgt das Schicksal dafür, und auf einen Geizhals folgt in der Familie gewöhnlich ein Verschwender, der den väterlichen Schatz wieder zerstreuet und eine Art von Gleichheit herstellt; allein das ist nur zufällig, ist hundert Mahl auch nicht der Fall, und indessen stiftet doch der unmäßige Unterschied zwischen zufällig reich und arm gewordnen Leuten unendlich viel Unheil. Wie schön wäre es daher, wenn man eine neue, gleiche Vertheilung der Güter vornehmen und dann das Recht, sein Vermögen auf Andre zu vererben, gänzlich aufheben könnte! Der Staat wäre verbunden, jeden seiner Bürger, sobald er mündig würde und seinen Haushalt anfangen wollte, auszustatten; dagegen fielen ihm auch alle von Verstorbnen besessene Güter wieder zu. Ich weiß wohl, welche Einwürfe man dagegen machen kann: wer wird Muth haben, zu arbeiten, etwas zu erwerben, wenn er nicht voraus sieht, für wen er arbeitet, wenn er vielmehr voraus sieht, daß seine Kinder, so bald er todt ist, sein sauer erworbnes Eigenthum mit dem Rücken ansehen müssen? Ich halte diesen Einwurf für sehr unbedeutend; denn mancher gute Mann wird viel ruhiger schlafen, wenn er weiß, daß seine Kinder dem Staate gehören, daß dieser sie versorgen wird und muß, wenn auch Unglücksfälle ihm sein ganzes Vermögen raubten; und er wird doppelt eifrig arbeiten, den Schatz des Landes zu vermehren, der zu so wohlthätigen Zwecken verwendet wird. Der thätige, betriebsame Mann wird darum nicht faul und nachlässig werden; denn ihm ist Arbeit ein Bedürfniß. Der Verschwender wird darum nicht mehr verprassen; im Gegentheil! er weiß ja, daß er auf keine Erbschaft je rechnen darf und daß, wenn das väterliche Vermögen durchgebracht ist, der Staat ihn zwingen wird, (wie das in der Folge gezeigt werden soll) in einem öffentlichen Werkhause zu arbeiten, um Brot zu haben. Auch wird niemand seine Verschwendung dadurch begünstigen, daß man ihm Geld liehe, und ihm hülfe, seine Güter mit Schulden belasten, die nachher der Sohn bezahlen muß. Und der Geizhals? – der sammelt Geld, aus Liebe zum Gelde, nicht aus Sorgfalt für die Erben. Er glaubt nie genug zu haben; er hofft hundert Jahre zu leben und zittert nur davor, daß es ihm noch einst am Nothwendigsten fehlen könnte. Aber der Sohn des reichen Mannes wird nun nicht mehr die Nase so hoch tragen gegen ärmere bessere Menschen; er wird nicht, voll Zuversicht auf die zu erwartende Erbschaft, die Gelegenheit verabsäumen, Kopf und Herz zu bilden, sondern, da er nun weiß, daß er, wenn zwey Augen sich schließen, nichts zu er- warten hat, als was er sich durch Fleiß und Geschicklichkeit erwirbt, sich anstrengen, geschickt und gut zu werden. Und der reiche Vater, der sein Kind liebt, wird, weil er doch dem Sohne sonst nichts hinterlassen kann, als eine gute Erziehung, einen Theil seiner Schätze anlegen, um diesen in allen Wissenschaften und Künsten geschickt zu machen, die ihm einst sichern Unter- halt und Wohlstand versprechen können. Freylich aber würde eine neue gleiche Vertheilung der Glücksgüter in einem schon errichteten Staate schwer zu Stande zu bringen seyn – ich sage schwer, denn unmöglich ist sie ganz gewiß nicht. Lasset uns daher eine Mittelstraße wählen! Jedoch muß ich nochmahls erinnern, daß alle meine Vorschläge mehr auf eine gänzlich neu zu gründende, als auf eine nur in einzelnen Nebentheilen zu verbessernde Regierungs-Verfassung abzielen. Ich muß das ganze Gemählde mit allen Haupt- und Neben-Figuren aus- mahlen; von meinen lieben Mitbürgern hängt es ja ab, nur einzelne Gruppen daraus zu copiren.

Ich theile also die Ländereyen aller Provinzen des ganzen Reichs in gleiche Theile, von solchem Umfange, daß der Ertrag einer solchen Portion, nach einem Durchschnitte von guten, schlechten und mittelmäßigen Jahren, grade hinreiche, eine Familie, die aus acht Personen besteht, bequem zu ernähren. Es versteht sich, daß bey dieser Eintheilung auf das Verhältniß des bessern gegen den weniger fruchtbaren Boden Rücksicht ge- nommen werden muß. Von diesen Portionen dürfen die Stadt- Einwohner keine besitzen; ihnen werden nur Gartenplätze verstattet; Dörfern allein kömmt es zu, die Landwirthschaft zu treiben; dagegen wohnen aber auch alle feinere Handwerker, Künstler, Manufacturisten, Kaufleute etc. nur in den Städten. Jede Familie in den kleinen und großen Dörfern bekömmt vom Staate eine solche Portion nebst dem dazu erforderlichen Viehe, dem übrigen Inventarium und den nöthigen Gebäuden in gutem Stande überliefert, und muß dann für ihr weiteres Fortkommen sorgen; die übrig bleibenden Portionen und die, welche dem Staate durch Aussterben etc. heimfallen, werden unter Aufsicht des in dem größern Dorfe wohnenden Beamten und der in den kleinern Dörfern angesetzten Dorfrichter auf Rechnung des Staats administrirt, bey Zunahme der Volksmenge aber, oder wenn ein junges Paar einen Haushalt anfangen will, werden diese vacante Portionen wieder auf getheilt.

Die Wiesen bleiben ungetheilt dem Dorfe; die Waldungen dem Amte gemeinschaftlich, und weiset der Beamte jedem Bauer jährlich eine gleiche Menge Holz an. Steinbrüche und Bergwerke werden zum Vortheile der Staats-Casse genützt; Jagd und Fischerey dürfen nur von sachkundigen Personen betrieben werden. Jede Gemeine hat ihren Dorf-Fischer und Dorf-Jäger; von diesen werden Fische und Wildbret nach einer bestimmten geringen Taxe verkauft und das Geld wird in die Staats-Casse geliefert.

Kein Einwohner in Abyssinien darf mehr als Eine solche Landportion besitzen und nach seinem Tode fällt sie dem Staate wieder anheim, der sie auf's Neue austheilt. – Kein Grundstück kann also um Geld verkauft, noch auf jemand vererbt werden, aber das, was man mit seinem Fleiße verdient, folglich der Erwerb aus den verkauften Früchten dieser Ländereyen, das baare Geld; davon erben die Kinder ihr Theil. Es wird daher jeder gute Hausvater sein Land, obgleich es nach seinem Tode an einen fremden Besitzer kömmt, dennoch möglichst zu verbessern suchen, um durch den Verkauf der Producte, Schätze für seine Nachkommen zu sammeln. Es fällt also nicht aller Unterschied zwischen armen und reichen Leuten weg; aber die Reichen können nun nicht mehr die Gewalt des Geldes zu Unterdrückung ihrer Mitbürger anwenden, viel Grundstücke zusammen kaufen, große, mächtige Herren im Lande werden und viel Menschen zu Sclaven und Knechten machen.

Keinem Dorf-Bewohner wird gestattet, auf seine Landportion mehr als Einen Knecht und Eine Magd zu halten. – Lasset uns aber das Wort Knecht abschaffen und diese Leute Gehülfen oder Arbeiter nennen! Ist seine Familie stark, so sind dagegen die ältesten seiner Kinder auch gewiß schon im Stande, ihm und der Mutter in der Land-Arbeit zu helfen.

Wer sein Gut ansehnlich verbessert oder den Werth des Inventariums und der Gebäude zweckmäßig erhöht, dem oder dessen Erben bezahlt der Staat, wenn ihm das Gut heimfällt eine Vergütung.

Auf kein Grundstück darf Geld geliehen werden.

Wer dem Andern Geld leiht, darf keine Zinsen nehmen. Hierdurch wird allem Wucher, aller Übermacht des Capitalisten gesteuert und doch behält der reiche Mann einen Wirkungskreis, indem er mit seinem Gelde Handel treiben, Manufacturen anlegen darf u. s. f.

Es ist im vorigen Abschnitte gesagt worden, daß die jungen Leute im funfzehnten Jahre sich zu einer Lebensart bestimmen müßten. Wählen sie nun die Landwirthschaft zu ihrem Fache; so haben sie Gelegenheit, sich in derselben zu vervollkommnen, indem sie als Gehülfen bey andern Landleuten oder auf den Ämtern dienen. Haben sie aber das zwanzigste Jahr erreicht, verheirathen sich und wollen einen eignen Haushalt anfangen, so übergibt ihnen der Staat eine Land-Portion und sie können ihre Geschäfte ohne alle häuslichen Sorgen anfangen. Durch die Menge der Kinder wird kein Hausvater zurückkommen, weil der Staat auf die bisher beschriebne Weise für sie sorgt; der arbeitsame Mann kann also nie verarmen. (Von Erleichterung in Unglücksfällen soll in der Folge geredet werden.)

Wie wird es aber mit dem Verschwender? Ihm wird niemand Geld leihen, weil bey dem Geldleihen nichts zu gewinnen ist. Kömmt er nun sehr zurück, läßt sein Land unbebauet liegen, seine Gebäude verfallen und verkauft sein Vieh, so greift endlich der Staat zu, nimmt sein Gut in Besitz, versorgt seine Kinder und gibt ihm seine Stelle in einem Werkhause, oder bey andern öffentlichen Arbeiten. Hier wird er zur Thätigkeit angehalten, aber sein Schicksal ist doch noch immer sehr milde. (Seine Frau muß freylich dieß Schicksal mit ihm theilen.) Zeigt er aber Besserung, so wird er auf's Neue in den Besitz eines Guts gesetzt, oder vorerst auf den Amtsgütern angestellt.

Nichts von dem, was Pachtung heißt, findet hier im Lande Statt; denn wer ein Gut verwalten kann, dem übergibt man es ja gern zum lebenslänglichen Eigenthume.

Die Regierung bemüht sich nach und nach alle Gegenden des Reichs urbar, fruchtbar zu machen, Holz anzupflanzen und neue Land-Portionen einzurichten.

Wenn ein Mann zu einem öffentlichen Amte gewählt wird, welches ihn verhindert, seinem Gute vorzustehen, so läßt der Staat dasselbe verwalten, bis die Jahre seiner Amtsführung vorüber sind.

Die Mädchen in Abyssinien haben gar keinen Antheil, weder an den Gütern der Väter, noch an ihrer baaren Verlassenschaft, also überhaupt kein Vermögen. Indessen ist doch auch für sie gesorgt: solange sie Kinder sind, leben sie in den Häusern ihrer Ältern oder Vormünder, oder in den Waisenhäusern und werden in allem frey gehalten; nach dem funfzehnten Jahre aber haben sie ja Gelegenheit, als Gehülfinnen in einer Privat- oder Amts-Haushaltung, oder in den Städten ihren Unterhalt zu finden. So bald ein Mädchen dieß Alter erreicht hat, ist der Staat verbunden, ihm eine Ausstattung an Kleidungsstücken und Wäsche zukommen zu lassen. Diese wird aus den öffentlichen Magazinen genommen und ist für alle Mädchen in Abyssinien gleich groß.

Man sage nicht, daß bey dieser Einrichtung, nähmlich wenn die Töchter nicht miterben, häßliche Frauenzimmer, die außerdem vielleicht des Brautschatzes wegen aufgesucht werden, keine Männer bekommen würden. Schönheit ist ein vergänglicher Vorzug und ist dabey ein sehr relativer Begriff. Manchem gefällt ein Gesicht, das der Andre unerträglich findet; häßliche

Personen können etwas sehr Angenehmes in ihrem Betragen, und, was noch mehr als das ist, sehr schätzbare Eigenschaften haben, die mehr, als ein glattes Gesicht, das Glück der Ehe befördern. Heirathen, die bloß des Reichthums wegen geschlossen werden, pflegen ja ohne hin selten glücklich auszufallen; reiche Mädchen sind mehrentheils schlechte Wirthinnen, lieben Aufwand und Putz, und verschwenden ihren Brautschatz in den ersten Jahren der Ehe. Ist aber ein Frauenzimmer so äußerst häßlich und ungestaltet, daß sich der Fall gar nicht denken läßt, daß man sie ihrer Person wegen heirathen könnte, so scheint eine solche von der Natur zu keiner ehlichen Verbindung bestimmt. Sie thut besser, ledig zu bleiben, und würde, wäre sie auch noch so reich, nicht glücklich als Hausfrau an der Seite eines Mannes seyn. Sie kann in einem öffentlichen Arbeitshause ein angenehmes und nützliches Leben führen. Alle Witwen finden in diesen Häusern, wovon in der Folge noch mehr geredet werden soll, gleichfalls ihren Unterhalt, oder können, wenn sie Talente dazu haben, öffentliche Lehrerinnen werden.

So viel von den Landleuten! Was die Einwohner der Städte betrifft, so wird, wenn der Knabe, welcher das funfzehnte Jahr erlebt hat, ein städtisches Gewerbe zu seiner künftigen Lebensart wählt, entweder von dem Vater, dem Vormunde, oder dem Staate dafür gesorgt, daß er an einen Ort gebracht werde, wo er Gelegenheit hat, die zu dem gewählten Fache nöthigen Kenntnisse zu erlangen. Wird hierzu ein Kosten-Aufwand erfordert, und es ist kein baares Vermögen da, um diesen zu bestreiten, so hilft der Staat. Hat der Jüngling das zwanzigste Jahr erreicht, will heirathen, oder sonst seinen eignen Stadt-Haushalt anfangen und sein Gewerbe treiben, so wird ihm ein vacant gewordnes Haus in der Stadt, nebst dem dazu gehörigen Garten und Inventarium, und, je nachdem das Geschäft ist, wovon er sich künftig ernähren will, werden ihm auch die nöthigsten Geräthe und Werkzeuge unentgeltlich vom Staate überliefert. Man überläßt ihm dann, für sein weiteres Fortkommen zu sorgen, und wenn er durch schlechte Wirthschaft zurück kommt, findet er, wie in demselben Falle der Landmann, in den öffentlichen Werkhäusern noch immer seine Versorgung.

Es bleibt mir nun übrig, von dem baaren Vermögen der Mitbürger zu reden. Jedermann kann, mit dem, was er sich erworben hat, so lange er lebt, schalten und walten wie er will, in so fern er die vorgeschriebnen Abgaben entrichtet. So bald ein Hausvater stirbt, wird sein Nachlaß von der Obrigkeit untersucht; der zehnte Theil fällt dem Staate anheim und das Übrige wird zu gleichen Theilen unter seine Söhne vertheilt.

Kein Vater darf einen Sohn enterben, noch sonst ein Testament machen, dessen Inhalt dieser Einrichtung widerspräche; allein man kann ihm die Freyheit nicht rauben, bey seinen Lebzeiten so viel zu verschenken, als er will. Bey der Erziehung, die wir unsern Kindern geben und bey der Überzeugung, die sie haben müssen, daß die gewählten Obrigkeiten nur für das Beste des Ganzen sorgen, läßt sich der Fall nicht denken, daß künftig ein Abyssinier, durch betrügerische Schenkungen bey Lebzeiten, dem Staate das entziehen sollte, was ihm gebührt und was er zu Versorgung der Mitbürger anwendet. Erwiesene Betrügereyen von der Art würden mit Confiscation des Vermögens bestraft werden.

Wo kein Sohn ist, da fällt die ganze Erbschaft dem Staate anheim; Brüder, Ältern, Seiten-Verwandte und andre Personen können nie erben.

Obgleich die Stadt-Gewerbe manchen Hausvater in die Nothwendigkeit setzen, mehr Bediente oder Gehülfen anzunehmen, als den Landleuten gestattet sind, so muß doch dafür gesorgt werden, daß diese Freyheit nicht in einen unnützen Aufwand ausarte, und nicht jedem eitlen Manne erlaubt sey, eine Menge Müssiggänger zu seiner Bedienung zu unterhalten. Man setzt also voraus, daß ein gewöhnliches bürgerliches Gewerbe ungefähr so viel als eine gemeine Land-Portion eintragen, folglich, außer den Personen, die zur Familie gehören, noch zwey Gehülfen, männlichen oder weiblichen Geschlechts, ernähren könne; hält nun ein Stadt-Einwohner mehr als diese, so wird angenommen, daß er reicher sey, und er muß von jedem Gehülfen jährlich so viel dem Staate bezahlen, als von einer halben Land-Portion gesteuert wird.

Es ist noch Ein Fall zu bestimmen übrig: Wie, wenn nun ein Mitbürger seine Lebensart verändern, und aus einem Stadt-Einwohner ein Landmann werden will, oder umgekehrt? – Auch diese Freyheit mag ihm gestattet werden; dann aber muß er sich gefallen lassen, daß die Obrigkeit untersuche, ob er zu der neuen Lebensart die nöthigen Kenntnisse habe, und nicht etwa bloß ein schlechter Wirth sey, der, nachdem das, womit ihn der Staat ausgestattet hatte, verzehrt ist, nun auf's Neue darauf loszehren will. Ist dieß der Fall, so kann man ihm darum die Freyheit nicht rauben, seine Lebensart zu verändern; aber der Staat vertrauet ihm weder Grundstücke, noch Geld, noch Hausrath und Geräthe an.

◆

Ein und zwanzigstes Kapitel.

Fortsetzung: Auflagen; Abgaben;
Staats-Einkünfte; öffentliche Anstalten.

Man sieht aus dem, was bisher ist gesagt worden, daß unser Staat große Lasten übernimmt, daß ihm die Ausstattung und Versorgung fast aller seiner Bürger allein obliegt, daß also auch für beträchtliche Einnahme gesorgt werden muß, wenn die Verfassung Bestand haben soll. Freylich fällt eine Menge unnützer Ausgaben weg, die in andern Ländern erfordert werden, als: Besoldungen, Pracht am Hofe und dergleichen; immer aber bleiben die Bedürfnisse sehr beträchtlich. Auf folgende Weise wird nun dafür gesorgt, daß die Cassen im Stande seyen, dieß zu bestreiten und jeder Mitbürger verhältnismäßig dazu beytrage.

Eine Haupt-Einnahme zieht der Staat, wie man weiß, aus dem Ertrage der Amtsländereyen und der vacanten Güter. Die Früchte werden in den öffentlichen Magazinen aufbewahrt, in wohlfeilen Zeiten aufgehäuft und in theuren zu einem immer gleichen, mäßigen Preise verkauft, damit dieser nie zu hoch steigen und der jüdische Wucherer sich nicht auf Unkosten des ärmern Landmanns bereichern könne. Dagegen kann aber auch jeder Dorf-Bewohner sein Getreide in diese Magazine liefern, und baares Geld dafür empfangen.

Die Bergwerke, Steinbrüche, die Münze, die Jagden und Fischereyen sind gleichfalls beträchtliche Hülfsquellen für den Staat.

Sodann der zehnte Theil von allen Erbschaften und das Vermögen derer, die keine Söhne hinterlassen.

In die öffentlichen Waaren-Lager werden die Arbeiten aus den Werkhäusern abgeliefert, und dann theils verkauft, theils zu Ausstattung der Jünglinge und Mädchen angewendet.

Manufacturen und Fabriken, deren Anlage die Kräfte eines Privat-Vermögens übersteigt, werden auf öffentliche Kosten betrieben. Der Vortheil daraus, besonders durch den ausländischen Handel, fließt in die Staats-Casse.

Allein dieß alles würde zu den Abgaben bey weiten nicht hinreichen; es müssen also auch Auflagen und Abgaben Statt finden, und um diese so einfach, so billig als möglich, und zugleich so einzurichten, daß ihre Hebung nicht schwer falle, schlage ich folgendes vor:

Von jeder Land-Portion wird jährlich der zehnte Theil dessen, was sie in mittelmäßig guten Jahren eintragen kann, in die Staats-Casse geliefert. – Das ist die einzige Abgabe, die der Landmann zu bezahlen hat. Der Stadt-Bewohner entrichtet dieselbe runde Summe jährlich, und, wie schon ist erwähnt worden, für jeden Hausgenossen, den er über die verwilligte Anzahl hält, so viel, als wenn er noch eine halbe Land-Portion besäße. Wenn ein ähnliches Gesetz in Ansehung des Viehes, das jemand halten darf, verfaßt wird; so trägt der Reichere oder der, welcher größern Aufwand macht, als nöthig wäre, verhältnißmäßig mehr, als der Ärmere und niemand wird Ursache zu klagen haben.

Außer diesen Auflagen ist nur noch eine Zoll-Abgabe bestimmt, nähmlich der zehnte Theil des Werths von allen ausländischen Waaren ohne Unterschied, die in das Reich eingeführt werden; von den ausgehenden Waaren wird nichts entrichtet.

Die Posten sollen dem Staate keine Einkünfte tragen, sondern nur eine wohlthätige Anstalt zur Gemächlichkeit des Publicums seyn; Jedem aber steht frey, sich ihrer auch nicht zu bedienen.

Große Straßen, Dämme und dergleichen öffentliche Werke anzulegen, dazu werden die Soldaten in Friedenszeiten genützt und bekommen dafür eine gewisse Vergütung. Da nun jeder Mitbürger eine Zeitlang in der Armee dienen muß; so ist auch keiner von dieser Arbeit befreyt. – Handarbeit schändet niemand, und stärkt den Körper.

Von den Waisenhäusern ist schon vorhin geredet worden; die Kinder werden darin mit der größten Sorgsamkeit, die bey öffentlichen Anstalten irgend möglich ist, erzogen, in allerley Art Arbeit unterrichtet; sie besuchen die allgemeinen Schulen, und wenn sie das funfzehnte Jahr erreicht haben, wird für sie, wie für alle andre Mitbürger gesorgt.

Die übrigen Arbeitshäuser sind von dreyerley Art: In einigen finden einzelne bejahrte Personen beyderley Geschlechts und Witwen einen Zufluchts-Ort und Gelegenheit, ein ihren Kräften und Kenntnissen angemessenes Geschäft oder Handwerk zu treiben. Wer Vermögen hat, kauft sich ein, und kann sich zugleich mehr Gemächlichkeit ausbedingen; wer kein Vermögen hat wird auf den gewöhnlichen, anständigen, reinlichen, aber freylich einfachen, nicht prächtigen Fuß behandelt und muß sich gefallen lassen, bestimmte Stunden des Tags für die Manufacturen, oder was ihm sonst, seinen Talenten gemäß, aufgetragen wird, zu arbeiten.

In die zweyte Art von Arbeitshäuser werden Menschen aufgenommen, die durch schlechte Wirthschaft zurück gekommen sind. Sie genießen hier wie billig, nicht so viel Gemächlichkeit und Freyheit, als in den vorhin beschriebnen Werkhäusern, müssen gröbere Arbeit verrichten, werden genauer beobachtet, aber doch keineswegs strenger behandelt.

Die Arbeitshäuser der dritten Gattung sind für Verbrecher bestimmt. Sie sind die eigentlichen Gefängnisse. Die Art der diesen Leuten obliegenden leichten oder schweren Arbeit richtet sich nach dem Grade ihrer Vergehungen. Viele unter ihnen werden, gefesselt und bewacht, auch außer den Gebäuden, bey beschwerlichen und unangenehmen Arbeiten angestellt, wozu freye, gebildete Menschen sich ungern brauchen lassen; doch wird auf alle Weise auch für ihre Gesundheit gesorgt.

Alle diese öffentlichen Anstalten sind von der Art, daß der Staat, durch die darin verfertigten Arbeiten, mehr, oder wenigstens eben so viel Vortheil zieht, als die Unterhaltung derselben kostet; Hospitäler und Tollhäuser hingegen erfordern mehr Aufwand; doch muß für diejenigen, welche Vermögen haben und darin aufgenommen werden wollen, eine bestimmte Summe eins für alles in den öffentlichen Schatz niedergelegt werden.

Damit der Staat von richtiger Einnahme der festgesetzten Abgaben gewiß sey, und nicht zuweilen Haupt-Unglücksfälle einzelne Familien oder ganze Gegenden insolvent machen, so sind im ganzen Reiche Assecuranz-Cassen errichtet, durch welche alle Mitbürger sich einander nicht nur für erlittenen Brandschaden, sondern auch für Mißwachs, Hagel-Schlag, Viehsterben, Verlust von Schiffen und dergleichen entschädigen.

Auf dem Lande und in den Städten sind Ärzte, Wundärzte, Apotheker und Hebammen angestellt, denen jede Familie jährlich eine gewisse von der Obrigkeit einzusammelnde kleine Summe bezahlt, wogegen sie aber auch ohne Unterschied jedermann, ohne weitere Forderungen zu machen, mit Rath und That beystehen müssen; so wie denn auch alle von den besoldeten Ärzten verschriebne Arzneymittel denenjenigen, welche nur einfache Taxen entrichten (das heißt, so viel, als von einer einzelnen Land-Portion bezahlt wird) unentgeltlich verabfolgt werden.

Obgleich jedem Mitbürger erlaubt ist, das Land zu verlassen, so fällt doch, wenn er sein baares Vermögen mit aus Abyssinien nehmen will, die Hälfte davon der Staats-Casse anheim. Dieß ist sehr billig; dem Ertrage des vaterländischen Bodens, der ihn ernährt hat, verdankt er seinen Reichthum, dem Staate seine Bildung und Sicherheit aller Art. – Kann er sich beklagen, wenn man, was sein eigner Fleiß dabey bewirkt hat, auf die Hälfte des Erworbnen anschlägt? Es ist sehr begreiflich, daß dieß Gesetz leicht zu täuschen seyn würde; allein sollen wir denn gar nichts auf den Erfolg der bessern moralischen Bildung unsrer Bürger und darauf rechnen, daß sie nicht geneigt seyn werden, aus Leichtsinn ein Land zu verlassen, in welchem sie sich freyer und glücklicher fühlen, als sie in irgend einem andern seyn können?

＊

Zwey und zwanzigstes Kapitel.

Fortsetzung: Religion; Justiz; Strafen und Belohnungen; Policey.

Die Religion kann eigentlich gar kein Gegenstand der Gesetzgebung seyn. Die innere Gottes-Verehrung und die Begriffe, die man sich von dem göttlichen Wesen und seinen Verhältnissen gegen dasselbe macht, richten sich nach den Fähigkeiten und Empfindungen jedes Einzelnen, und es kann vom Staate nichts darüber bestimmt werden, weil dieser nur über Handlungen, nicht aber über Gedanken und Meinungen Richter ist. Die moralischen Vorschriften, zu denen man die Gründe aus religiosen Sätzen herleitet, müssen gleichfalls der innern Überzeugung eines Jeden überlassen bleiben; der Staat soll nur dafür sorgen, daß keine Handlungen geduldet werden, die solchen moralischen Regeln zuwider sind, auf welchen die Gesetzgebung beruht.

Eben so wenig darf die Regierung den Mitbürgern verbiethen, laut und öffentlich ihre Meinung über diese, ihnen wichtige Dinge zu sagen und zu schreiben, weil überhaupt Worte keinem Zwange unterworfen sind. Was endlich die religiosen und gottesdienstlichen Gebräuche betrifft, so darf sich der Staat nur in so fern darein mischen, als sie die befohlnen Handlungen hindern und die verbothnen befördern könnten, zum Beyspiel, wenn sie anstößig, unsittlich wären, oder die Bürger von nützlicher Thätigkeit abhielten. Übrigens also ist die speculative, theoretische und practische Religion keinem Zwange unterworfen; wir wissen nichts von einer Landes-Religion; jedermann kann glauben, was er will, und seinen Gott verehren und ihm dienen, wie es ihm beliebt. Wollen mehrere Familien zusammen treten und nach ihrer Weise gottesdienstliche Versammlung halten, auch aus ihrem Vermögen Leute besolden, die sie Priester oder Prediger nennen; so steht ihnen auch das frey; nur mit der Einschränkung, daß zu diesen Zusammenkünften niemand der Zutritt versagt werden darf, weil überhaupt in einem Lande, wo alles Gute und Gleichgültige öffentlich geschehen kann, jede geheime Versammlung, jede heimliche Unternehmung unerlaubt ist. Auch ist es jeder Secte verstattet, auf nicht ungestüme, aber auf öffentliche Weise, Proselyten zu machen, so viel sie will.

Es erkennt aber der Staat die Priester und Prediger, die sich übrigens kleiden mögen, wie es ihnen beliebt, für gar keinen besondern Stand, nimmt keine Wissenschaft von ihrem geistlichen Berufe, sondern behandelt sie nach der Rücksicht auf das bürgerliche Gewerbe, zu welchem sie sich als Jünglinge haben einschreiben lassen, befreyet sie von keinen Abgaben und Diensten, weiset ihnen keine besondre Einkünfte an, und entscheidet nie in so genannten geistlichen Dingen. Die Lehren einer echten göttlichen Religion müssen durch ihre innere Kraft über Irrthümer siegen, und deßwegen muß es erlaubt seyn, diese wie jene, laut zu predigen, sie der freyen Prüfung zu unterwerfen; der Stifter des erhabnen Christenthums legte es nie darauf an, seine Religion zu einer Staatssache zu machen, und die ersten Prediger derselben verlangten weder Exemtionen, noch Besoldungen, noch Titel, noch Pfründen, noch die Freyheit, müssige Mitglieder im gemeinen Wesen zu seyn.

Um aber das Volk zuweilen zu gemeinschaftlicher Gottesverehrung zu ermuntern und durch edle, religiose Empfindungen die Herzen zur Liebe, Dankbarkeit, zum Wohlwollen und zur brüderlichen Eintracht zu stimmen, wird jährlich Ein Mahl an einem festgesetzten Tage, in der schönsten Gegend jeder Provinz ein großes Volks-Fest veranstaltet, woran Jeder ungezwungen mit seiner Familie Theil nehmen darf. Unter freyem Himmel werden dann herzerhebende, schöne Hymnen, welche die Kinder in den Schulen vollstimmig aufführen lernen, mit Begleitung musicalischer Instrumente gesungen. Gute Redner, denen die Obrigkeit dieß Geschäft aufträgt, halten kurze, rührende An-reden an das Volk und ermahnen es zu Erfüllung seiner Pflich-ten; die andre Hälfte des Tages verstreicht unter geselligen, gast-freundschaftlichen und gesitteten Freuden. Die Obrigkeit sorgt dabey für Beobachtung des Anstandes und der Ordnung.

Die Justiz wird in Abyssinien unentgeltlich verwaltet; wie die Land- und Stadt-Obrigkeiten erwählt werden, das ist in einem der vorigen Abschnitte gesagt worden; sie bekommen keinen Gehalt und dürfen keine Sporteln nehmen. Nebst denen ihnen obliegenden gewöhnlichen Amts-Verrichtungen, sind sie auch verbunden, jeden Vormittag gewisse Stunden hindurch jeder-mann vorzulassen, der Klage zu erheben hat. Da wir nicht eine Menge dunkler, sich durchkreuzender Gesetze haben, und unsre Staats-Verfassung nicht Gelegenheit zu mannigfaltigen, ver-wickelten Streit-Fragen und Händeln gibt, die Haupt-Fälle aber sehr klar in den Gesetzen bestimmt sind, so kömmt weniger darauf an, daß unsre Richter sehr gelehrte Leute, als daß sie verständige, hell sehende, erfahrne und unverführbar recht-schaffne Leute seyen.

Alle Rechtshändel werden mündlich verhandelt, worüber je-doch Protocolle geführt werden. Die Parteyen müssen ihre Noth-durft, nebst den Gründen, selbst einfach vortragen, und kein Advocat, noch Vorsprecher wird geduldet.

Jeder Proceß muß wenigstens nach Ablauf eines Jahrs be-endigt seyn.

Wenn zwey Personen mit einander in Streit gerathen, so muß jeder von ihnen, bevor sie sich bey der Obrigkeit melden dürfen, sich einen Schiedsrichter wählen. Diese beiden Schieds-richter treten zusammen, und suchen einen Vergleich zu Stande zu bringen. Gelingt dieser Vergleich nicht, so stellen sich die

Parteyen, begleitet von ihren Schiedsrichtern, vor die Obrigkeit. Diese hört ihre Klagen und Vertheidigungen, hört, wenn es nöthig ist, die Zeugen ab, auf welche man sich beruft, und entscheidet dann, nach Gesetz, Billigkeit und gesunder Vernunft und mit Rücksicht auf Umstände und Menschenkenntniß. In diesem Gerichte haben die beiden Schiedsmänner, so wohl wie die obrigkeitlichen Personen, Sitz und Stimme.

Nur in wenig Fällen, die bestimmt werden müssen, findet eine Appellation Platz. Diese geht an den Statthalter, und in äußerst wichtigen, gleichfalls zu bestimmenden Fällen, noch von da an den König und den National-Rath.

Alle Eide sind als unnütz abgeschafft. Wie falsche Zeugnisse bestraft werden, das wird in der Folge vorkommen.

Es ist oben gesagt worden, daß es nicht erlaubt sey, Geld auf Zinsen auszuleihen. Jedoch findet davon folgende Ausnahme statt: wenn jemand zu einer nützlichen Unternehmung, wobey etwas zu gewinnen ist, mehr Geld braucht, als er vorräthig hat, und ein Andrer zeigt sich geneigt, ihm das Geld vorzuschießen, so kann nicht verlangt werden, daß dieser dieß umsonst thue, indem er ja selbst durch Handel oder auf andre Weise mit seiner Baarschaft sich erlaubte Vortheile verschaffen könnte. In diesem Falle nun, melden sich beide Theile bey der Obrigkeit, und werden über die Bedingungen einig, welche der Richter bestätigt.

Nur solche, mit Bewilligung der Obrigkeit ausgeliehene Gelder, ferner die bedungne Summe für erhandelte Waare und dergleichen, Erbschaftsgelder, und endlich alle Arten von Arbeits-Tagelohn etc. dürfen gerichtlich eingetrieben werden; wegen aller übrigen Schulden wird keine Klage angenommen.

Strafen können nur dreyerley Zweck haben: entweder das verübte Unrecht wieder gut zu machen, und den dadurch erlittnen Verlust zu ersetzen, oder die Verbrecher zu bessern, oder endlich böse Menschen außer Stand zu setzen, die bürgerliche Ruhe ferner zu stören (jedoch nur durch ein solches Mittel, das Gegenstände trifft, über welche sich der Staat ein Recht anmaßen kann). Aus diesen Voraussetzungen, und aus dem, was in der Einleitung über die Grenzen der gesetzgebenden Macht ist gesagt worden, folgt natürlich, daß weder Tod noch Verstümmlung der Gliedmaßen eine bürgerliche Strafe seyn kann, selbst nicht zur Ahndung eines begangnen Mordes. Und dieß auch schon darum nicht, weil hierdurch das vollbrachte Unglück nicht ungeschehen gemacht, nicht gehoben, der Verlust nicht ersetzt wird; weil der Staat nichts nehmen darf, was er weder geben noch zusichern kann; weil es andre Mittel gibt, einen Verbrecher außer Stand zu setzen, ferner zu schaden; endlich weil Strafe nie Rache werden soll; alle übrige Arten der Strafen sind für rechtmäßig zu halten, in so fern sie mit den Verbrechen in richtigem Verhältnisse stehen.

Wo Ersatz möglich ist, da ist Ersatz des Schadens und der Unkosten, nebst billiger Vergütung für Versäumniß, Verdruß, Schmerz u. d. gl. die natürlichste Strafe.

Selbstvertheidigung und erwiesene unvermeidliche Nothwehr werden nicht geahndet, wohl aber Rache und thätige Erwiderung des Übels.

Thätige Rache für wörtliche Beleidigung wird bestraft.

Bloße Worte, selbst wenn es Gottes-Lästerungen wären, können, unsern Haupt-Grundsätzen gemäß, nicht bestraft werden. Nur um Handlungen kann sich der Staat bekümmern. Es ist ein elendes Vorurtheil, zu glauben, daß Schimpfwörter und Verleumdungen einem wirklich unschuldigen, ehrlichen, festen Manne je Schaden thun, ihn kränken, oder erniedrigen könnten. Übrigens steht es in jedermanns Macht, ein von ihm ausgesprengtes nachtheiliges Gerücht, öffentlich zu widerlegen, und wird dann offenbar, daß der, welcher ihm eine Schandthat Schuld gegeben, aus Bosheit gelogen hat, und der Beleidigte beweiset dieß und verlangt gerichtlich seine Genugthuung, so wird der Verleumder dadurch bestraft, daß er in den öffentlichen Blättern, die unter Aufsicht der Regierung herauskommen, dem Publicum als ein Lügner bekannt gemacht wird. Diese Strafe ist, unter einem Volke, das nach den Grundsätzen der wahren Ehre und Redlichkeit erzogen wird, an sich schon sehr hart; sie hat aber auch noch schlimme Folgen im bürgerlichen Leben;

denn ein solcher kann kein öffentliches Amt im Staate verwalten, kein Zeugniß vor Gericht ablegen, kein Geld leihen etc.

Dieß ist dann auch die Strafe, womit erwiesenes falsches Zeugniß geahndet wird.

Wir sehen aber dieselbe für so hart an, daß sie immer nur auf gewisse Jahre verhängt wird, und zwar auf mehr oder weniger Jahre, je nachdem die Verleumdung oder das falsche Zeugniß boshaft, oder der Gegenstand von Wichtigkeit war. Nach Verlauf dieser Zeit wird der Bestrafte öffentlich wieder in die Rechte eines glaubwürdigen Mannes eingesetzt.

Ein Mensch, der zum dritten Mahl diese Strafe verdient, wird, als ein unnützes Mitglied in einem Staate, dessen Wohlfahrt auf Treue und Glauben beruht, des Landes verwiesen.

Wer den Andern mit Schlägen mißhandelt, der muß ihm nicht nur, für erlittnen Schmerz und Schimpf, eine Summe Geldes bezahlen, oder, wenn er das nicht kann, auf gewisse Zeit im Gefängnisse büßen; sondern es wird auch, in so fern der gekränkte Theil es verlangt, der Thäter, durch einen Gerichtsdiener, grade ebenso öffentlich, als er jene Handlung verübt hat, wiederum mit Schlägen bestraft.

Menschen, die gar zu oft die bürgerliche Ruhe stören, und die Gesetze des Staats höhnen, in welchem sie dennoch immer fortleben, obgleich sie auswandern könnten, werden denn endlich, entweder auf viel Jahre, oder auf immer, eingesperrt.

Ein Landes-Verwiesener, der sich wieder im Abyssinischen Reiche blicken läßt, wird, wenn man seiner habhaft geworden, auf seine Lebenszeit eingekerkert.

Wer sich unberufen thätig in fremde häusliche oder andre Geschäfte mischt, wird, wenn Klage darüber entsteht, von der Obrigkeit bestraft.

Da bey Kauf und Verkauf beide Theile ihren freyen Willen haben, und man von einem verständigen Manne billiger Weise fordern kann, daß er sich in keinen Handel einlasse, wenn er nichts von dem Werthe der Waaren und ihren Preisen versteht; so werden keine Klagen wegen Übervortheilung im Handel angenommen. Es steht indessen dem Betrognen frey, den Betrug, zur Warnung Andrer, öffentlich bekannt zu machen. Wird aber gerichtlich erwiesen, daß der Verkäufer seine Waare selbst für etwas ausgegeben, was sie nicht ist, oder, auf Treue und Glauben, ein falsches Maß oder Gewicht angegeben, welches der Käufer auf sein Wort also angenommen; dann wird vorausgesetzt, daß dieser mehr auf jenes Redlichkeit, als auf seine eigne Einsicht und Vorsicht gebauet habe, und der Betrüger muß dem Betrognen nicht nur den Schaden ersetzen, sondern noch den hundertfältigen Werth obendrein in die öffentliche Casse bezahlen.

Todtschlag wird mit lebenslänglichem Gefängnisse von der schwersten Art bestraft; ein mißlungner Angriff auf das Leben eines Menschen, nicht weniger mit lebenslänglichem, doch gelinderm Gefängnisse. In sehr seltnen Fällen kann der Umstand, daß der Angriff in der Blindheit des Zorns geschehen, einige Milderung bewirken. Wer seine Leidenschaften so wenig im Zügel zu halten vermag, der muß dafür büßen.

Diebstahl wird nach den Umständen strenger, oder gelinder bestraft. Strenger ein Haus-Diebstahl, ein Raub, den man an dem Eigenthume seines Freundes begeht, eine Vergreifung an anvertrauetem Gute, die Beraubung eines Armen, ein Diebstahl aus bloßem Geitze, ohne den Antrieb der dringenden Noth, ein solcher, wobey Gewalt angewendet worden, u. s. f.

Da bey uns überhaupt kein Unterschied der Stände statt hat, so ist es fast überflüssig, zu sagen, daß auf die Härte und Milde der Strafen der Stand des Verbrechers gar keinen Einfluß haben kann; es darf also bey uns der, welcher einst das höchste Amt im Staate bekleidet hat, zu der schimpflichsten Strafe verurtheilt werden, wenn er ein schimpfliches Verbrechen begeht. Soll man Rücksicht auf sein feineres Ehrgefühl nehmen, so zeige er dieß feinere Ehrgefühl durch bessere Handlungen! Übrigens aber bringt eine weise Obrigkeit, bey Bestrafung der Verbrechen, Alter, Temperament, cörperliche Constitution u. d. gl. mit in Anschlag.

Der Klugheit unsrer Richter bleiben die Arten der zu verhängenden Strafen, so wie ihre Stufen und Dauer, nach Maßgabe der Größe der Verbrechen und der damit verbunden gewesenen Umstände, überlassen.

Alle Gefängnisse sind zugleich Werkhäuser; keiner der Gefangnen ist müssig; sie arbeiten theils im Kerker, theils werden sie, geschlossen und bewacht, auf die öffentlichen Arbeits-Plätze geführt. Nach Verhältniß der Größe ihrer Vergehungen, werden ihnen leichtre oder schwerere, angenehmere oder unangenehmere Arbeiten auferlegt, und nach eben diesem Verhältnisse werden sie auch nachsichtiger oder strenger, bequemer oder weniger gemächlich gehalten, besser oder schlechter gespeiset, und wird ihnen mehr oder weniger Freyheit gestattet, zum Beyspiel: in den Erholungsstunden ihre Verwandten zu sehen, oder sich andre unschuldige Vergnügungen zu machen. Aber dafür wird bey Allen gleich gewissenhaft gesorgt, daß Reinlichkeit und gesunde Luft in den Kerkern herrschen, und daß, wenn die Gefangnen erkranken, es ihnen nicht an Pflege fehle.

Keine Strafe beschimpft, wenn sie überstanden ist.

So viel von Strafen! Belohnungen für gute Handlungen kann der Staat eigentlich gar nicht austheilen, und am wenigsten möchten wir unsre Mitbürger daran gewöhnen, eitles Lob, äußere Ehrenzeichen, Ordensbänder, Monumente, oder andre Narrheiten von der Art, für Belohnungen zu halten. Jede gute Handlung belohnt sich selber durch das innere Bewußtseyn, seine Pflicht erfüllt zu haben, durch die Freude an dem Guten, das man gestiftet hat, durch den lauten oder stillen Dank, den man einerntet, durch den guten Ruf und durch die Achtung und Liebe edler Menschen, die sich ein redlicher, nützlicher, wohlthätiger Mann sicher erwirbt. – Ein Abyssinier bedarf weiter keiner andern Belohnungen; allein dafür muß doch die Regierung sorgen, daß große, schöne Thaten nicht unbekannt, nicht unbemerkt bleiben, und daß nicht dem, welcher sie ausübt, ein Theil jener natürlichen Belohnungen entzogen werde. Desfalls nun werden solche Handlungen in den Staats-Zeitungs-Blättern öffentlich bekannt gemacht. Diese Blätter dienen überhaupt im ganzen Lande zu allgemeiner Verbreitung und Bekanntmachung dessen, was in den einzelnen Provinzen vorgeht und alle Mitbürger interessiren kann. Was sich in unserm Lande zuträgt, das ist uns wichtiger, als was auswärts geschieht. Wir nehmen wenig Theil an fremden politischen Händeln; es kümmert uns sehr wenig, in welchem Lustschlosse ein müssiger Europäischer Fürst nebst seinem elenden Hofgesindel seinen Wanst gefüllt hat; aber ob Bevölkerung, Fleiß, Tugend, Einfalt der Sitten bey uns zu oder abgenommen haben; das liegt uns sehr am Herzen zu erfahren, und das ist der Inhalt unsrer Landes-Zeitung. Sie kömmt in der Residenz heraus und die Materialien dazu liefern, von unten hinauf, alle Obrigkeiten, durch monatliche Berichte; die Zeitung ist gleichsam der Haupt-Bericht an das Volk.

In dieser Zeitung werden auch alle Haupt-Urtheilsprüche und verhängte Strafen bekannt gemacht. Auch werden darin nützliche Bemerkungen und neue Entdeckungen, zu Verbesserung des Landbaues, zu Erhaltung der Gesundheit etc. der Nation mitgetheilt. – Dieß alles so kurz und deutlich, als möglich.

Die Policey, in den Städten, wie in den Dörfern, sorgt, so viel sie kann, für die Sicherheit, Freyheit, Ruhe, Gesundheit und Gemächlichkeit der Mitbürger. Zur Reinhaltung, Sicherheit und Erleuchtung der Straßen, Hinwegschaffung der Unreinigkeiten durch Canäle, Austrocknung stehender Sümpfe, Ausbesserung der Wege, Nachtwachen, Vorkehrungen gegen Feuers-Gefahr, Löschungs-Anstalten und was dahin gehört, werden die besten Vorkehrungen getroffen.

In unserm Staate wird niemand geduldet, der nicht irgend ein bürgerliches Geschäft treibt und zu treiben versteht, womit sich Unterhalt erwerben läßt; eine bloß verzehrende Classe kennen wir nicht. Ob er übrigens in diesem Berufe sehr fleissig sey, oder ob er nicht mehr Zeit auf Nebendinge, mit denen er sich lieber beschäftigt, verwendet; darum kann sich die Regierung nicht genau bekümmern; auch hieße das zu sehr die natürliche Freyheit einschränken. Nur davon wollen wir gewiß seyn, daß, wenn ein solcher ein Mahl durch seine Faulheit verarmt, und nun von dem Staate Hülfe fordert, dieser ihn nicht umsonst zu füttern brauche, sondern ihn bey irgend einer Arbeit, die er versteht, anstellen könne. Leute also, die, ohne andre Geschäfte, bloß von ihren Renten leben, werden bey uns nicht geduldet, und wollten fremde Müssiggänger von der Art mit großen Schätzen nach Abyssinien ziehen, so würden wir sie nicht aufnehmen; es ist uns weniger daran gelegen, sehr reiche, als fleissige, thätige Mitbürger zu haben. Auch bloß speculirende Gelehrte dulden wir nicht; wir wissen recht gut, daß die höchste Geistes-Anstrengung und das emsigste Studium sich vortrefflich mit einiger nützlicher Thätigkeit im bürgerlichen Leben vereinigen läßt. Derselbe Fall ist mit Menschen, die sich mit schönen Künsten beschäftigen; ein Mahler, ein Tonkünstler, ein Dichter zu seyn, das gilt bey uns für keinen Stand. Wir glauben nicht daran, daß die Begeisterung, welche den Künstler beleben muß, durch die Aufmerksamkeit auf die kleinen Details, die bey bürgerlichen Geschäften vorfallen, verscheucht werde.

Wir leiden nicht, daß Gaukler, Springer und überhaupt Menschen, die eine Kunst üben, welche weder der bürgerlichen Gesellschaft nützlich ist, noch wohlthätigen Einfluß auf Kopf oder Herz hat, bey uns ihr Wesen treiben; sie werden sogleich des Landes verwiesen. Daß kein einziger Bettler in einem Reiche sich blicken lassen dürfe, wo jeder arbeitsame Mensch bequem Unterhalt finden kann; das versteht sich wohl von selber.

Es sind bey uns alle Zünfte abgeschafft; Jedermann kann frey eine Hantierung, ein Gewerbe treiben, welches er will und worin er sich geschickt glaubt, und kann seine Arbeit so hoch taxiren, als ihm beliebt. Es wird sich bald ausweisen, ob er sein Handwerk versteht, oder nicht, und der Pfuscher wird gewiß nicht lange dem geschickten Arbeiter das Brot vor dem Munde wegnehmen. Fordert aber jemand, zu Betreibung seines Handwerks oder seiner Kunst, Unterstützung vom Staate; dann muß er freylich erst Beweise seiner Geschicklichkeit geben.

Der Lohn für Gesinde, für Arbeitsleute, Tagelöhner etc. ist im ganzen Abyssinischen Reiche bestimmt; wer mehr nimmt, oder mehr bezahlt, wird bestraft.

Aller Aufwand bey Begräbnissen ist verbothen. So bald ein Abyssinier stirbt, sind seine Verwandte oder Freunde verbunden, es dem vom Staate angesetzten Arzte anzuzeigen. Dieser begibt sich in das Sterbehaus, besichtigt den Körper und stellt, wenn er ihn wirklich todt findet, darüber ein Zeugniß aus. Dieß Zeugniß wird der Obrigkeit vorgezeigt, die den Befehl zur Beerdigung nach Verlauf einer bestimmten Anzahl Tage, ausfertigt. Länger darf dann auch der Leichnam nicht liegen bleiben. Die allgemeinen Begräbnißplätze sind weit genug von den Wohnungen der Lebendigen entfernt. Der Todte wird unbekleidet in einen Kasten von gemeinem Holze, ohne alle Zierathen, gelegt. Bevor der Kasten vernagelt wird, öffnet man dem Verstorbnen eine Pulsader; der Todte wird in der Stille fortgebracht. Es ist bestimmt, wie tief der Kasten in die Erde eingegraben werden muß; vor funfzig Jahren darf kein altes Grab umgegraben werden. Die Begräbnißplätze sind daher in Quartiere eingetheilt, deren jedes die Todten aus einem Jahrzehend umfaßt. Monumente und dergleichen Spielwerke der Eitelkeit werden nicht geduldet. Das Andenken unsrer edeln Männer verewigt sich in der Wirkung ihrer guten Handlungen, und kein großer Nahme geht verloren, wenn er auch nicht in Marmor oder Erz eingegraben steht.

Jedermann hat bey uns die Freyheit, seine Lebensart, seine Kleidung und dergleichen nach seinem Geschmacke und seiner Phantasie einzurichten; es findet darin durchaus kein Zwang Statt. Wäre es möglich, so wünschten wir, daß unsre ganze Nation darüber einig würde, alles, was Mode und Convention heißt, abzuschaffen, und daß Jeder, ohne sich um den Andern zu bekümmern, thäte und trüge, was er wollte. Mancher kann vielleicht seiner Gesundheit und seinem Körperbau eine lange Türkische, oder eine Armenische Kleidung angemessen finden; er kleide sich also Türkisch, oder Armenisch! Einem Andern behagt mehr eine kurze Spanische, oder irgend eine andre von den albernen Europäischen Trachten; auch dieser folge seiner Phantasie! Gesetze gegen den Luxus haben wir gar nicht. Unsre Mitbürger werden so erzogen, daß sie über zwecklose Thorheiten und über Flitterprunk hinaus seyn werden; und da wir Alle gleich sind; so fällt die Haupt-Ursache eines glänzenden Aufwandes, nähmlich die Absicht, für einen vornehmen Mann angesehen zu werden, weg; wir haben ja unter uns keine vornehme Männer.

So wie Jeder die Freyheit hat, sich zu kleiden, wie er will und so viel Aufwand zu machen, als ihm beliebt, so bleibt es auch seiner Willkühr überlassen, sein Haus so zu bauen und auszuzieren, wie es ihn am besten und zierlichsten dünkt. Weil doch aber wirklich der Geschmack in Verzierungen und dergleichen sehr viel mehr Einfluß auf die Denkungsart der Menschen hat, als man glauben sollte, so ist die Obrigkeit jedes Orts bereit, jedem Mitbürger, der sich an sie wendet, Risse und Zeichnungen, nach den edelsten und einfachsten Planen und Formen, zu Gebäuden aller Gattung, so wie zu aller Art Hausrath, unentgeltlich mitzutheilen. Auch werden solche Aufrisse von Zeit zu Zeit in Kupfer gestochen und öffentlich angeschlagen. Die Baumeister, welche der Staat besoldet, und die über die öffentlichen Gebäude die Aufsicht haben, sind angewiesen, den Mitbürgern mit Rath und That beyzustehen, und in den öffentlichen Fabriken wird dafür gesorgt, daß nur nach den einfachsten und edelsten Mustern und Formen gearbeitet werde.

Da uns daran gelegen ist, daß unsre Sitten nicht durch Ausländer verderbt werden, daß man uns nicht fremde Thorheiten und Laster von außen herein spedire, und daß nicht eine Menge vorwitziger, müssiger, neugieriger Reisender, welche die lange Weile aus ihrem Vaterlande jagt, unter uns herum renne; so sehen wir uns gezwungen, zu fordern, daß jeder Fremde, der unsre Grenze betritt, sich sogleich erkläre, was für ein Geschäft er bey uns habe, auch wie lange und in welchen Gegenden er sich aufzuhalten gedenke. Werden seine Verrichtungen erlaubt und wichtig genug befunden, so erhält er von der Obrigkeit einen Paß, der nach diesen Umständen eingerichtet ist. Diesen muß er aller Orten in Abyssinien, wohin er kömmt, vorzeigen. Ertappt man ihn auf einem Nebenwege oder in einem

Geschäfte, das er nicht angezeigt hat, oder bleibt er über die bestimmte Zeit, so wird er sogleich über die Grenze gebracht.

Der Policey liegt auch ob, ein wachsames Auge auf die Buchdruckereyen zu halten, das heißt, dafür zu sorgen, daß die Preß-Freyheit nicht gemißbraucht werde. Es ist nähmlich im Vorhergehenden gesagt worden, daß jedermann frey und offen über alle Gegenstände und über alle Personen seine Meinung sagen und schreiben dürfe, und daß er von der Regierung in dem Besitze dieser Freyheit geschützt werde; daß ihm deßwegen von niemand ein Haar gekrümmt werden dürfe, in so fern er die Wahrheit gesagt habe, und nicht vom beleidigten Theile dargethan würde, daß er ein Verleumder sey. – Doch dieß alles unter der Bedingung, daß der Nahme des Schreibers nicht verschwiegen sey. Die Policey nun wacht darüber, daß durchaus keine anonyme Schriftsteller auftreten dürfen, und forscht, wenn dergleichen Blätter dennoch zum Vorschein kommen, genau nach dem Urheber, um denselben zu bestrafen. Doch ist ein Fall ausgenommen, wo der Nahme des Schreibers nicht erfordert wird, nähmlich, wenn jemand Facta bekannt macht, die auf öffentlichen Documenten beruhen, oder von deren Grund oder Ungrunde sich jedermann durch den Augenschein, oder bey der geringsten Erkundigung überzeugen kann; zum Beyspiel, wenn er den ungerechten Gang eines Processes öffentlich rügte, da dann, wenn die Angabe falsch wäre, ein von den Richtern, Schiedsrichtern und Zeugen unterschriebner Auszug aus den Acten, das Publicum sogleich von der wahren Lage der Sachen unterrichten könnte.

Wirthshäuser, in welchen müssige Leute sich bloß zum Trinken versammeln, werden bey uns gar nicht geduldet; den Gastwirthen, die Fremde beherbergen, sind genaue Taxen vorgeschrieben.

Drey und zwanzigstes Kapitel.

Kriegswesen. Handlung.

Wir können nie in den Fall kommen, einen offensiven Krieg zu führen. Zufrieden mit unserm Zustande, wenn Fleiß, Industrie, Einfalt der Sitten und Frieden bey uns herrschen, bauen wir unsre Felder, verarbeiten unsre Producte, und begehren nichts von dem, was fremde Völker besitzen. Unser Land ist groß genug, um doppelt so viel arbeitsame Menschen zu ernähren, als jetzt darin leben; also suchen wir auch unsre Grenzen nicht zu erweitern. Über dieß halten wir es für unnatürlich und den ersten Rechten der Menschheit zuwider, daß ein Staat sich die Befugniß anmaße, durch Eroberung, Tausch oder Vertrag, ein anders Land an sich zu bringen, wenn er nicht weiß, ob die Einwohner desselben damit zufrieden sind, daß sie nun von andern Menschen regiert werden sollen. Denn wenn nun auch alte Usurpationen gegen die heiligen Menschen-Rechte ewig gültig bleiben, und Völker, die vor tausend Jahren ihren Nacken unter das Joch eines Einzelnen gekrümmt haben, immerfort auch noch den späten Nachkommen dieses Einzelnen sclavisch gehorchen sollen, so empört doch das alle gesunde Vernunft, daß diese Herrschers-Familien das Recht haben sollen, sich einander Länder und Völker zu schenken, zu verkaufen, oder zu rauben, wie man Heerden Vieh veräußert.

Wir führen also keine offensive Kriege; allein wir müssen uns in einem solchen Stande erhalten, daß wir, so bald ein unruhiger Nachbar uns angreift, gerüstet seyen, ihm mit einem starken und geübten Heere die Spitze zu biethen.

Zu diesem Endzwecke bleibt jeder Bürger bis in sein sechzigstes Jahr Soldat, und muß in das Feld, sobald die Noth es erfordert, ist in seinem Provinzial-Regimente eingeschrieben, hat in seinem Hause eine vollständige Kriegs-Kleidung und Bewaffnung liegen, und wohnt jährlich vierzehn Tage lang, wenn die Waffen-Übungen vorgenommen werden, denselben bey. Die übrige Zeit kann er ruhig zu Hause bleiben.

Drey Jahre seines Lebens hindurch muß aber jeder Abyssinier, auch in Friedenszeiten, fortgesetzt als Soldat dienen. Diese fangen mit seinem zwanzigsten Jahre an, das heißt, bevor er sich häuslich niederläßt. Ihm wird dann vom Staate eine vollständige Kleidung gegeben, die er aber hernach auf seine Kosten unterhalten muß; er lernt den Dienst, und muß alles thun, was einem Soldaten obliegt; der Staat gibt ihm nur Brot; allein da er, wie man nachher hören wird, in seiner Heimath bleibt, und nebenher seinen Unterhalt erwerben kann, man ihn auch für die öffentlichen Arbeiten, wozu das Heer gebraucht wird, zum Beyspiel, Straßen, Dämme, Wasser-Leitungen etc. anzulegen, besonders bezahlt; so kann er keinen Mangel leiden. Dieser Dienst ist aber nicht schwer, und wird ein Jüngling dadurch gewiß nicht in der Wissenschaft, der Kunst oder dem Handwerke, das er gewählt hat, binnen diesen drey Jahren zurück kommen, indem ihm Zeit genug übrig bleibt, sehr viel nebenher zu arbeiten. Nach Verlauf der drey Jahre geht er nach Hause, und ist, außer den jährlichen vierzehn Tagen, wo die Waffen-Übungen getrieben werden und außer dem Falle, wenn Krieg entsteht, völlig frey.

Jede Provinz hält in Friedens-Zeiten nur Ein Regiment, das aus zwölf Compagnien, drey zu zweyhundert, und neun zu hundert Mann besteht. In jedem der drey großen und neun kleinen Dörfer liegt eine dieser zwölf Compagnien, die aus den Jünglingen desselben Dorfs zusammen gesetzt ist, so daß also keiner durch seinen Soldaten-Dienst sich von seiner Heimath entfernt. Dieß macht zuerst, in den zwölf Provinzen, ein Kriegsheer von achtzehntausend Mann, das in Friedens-Zeiten auf den Beinen, und zur innern Sicherheit und den öffentlichen Arbeiten hinlänglich ist.

So bald eine Armee zur Vertheidigung des Reichs zusammen treten, und nun jeder Bürger unter sechzig Jahren die Waffen ergreifen muß, werden aus jedem kleinen Regimente vier stärkere gemacht. Dann haben wir ein furchtbares Heer, furchtbarer noch, weil es nicht aus Miethlingen und Fremden, sondern aus freyen Menschen besteht, die für ihr Eigenthum und ihre Ruhe fechten.

Die Städte liefern die Artilleristen, Ingenieurs, Pontoniers und Pioniers. Jeder Stadt-Einwohner muß sich gleichfalls im zwanzigsten Jahre zu einem von diesen Corps einschreiben lassen, und bekömmt, während seiner drey Dienstjahre, unentgeltlich Unterricht in den dazu erforderlichen Kenntnissen.

Nur wenn Krieg entsteht, schafft der Staat Cameele und Elephanten an, und besetzt diese mit einem Corps von Freywilligen, die bald eine Fertigkeit erlangen, mit diesen Thieren gegen den Feind zu operiren, da überhaupt die Abyssinier zu Leibes-Übungen sehr geschickt sind. Übrigens machen wir, weil wir nur Vertheidigungs-Kriege führen, wenig Gebrauch von Reiterey.

Das bleibende Heer der Jünglinge übt sich, Jahr aus Jahr ein, täglich eine Stunde in den Waffen. In einer Jahrszeit aber, wo der Landmann am wenigsten Geschäfte hat, wird die vorhin erwähnte größere Übung, vierzehn Tage hindurch, von allen Mitbürgern unter sechzig Jahren vorgenommen. Alsdann zieht sich in dem Mittelpuncte jeder Provinz das kleine Provinzial-Corps, welches dann aus vier Regimentern besteht, zusammen, zu welchem die Corps aus den vier Städten stoßen, und mit jenen gemeinschaftlich allerley Kriegs-Evolutionen machen.

Wir halten es nicht für zweckmäßig, in unsern eigentlichen Schulen, den Kindern Anweisung in körperlichen Übungen geben zu lassen. Bis zum funfzehnten Jahre kann man die Stunden besser anwenden, und so lange der Körper noch im ersten Wachsthume ist, können Anstrengungen von der Art gefährlich werden. In jeder Stadt aber unterhält die Obrigkeit ein Paar Männer, die in einem öffentlichen Gebäude Unterricht im Ringen und besonders im Reiten und schnellen Lenken der Cameele geben. Hier wird kein Schüler, der unter funfzehn Jahre alt ist, angenommen. Wer Vermögen hat, muß dafür bezahlen, eine gewisse Anzahl Ärmerer aber wird Ein Jahr lang unentgeltlich unterrichtet. Auf diese Weise kann doch nach und nach die sämmtliche Jugend in den Städten sich in Leibes-Übungen geschickt machen. Monathlich an einem gewissen Tage stehen die dazu bestimmten Gebäude jedermann offen; dann können auch die, welche grade zu der Zeit keinen Unterricht mehr genießen, den Platz betreten und mit den Schülern wetteifern. Für die Landleute halten wir eine solche Anstalt überflüssig. Die Beschäftigungen, die bey dem Ackerbaue vorfallen, stärken den Körper hinlänglich; doch ermuntert die Obrigkeit das junge Volk in den Dörfern, an den beiden monathlichen Ruhetagen, die künftig, statt des ehemahligen wöchentlichen Sonntags, in ganz Abyssinien einzuführen sind, sich mit allerley körperlichen Übungen, im Laufen, Springen, Ringen, nach dem Ziele werfen und dergleichen, zu belustigen, und theilt dann Preise an die Geschicktesten aus. Was aber jenen monathlichen Tag in den Städten betrifft, so pflegen da viel Zuschauer gegenwärtig zu sein, und reiche Mitbürger machen sich das Verdienst, kleine Preise für diejenigen Jünglinge zusammen zu legen, die sich dabey vorzüglich auszeichnen. – Das sind unsre Schauspiele! Jährlich aber ist in jeder Stadt ein Festtag angesetzt, an welchem jene Gebäude von Innen verziert, und dann, bey dem Klange musicalischer Instrumente, große Wett-Übungen vorgenommen werden. Hier bezahlt jeder Zuschauer einen freywilligen Beytrag, und von diesem Gelde werden denen, die an dem Tage besondre Ehre einlegen, Geschenke gereicht. Auf solche Weise erlangen wir, daß unsre Krieger keine unbehülfliche, bloß nach dem Stocke abgerichtete Maschinen sind, sondern daß ihr Körper stark und biegsam wird.

Ich muß nun sagen, auf welche Weise wir unsre Officiers-Stellen besetzen. Da die ältern Mitbürger, binnen den vierzehntägigen jährlichen Waffen-Übungen, Gelegenheit haben, die Fähigkeiten der einzelnen jungen Leute kennen zu lernen; so beruft jede Orts-Obrigkeit, an dem letzten dieser vierzehn Tage, die zwölf Ältesten unter jenen Männern zusammen, und läßt durch diese, aus der Compagnie des Orts, vier Unter-Officier, unter den Jünglingen, für das folgende Jahr wählen. Es muß aber ein solcher, der Unter-Officier werden soll, schon zwey seiner Dienst-Jahre zurück gelegt haben. Die übrigen Unter-Officier, nähmlich die, welche, wenn die ganze Compagnie von alten und jungen Leuten beysammen ist, erforderlich sind, werden gleichfalls auf diese Weise gewählt, bekleiden aber lebenslang ihre Stellen, und treten in Verrichtung, so bald sich die Compagnie zusammen zieht.

Jede Compagnie des bleibenden Heers der Jünglinge hat einen Hauptmann, zwey Lieutenante und einen Ponier-Träger. Diese werden von der Orts-Obrigkeit, mit Zuziehung der zwölf Ältesten, ernannt und behalten ihre Stellen lebenslänglich; denn auf ihre Erfahrung, Übung und Geschicklichkeit muß sich der Staat bey Bildung der jungen Mannschaft verlassen. Sie werden besoldet und avancieren unter sich, bis zum Hauptmanne. Zu der größern Armee werden gleichfalls die Compagnie-Officier ernannt, die auch ihre Stellen lebenslang behalten, aber, da sie nur in der Exercier-Zeit und im Kriege in Function treten, nicht besoldet werden.

Die Stabs-Officier wählt das Provinzial-Collegium, aus den Hauptleuten der Provinz. Sie bleiben immer in ihren Stellen, bekommen aber in Friedenszeiten keinen Gehalt.

Die Heerführer wählt die National-Versammlung, so bald ein Krieg entsteht.

Jeder Hauptmann erstattet Bericht von dem Zustande seiner Compagnie an die Obrigkeit des Orts, die auch bey den Haupt-Waffen-Übungen gegenwärtig ist. Da alle Abyssinier geübte Soldaten sind, so ist nie zu befürchten, daß unsre Magistratspersonen unwissend in diesem Fache seyn sollten.

Wenn Krieg entsteht, so müssen zwar alle Mitbürger sich fertig halten, die Waffen zu führen; allein Städte und Dörfer dürfen deßwegen nicht leer stehen, die Felder nicht unbebauet bleiben, noch die Geschäfte der Handwerker und Künstler ruhen. Die Obrigkeiten sorgen also dafür, daß, außer den Fällen der äußersten Noth, niemand in's Feld rücke, der seinem Hauswesen unentbehrlich ist.

Im Kriege werden alle Soldaten aus der Staats-Casse besoldet, und wenn diese den Aufwand nicht bestreiten kann, so werden sich's die Mitbürger gefallen lassen, eine außerordentliche Steuer zu bezahlen.

Es ist vorhin von einer Kriegs-Kleidung geredet worden. Man muß sich dabey aber keine Europäische bunte Soldaten-Röckchen denken, die dem Auge den lächerlichen Contrast zwischen Armseligkeit und Flitterglanz darstellen. Unsre Soldaten sollen nicht glänzen; ihre Kleidung ist bequem, zweckmäßig, dem Clima angemessen, so wohlfeil, als jede andre bürgerliche Kleidung, und zeichnet sich nur dadurch aus, daß sie gleichförmig ist, die Provinzen sich aber durch die Farben unterscheiden. – Dieß sey genug von unserm Kriegswesen: Reden wir nun von dem Handel!

Wir kennen alle die schönen Floskeln, die sich über die Glückseligkeit, den Reichthum und den Wohlstand eines Landes, das einen vortheilhaften großen auswärtigen Handel treibt, sagen lassen; allein da wir uns fest vorgenommen haben, bey Einrichtung unsrer Staats-Verfassung, von Grundsätzen auszugehen, die nur auf gesunder Vernunft beruhen und über alle conventionelle Ideen und verjährte Vorurtheile hinaus gehen sollen; so gestehen wir, daß, wenn wir so glücklich sind, Abyssinien zu dem innern Flor zu bringen, nach welchem wir ringen, wir den Nationen, die durch auswärtigen Handel reich werden, ihre Glückseligkeit nicht beneiden. Wenn alle unsre Felder bebauet und fruchtbar sind; wenn wir dann Früchte genug ziehen, um, auch bey zunehmender Bevölkerung, uns reichlich zu sättigen; wenn wir alle unsre rohen Producte selbst bearbeiten, alle unsre Bedürfnisse befriedigen können; kurz! wenn unser Land, wie es denn wirklich dazu im Stande ist, uns alles liefert, was zur Nothdurft und Annehmlichkeit des Lebens gehört; so begnügen wir uns gern mit diesem innern wahrhaften Reichthume, und wollen lieber die echte Arbeitsamkeit unsrer Mitbürger, als ihre Habsucht ermuntern. Wir möchten lieber auf die hochgepriesenen Vortheile, die der Handel gewähren soll, auf die Vermehrung und Ausbreitung so mancher nützlichen Kenntnisse, Vervollkommnung der Künste und dergleichen Verzicht thun, um nicht zugleich ihr trauriges Gefolge, den übertriebnen Luxus, die Entstehung so mancher unnützen Bedürfnisse, Unmäßigkeit, Corruption der Sitten, Verstimmung des Characters, Verlust der Originalität, ausländische Krankheiten und Thorheiten, Wucher-Geist, Untreue und unzählige andre Verderbnisse mit aufnehmen zu müssen. Der Staat wird also nie den geringsten Schritt thun, um den Handel der Privatleute in fremde Länder zu befördern; doch will er auch nicht hindern, daß unsre Mitbürger ihre überflüssigen Producte und diejenigen Waaren und Fabricate, deren man im Lande nicht bedarf, an fremde Nationen verkaufen.

Es steht also jedermann frey, einen uneingeschränkten Handel, in und außer Lande, zu treiben und jedes Landes-Product aus dem Abyssinischen Reiche auszuführen.

Von den ausgehenden Gütern wird nicht der geringste Zoll entrichtet. Ausländische Waaren hingegen dürfen der Regel nach durchaus nicht in das Land eingeführt werden, bey Strafe der Confiscation. Sollten vorerst, bis alle unsre Fabriken in vollem Gange sind, einige Artikel davon ausgenommen werden müssen; so wird von diesen der zehnte Theil des Werths als Zoll abgegeben.

Der Staat selbst aber treibt in und außer Lande einen Handel, der für das Reich höchst vortheilhaft ist. Er läßt durch Agenten den Überfluß der in den öffentlichen Fabriken und Manufacturen verfertigten Waaren fremden Nationen für baares Geld verkaufen. Er häuft in den Magazinen Früchte und Waaren aller Art auf, und schlägt diese, so bald die Wucherer eine Theurung verursachen wollen, zu billigen Preisen los, so daß alle Artikel der Nothdurft und der Gemächlichkeit stets in ganz Abyssinien in einem Mittelpreise bleiben. In diese Magazine kann auch Jeder seine guten Waaren statt sie mit Unkosten auf fremde Märkte zu bringen, jedoch zu einem niedrigern Preise, abliefern, und empfängt baares Geld dafür.

Die größten und wichtigsten Magazine dieser Art haben wir an den vornehmsten Grenzörtern angelegt. Dort werden auch zu gewissen Zeiten im Jahre große Märkte gehalten, wodurch wir zu bewirken hoffen, daß die Fremden die Kaufmanns-

güter, deren sie bedürfen, dort abholen, und daß nicht, unter
dem Vorwande des Handels, müssige Ausländer in dem Innern
unsers Reichs herum schleichen.

Wissenschaften und Künste.

Wie viel Wissenschaften und Künste zur moralischen
Bildung einer Nation, zu Beförderung wahrer menschlicher Geselligkeit, zu Erweckung wohlwollender Gesinnungen, und überhaupt zu Gründung der bürgerlichen Glückseligkeit beytragen, davon liefert die Geschichte aller Zeitalter
die Beweise; und es kann keinem Zweifel unterworfen seyn,
ob es zu den Pflichten einer weisen und sorgsamen Regierung
gehöre, Wissenschaften und Künste zu befördern und wahre
Gelehrte zu unterstützen. Allein wir machen billiger Weise,
ohne einem einzigen Studium seinen Werth benehmen zu
wollen, einen Unterschied unter den verschiednen gelehrten
und andern Kenntnissen und Talenten. Wir halten diejenigen
hauptsächlich unsrer Aufmerksamkeit und Unterstützung
würdig, die einen unmittelbar vortheilhaften Einfluß auf das
Wohl des Staats und überhaupt der menschlichen Gesellschaft
haben. An den Fortschritten der bloß speculativen Wissenschaften hingegen und solcher Künste, die nur zur angenehmen
Unterhaltung oder Beschäftigung der Phantasie dienen, nehmen wir weniger thätigen Antheil.

Es ist vorhin gesagt worden, daß wir den Stand eines Gelehrten nicht eigentlich für einen besondern Stand im Staate
anerkennen, sondern dafür halten, daß der, welcher sich den
Wissenschaften widmet, schuldig sey und auch Muße genug
übrig behalte, nebenbey seine Pflichten im geselligen und bürgerlichen Leben zu erfüllen und irgend ein Geschäft zu treiben,
das ihn in die Reihe der arbeitenden Mitbürger classificirt.

Wenn indessen ein Mann von großen Gaben, Fähigkeiten und Kenntnissen, durch seine Schriften oder durch Unterricht der Jugend, eine lange Reihe von Jahren hindurch vortheilhaft auf sein Zeitalter gewirkt, oder eine Wissenschaft mit neuen Entdeckungen bereichert, darneben aber auch treulich seine Pflichten als Mitbürger erfüllt hat, so hält es die Regierung für gerecht, einem solchen ein ruhiges Alter zuzubereiten. Zu diesem Endzwecke sind in drey der größten Städte des Reichs geräumige Häuser erbauet, die theils auf Kosten des Staats, theils von den freywilligen Beyträgen unterhalten werden, welche man an dem jährlichen, zur allgemeinen Gottes-Verehrung bestimmten Tage, unter allen Classen des Volks einsammelt.

In diese Gebäude werden zuerst überhaupt alle Greise, die durch Alter und Schwachheit außer Stand gesetzt sind, ihr Gewerbe ferner zu treiben, nebst ihren Weibern aufgenommen. Doch wird ein großer Theil dieser Veteranen auch zu Aufsehern in den öffentlichen Arbeitshäusern, Fabriken und Manufacturen angestellt. Sodann nimmt man darin diejenigen auf, die im Kriege verstümmelt worden. (Die wirklich Kranken finden in den Hospitälern ihre Verpflegung.) Endlich werden jene Häuser, wie gesagt worden, von Gelehrten bewohnt, denen man in ihrem Alter, zum Preise ihrer Verdienste um das Menschengeschlecht, eine glückliche Muße verschaffen will. Sie werden an großen Tafeln gespeiset, haben in den angrenzenden Gärten Gelegenheit frische Luft einzuathmen und sich eine gelinde Bewegung zu machen, und werden überhaupt, bey einem kleinen Jahrgelde, das sie erhalten, in Wohnung, Kleidung und allem, was zu einem von Sorgen freyen, angenehmen, doch philosophisch mäßigen Leben gehört, so gepflegt, daß sie Zufriedenheit und Ruhe genießen können. Hat Einer von ihnen baares Vermögen, so muß er bey seinem Eintritte eine Summe, die sehr geringe angesetzt ist, welche aber zu erhöhen, seiner Großmuth überlassen bleibt, zu dem Fond dieser wohlthätigen Anstalt zuschießen.

Ein Theil der Einkünfte dieser Häuser wird verwendet, Bücher-Sammlungen, Naturalien-Cabinette, Maschinen, Modelle und dergleichen anzuschaffen.

Eine gewisse Anzahl junger Leute, die sich den Wissenschaften widmen, die Bibliotheken und den Umgang erfahrner
Männer nützen wollen, und denen es ein Ernst ist, in ihrem
Fache groß zu werden, erhalten die Erlaubniß, wenn sie Zeugnisse ihres bisherigen Fleisses beybringen können, gegen Er-
legung eines gewissen Kostgeldes, drey Jahre lang in diesen
Häusern zu wohnen. Die Greise sind nicht verbunden, ihnen
Unterricht zu geben; es müssen aber die Jünglinge, durch bescheidne Bitten und Fragen, durch Proben von Lehrbegierde
und durch edle Aufführung, zu erlangen suchen, daß ihnen die
Wohlthat eines guten Raths und einer belehrenden Zurechtweisung nicht versagt werde.

Es ist erwähnt worden, daß bey uns alle junge Leute bis in
ihr funfzehntes Jahr in den öffentlichen Schulen eine gleiche
Art des Unterrichts genießen, folglich alle gleich vorbereitet
sind, neben dem Gewerbe, dem sie sich alsdann widmen, auch
die gelehrte Laufbahn zu betreten. Zu Fortsetzung der Studien
nun für diejenigen, welche sich den Wissenschaften ergeben
wollen, ist das zweckmäßigste Mittel, daß sie einen Gelehrten,
zu dessen Kenntnissen, in dem Fache, das sie gewählt, sie das
größte Zutrauen haben, bewegen, sie als Schüler anzunehmen;
denn wir haben keine Universitäten, und so wenig, als wir
Handwerks-Zünfte haben, so wenig gibt es bey uns Gelehr-
ten-Zünfte, oder Facultäten.

Die Ursache, weßwegen wir keine Facultäten haben können, ist sehr begreiflich. Die Theologie ist in Abyssinien keine
positive, autorisirte Wissenschaft; die Rechtsgelehrsamkeit ist
gleichfalls bey uns kein besondres Studium, da jeder Mitbürger
verbunden ist, sich mit den sehr einfachen Landesgesetzen
bekannt zu machen, wozu er schon in der Schule die erste
Anweisung erhält. Eine philosophische Facultät oder Zunft ist
vollends eine Albernheit, da Philosophie auf freyem Nachdenken
beruht, und jeder verständige, nachdenkende Mann sich sein
eignes besondres philosophische System, wie es für seinen Kopf
und sein Herz paßt, bauen wird. Mathematische, physicalische
und alle dahin einschlagende Wissenschaften werden täglich

durch neue Entdeckungen bereichert, und werden am besten aus den ältern und neuern Schriften, verbunden mit eignen Versuchen, erlernt. Es bliebe also noch die Arzeneykunst übrig, von der nachher geredet werden soll.

Was nun die Universitäten betrifft, so lehrt uns die Erfahrung, daß dort die Jünglinge mit einer Menge unnützer Dinge geplagt werden, die sie nachher wieder vergessen müssen; daß der dort herrschende Systemgeist, Schlendrian, Autoritätszwang, Pedantismus und dergleichen, manchen guten Kopf verschraubt und vom Selbstdenken ableitet.

Es fehlt aber darum dem jungen Gelehrten bey uns nicht an Gelegenheit, sich in seinem Fache zu vervollkommnen. Männer, die in einer Wissenschaft groß sind, pflegen Freude daran zu finden, von dem zu reden, womit sie sich immer und gern beschäftigen, pflegen mit Vergnügen ihre Kenntnisse mitzutheilen. Ein junger Mensch also, dem es ein Ernst ist, mehr zu lernen, und dieß gründlich zu lernen, wird leicht einen Gelehrten bereit finden, ihn als Schüler, vielleicht auch als Kostgänger, auf gewisse Jahre anzunehmen. Er wird dann gewiß von einem solchen practischen Gelehrten, mit geringerm Aufwande, in kürzerer Zeit weiter geführt werden, als ihn auf einer Universität die Stuben-Gelehrten mit ihren unnützen Spitzfindigkeiten und ihrem critisch-historischen Wort-Krame leiten können. Jener wird dieß alles linker Hand liegen lassen, und dem Schüler überlassen, einst, wenn er erst in dem Wesentlichen seines Faches fest ist, durch Lectüre sich auch damit bekannt zu machen, und ihn indeß immer auf die einfachen Grundsätze und das Practische der gewählten Wissenschaften lenken.

Dieß ist besonders von der Arzeneykunst wahr, und ein geschickter Arzt und Wundarzt, welcher seinen Zögling mit zu seinen Kranken führt, und ihm dann, bey den wirklichen Fällen, die Natur dieser und der damit verwandten Krankheiten und die Wirkung der Arzneymittel erklärt, ihm auch darneben zu Hause einigen theoretischen Unterricht gibt und ihm die besten Bücher empfiehlt, wird einen geschicktern Mann aus ihm bilden, als die Universität.

Durch Schriftstellerey kann unendlich viel Gutes bewirkt werden; wir ehren also diejenigen Männer unter uns, die durch ihre literarischen Producte, welche nützliche, der menschlichen und bürgerlichen Gesellschaft interessante Gegenstände behandeln, auf ihr Zeitalter vortheilhaft gewirkt, oder große bis jetzt versteckt oder verdunkelt gewesene Wahrheiten, in Cours gebracht und in ein helleres Licht gesetzt haben. Wir ehren sie; aber wir verderben sie nicht durch Schmeicheley, durch übertriebne Lobeserhebungen, und setzen nicht den Mann, welchen die Natur mit hinreißender Beredsamkeit, lebhafter Einbildungskraft und einem hellen Blicke ausgerüstet hat, so daß er Sätze, die in manches Biedermanns Kopfe und Herzen ruhen, klar, lichtvoll und rührend vorträgt, diesen setzen wir nicht in unsrer Achtung weit über den hinaus, der ein langes Menschenleben hindurch in der Stille und unbemerkt, ohne Bücher geschrieben zu haben, immer gleich edel, verständig, consequent und fest gehandelt und durch Rath, That und Beyspiel viel Gutes um sich her verbreitet hat. Endlich, da wir allen Prunk, alle Spielerey hassen, und uns der Gedanke empört, daß man wahre Tugend und wahres Verdienst belohnen und krönen könne, so ist bey uns an keine Preise für literarische Verdienste und an keine Bildsäulen und dergleichen Thorheiten zu denken. Unsre Jünglinge ermuntern wir durch Preise, sich in körperlichen Übungen geschickt zu machen; aber Tugend und Weisheit lassen sich nicht taxiren, noch bezahlen. Das mittelmäßige Genie wird dadurch nicht groß, und das erhabene bedarf solcher Ermunterungen nicht, sondern arbeitet sich sogar durch Schwierigkeiten und Hindernisse empor.

Über die Grenzen der Preßfreyheit und Publicität ist im Vorhergehenden schon genug gesagt worden.

Dem Buchhandel gestattet die Regierung alle mögliche Freyheit; allein aus Ursachen, die hier zu weitläuftig zu entwickeln wären, kann sie den Nachdruck nicht durch ein bestimmtes Gesetz verbiethen. Sie hält ihn für eine moralische Unthat und alle Nachdrucker für Schelme; als bürgerliche Verbrecher aber kann sie diese Schleichhändler nicht betrachten.

Eine vernünftige Critik stiftet gewiß für die Gelehrsamkeit großen Nutzen und eine unvernünftige richtet gar keinen Schaden an. Da nun überhaupt jedermann frey steht, über alles seine Meinung zu sagen; so muß es auch Jedem erlaubt seyn, fremde, öffentlich gedruckte Geistes-Producte öffentlich zu beurtheilen. Freylich wäre zu wünschen, daß dieß immer in einem bescheidnen, höflichen Tone geschähe; allein auch das läßt sich nicht von Obrigkeits wegen befehlen. Dafür aber sorgt die Policey, daß erstlich keine Critik oder Recension erscheinen dürfe, ohne daß der Beurtheiler seinen Nahmen nenne, und zweytens, daß in diese Critiken auf keine Weise der geringste Angriff auf den persönlichen Character eines Schriftstellers mit eingemischt werde. Beydes wird, wenn es auskömmt, strenge bestraft.

Wir wünschten, daß die Herren Gelehrten das Publicum mit ihren, oft in Grobheit ausartenden, für den dritten Mann sehr uninteressanten Streitigkeiten verschonen möchten. Jedoch läßt sich auch das durch kein Gesetz bewirken; die Regierung wird aber bey Unterstützung und Versorgung der Gelehrten vorzüglich auf diejenigen Rücksicht nehmen, die sich zugleich als bescheidene, sanftmüthige und weltkluge Männer bekannt gemacht haben.

Die schönen Künste verfeinern den Geschmack, mildern die Sitten, rühren das Herz, machen es zum Wohlwollen geneigt und stimmen es zu allerley sanften und edeln Empfindungen; allein die Freuden, welche sie gewähren, müssen keusch und vorsichtig genossen werden. Ihr Mißbrauch macht weich, weibisch, wollüstig, erhitzt die Phantasie, bringt die Sinnlichkeit in Aufruhr und lenkt von ernsthafter Anstrengung ab. Deßwegen nun machen wir es nicht eben zu einer Staats-Angelegenheit, den Flor der schönen Künste thätig zu befördern, sondern überlassen dieß der Zeit und der zunehmenden Cultur. Dafür aber sucht doch die Regierung zu sorgen, daß ein edler, einfacher Geschmack herrschend werde und weder das Kleinliche, Spielende, Witzelnde, noch das Wilde, Unregelmäßige, Ungestüme, noch das Luxuriose, die gröbere Sinnlichkeit Reitzende die Oberhand gewinne. Was für Anstalten in Ansehung der Baukunst getroffen sind, das ist vorhin erwähnt worden. Für Musik und Poesie ist in so fern gesorgt, daß man die Verfertigung der Hymnen, welche an großen feyerlichen Tagen abgesungen werden, solchen Dichtern und Tonkünstlern aufträgt, von deren reinem Geschmacke man überzeugt ist; sie werden für ihre Bemühung belohnt; in den Schulen werden, wie schon ist gesagt worden, die jungen Leute auch in der Tonkunst unterrichtet; und auch auf diesen Unterricht hat die Regierung ein wachsames Auge. Über die Meisterstücke unsrer besten Dichter werden gleichfalls in den Schulen Vorlesungen gehalten, um den Geschmack der Jugend zu bilden! Endlich werden auch die besten Werke von der Art auf Kosten des Staats gedruckt und eine große Anzahl Exemplare in allen Gegenden des Reichs unter den Mitbürgern ausgetheilt.

Schauspiele werden bey uns nicht geduldet. Wir können uns von ihrem überwiegenden Nutzen nicht überzeugen, sind aber sehr gewiß von dem nachtheiligen Einflusse, den ein mittelmäßiges Schauspiel und ein solches, dessen Inhalt nicht mit so viel Strenge gesäubert ist, als es fast nicht möglich scheint, ohne ihm das Interesse zu benehmen, wir sind gewiß von dem nachtheiligen Einflusse, den ein solches Schauspiel auf die Jugend haben kann. Was die großen National-Schauspiele betrifft, zu deren Vertheidigung man uns so viel von den Wirkungen der alten Griechischen Schauspiele erzählt; so verlangen wir gar nicht, so gar gewaltsame Eindrücke auf die Herzen und die Phantasie unsrer Mitbürger zu machen. Sie sollen zu keinen Handlungen angefeuert werden, die eine Art von Berauschung erfordern, sondern wir wünschen Alle, immer recht nüchtern, in der ruhigsten Gemüthsstimmung und nach Vernunft handeln zu können, und unser Enthusiasmus soll nie von kochendem Blute und erhitzter Phantasie, sondern von unwiderstehlicher Bewunderung und fester Überzeugung von der Schönheit der Tugend und Weisheit herrühren.

Dieß, meine lieben Mitbürger! wäre dann die Skizze meines Plans zu einer neuen Verfassung von Abyssinien. Wie manches kleine Detail ich übergangen bin; wie oft meine Einrichtungen sich in unbedeutenden Nebenstücken zu durchkreuzen, zu widersprechen scheinen; wie Manches wohl vorerst noch ganz unausführbar ist; das wird Euch freylich leicht in die Augen fallen. Allein lasset Euch dadurch nicht abschrecken, den Haupt-Inhalt meiner Vorschläge zu prüfen! Verwerfet, verbessert, sichtet; aber wenn Ihr denn doch gestehen müßt, daß die Hauptsätze meines Systems aus der graden, natürlichen, gesunden Vernunft entlehnt sind; so lasset Euch nicht durch Vorurtheile und Schwierigkeiten davon abhalten, das Übel bey der Wurzel anzugreifen und auszurotten! Jetzt ist der Zeitpunct da – so vortheilhaft kömmt er gewiß nie wieder; begnügt Ihr Euch aber jetzt mit halben Verbesserungen, so habt Ihr ewiges Flickwerk.

Fünf und zwanzigstes Kapitel.

Des Verfassers Gespräch mit dem Prinzen.

Bevor der edle Prinz diesen Entwurf den versammelten vier und zwanzig Deputirten der Nation vorlegte, war er so gütig, ihn meinem Herrn Vetter und mir zum Durchlesen zu geben. Ich war so entzückt über den Inhalt – er war so ganz aus meiner Seele hingeschrieben – daß ich mich in dem Drange meiner Empfindungen dem Prinzen zu Füßen warf und ausrief: Erhabenster Monarch! Wie ist es möglich, daß ein Fürstensohn so den heiligen Natur-Gesetzen und Menschenrechten das Wort reden kann? Du allein bist würdig, als König und Kaiser über Abyssinien, ja! über die ganze Welt zu herrschen. O! erlaube mir, daß ich diesen Entwurf in Deutschland drucken lasse, damit meine Landsleute gewahr werden, daß noch ein Platz auf dem Erdboden ist, wo die gesunde Vernunft nicht ganz durch die conventionellen, erkünstelten Begriffe ist verdrängt worden! Erlaube, großer Monarch! daß ich zugleich die Geschichte dieses Reichs und die Erzählung dessen, was ich selbst nebst meinen Deutschen Gefährten hier erlebt habe, der Welt mittheile! Erlaube endlich, daß ich mein Buch unter Deinem Schutze, mit Deinem Privilegio versehen, heraus gebe! Vielleicht respectiren die räuberischen Nachdrucker mehr diesen Abyssinischen Schutzbrief, als die Privilegien, welche unsre Fürsten ertheilen, gegen die sie so wenig Achtung bezeugen. Ich will dieß Werk in einem Lande heraus geben, das von einem edel denkenden, großen Könige regiert wird, der Menschen-würde ehrt; in dessen Staaten die Rechte des Eigenthums heilig gehalten werden; wo persönliche Sicherheit unangetastet bleibt; wo auch der geringste Unterthan, geschützt vor jeder Gewalt-thätigkeit, selbst gegen die Landes-Regierung frey seine Rechte verfechten darf; wo Gesetze, nicht Willkühr, das Schicksal der Unterthanen bestimmen, wo man der Wahrheit, die mit Be-scheidenheit vorgetragen wird, kein Stillschweigen auflegt – dort will ich mein Werk drucken lassen, und es wird gewiß Beyfall finden.

PRINZ. Stehe auf, Noldmann! Ich sehe wohl, daß Du den Europäer nicht ganz vergessen kannst, so viel Sinn Du auch für Wahrheit und Freyheit zu haben scheinst. Du glaubst mich zu ehren, indem Du mich zum Monarchen von Abyssinien erheben willst, und überlegst nicht, daß mir dein Lob tausend Mahl willkommner seyn würde, wenn Du mir sagest, daß Du mich würdig hieltest, ein Privatmann in einem freyen Staate zu seyn. Du glaubst mit der Bekanntmachung meines Entwurfs in Deutschland große Ehre einzulegen, und bedenkst in dem Augenblicke nicht, daß Eure schiefköpfigen Rechtsgelehrten ihn um so alberner und phantastischer finden werden, je mehr gesunde Vernunft darin herrscht. – Doch führe immerhin Deinen Plan aus; aber laß uns jetzt von Deiner und Deiner Landesleute künftigen Bestimmung reden! Ihr könnt nicht in Abyssinien bleiben; ich sehe voraus, daß von allen meinen Vorschlägen, der, keine Ausländer unter uns zu dulden, den allgemeinsten Beyfall finden wird. Und wollten wir auch zu Eurem Vortheile eine Ausnahme machen, so weiß ich doch gewiß, daß Ihr bald anfangen würdet, Euch unbehaglich zu fühlen. Reiset also, begleitet von meinen besten Wünschen, in Euer Vaterland zurück! Noch habe ich, aber wie ich hoffe nicht lange mehr, unumschränkte Gewalt in diesem Reiche; ich glaube es verantworten zu können, daß ich Euch nicht mit leerer Hand von hier ziehen lasse. Ich will Euch so viel Gold und Edelgesteine mitgeben, daß Ihr den Rest Eures Lebens bequem und ruhig in Deutschland sollt hinbringen können. Rüstet Euch also zur Reise! Für Eure Sicherheit und Bequemlichkeit bis an den Hafen von Cairo in Ägypten soll gesorgt werden; dort werdet Ihr leicht ein Europäisches Schiff finden, das Euch aufnehmen kann. Es thut mir leid, mich von Euch trennen zu müssen; aber unser Verhängniß will es so, Ihr könnt vielleicht Eurem Vaterlande noch sehr nützlich werden; es scheint, als wenn bald Zeiten kommen würden, wo man auch dort des Raths und der Hülfe verständiger, vorurtheilsfreyer und vorsichtiger Männer bedürfen wird. Dann habt Ihr einen großen und würdigen Gesichtskreis vor Euch. Lebet also wohl! – Doch wir sprechen uns noch vor Eurer Abreise. Mit diesen Worten verließ uns der gute Prinz ohne unsre Antwort zu erwarten.

Sechs und zwanzigstes, letztes Kapitel.

Abreise der Europäer aus Abyssinien. See-Sturm.
Nur der Verfasser und sein Herr Vetter retten ihr Leben,
und lassen sich in Deutschland nieder. Schluß.

Ich gestehe, daß es meinem Herrn Vetter und mir ein Bißchen wehe that, ein Reich verlassen zu müssen, in welchem, nachdem wir so manche unangenehme und unruhige Scenen darin erlebt hatten, wir nun erst recht glückliche und heitre Tage zu sehen hofften; doch erwachte auch in unsern Herzen die Vaterlandsliebe, und das großmüthige Versprechen des Prinzen, uns reichlich zu beschenken, eröffnete uns die frohe Aussicht, in Deutschland ohne Nahrungssorgen das Alter herbey kommen zu sehen. Dieß Versprechen blieb nicht lange unerfüllt; wir bekamen, Herr Wurmbrand und ich, jeder an Golde und Diamanten für mehr als dreyßig tausend Thaler zugetheilt, welches uns in der That, nebst dem was wir nun erspart hatten, zu reichen Leuten machte. Nach Verhältniß wurden auch unsre übrigen Landsleute sehr großmüthig ausgestattet. Die Pädagogen hatten noch außerdem Gelegenheit gefunden, sich hübsche Capitälchen zu sammeln, die Philosophen und Künstler hingegen waren hie und da, besonders in den Wirthshäusern, schuldig; der Prinz bezahlte aber auch diese Rückstände; der Tag unsrer Abreise wurde angesetzt, und kam endlich herbey.

Mit Thränen in den Augen nahmen wir von unserm edeln Fürstensohne und seinem vortrefflichen Mentor Abschied und wünschten ihnen tausendfachen Segen zu ihrem großen Vorhaben; dann machten wir uns auf die Reise. Unsre Caravane war groß und ansehnlich; wir zogen längs dem Ufer des Nils fort. Für unsre Sicherheit und Gemächlichkeit war so sehr gesorgt, daß wir keine Art von Unbequemlichkeit fühlten und nichts entbehrten, was dazu dienen konnte, uns die kleinen unvermeidlichen Beschwerden eines so weiten Weges in diesen zum Theil unbewohnten Gegenden vergessen zu lassen. Übrigens hatten wir alles, was das Reisen angenehm machen kann, Gesundheit, einen bespickten Beutel und gute Gesellschaft. Unsre Unterhaltung war mannigfaltig; bald spielten uns ein Paar Tonkünstler auf ihren Instrumenten ein schönes Duetto, und beseelten von ihren Cameelen herunter das stille Thal durch ihre Harmonien; bald verkürzten uns unsre gelehrten Gefährten die Zeit durch Socratische Gespräche, indeß wir, um auszuruhen, unter Zelten gelagert, die vollen Becher aus Hand in Hand rings umher gehen ließen. Und wenn ein Mahl eine kurze Frist hindurch alles schwieg, dann beschäftigten Jeden für sich angenehme Plane für die Zukunft.

Auf diese Weise kamen wir glücklich in Cairo an, und schickten unser Gefolge mit schriftlichen Zeugnissen unsrer wärmsten Dankbarkeit nach Gondar zurück.

Wir brauchten hier nicht lange auf Gelegenheit zu harren, nach Europa zu kommen. Ein Genuesischer Schiffer, der außerdem fast ganz leer hätte zurück segeln müssen, nahm uns sämmtlich mit unsern sehr geringen Päckereyen (denn das mehrste davon bestand in Gold und Juwelen) an Bord.

Unsre Fahrt war Anfangs sehr glücklich; wir hatten das schönste Wetter, bis wir schon von fern die reitzenden Italienischen Küsten erblicken konnten. Da aber erhob sich ein fürchterlicher Sturm, der mit jeder Viertelstunde zunahm. Die Leser erinnern sich vermuthlich aus Reisebeschreibungen mancher Schilderung eines See-Sturms; ich will Sie also mit Ausmahlung des unsrigen verschonen. Lange hatten wir in der schrecklichen Gefahr geschwebt und alle unsre Kräfte erschöpft; zwey Masten waren gekappt; die wenigen Kanonen und was noch etwa von schweren Gütern auf dem Schiffe gewesen, war über Bord geworfen worden, um die Last zu erleichtern, und zu Verstopfung eines großen Lecks Anstalt machen zu können, den das Schiff, durch einen heftigen Stoß an einen Felsen, bekommen hatte – als auf ein Mahl ein klägliches Geschrey, es sey Feuer im Raume, unser Elend aufs höchste trieb und einen großen Theil der Equipage zur Verzweiflung brachte. Nun rief jedermann, man solle die Schaluppe aussetzen und, so gefährlich dieß Unternehmen war, so wurde es doch mit Gewalt in's Werk gesetzt. Kaum aber war dieß geschehen, so drängte sich alles hinzu, um in dieß kleine Fahrzeug zu springen und sein Leben zu retten. Wir sahen, mein Herr Vetter und ich, voraus, welchen kläglichen Ausgang dieß nehmen würde, beschlossen daher, das Schiff nicht zu verlassen, und suchten auch unsre Gefährten von ihrem tollen Vorhaben abzuhalten, allein vergebens. Niemand verlor früher die Gegenwart des Geistes, als unsre beiden Philosophen, und ihrem Beyspiele folgten bald alle übrigen Deutschen; jeder ergriff sein Bündel, und eilte hinunter in die Schaluppe. Allein die stürmische Bewegung des Meers legte diesem Vorhaben gewaltige Schwierigkeiten in den Weg. Verschiedne von denen, die diesen Sprung wagten, erreichten das Bort nicht, sondern wurden von den Wellen verschlungen, und die Übrigen beschwerten das kleine Fahrzeug so, daß es vor unsern Augen untersank. – Und so waren denn von allen nach Abyssinien gereiseten Deutschen nur wir beide noch übrig, und auch uns umschwebte fast unvermeidliche Todesgefahr.

Alles kam jetzt auf Gegenwart des Geistes an, und diese fehlte dem größten Theile des Schiffsvolks, das noch obendrein betrunken war, indem es sich, in der Verzweiflung und allgemeinen Verwirrung, der Branntweinsfässer bemächtigt, und diese fast ganz ausgeleert hatte. Selbst das Feuer war auf diese Weise entstanden, indem ein Matrose einem noch angefüllten Fasse mit dem Lichte zu nahe gekommen war, und den Branntwein angesteckt hatte. Unser Schiffs-Capitän, ein entschloßner Mann, traf die besten Anstalten zum Löschen, und war so glücklich, in kurzer Zeit seinen Zweck zu erreichen. Indeß strengten auch wir unsre letzten Kräfte an, und versammelten bald einige Matrosen um uns, (denn nun hatte die dringende Noth alle wieder nüchtern gemacht) mit denen wir ohne Unterlaß pumpten, bis es endlich auch dem Schiffs-Zimmermann gelang, den Leck zu finden und nothdürftig zu verstopfen.

Um die Hoffnung zu unsrer Rettung zu erhöhen, fing auch der Sturm an, sich allmählich zu legen; und bald sahen wir über uns den heitersten Himmel, und um uns her die ruhige Spiegelfläche des besänftigten Meers – ja! wir hatten die Freude, durch unsre Gläser von fern die Genuesische Küste zu erblicken. Diese glücklichen Umstände belebten eines jeden Muth wieder. Man flickte noch einen kleinen Mast zusammen, brachte das Segelwerk ein wenig in Ordnung, und so erreichten wir bald den Hafen. Wir dankten, gewiß sehr inbrünstig, Gott für unsre Rettung, widmeten unsern verlornen Gefährten eine Thräne, und eilten, unsre Reise zu Lande fortzusetzen, nachdem wir zuvor Europäische Kleidung angelegt hatten.

Unser Plan war, durch den obern Theil von Italien über die Alpen, durch Österreich, Baiern, Schwaben, Franken und Sachsen zu gehen; mein Herr Vetter machte mir einige Hoffnung, an meiner Seite den Rest seines Lebens in meiner lieben Vaterstadt Goßlar hinzubringen; und so begaben wir uns dann getrost

auf den Weg. Was für Empfindungen aber unsre Seelen durch-
strömten, als wir zuerst den Fuß auf Deutschen Boden setzten
– o! wer könnte es unternehmen wollen, das zu beschreiben?

Wir waren, ohne alle Unfälle, bis Bopfingen gekommen, als
meinen armen Vetter eine Krankheit befiel, die ihn nöthigte,
vier Wochen lang das Bette zu hüten. Gefährlich war diese
Krankheit nicht, aber beschwerlich und schmerzhaft, denn sie
bestand in gichtischen Zufällen. Ich wich selten von seinem
Bette, und wir verkürzten uns mehrentheils die Zeit durch
Rückerinnerung an die erlebten außerordentlichen Vorfälle,
durch Gespräche über Abyssinien, und waren oft so stolz, uns
zu schmeicheln, wir hätten doch auch, durch Beförderung der
Aufklärung, unser Scherflein zu der erwünschten Revolution
beygetragen, die jetzt diesem Reiche bevorstünde.

Wir hatten uns in Bopfingen in einem Gasthofe niedergelassen, in welchem die Wirthinn die Witwe eines Notarius
und noch in ihren besten Jahren war. Die gute Frau bezeugte
meinem Herrn Vetter in seiner Krankheit ungewöhnlich viel
zärtliche Sorgfalt und Aufmerksamkeit, und dieß stimmte, wie
ich bald merkte, sein Herz zum Vortheile der artigen Witwe.
Eines Morgens nun, als ich zu ihm in das Zimmer trat, begann
folgendes Gespräch unter uns:

WURMBRAND. Sagt mir doch, mein lieber Vetter! habt Ihr
nie Lust gehabt, zu heirathen?

ICH. Ey nun, mein lieber Vetter! Jeder hat seine schwachen
Augenblicke, und wenn dann eine gute Mahlzeit und ein Glas
voll alten Weins –

WURMBRAND. Ihr versteht mich unrecht; ich meine ob
Ihr nie daran gedacht habt, zur Pflege in Eurem Alter und überhaupt zur Annehmlichkeit des Lebens, Euch eine Gefährtinn
zuzugesellen. –

ICH. Damit ich nachher doppelte Lasten zu tragen hätte?
Nein! dazu habe ich nie Lust gehabt, tadle aber niemand, der
diesen Schritt thut, und auch Euch nicht, mein Bester! der Ihr,
wie ich merke, im Begriff seyd, so ein Stückchen zu wagen. Ich

will Euch die Mühe ersparen, mir Eure Absichten mit allen den Bewegungsgründen vorzutragen. Mir gefällt die Frau; auch hat sie Vermögen; Ihr fügt das Eurige hinzu; die Gastwirthschaft wird aufgegeben und Ihr lebt hier als Privatmann von Euren schönen Renten. – Das alles finde ich recht gut und wohl ausgedacht.

WURMBRAND (mich umarmend). Nun! so hebt Ihr mir doch einen schweren Stein vom Herzen; ich dachte schon, Ihr würdet die Sache nicht billigen. Aber nun tritt noch ein gar curioser Umstand ein; die gute Frau will nähmlich durchaus, weil ihr erster Mann Notarius gewesen, auch jetzt niemand heirathen, als einen solchen, der diesen Titel führt. Nun wäre der freylich leicht zu erhalten; aber wenn man denn wieder bedenkt: in Gondar erster Minister und hier Notarius. – Doch was ist am Ende aller eitler Glanz, alle Titelsucht?

ICH. So gefallt Ihr mir, Herr Vetter! Die Hand her! Ihr werdet Notarius und ich, der ehemahlige Baalomaal ziehe wieder nach Goßlar, lebe dort als Advocat und führe nur für Arme und Unterdrückte Processe.

WURMBRAND. Nein! Ihr müßt bey mir bleiben; ich kann den Gedanken nicht ertragen, mich wieder von Euch trennen zu sollen.

ICH. Das kann nicht geschehen, daß ich bey Euch bleibe. Meine liebe Vaterstadt muß ich wiedersehen; ich will da begraben werden, wo meine Augen zum ersten Mahl das Licht des Tages erblickt haben; aber was hindert uns, uns von Zeit zu Zeit zu besuchen und Monathe mit einander hinzubringen? –

Mein Herr Vetter fuhr fort, mich zu bitten; allein ich weigerte mich standhaft. Am folgenden Tage gingen wir zusammen, (denn er war nun so weit wieder hergestellt, daß er ausgehen durfte) zu meinem Comes Palatinus, woselbst er sich, gegen die Gebühr, zum Notarius umschaffen ließ, und, zum Andenken an seine vorigen Begebenheiten, in sein Notariats-Siegel einen Africaner in Abyssinischer Kleidung stechen ließ, mit der Unterschrift: Olim meminisse juvabit. Hierauf blieb ich noch vierzehn Tage lang bey ihm, binnen welcher Zeit seine Hochzeit ohne großen Aufwand vollzogen wurde. Gleich hernach trennte ich mich von ihm. Seit dieser Zeit sind nun anderthalb Jahre verflossen. Wir stehen im fortgesetzten Briefwechsel mit einander; seine Frau hat ihn mit einem jungen Sohne beschenkt, und ich denke ihn im nächsten Frühjahre zu besuchen.

Im Junius 1789 kam ich hierher, nach Goßlar; mein Herz pochte vor Freude, als ich die alten Thürme zuerst wieder erblickte. Meine Mitbürger, und selbst der hochweise Magistrat, nahmen mich sehr liebreich auf, besonders als sie hörten, daß ich ein hübsches Vermögen mitgebracht hätte. Ich wurde in der ersten Zeit täglich in irgend ein Haus zu Gaste geladen, und mußte dann gewaltig viel von Africa erzählen. Die gar zu lästigen Frager verwies ich auf dieses mein Werk, an welchem ich damahls schon anfing zu arbeiten.

In der Herbstmesse des vorigen Jahrs reisete ich nach Leipzig, und verkaufte dort ziemlich theuer meine Diamanten an Polnische Juden. Den größten Theil meines Vermögens habe ich zu Ankauf meines kleinen Guts, eine Meile von hier entlegen, verwendet. Dort bringe ich die angenehmsten Monathe des Jahrs hin. Im Winter ziehe ich nach Goßlar, wo ich ein Haus gekauft habe. Ich advocire nicht für Geld; wendet sich aber ein armer Mann an mich, so diene ich ihm, wie es Christenpflicht ist.

Dieß Büchelchen wird nun in der Oster-Messe erscheinen, und ich kann wohl sagen, ich freue mich darauf; denn ich habe noch nie etwas drucken lassen, und ich meine, es stünde doch manches darin, was man nicht alle Tage zu hören bekömmt. Übrigens empfehle ich mich dem geneigten Leser ergebenst.

Geschrieben in Goßlar im December 1790.

Ende des zweyten und letzten Theils.

Anmerkungen

Zusammengestellt von Asfa-Wossen Asserate
in Verbindung mit Burkard Miltenberger
und Rainer Wieland.

❧

Titel

Abyssinien: *die früher übliche Bezeichnung für Äthiopien; latinisierte
Form des Wortes* habesch, *das die Siedler und Handelsleute bezeichnet,
die vom 7. Jahrhundert vor Christus bis zum 3. Jahrhundert nach
Christus aus Südarabien nach Äthiopien einwanderten. Der Name*
Äthiopien *ist im mykenischen Griechisch bereits im 2. Jahrtausend
vor Christus als Personenname bekannt. Später bezeichnet* Aithiopes
*»Leute mit verbranntem Gesicht« oder auch »Leute mit brennendem,
strahlendem Gesicht«.* • Negus: *amharisches Wort für »König«,
einer der ältesten Titel des Kaiserreichs Äthiopien. Die Geschichte des
Titels reicht bis in die Zeit des Reiches von Aksum zurück. Der* Negus
*war ein selbständiger Herrscher und unterstand lediglich dem Kaiser
von Äthiopien, der den Titel* Negusa Negest, *»König der Könige«
führte. Dem Mythos zufolge verlieh der König Salomo diesen Titel
seinem Sohn, dem Äthiopier Menelik I.* • Priesters Johannes: *mythi-
scher Regent des Mittelalters, der ein großes und mächtiges christliches
Reich in Asien oder Afrika regieren soll. Erstmals Erwähnung fand
er um 1145 in der Weltchronik des Bischofs Otto von Freising. Das
Reich des Priesterkönigs wurde zunächst in Zentralasien vermutet,
im 14. Jahrhundert dann auf den Negus von Äthiopien übertragen. In
den Zeiten der Bedrohung der Christenheit durch den Islam wurde der
Mythos genährt von der Idee einer Allianz mit den »orientalischen
Christen« gegen den moslemischen Machtbereich.*

30 die Herren Nachdrucker: *Raubdrucker, also Verleger, die un-*
berechtigt und ohne Honorar zu zahlen Bücher drucken; im 18. Jahr-
hundert war das Urheberrecht noch nicht gesetzlich geregelt. Knigge
beschäftigte sich immer wieder mit diesem Thema, zum Beispiel in
seinem 1793 erschienenen Buch Über Schriftsteller und Schriftstellerey. • Debit: *Absatz, Vertrieb.* • Politik: *hier im Sinne von Klugheit,*
Weltkenntnis.

31 meine verehrten Freunde in Carlsruhe, Reutlingen, Wien: *In*
Karlsruhe wirkte der berüchtigte Nachdrucker Christian Gottlieb
Schmieder (1750-1827), nach dem die ganze Zunft den Beinamen
»Schmiederey« erhielt; in Reutlingen Johann Georg Fleischhauer, in
Wien Johann Thomas von Trattner. • Gose: *Weißbier, ursprünglich*
in Goslar gebraut. • der große Hübner: *Johann Heinrich Hübner*
(1668-1731), Pädagoge und ab 1711 Rektor am Johanneum in Ham-
burg. Er wurde bekannt als Reformer des Geographie- und Religions-
unterrichts und Herausgeber des populären Realen Staats-, Zeitungs-
und Conversationslexikons *(1704).*

32 Gesenii Catechismus-Lehren: *Die* Kurtzen Catechismus-Fragen
über den Kleinen Catechismum D. M. Lutheri *des evangelischen Theo-*
logen und hannoverschen Superintendenten Justus Gesenius (1601 bis
1673) waren im 17. und 18. Jahrhundert in Norddeutschland weit ver-
breitet. • contumacirt: *kontumazieren: gegen jemanden ein Versäum-*
nisurteil fällen. • Helmstädt: *von 1576 bis 1810 Universitätsstadt.*

33 Graf St. Germain: *Berühmter Abenteurer des 18. Jahrhunderts*
(ca. 1710-1784) im Umfeld des Freimaurerordens der Strikten Obser-
vanz und Günstling des Prinzen Carl von Hessen-Cassel. In Knigges
Beytrag zur neuesten Geschichte des Freymaurerordens in neun
Gesprächen *(1786) heißt es über St. Germain: »So viel ist glaublich,*
daß St** G*** einige artige chymische Kenntnisse hatte, obgleich sein
reinigender Kräutertheе mich beynahe in die Ewigkeit purgiert hätte«
(Knigge, Ausgewählte Werke, *herausgegeben von Wolfgang Fenner,*
Bd. 7, S. 255). • Carlsd'or: *Braunschweigische Goldmünze im Wert von*
5 Talern, seit 1742 gemünzt. • debitirte: *Siehe Anmerkung zu Seite 30.*

33 laxirte: *laxieren – Durchfall haben.* • ankörnen: *anlocken.* •
Stadt-Physicus: *öffentlich bestellter Arzt.*

35 der Erzvater Jacob: *Siehe Altes Testament, 1 Mose 32.* • nach
Ilefeld auf das Gymnasium: *Ilfeld – Stadt im Harz, in der Nähe von*

Nordhausen, im 18. Jahrhundert zu Hannover gehörend. • Spanischen
Luftspringern: *Artisten aus Spanien.*

36 die Geschichte von Jacob's Söhnen: *Siehe Altes Testament,
1 Mose 35-50.* • stante pede: *(lat.) stehenden Fußes, sofort.*

37 Gottesgelahrtheit: *Theologie.* • examen rigorosum: *(lat.) wörtlich: strenge Prüfung – Prüfung zur Erlangung des akademischen
Grades.* • bene oder valde bene: *(lat.) gut oder sehr gut.* • Wartenburg: *Wartburg.*

38 Madam Potiphar: *Siehe Altes Testament, 1 Mose 39: Die Frau
des Potiphar versucht vergeblich, Joseph zu verführen.* • inter pocula:
(lat.) zwischen den Bechern, beim Trinken.

39 Streue: *wörtlich: das Ausstreuen von Stroh – Lager, Lagerstätte.*

42 Professor aus Frankfurth an der Oder, der sehr stark in Orientalischen Sprachen war: *vermutlich Anspielung auf Hiob Ludolf
(1624-1704), der als Begründer der Äthiopistik in Europa gilt. 1651
trat er in den Dienst des Herzogs von Sachsen-Gotha und brachte im
Jahr darauf den äthiopischen Theologen Abba Gregorios an den sächsischen Hof. Zusammen mit Abba erarbeitete er unter anderem ein
Ge'ez-Wörterbuch sowie eine Grammatik und ein Wörterbuch des
Amharischen. Der von ihm organisierten Äthiopien-Expedition unter
der Führung seines Schülers Johann Michael Wansleben war kein
Erfolg beschieden, sie gelangte nur bis Kairo. Im Auftrag des Kaisers
Leopold versuchte er, mit Äthiopien diplomatische Beziehungen auf-
zunehmen, um es für ein Bündnis gegen die Osmanen zu gewinnen.
Die letzten Jahre seines Lebens widmete er sich in Frankfurt am Main
seinen äthiopischen Studien.* • Amanuensis: *Schreiber, Gehilfe, Sekretär – von lateinisch servus a manu: ursprünglich für römische Skla-
ven, die im Rechnungswesen und für Schreibarbeiten eingesetzt wurden.* • Deutscher Ordens-Ritter: *Mitglied des »Deutschen Ordens«,
der 1190 während des Dritten Kreuzzuges gegründet wurde und maß-
geblich an der Deutschen Ostkolonisation beteiligt war. Nach dem
Scheitern der Kreuzzüge schuf sich der Deutsche Orden ein macht-
volles Herrschaftsgebiet, den Ordensstaat, aus dem später Ostpreußen,
Kurland, Livland und Estland hervorgingen. 1809 wurde der Deutsche
Orden von Napoleon aufgehoben, 1834 als »Deutscher Ritterorden«
wieder zugelassen. 1929 wurde er in einen rein geistlichen Orden um-
gewandelt.*

43 anathematisiren: *mit dem Bannfluch belegen, verwünschen.* •
Commenthureyen: *Ordensbezirke; hier: die Einkünfte daraus.*

44 Renegat: *hier: ein vom Christentum zum Islam Übergetretener.*

45 Coptische Sprache: *Literatursprache der christlichen Ägypter, entstanden in der zweiten Hälfte des 3. Jahrhunderts.* • Tigre: *Provinz im Norden Äthiopiens. Tigre ist die Sprache der – meist muslimischen – Hirten und Nomaden im Norden Äthiopiens, in Eritrea und in den angrenzenden Gebieten des Sudan.* • Geez: *Ge'ez – auch Altäthiopisch genannt; Sprache der Einwanderer, die von Südarabien auf das afrikanische Festland kamen und sich im Gebiet des heutigen Äthiopien ansiedelten. Das Ge'ez war auch die Literatursprache des Reiches und hat sich bis ins 19. Jahrhundert als Schriftsprache erhalten, als Kirchensprache existiert es auch heute noch.* • Amharische [Sprache]: *Ausgangspunkt des Amharischen, dessen älteste Schriftdenkmäler aus dem 13. Jahrhundert datieren, ist die alte Provinz Amhara (östlich und nördlich des Tanasees). Nach der Zurückdrängung des Ge'ez entwickelte es sich allmählich zur offiziellen Sprache des Äthiopischen Kaiserhofs. 1955 wurde es zur offiziellen Staatssprache Äthiopiens erklärt, heute dient es als nationale Verkehrssprache.* • Gondar: *vom 17. Jahrhundert bis 1850 Hauptstadt von Äthiopien und Residenz des Kaisers; heute Hauptstadt der gleichnamigen Provinz.*

46 Bassa: *Pascha – im 18. Jahrhundert Bezeichnung für höhere Beamte in Asien und Afrika.* • Nayben: *Naib (arab.) – türkischer Titel für den einheimischen Stellvertreter des Paschas in der Hafenstadt Massawa. Knigge hat den Titel aus James Bruce'* Travels *übernommen (siehe James Bruce,* Zu den Quellen des Blauen Nils, *S. 34 und S. 53 ff.* • Franzbände: *lederne Bucheinbände aus Frankreich.* • Firman: *Ferman (pers.) – schriftlicher Sultansbefehl, Passierschein.* • Adova: *Adua – Stadt in der Nähe von Axum in der Provinz Tigre. In der Gondar-Zeit besaß Adua Bedeutung als Zwischenstation vom Hafen Massawa nach Gondar.* • Tigre: *Siehe Anmerkung zu Seite 45.* • Mercurialsalbe: *quecksilberhaltige Salbe, im 18. Jahrhundert zur Behandlung der Syphilis verwendet.* • Ihn ... von dem Aussatze zu befreyen: *In seinen* Travels *berichtet James Bruce, wie er die Enkelkinder der Königinmutter von den Blattern heilt (siehe James Bruce,* Zu den Quellen des Blauen Nils, *S. 148 f.).*

47 Wetzlar: *Sitz des Reichskammergerichts.* • Relationen: *Berichte (über Akten, Rechtsstreitigkeiten etc.).* • Sollicitiren: *Ansuchen, Bitte um Rechtshilfe.*

52 Freyherr von Moser: *Friedrich Carl Freiherr von Moser (1723 bis 1798), Jurist und Schriftsteller. Von 1772 bis 1780 war er Minister in Hessen-Darmstadt. Knigge hatte sich im Jahre 1776 am Hof von*

Hessen-Darmstadt um eine Anstellung beworben und am 30. März von Moser eine Absage erhalten.

53 Mazagan: *Hafenstadt in Marokko, Station für Handelsschiffe von und nach Indien; heutiger Name: El Jadida.* • Pomeranze: *Zitrusfrucht, auch unter dem Namen Bitterorange (Citrus aurantium L.) bekannt.*

59 Barbarischen Küste: *Barbarei – im 18. Jahrhundert übliche Bezeichnung für die Berberei an der Nordwestküste Afrikas.* • Tolomita: *Tolmeita – Hafen von Barka im östlichen Libyen.* • Barkan: *Barka (Barce) – arabischer Name für die Landschaft Kyrenaika im östlichen Libyen, benannt nach der gleichnamigen Stadt.* • Nubien: *Gebiet zwischen Assuan in Ägypten und Karima im Sudan. Zwischen 750 vor Christus und 300 nach Christus eigenständiger Staat (Reich von Kusch) mit eigener Schrift und Sprache, danach in verschiedene kleinere Königreiche zerfallen. Im 6. Jahrhundert wurde Nubien christianisiert, im 16. Jahrhundert dann nahezu vollständig islamisiert.*

60 Hydromel: *Fermentiertes Getränk auf der Basis von mit Wasser verdünntem Honig – nach längerem Gärungsprozeß Met genannt.* • Sennar: *Das Königreich von Sennar, auch Reich der Fung oder Funji genannt, bestand von 1504 bis 1821, als es durch türkisch-ägyptische Truppen erobert wurde. Heute ist es ein Bundesstaat des Sudan.* • Schleifer: *alter schwäbischer Paartanz im 3/8- oder 2/4-Takt.*

62 Waldubba: *Waldeba – äthiopische Ortschaft nordwestlich von Gondar mit einem berühmten Kloster.*

63 Kebsweiber: *Konkubinen.*

64 Agazan: *vermutlich Agaze (Gajen) – ein anderes Wort für Aksum (siehe Anmerkung zu S. 101).*

65 Bassen: *Paschas – siehe Anmerkung zu Seite 46.*

67 Pforte: *»Hohe Pforte« – Name des Sultanspalastes in Konstantinopel; synonym für die Regierung des Osmanischen Reiches.* • Herr des Sonnenscheins: *Anspielung auf Ludwig XIV. von Frankreich (1638 bis 1715), den absolutistisch herrschenden »Sonnenkönig«.*

68 Schankala: *Schankela, Nachbarland der äthiopischen Provinz Gojjam (heute Gambela).* • Goyam: *Gojjam – alte äthiopische Provinz, von Knigge/Noldmann in Nubien lokalisiert.*

69 Suppliken: *Bittschriften.* • Ghedm: *Gedem – Region in der Provinz Shoa im östlichen Distrikt Lasta.* • Damot: *Region in der Provinz Gojjam südlich des Tanasees.*

70 Adolph, August, Carl, Catharina ... und andere: *die Gruppe der »aufgeklärten« Fürsten, die in der zweiten Hälfte des 18. Jahrhunderts* in ihren Herrschaftsgebieten Reformen durchgeführt hatten. • Pinsel-Familien: *Pinsel – einfältiger, dummer Mensch. In Knigges* Des seligen Herrn Etatsraths Samuel Conrad von Schaafskopf hinterlassenen Papieren *wird die Geschichte des sogenannten Pinsel-Ordens erzählt, dessen Hauptzweck es ist:* »der einreißenden Zuversicht der trüglichen menschlichen Vernunft und deren Herrschaft entgegenzuarbeiten; die alte Würde eines auf Autorität und Tradition gestützten Glaubens wiederherzustellen; dem mühsamen und beunruhigenden Untersuchungs- und Forschungsgeiste zu steuern; das Reich der sogenannten Aufklärer auf immer zu zerstören; Diejenigen, die über ihre Brüder sich erhaben glauben könnten, auf alle Weise zur Demuth zu bringen, um die goldne Mittelmäßigkeit unter den Menschen zu erhalten; das abscheuliche Laster der Toleranz zu bekämpfen; und gegen die vermaledeyete Publicität, Denk-, Sprech- und Preß-Freyheit muthig zu streiten« (Knigge, *Ausgewählte Werke, Bd. 8, S. 43).*

73 Provinzen, die mir dem mittägigen Theile von Frankreich nichts nachzugeben schienen, ... der Beschreibung nach, die ich davon gelesen: *Anspielung auf Moritz August von Thümmels (1738-1817)* Reise in die mittäglichen Provinzen von Frankreich *1785-1786, deren erste beiden Teile 1791 erschienen waren und auf große Resonanz stießen.* • Selechleche: *Selehlala – Ortschaft in der Provinz Tigre auf der Straße Axum-Gondar.* • Waggora: *Wagera – Region im Norden von Gondar.*

76 links genommen: *linkisch benommen.*

77 affectirten: *affektieren – vorgeben, vorspiegeln.* • wo sich jetzt der Fürst von Anhalt Zerbst aufhielte: *Das Regiment von Friedrich August zu Anhalt-Zerbst, Graf von Askanien (1734-1793) war berüchtigt: 1777/78 hatte der Fürst 600 seiner Landeskinder als Soldaten an England verkauft, das gegen die aufständische Kolonie in Amerika Krieg führte. Aus Furcht vor dem mächtigen preußischen Nachbarn Friedrich dem Großen, der Anhalt-Zerbst hohe Kontributionen auferlegt hatte, hielt sich Friedrich August in der Ferne auf und regierte sein Fürstentum von Luxemburg aus. Mit seinem Tod erlosch 1793 die Linie Anhalt-Zerbst.* • Baalomaal: *Balemwal-königlicher Ratgeber und Kammerherr. Knigge übernahm den Titel von James Bruce, der – wie er in seinen* Travels *berichtet – selbst zum Baalomal am Äthiopischen Hof ernannt wurde (siehe James Bruce,* Zu den Quellen des Blauen Nils, *S. 158).* • Gentilhomme de la Chambre: *(frz.) Kammerherr.* • Garde du Corps: *(frz.) Leibgarde.*

78 Pandecten: *Zusammenstellung aus den Werken römischer Rechtsgelehrter; sie bilden den wichtigsten Teil der Überlieferung des Römischen Rechts.*

79 vor und gegen: *für und gegen.*

91 Observanz: *Regel, Gebot.*

94 Metonymia praesidis, pro re, cui praesidet: *(lat.) Vertauschung des Statthalters mit der Sache, für die er steht.*

95 Industrie: *Betriebsamkeit, Gewerbefleiß.* • esprit public: *(frz.) Gemeingeist.*

101 Regalien: *Hoheitsrechte.* • Exemtionen: *Gebühren-, Straffreiheit.* • prächtige Stadt, die Axum hieß, jetzt aber nicht mehr die Residenz ist, seitdem Gondar gebauet worden: *Aksum – Stadt im Norden Äthiopiens, rund 50 Kilometer von der Grenze Eritreas entfernt. Um 300 vor Christus gegründet, war Aksum seit dem 1. Jahrhundert die Hauptstadt des gleichnamigen Reiches, das sich auf dem Gebiet des heutigen Eritrea und der Provinz Tigre erstreckte und darüber hinaus Hoheitsansprüche in Südarabien und im östlichen Sudan erhob. Der Prophet Mani (216-276) erwähnte das Reich von Aksum neben dem Römischen Reich, Persien und China als eines der Großreiche seiner Zeit. Im Zuge von inneren Auseinandersetzungen wird Aksum im 10. Jahrhundert als Hauptstadt aufgegeben und das Zentrum nach Süden, in die Bergwelt von Lasta, verlagert. Anders als von Knigge/Noldmann beschrieben, erfolgt die Gründung von Gondar als permanente Hauptstadt erst im 17. Jahrhundert unter Kaiser Fasiladas (1632 bis 1667).*

114 Hangot: *Angot – Distrikt in der Provinz Wallo im Osten der Region Lasta.*

116 Libation: *Trankopfer.*

117 in den Mosaischen Gedichten: *in den Büchern Moses im Alten Testament.* • theosophischen: *nach der Lehre der Theosophie, die in meditativer Berührung mit Gott den Weltbau und den Sinn des Weltgeschehens erkennen will.* • cosmogonetischen: *nach der Lehre der Kosmogonie, der Lehre von der Entstehung der Welt.*

119 ließen den großen Negus von dem Jüdischen Könige Salomon und der Königin Saba abstammen: *Dem Hauptwerk der äthiopischen Literatur, dem Kebra nagast zufolge, leitet sich die kaiserliche Dynastie von Salomon und der Königin von Saba ab: König Salomon erfährt von der großen Schönheit der Königin von Saba und lädt sie nach Jerusalem ein. Als sie sich seinen Werbungen widersetzt, sinnt er auf*

eine List. Er empfängt die äthiopische Gesandtschaft zu einem Fest-
essen mit scharf gewürzten Speisen. Anschließend lädt Salomon die
Königin ein, in seiner Kammer zu schlafen. Er schwört, sich ihr nicht
mit Gewalt zu nähern – unter der Bedingung, daß sie sich nicht an
etwas vergreife, was ihm gehöre. In der Nacht bekommt die Königin
großen Durst und greift nach dem bereitstehenden Wassergefäß. Salomon überrascht sie dabei, und sie muß ihr Lager mit ihm teilen. Aus
der Verbindung geht der spätere Kaiser Menelik (auch genannt Ebna
Hakim – der Sohn des Weisen) hervor. • Bruce Reisen: *James Bruce
(1730-1794), Afrikareisender, Verfasser des fünfbändigen Werks* Travels to Discover the Source of the Nile, In the Years 1768, 1769, 1770,
1771, 1772, and 1773 *(Edinburgh, London 1790), das seine afrikanische Reise der Jahre 1768 bis 1773 auf der Suche nach den Quellen des
Nils beschreibt. Im Jahr der Veröffentlichung erschien es zugleich auch
in französischer und deutscher Übersetzung:* Reisen zur Entdeckung
der Quellen des Nils in den Jahren 1768, 1769, 1770, 1771, 1772, und
1773, *übersetzt von E. J. J. Volckmann, Leipzig 1790, 1791 (Auswahl-
ausgabe:* Zu den Quellen des Blauen Nils. Die Erforschung Äthiopiens 1768-1773, *herausgegeben von Herbert Gussenbauer. Stuttgart,
Wien: Thienemann 1987). Bruce' Buch diente Knigge als Hauptquelle
für seine Beschreibung Äthiopiens – Siehe hierzu das Vorwort zu dieser Ausgabe.* • als die ... Coptische Religion in Abyssinien eingeführt
wurde: *Die Äthiopisch Orthodoxe Kirche ist eine nicht-calzedonische
Kirche, das heißt, daß sie beim Konzil von Calzedon (451) die Lehre
ablehnte, welche besagte, daß Jesus Christus zwei Naturen hat, eine
göttliche und eine menschliche. In Äthiopien wird das Bekenntnis mit
dem Ausdruck* tewahedo *(vereinigt) ausgedrückt, der die Verbindung
der menschlichen und göttlichen Natur in einer ungetrennten Wesen-
heit beschreibt. Die Kirchenzeremonien und die Liturgien unterscheiden sich von den Traditionen anderer christlicher Kirchen. Ursprünglich unterstand die äthiopische Kirche dem (Koptischen) Patriarchen
von Alexandria. Dieser wählte einen ägyptischen Mönch aus, den er
zum* Abuna, *dem Oberhaupt der Äthiopischen Kirche ernannte. Nur
der Abuna konnte Priester und Bischöfe weihen. Die Bezeichnung
»koptische Kirche« für die Äthiopische Orthodoxe Kirche geht auf diesen Umstand zurück, ist aber nicht richtig, da sich die beiden Kirchen
in wesentlichen Fragen unterscheiden. Seit 1959 ist die Äthiopische
Kirche autokephal, das heißt, die Bischöfe wählen den Abuna selbst,
der nun den Titel Patriarch trägt.*

121 Clerisey: *Klerus, Geistlichkeit.*

124 Sire: *Shire – eigentlich westlich von Aksum gelegener Diskrikt in der Provinz Tigre.* • Geschichte von Elias Wagen: *Siehe Altes Testament, 2. Buch Könige, Kapitel 2.*

125 Auto da Fe: *Ketzergericht und -hinrichtung.* • Callesche: *Kalesche – leichter offener Reisewagen mit vier Sitzen.*

126 Alle diese Strafen sind noch jetzt in Abyssinien üblich, wie uns Bruce erzählt: *Siehe Bruce,* Zu den Quellen des Blauen Nils, *S. 179 f.* • Rudera: *(lat.) Reste, Ruinen.*

128 Freniona: *Fremona – Stadt im Norden Äthiopiens in der Region Tigre, die während des 16. und 17. Jahrhunderts Ausgangspunkt jesuitischer Missionierungsbestrebungen war. Ursprünglich genannt Maigoga (Tigrinya für »Wasserstadt«), von Kaiser Minas (1559-1563) in St. Frumentius umbenannt, der im 4. Jahrhundert die Aksumitischen Könige zum Christentum bekehrt hatte. Nachdem Kaiser Fasiladas (1632-1667) im Jahre 1634 den katholischen Glauben verurteilte und den offiziellen Status der Äthiopischen Orthodoxen Kirche wiederherstellte, wurden die katholischen Priester und Bischöfe dorthin verbannt.* • Iteghe: *Etege – Titel für die äthiopische Kaiserin. James Bruce beschreibt in seinen* Travels *mehrere Zusammenkünfte und Gespräche mit der Etege und den Ozoros, den königlichen Prinzessinen.*

129 hudeln: *quälen, schlecht behandeln.* • Staubbesen: *Staupbesen – Rute zum Stäupen, zur öffentlichen Züchtigung durch den Scharfrichter.*

130 Deismus: *Gottesauffassung der Aufklärung, derzufolge sich der Glaube ausschließlich aus Gründen der Vernunft speist.*

139 Fuder: *Volumenmaß, ursprünglich eine »Wagenlast«, das heißt so viel, wie auf einen zweispännigen Wagen geladen werden kann.*

140 directeur des plaisirs: *(frz.) Zeremonienmeister.*

141 Ich habe mir ... einen Wolf geritten: *von lat. Attritus, »Reitwolf« – eine Entzündung am Gesäß zugezogen.* • Rousseau's ... Contract social: *Jean-Jacques Rousseau (1712-1778):* Du Contrat social ou Principes du droit politique. *Paris 1762, deutsch zuerst 1763:* Der gesellschaftliche Vertrag. *Noldmann/Knigges in den Kapiteln 8 bis 13 des Ersten Teils wiedergegebene »Geschichte Abyssiniens« (S. 78-126) trägt deutliche Züge der Rousseauschen Zivilisationskritik und Geschichtsphilosophie.* • Montesquieu esprit des loix: *Charles-Louis de Secondat, Baron de Montesquieu (1689-1755):* De l'esprit des lois. *Paris 1748, deutsch erstmals 1753:* Von den Gesetzen. *In diesem geschichtsphilosophischen und staatstheoretischen Werk entwickelte*

Montesquieu seine Theorie der Gewaltenteilung zwischen Legislative, Exekutive und Judikative.

142 Posaunen von Jericho: *Siehe Altes Testament, Josua 6.*

149 Geschichte aus dem Buche der Richter: *Siehe dort Kapitel 19.*

151 einem großen Deutschen Schriftsteller: *Johann Georg Zimmermann (1728-1795), ab 1768 Leibarzt des englischen Königs Georg III. an dessen kurfürstlicher Residenz in Hannover, gleichzeitig Berater von Friedrich dem Großen. Gegen Zimmermanns Buch* Ueber Friedrich den Großen und meine Unterredungen mit Ihm kurz vor seinem Tode *(Leipzig 1788) publizierte Knigge pseudonym eine Satire:* Ueber Friedrich Wilhelm den Liebreichen und meine Unterredung mit Ihm; von J.C.Meywerk, Churf. Hannöverschen Hosenmacher *(Frankfurt und Leipzig, 1788). Später verewigte er Zimmermann auch in seinen* Schaafskopf-Papieren *als Mitglied des »Pinsel-Ordens« (siehe Anmerkung zu S.70): »noch neulich haben wir einen großen, berühmten Arzt aufgenommen, der, nachdem er lange unser abgesagtester Feind gewesen war, sich auf einmal bekehrte, von Staatssachen schrieb, alle seine bisherigen Freunde, die Anhänger der gefährlichen Vernunft, mit Ungestüm von sich stieß und zu unsrer Fahne überging« (Knigge,* Ausgewählte Werke, *Bd. 8, S. 52). Zimmermann konterte 1792 mit einem Artikel in der* Wiener Zeitschrift *mit dem Titel »Adolf Freiherr Knigge dargestellt als deutscher Revolutionsprediger und Demokrat«.* • Wielands Geschichte der Abderiten: *Christoph Martin Wieland (1733 bis 1813):* Geschichte der Abderiten *(1774/1781), zeitkritischer satirischer Roman. Knigge schätzte das Werk Wielands; als ein wichtiges Vorbild für* Benjamin Noldmanns Geschichte der Aufklärung in Abyssinien *diente ihm Wielands Roman* Der Goldne Spiegel, *dem er zahlreiche Motive und Handlungszüge entnahm.* • daß täglich … eine Anzahl Menschen … mit großem Geschreye Gerechtigkeit und Hülfe erflehen und fordern mußten: *Siehe Bruce,* Zu den Quellen des Blauen Nils, *S.176 f.*

154 Libelle: *Schmähschrift.*

159 Es gibt besonders Einen Staat in Deutschland, wo dieser Unfug aufs Höchste getrieben wird: *Gemeint ist Württemberg, wo Herzog Karl Theodor mit Hilfe des Bankiers Joseph Süß-Oppenheimer ein ausgeklügeltes System des Stellen- und Ämterverkaufs entwickelt hatte.*

161 Rieße: *Maßbezeichnung im Papierhandel. 1 Ries entsprach 480 Bogen Druckpapier, heute je nach Papierstärke 50 bis 500 Bogen.*

162 in Regensburg ... wo der große Divan gehalten wird: *Von 1663 bis 1806 war Regensburg Sitz des »Immerwährenden Reichstags« (»Divan«), in dem die zum Heiligen Römischen Reich Deutscher Nation gehörenden Länder vertreten waren.*

165 la vie privée de Louis XV: *Moufle d'Angerville: Vie privée de Louis XV, ou principeaux événements, particularités et anecdotes de son règne. 4 Bände, London, Lyon 1781.*

169 Impunität: *Straffreiheit.*

171 der die Prädestination glaubt: *die Anhänger der Lehre Calvins, die an die Bestimmung des einzelnen Menschen zur Seligkeit oder Verdammnis durch Gottes Gnadenwahl glauben.*

173 Czar Peter der Große von Rußland unser Vorbild ... alles, was Voltaire und andre ... davon erzählt hatten: *Peter der Große (1672-1725) reiste im Jahre 1697 inkognito über Riga, Berlin und Hannover nach Amsterdam. Peter ist begeistert von den einheimischen Schiffsbauern, lernt selbst die Kunst des Schiffsbaus und heuert unter dem Namen Peter Michailow einige Zeit auf einer Werft als einfacher Zimmermann an. Voltaire (1694-1778) widmete sich dem Leben Peters des Großen in seiner* Histoire de Pierre le Grand, *die 1759 erschien.*

174 Zahnküste: *Elfenbeinküste.*

Z w e i t e r   T e i l

177 unter der Linie: *südlich des Äquators.*

178 Loango: *ehemaliges Königreich in Zentralafrika auf dem Territorium des heutigen Gabun. Im Jahre 1873 bis 1876 Ziel der sogenannten Loango-Expedition der »Deutschen Gesellschaft zur Erforschung Aequatorial-Africas«.*

179 Insel Loanda: *Luanda – Insel vor der Küste Kongos.* • Cabo Verde: *(portugies.) »grünes Kap« – die westlichste Spitze Kontinentalafrikas. Es liegt im heutigen Senegal nördlich der Hauptstadt Dakar.*

180 Blockhause: *Wachhaus.*

183 Prätensionen: *überzogene Ansprüche, Anmaßungen.* • Philanthropine: *Erziehungsinstitute im Sinne der aufklärerischen Pädagogik, benannt nach dem von Johann Bernhard Basedow (1724-1790) im Jahre 1774 begründeten Philanthropin in Dessau.*

186 einer neuen von einem gewissen Herrn Basedow erfundnen Methode: *In Abgrenzung zur zeitgenössischen Pädagogik der Lern- und Paukschule betonte Basedow das spielerische Element im Unterricht.*

Knigge war ein scharfer Gegner der Basedowschen Reformpädagogik: »Man sollte eigentlich gar nicht spielen in der Welt. Das wenigstens sollten die Kinder früh lernen, daß man ernsthafte Dinge durchaus ernsthaft behandeln muß.« Öffentlich polemisierte Knigge gegen die Reformideen von Basedow und Joachim Heinrich Campe und anderen in seinem Aufsatz »Briefe über die neuere Erziehungsart«, publiziert im Jahrbuch für die Menschheit von 1788.

190 Barde aus Wien: Gemeint ist vermutlich Michael Denis (1729 bis 1800), Jesuitenpater und Leiter der Wiener Hofbibliothek, der mit Bardenliedern hervortrat; oder Lorenz Leopold Haschka (1749-1827), Professor der Ästhetik am Wiener Theresianum und Jesuit, der Oden in der Manier Klopstocks verfaßte. Beide wandten sich im Zuge der Französischen Revolution von der Aufklärung ab. • Gleim ... der würdige Sänger der Kriegslieder: Johann Wilhelm Ludwig Gleim (1719-1803), populärer Lyriker der Aufklärungszeit; Knigge bezieht sich auf dessen Preußische Kriegslieder in den Feldzügen von 1756 und 1757, von einem Grenadier (1758). • unsre alten Lehrer, Hagedorn, Gerstenberg, Lessing, Kleist, Utz, Gellert, Ramler, Wieland, Klopstock: Friedrich von Hagedorn (1708-1754): Lyriker und Verfasser von Fabeln, Verserzählungen und Epigrammen. Heinrich Wilhelm von Gerstenberg (1737-1823): Anreger und Begründer der Bardendichtung. Als Kritiker Wegbereiter des Sturm und Drang. Knigge kannte ihn persönlich. Gotthold Ephraim Lessing (1729-1781): Hauptvertreter der deutschen Aufklärung in der Literatur. Ewald Christian von Kleist (1715-1759): Lyriker und philosophischer Naturdichter der Aufklärung, Großonkel Heinrich von Kleists. Johann Peter Uz (1720-1796): Anakreontiker und Verfasser von Lehrgedichten, Übersetzer von Horaz. Christian Fürchtegott Gellert (1715-1769): Dichter und Theoretiker der Aufklärungszeit; Verfasser von Fabeln, Lustspielen und empfindsamen Romanen. Karl Wilhelm Ramler (1725-1798): Lyriker der Aufklärung. Von 1790 bis 1796 Leiter des Berliner Nationaltheaters. Friedrich Gottlieb Klopstock (1724-1803): Epiker, Lyriker und Dramatiker; Initiator der deutschen Erlebnisdichtung. Klopstock war mit Knigge persönlich bekannt.

192 Schulz aus Hanau: Gotthelf David Schulz, Verleger in Hanau, publizierte die ersten Schriften Knigges. • Buchhändler-Umschlag: 1775 gab es in Hanau einen durch den dortigen Kasseler Erbprinzen geförderten Versuch, eine eigene Buchmesse für die Werke der Nachdrucker durchzuführen, dem kein Erfolg beschieden war. • Schmieder aus Carlsruhe: Der Karlsruher Verleger Christian Gottlieb Schmieder

(1750-1827) galt als Synonym für die Nachdruckerzunft. Auch wenn Knigge immer wieder gegen die Raubdrucker polemisierte, sprach er sich doch dagegen aus, diese strafrechtlich zu belangen (vergleiche seine Ausführungen hierzu im Entwurf zur abessinischen Verfassung, S. 333).

193 Herr Miller in Ulm: *Johann Martin Miller (1750-1814), Mitbegründer des Göttinger Hainbunds, Prediger am Ulmer Münster und Verfasser empfindsamer Lyrik und Romane.* • Paroxysmus: *anfallsartiges Auftreten einer Krankheit.* • Gebrüdern Korn in Breslau: *Johann Friedrich und Wilhelm Gottlieb Korn, Verleger belletristischer Literatur in Breslau, später auch in Leipzig. Bei Korn erschien auch die* Schlesische Privilegierte Staats-, Kriegs- und Friedenszeitung *(später* Schlesische Zeitung*), auf die Knigge hier anspielt.*

194 lieben Bürgers: *Gottfried August Bürger (1747-1794), Lyriker und Verfasser der* Feldzüge und Abenteuer des Freiherrn von Münchhausen *(1786/89). Wie Knigge begrüßte auch er die Französische Revolution.* • Franzband: *Siehe Anmerkung zu Seite 46.*

195 Pasquillen: *anonyme Spott- und Schmähschriften.*

196 Nicolai: *Christoph Friedrich Nicolai (1733-1811), Schriftsteller und bedeutender Verleger der Aufklärungszeit. Er gab die* Allgemeine Deutsche Bibliothek *heraus, das wichtigste Rezensionsorgan der Zeit, an dem Knigge von 1779 an mitarbeitete.*

197 Semitone: *Halbtöne.*

198 Haydn: *Joseph Haydn (1732-1809), österreichischer Komponist und Hauptvertreter der Wiener Klassik.* • Agnus dei: *(lat.) Lamm Gottes – Christusanrufung. In der katholischen Liturgie das Gebet, das seit dem 7. Jahrhundert während der Brechung des eucharistischen Brotes gesprochen oder gesungen wird. Der Text ist von Komponisten aller Epochen vertont worden.* • Pastorale: *Schäferlied.* • fistula ani: *(lat.) wörtlich: Darmpfeife – Blähung.* • des guten Schwindels: *Friedrich Schwindel (1737-1786), niederländischer Musiker und Komponist, brachte in Den Haag zwei französische Opern heraus, später war er in Diensten des Markgrafen von Baden.* • melismatische: *mit Koloraturen verziert.*

199 einem ganz neuen Instrumente … Basset-Horn: *Das Basset-horn – die tiefe F-Klarinette – wurde mit dem Klarinettenkonzert von Mozart populär, das dieser in den Jahren 1789 bis 1791 (also unmittelbar vor Erscheinen des* Benjamin Noldmann*) komponierte.*

200 Sophiens Reisen von Memel nach Sachsen: *einer der meistgelesenen Romane des 18. Jahrhunderts, erschienen 1769 bis 1773, ver-*

faßt von Johann Timotheus Hermes (1738-1821). Hermes führte den englischen Familien- und Gesellschaftsroman in Nachahmung von Richardson, Fielding und Sterne in Deutschland ein.

201 es hatte nähmlich der Landgraf beschlossen, bey seiner ersten Garde Mohren zu Trommelschlägern anzunehmen: *Die Höfe von Braunschweig und Kassel waren Ende des 18. Jahrhunderts dafür berühmt, daß an ihnen eine große Anzahl sogenannter Mohren lebte. Auf der Wilhelmshöhe bei Kassel ist heute noch ein Restgebäude der »Mohrenkolonie Mulang« erhalten.* • Graf Bollo: *Conte de Bollo – italienischer Abenteurer am Kasseler Hof, seit 1771 Verwalter des Kasseler Lotto. Knigge war während seiner Zeit in hessen-kasselischen Diensten (1772-1775) mit ihm bekannt.*

203 der Landgraf: *Friedrich II. (1720-1785), seit 1760 Landgraf von Hessen-Kassel.*

205 Pharao-Tisch: *Pharao, ein Glücksspiel mit französischen Karten, war eines der verbreitetsten Kartenspiele in Europa im 18. und 19. Jahrhundert.*

207 Strangurie: *schmerzhafter Harndrang.*

212 eine Revenüe gewährte: *Einkünfte einbrachte.*

213 negotiorum gestor: *(lat.) Treuhänder, Geschäftsführer.*

215 Quadrigae: *(lat.) vierspännige Wagen.*

217 Policey: *hier: staatliche Ordnung.* • Philadelphia: *Jacob Philadelphia, eigentlich Jacob Meyer, geboren 1735 in Pennsylvania; Sohn jüdischer Artisten, die von Deutschland nach Amerika geflohen waren. Im Alter von fünfzehn kehrte er zurück in die Alte Welt und erlangte als reisender Zauberer und Taschenspieler bei Adel und Volk in ganz Europa Berühmtheit.*

219 Scheidekunst: *Chemie.*

230 des großen, unsterblichen Friedrichs: *Friedrich II. von Preußen (1712-1786).* • des edeln ... Josephs: *Joseph II. (1741-1790), 1765 bis 1790 Kaiser des Heiligen Römischen Reiches Deutscher Nation, ab 1780 auch Erzherzog von Österreich. Er galt als Muster des aufgeklärten Monarchen – zu den von ihm durchgeführten Reformen gehören die Religionsfreiheit und die Aufhebung der Leibeigenschaft.* • statt von Carl Theodor zu lernen ... in Mannheim und in München: *Carl Theodor (1724-1799), ab 1742 Kurfürst von der Pfalz. 1777 erbte er das Herzogtum Bayern und verlegte die Residenz von Mannheim nach München. Er galt als Förderer der Wissenschaften und Künste, gründete eine Maler- und Bildhauerakademie, die pfälzische Akademie der Wissenschaften und das Nationaltheater in Mannheim.*

236 daß Titus ein eitler Narr war, wenn er ausrief: der Tag sey verloren: *Titus Flavius Vespasianus (39-81), römischer Kaiser; nach Sueton (Leben des Titus 8) rief Titus, als ihm einst bei Tisch einfiel, er habe an jenem Tage noch niemandem etwas Gutes getan:* »Diem perdidi« – »*Ich habe einen Tag verloren«.*

238 inexigibeln: *nicht eintreibbaren.*

239 ein zweyter August: *Gaius Octavius Thurinus (63 vor Christus bis 14 nach Christus), ab 31 vor Christus Alleinherrscher des Römischen Reiches. 27 vor Christus wurde ihm der Titel Augustus (»Erhabener«) verliehen. Schon zu Lebzeiten wurde Augustus von Dichtern und Künstlern verehrt, seine Regierungszeit als Appolinische Epoche verklärt.*

240 Hymen: *Hymenaios – in der griechischen Mythologie der Gott der Hochzeit.*

241 Cicisbei: *Cicisbeo (ital.):* »Hausfreund« – *Liebhaber einer verheirateten Frau.*

243 Vapeurs: *von franz.* vapeur: *Dampf, Dunst – Ausdünstungen, Blähungen.*

245 Zeloten: *Glaubenseiferer.* • die Kanzel zu pauken: *Kanzelpauker (nach Grimm): Scherzwort für einen Eiferer auf der Kanzel, der seine Sätze mit Schlägen auf die Brüstung bekräftigt.*

250 Professor Witte: *Karl Heinrich Gottfried Witte (1767-1845), Pädagoge und Schriftsteller.*

262 der gute Vater Georg: *Vermutlich Georg II. (1683-1760), von 1727 bis zu seinem Tod König von Großbritannien, König von Irland und Kurfürst von Hannover.*

266 Insurgenten: *Aufrührer, Empörer.*

271 Committenten: *Auftraggeber.*

278 Machination: *Anschlag, Machenschaft.*

279 Palliativ-Curen: *Kuren mit Palliativa – Arzneimitteln, welche die Krankheitsbeschwerden lindern, nicht aber die Ursachen bekämpfen.*

282 wie Philipp der zweyte von Spanien und sein Herzog von Alba mit der Existenz der Menschen gespielt haben: *1567 sandte der spanische König Philipp II. (1527-1598, König seit 1556) den Herzog von Alba, Fernando Alvarez de Toledo (1507-1582), als Befehlshaber der spanischen Truppen in die Spanische Niederlande, um die Erhebung des niederländischen Adels niederzuschlagen. Obwohl der Herzog von Alba mit militärischer Härte gegen die Aufständischen vorging und die Anführer des Aufstandes, die Grafen Egmont und Hoorn, 1568 hinrichten ließ, gelang es ihm nicht, der Unruhen Herr zu werden.* •

den ... verachtungswerthen Ludwig den Vierzehnten: *Ludwig XIV. (1638-1715), ab 1643 König von Frankreich, gilt als der »Sonnenkönig« als Inbegriff des absoluten Herrschers.*

283 wie der Pabst Alexander der Sechste seine anerkannten Bastarte zu Herzogen erhob: *Rodrigo de Borja (Borgia) (1430-1503), Papst Alexander VI. ab 1492, war berüchtigt für seinen Lebenswandel, seine skrupellose Machtpolitik und seinen Nepotismus. Alexander VI. hatte mindestens sieben Kinder. Als Kardinal verlieh er seinem ältesten Sohn Pedro Luis das spanische Herzogtum Gandia. 1492 machte er seinen Sohn Cesare zum Erzbischof von Valencia und 1493 zum Kardinal. 1497 belehnte er seinen Sohn Juan mit dem Herzogtum Benevent, das er vom Kirchenstaat trennte.*

291 ex officio: *(lat.) von Amts wegen.*

295 Industrie-Schule: *Im 18. Jahrhundert verbreitete, auch von einigen Aufklärern befürwortete Form der Elementarschule, in der Lehre und wirtschaftliche Kinderarbeit miteinander verbunden waren.*

310 Proselyten: *Neubekehrte Anhänger einer Sekte.*

311 Sporteln: *von lat.* sportula: *kleiner Flechtkorb – Gebühren für Amtshandlungen.*

324 Pontoniers: *Truppen für den Brückenbau.* • Pioniers: *Truppen für den Ingenieurdienst, militärisch-technische Arbeiten, die besondere technische Kenntnisse und Fertigkeiten erfordern.*

333 kann sie den Nachdruck nicht durch ein bestimmtes Gesetz verbiethen: *Siehe Anmerkung zu Seite 30.*

340 Equipage: *Reisegepäck; hier: Besatzung des Schiffs.*

343 Comes Palatinus: *(lat.) Pfalzgraf.* • Olim meminisse juvabit: *(lat.) Aus Vergil, Aeneis, 1. Gesang, Vers 203:* »(forsan et haec) olim meminisse iuvabit«: »Künftig (vielleicht) ist des (auch) zu denken behaglich«.

Literaturhinweise

Knigges Werke liegen in einer vorzüglichen zehnbändigen Auswahl-ausgabe vor, die im Auftrag der Adolph-Freiherr-von-Knigge-Gesell-schaft zu Hannover von Wolfgang Fenner im Fackelträger Verlag, Hannover 1991-1995, herausgegeben wurde. Der zehnte und letzte Band der Ausgabe enthält eine ausführliche Darstellung des Lebens Knigges anhand seiner Briefe und Schriften.

Eine Faksimileausgabe Sämtlicher Werke Knigges in vierundzwan-zig Bänden ist 1978 bei KTO Press: Nendeln/Liechtenstein, erschienen. Sie wurde herausgegeben von Paul Raabe in Zusammenarbeit mit Ernst-Otto Fehn, Manfred Grätz, Gisela von Hanstein und Claus Ritter-hoff.

Wer sich für Knigges Leben interessiert, dem sei die Biographie von Karl-Heinz Göttert empfohlen, der ein scharfes Bild des Autors ent-wickelt im Spiegel der politischen, gesellschaftlichen und kulturellen Umwälzungen der Zeit – jenseits der in der Knigge-Rezeption immer wiederkehrenden Reflexe der Verdammung und Verklärung: Karl-Heinz Göttert: Knigge oder: Von den Illusionen des anständigen Lebens. *München: Deutscher Taschenbuch Verlag 1995.*

Ein Sammelband mit lesenswerten Einzelstudien, der auf ein Sym-posium zum 200. Todestag des Autors zurückgeht (unter anderem mit Aufsätzen zum Verhältnis Knigges zu Mozart, zu Knigges Konzept des Anstands, zum Umgang mit Knigge in Frankreich sowie einer schönen Würdigung aus der Feder von Wolf Lepenies): Adolph Freiherr Knigge. Neue Studien. *Herausgegeben von Harro Zimmermann. Unter Mit-arbeit von Walter Weber. Bremen: Edition Temmen 1998.*

Eine deutsche Auswahlausgabe der Reisebeschreibungen von James Bruce ist 1987 in der Edition Erdmann im K. Thienemann Verlag, Stuttgart, erschienen unter dem Titel: James Bruce: Zu den Quellen des Blauen Nils. Die Erforschung Äthiopiens 1768–1773. *Heraus-gegeben von Herbert Gussenbauer.*

Die abenteuerliche Geschichte der Erforschung und Entdeckung der Quellen des Nils mit Auszügen aus Reisebeschreibungen der wichtigsten Forschungsreisenden (auch der von James Bruce) erzählt der von Georg Brunold in der Anderen Bibliothek *edierte Band* Nilfieber. Der Wettlauf zu den Quellen des Nils. *Die Andere Bibliothek 107. Frankfurt am Main: Eichborn 1993.*

Die beste Gesamtdarstellung zur Geschichte und Kultur Äthiopiens ist nach wie vor das Buch von Ernst Hammerschmidt: Äthiopien. Christliches Reich zwischen Gestern und Morgen. *Wiesbaden: Otto Harrassowitz Verlag 1967. Weitere wichtige Werke zur Geschichte Äthiopiens: George Wynn Bereton Huntingford:* The Historical Geography of Ethiopia. *Oxford: Oxford University Press 1989. Eike Haberland:* Untersuchungen zum äthiopischen Königtum. *Wiesbaden: Franz Steiner Verlag 1965. Edward Ullendorff:* The Ethiopians. An Introduction to Country and People. *Oxford: Oxford University Press 1960.*

Darstellungen der Legende des Priesterkönigs Johannes und der dazugehörigen Quellen bieten Wilhelm Baum: Die Verwandlungen des Mythos vom Reich des Priesterkönigs Johannes. *Klagenfurt: Verlag Kitab 1999 sowie Gerd-Klaus Kaltenbrunner:* Johannes ist sein Name. Priesterkönig, Gralshüter, Traumgestalt. *Zug: Verlag Die Graue Edition 1993.*

Dem Verhältnis von Knigge zu Äthiopien widmet sich die Studie von Veronika Six: »Das Äthiopien in Adolph Knigges Roman: Realität oder Hilfsmittel?«, erschienen in: Aethiopica 2 (1999).

Editorische Notiz

Der Text folgt in Wortlaut und Schreibung der deutschen Erstausgabe, die in zwei Bänden im Jahre 1791 in Göttingen bei Johann Christian Dieterich erschien: Benjamin Noldmann's Geschichte der Aufklärung in Abyssinien, oder Nachricht von seinem und seines Herrn Vetters Aufenthalte an dem Hofe des großen Negus, oder Priesters Johannes. Mit sechs Kupfern. Mit kaiserl. Abyssinischem allergnädigsten Privilegio. *Knigges Roman ist zur Frühjahrsmesse 1791 anonym erschienen.*

Nur offensichtliche Satzfehler wurden korrigiert, verschiedene Schreibweisen von Wörtern sind nicht vereinheitlicht. Auch die eigentümliche Interpunktion Knigges, die im wesentlichen rhythmischen Gesichtspunkten folgt, wurde weitestgehend bewahrt. Lediglich die Zeichensetzung bei der Wiedergabe von wörtlicher Rede wurde, um des besseren Verständnisses willen, vereinheitlicht. Sämtliche Auszeichnungen des Originals (Sperrdruck, Fettdruck, Antiqua im Frakturssatz) erscheinen im kursiv gesetzten Text gerade.

Die vorliegenden Noten verdanken wertvolle Hinweise: der im Auftrag der Adolf-Freiherr-von-Knigge-Gesellschaft zu Hannover von Wolfgang Fenner herausgegebenen Werkausgabe Knigges in zehn Bänden, deren neunter Band Benjamin Noldmanns Geschichte der Aufklärung in Abyssinien *enthält (Hannover: Fackelträger Verlag 1995); der von Hedwig Voegt besorgten Auswahlausgabe* Der Traum des Herrn Brick. Essays, Satiren, Utopien, *die 1979 in Berlin bei Rütten & Loening erschien; der Studie von Veronika Six »Das Äthiopien in Adolph Knigges Roman: Realität oder Hilfsmittel?«, veröffentlicht in:* Aethiopica 2 *(1999).*

Inhaltsverzeichnis

Adolf Freiherr Knigge: Benjamin Noldmanns Geschichte
der Aufklärung in Abyssinien, oder Nachricht von seinem
und seines Herrn Vetters Aufenthalte an dem Hofe
des großen Negus, oder Priesters Johannes

Erster Theil

Adolf Freiherr Knigge

wurde 1752 in Bredenbeck bei Hannover geboren
und starb 1796 im Alter von 44 Jahren in Bremen.
Er war einer der profiliertesten Schriftsteller der deutschen
Aufklärung – sein Werk umfaßt Romane, politische
Streitschriften und moralphilosophische Abhandlungen,
Predigten, Theaterstücke und Rezensionen.
Die Veröffentlichung seines Romans Benjamin Noldmanns
Geschichte der Aufklärung in Abyssinien im Jahre 1791
brachte ihm den Ruf eines »Revolutionspredigers«
und »Volksaufwieglers« ein.
Sein berühmtestes Buch, Über den Umgang
mit Menschen, das im Jahre 1788 erstmals erschien,
ist keineswegs jenes Buch über Benimm und Etikette, als
das es – von Herausgebern und Verlegern zurechtgestutzt
und seines Wesens beraubt – im kollektiven Bewußtsein
verankert ist: es ist das Werk eines großen Soziologen,
das sich mit den Schriften eines Gracián
und eines Castiglione messen kann.

Asfa-Wossen Asserate,

ein Prinz aus dem äthiopischen Kaiserhaus,
wurde 1948 in Addis Abeba als Sohn des Herzogs
Asserate Kassa geboren. Nach dem Besuch der Deutschen
Schule, wo er 1968 als einer der ersten Äthiopier
das Abiturexamen bestand, studierte er Jura, Volkswirtschaft
und Geschichte an den Universitäten Tübingen,
Cambridge und Frankfurt am Main, wo er im Jahre 1978
promovierte. Die Revolution in Äthiopien im Jahre 1974
machte seine Pläne, in die Heimat zurückzukehren, zunichte.
Er blieb in Deutschland und arbeitete zunächst
in der Presseabteilung der Frankfurter Messegesellschaft,
bis er im Jahre 1980 zum Pressechef der Düsseldorfer Messe
berufen wurde. Seit 1983 ist er als Unternehmens-
berater für Afrika und den Mittleren Osten
in Frankfurt am Main tätig.
Asfa-Wossen Asserate ist der Begründer der ersten
äthiopischen Menschenrechtsorganisation »Council
for Civil Liberties in Ethiopia« sowie der Gesellschaft
»Orbis Aethiopicus«, die sich die Erhaltung und Förderung
der äthiopischen Kultur zur Aufgabe gemacht hat.
Sein Buch Manieren, das im Herbst 2003 in der Anderen
Bibliothek erschien, wurde von der Kritik gefeiert als ein
»grandioses, sprachmächtiges Sittenbild unserer Zeit«.
2004 wurde Asfa-Wossen Asserate dafür mit dem Adelbert-
von-Chamisso-Preis ausgezeichnet.

Benjamin Noldmanns
Geschichte der Aufklärung
in Abyssinien
von Adolph Freiherr Knigge ist im April 2006
als zweihundertsechsundfünfzigster Band der Anderen
Bibliothek im Eichborn Verlag, Frankfurt am Main,
erschienen. Der Text folgt der deutschen Erstausgabe,
die in zwei Bänden im Jahre 1791 in Göttingen bei Johann
Christian Dieterich erschien: Benjamin Noldmann's
Geschichte der Aufklärung in Abyssinien, oder Nachricht
von seinem und seines Herrn Vetters Aufenthalte
an dem Hofe des großen Negus, oder Priesters Johannes.
Mit sechs Kupfern. Mit kaiserl. Abyssinischem
allergnädigsten Privilegio. *Die hier wiedergegebenen*
Kupferstiche von Samuel Zimmer und Ernst Ludwig Riepen-
hausen entstammen der Erstausgabe von 1791.
Asfa-Wossen Asserate hat für die Neuausgabe ein Vorwort
verfaßt und in Zusammenarbeit mit Burkard Miltenberger
und Rainer Wieland einen Kommentar erstellt.
Die Redaktion lag in den Händen von Rainer Wieland.

Dieses Buch

wurde in der Rheinländer Barbedor italic
von Wilfried Schmidberger in Nördlingen gesetzt
und bei der Fuldaer Verlagsanstalt auf 100 g/m² holz-
und säurefreies mattgeglättetes Bücherpapier
der Papierfabrik Schleipen gedruckt. Den Einband
besorgte die Buchbinderei G. Lachenmaier, Reutlingen.
Ausstattung & Typographie von franz.greno@libero.it

1. bis 7. Tausend, April 2006.
Von diesem Band der Anderen Bibliothek
gibt es eine handgebundene Lederausgabe
mit den Nummern 1 bis 999; die folgenden Exemplare
der limitierten Erstausgabe werden ab 1001 numeriert.
Dieses Buch trägt die Nummer:

✳ 2015